Statistical
Package for the
Social
Sciences

서의훈·박성진 지음

IBM SPSS Statistics

SPSS 29를 이용한 통계분석

자유아카데미

머리말

이 책은 필자가 2018년에 출간했던 『SPSS 24를 이용한 통계분석』을 SPSS 최신 버전인 IBM SPSS Statistics 29에 의거하여 다시 집필한 것이다. 2018년 버전과 마찬가지로 이 버전 역시 별도의 한글판이 없으며, SPSS를 설치할 때 한국어를 선택하는 방식으로 보다 편리하게 한글판을 사용할 수 있다. IBM SPSS Statistics 29로 업그레이드되면서 선형회귀모형을 추정하는 데 과대적합을 방지하기 위한 방법으로 라쏘(Lasso) 회귀분석과 릿지(Ridge) 회귀분석, 엘라스틱 넷(Elastic Net) 회귀분석 등을 제공하고 있다. 또한 생존자료 분석기법인 가속고장시간 모형을 추가하였고, Python과 R의 버전을 업그레이드시켰다.

이 책은 지난 십수 년간 SPSS 통계패키지를 이용한 통계분석 강의를 하면서 틈틈이 정리해 놓은 강의노트를 일정한 체계 아래 다시 편집한 것이다. 지금까지 SPSS 통계패키지를 이용한 통계분석 교재가 여러 종류 출간되었는데, 이러한 교재는 크게 통계학 전공 교수가 집필한 것과 비전공 교수가 집필한 것의 두 종류로 나누어 볼 수 있다. 그런데 전자는 통계분석 방법에 대한 설명은 정확하지만 통계 이론적인 요소를 지나치게 강조하는 경향이 있어서 일반 학생이 읽기에 다소 어려운 점이 있고, 후자는 쉽게 써졌지만 분석 방법의 설명이 너무 단순하거나 심지어 부정확한 경우도 종종 발견할 수 있었다. 이러한 두 가지 문제점을 보완한 교재를 개발하는 것이 매우 중요하고 필요하다는 문제의식에서 이 책을 펴내게 되었다. 필자는 이 책의 수준을 통계학 비전공 학생에 맞추어 통계분석에 대한 이론적 설명을 너무 깊게 하지 않으면서도 내용의 정확성을 기하고자 노력하였고, 분석 결과를 해석하는 방식도 상세하게 설명하였다. 따라서 통계학의 문외한일지라도 이 책을 통하여 통계분석 방법에 대한 기초적 이해, 분석 방법 선정, 자료 분석, 분석 결과 해석 등 연구의 전 과정을 스스로 해결할 수 있도록 도움을 주는 데 주안점을 두었다.

이 책은 크게 제1부와 제2부로 구성되어 있다. 우선, 제1부에서는 통계패키지인 IBM SPSS Statistics 29의 사용법을 소개했는데, 이 패키지를 사용해 보지 않은 초보자도 책에 나오는 순서에 맞추어 따라 하다 보면 자연스럽게 패키지 사용 방법을 익힐 수 있도록 배려하였다. 제2부에서는 구체적인 통계분석 방법을 설명하였는데, 기존의 교재에 비하여 여러 분석 방법들을 폭넓게 소개하였다. 즉, 일반적으로 사용 빈도가 높고 기초통계라고 할 수 있는 그래프, 통계표, 빈도분석, 기술통계, 분산분석, T분석, 상관분석은 물론이고, 중급 또는 고급통계라고 할 수 있는 신뢰도분석, 회귀분석, 공분산분석, 판별분석, 로지스틱 회귀분석, 요인분석, 다변량분석, 비모수적 검정 등을 포함시켰다. 이러한 통계분석 방법과 더불어 통계학 비전공자가 흔히 정확하게 이해하지 못하여 오류를 범하는 두 주제인 데이터의 측정 척도와 가설검정 부분에 대한 설명도 덧붙였다.

이 책의 중요한 특성을 몇 가지 나열하면 다음과 같다.

- 첫째, 각 장에서 통계분석 방법의 내용을 설명하고 예제 데이터를 활용해서 실행 방법과 출력결과 해석 방법을 상세하게 설명하였다.
- 둘째, 독자들의 이해를 돕기 위하여 통계분석 방법을 다룬 제2부 각 장의 순서를 분석방법의 목적, 사용되는 변수의 척도, 원리, SPSS 실행의 순으로 구성하였다.
- 셋째, 많이 활용하는 통계분석 방법에 대해서는 통계분석 결과를 논문이나 보고서에서 작성하기 쉽도록 보고서 양식을 추가하였다. 이는 독자들이 분석 결과를 보고서나 논문의 형식으로 요령 있게 제시하는 데 많은 어려움을 겪고 있다고 판단했기 때문이다.

좋은 책을 위해 최선을 다했지만 부족한 부분이 있을 수 있다. 이 점은 양해를 바라며, 출간 후 수정사항이 있을 경우에는 자유아카데미 홈페이지(www.freeaca.com) 자료실을 통해 제공할 예정이니 참고하기를 바란다.

이 책이 나오기까지 많은 분들의 도움을 받았다. 우선, 필자로 하여금 통계학에 눈을 뜨게 해 주시고 석사학위 논문을 자상하게 지도해 주신 서울대학교 박성현 교수님, 그리고 박사학위 논문을 지도해 주시며 필자를 독립적인 연구자가 될 수 있도록 이끌어 주신 미국 뉴욕주립대학교 Peter Enis 교수님께 이 자리를 빌어 감사드린다. 또한, 집필 과정에서 조언과 격려를 아끼지 않으신 경상대학교 정보통계학과 동료 교수님들, 그리고 김미현, 손정규, 양현수, 전혜지, 이나래, 김덕주, 하현정, 성창환에게도 고마움을 전한다. 끝으로 이 책을 출판해 주신 자유아카데미 여러분께도 각별한 감사의 말씀을 드린다.

2023년 10월

가좌골 연구실에서

저자 씀

차례

제1부 SPSS의 사용방법

제 1 부

SPSS(IBM SPSS Statistics)의 사용방법

1장 SPSS(IBM SPSS Statistics)의 소개

01 SPSS(IBM SPSS Statistics)

SPSS(Statistical Package for the Social Sciences)는 1968년 미국 시카고대학교 국민여론연구소에서 사회과학자료의 분석을 위하여 개발한 통계패키지인데, 그 후 다양한 형태의 자료분석에 적합하도록 확대 개편되었다. 오늘날에는 사회과학과 자연과학 등 거의 모든 학문 분야에서의 통계분석뿐만 아니라 일반회사나 증권회사, 은행 등의 금융기관에서 각종 자료의 정리 및 보고서 작성 등을 할 수 있는 기능을 갖게 되었다.

SPSS의 기능은 크게 자료의 입력(Data Entry), 자료관리(Data Management), 통계분석(Statistical Analysis) 그리고 보고서(Report) 작성 등으로 구분할 수 있다.

지난 몇 년 동안 SPSS는 예측적 분야가 강조되어 PASW(Predictive Analytics Software) Statistics라는 이름을 사용했었다. 그러나 지난 20버전부터 IBM SPSS Statistics로 이름이 변경되었다. 그러나 이 책에서는 기존 SPSS 사용자를 위해 SPSS와 IBM SPSS Statistics를 함께 사용하고자 한다.

여기에서는 IBM SPSS Statistics 최신 버전 29를 가지고 SPSS의 사용법과 기초통계 분석방법을 다루고자 한다.

02 SPSS(IBM SPSS Statistics) 29 시스템의 구성

SPSS(IBM SPSS Statistics)는 Statistics 제품을 기본으로 하고 이외에 네 가지 제품들이 있다.

제품	모듈	수행 내용
Statistics		데이터 분석에 통계기법을 사용하여 의사결정을 위한 분석결과를 산출하는 통계분석 소프트웨어이다.
SPSS Korea Plus		데이터솔루션에서 개발된 모듈로서 IBM SPSS Statistics의 쉽고 편리한 사용자 인터페이스를 통해 고급통계분석 등 다양한 분야의 통계분석을 지원한다. 다음 네 가지 모듈 중 원하는 모듈만을 선택하여 기존 IBM SPSS Statistics에 장착하여 수행할 수 있다.
	Bio Equiv	생동성 시험의 설계와 분석을 쉽고 정확하게 수행하도록 지원한다.
	Medical Analysis	임상시험과 관련하여 많이 사용되는 분석기법을 쉽고 정확하게 수행할 수 있다.
	Conjoint	제품 및 서비스가 여러 특성 요인의 조합으로 구성되는 경우, 이러한 특성 가운데 고객에게 중요하게 인지되는 특성요인이 무엇인지 알아내기 위한 모듈이다.
	Multivariate Analysis	주성분분석과 정준상관분석, 조사표본가중법을 산출해 주는 모듈이다.
	CVA	고객생애가치(CLTV: Customer Lifetime Value)와 고객순자산가치(Customer Equity)를 산출해 주는 모듈이다.
Amos		구조방정식 모형(SEM: Structure Equation Modeling)을 설계하고 편집할 수 있는 구조방정식 분석 소프트웨어이다.
Modeler		데이터 안에 숨겨진 가치 있는 정보를 찾기 위해 데이터 마이닝 작업을 하기 위한 소프트웨어이다.
Meta Analysis		동일한 주제하에 수행된 여러 다양한 연구 결과들을 체계적으로 종합 분석하는 SPSS Statistics 모듈이다.

2장 SPSS(IBM SPSS Statistics)의 개요

01 SPSS를 이용한 통계분석에 있어서의 기초적인 단계

SPSS를 사용하여 통계분석을 실행하는 과정은 다음 네 단계로 되어 있다.

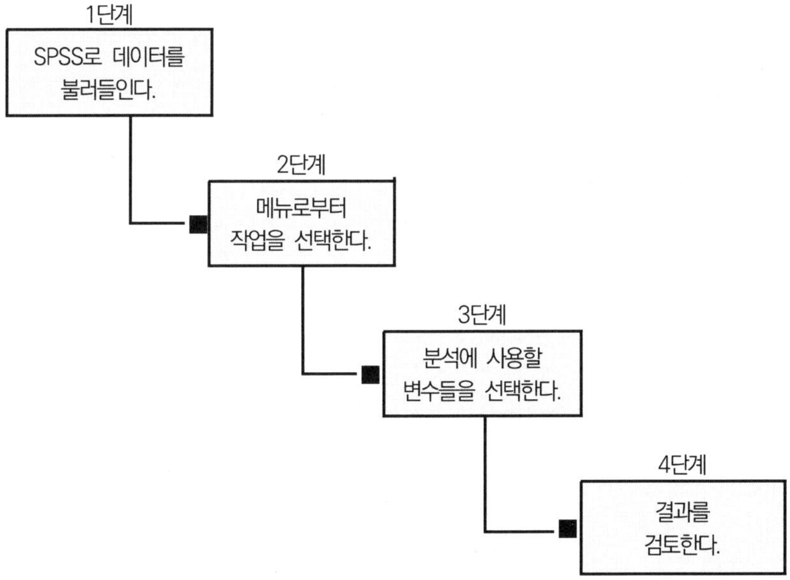

(1) 데이터 파일 준비하기

SPSS를 실행하기 위해서 먼저 데이터 파일이 있어야 한다. 이 교재에서 사용할 데이터 파일은 이 책의 출판사 '자유아카데미'의 자료실에서 가져올 수 있다. 자유아카데미 출판사의 자료실에는 '정오표/해답'과 '데이터 파일' 두 가지가 있다. 이 중 '데이터 파일'을 클릭한다. 맨 아래에 있는 네모칸을 눌러서 '이름'을 선택하고 오른편에 있는 네모칸에 '서의훈'을 입력하고 검색을 누른다. 검색되어 나온 책 중에서 제목 'SPSS 29를 이용한 통계분석' 줄에 있는 첨부파일을 클릭한다. 그러면 SPSS 29를 이용한 통계분석 데이터 파일 폴더가 압축되어 있는 상태로 다운로드 된다. 이 폴더 파일을 압축풀기 하여 폴더('spssdata'와 같이 이름을 붙여놓자)로 저장하자.

(2) SPSS 들어가기

IBM SPSS Statistics 29 아이콘이나 IBM SPSS Statistics 29 앱을 마우스 오른쪽 버튼으로 눌러서 '관리자 권한으로 실행'을 선택하여(IBM 권장사항임) 들어간다.

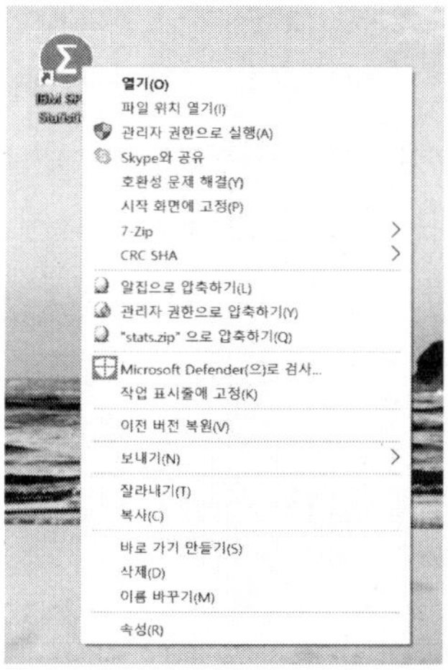

02 시작하기

IBM SPSS Statistics 29 아이콘을 두 번 클릭하거나, 마우스 오른쪽 버튼으로 눌러서 '관리자 권한 으로 실행'을 선택하면(IBM 권장사항) SPSS는 작업선택 대화상자(IBM SPSS Statistics 29)를 연다.

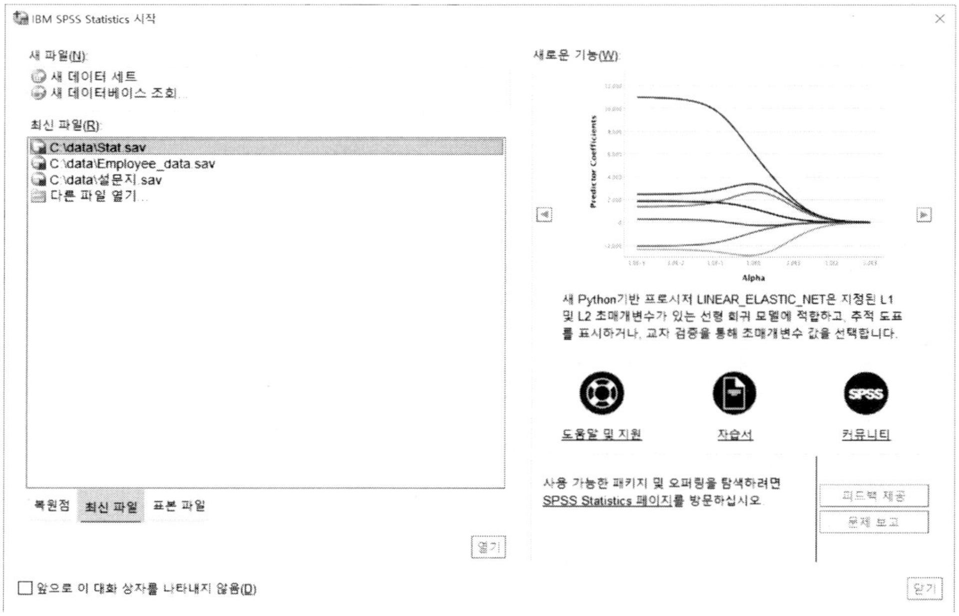

그림 2-1 IBM SPSS Statistics 29

이 대화상자에는 '복원점', '최신 파일', '표본 파일'의 세 개의 탭이 있다. '복원점' 탭에서는 정상적으로 종료가 되지 않았던 과거 작업 파일을 복구할 수 있다. '최신 파일' 탭에서는 최근에 작업한 데이터를 보여줌으로써 기존 작업을 계속하는 데 편리하게 해준다. 또한 '표본 파일' 탭에서는 SPSS가 제공하는 예제 데이터를 보여준다. 해당 파일을 클릭하고 [열기] 단추를 누른다. [닫기] 단추를 누르면 IBM SPSS Statistics(SPSS) 데이터 편집기 창이 열리면서 SPSS가 시작된다.

(1) SPSS 창(windows)

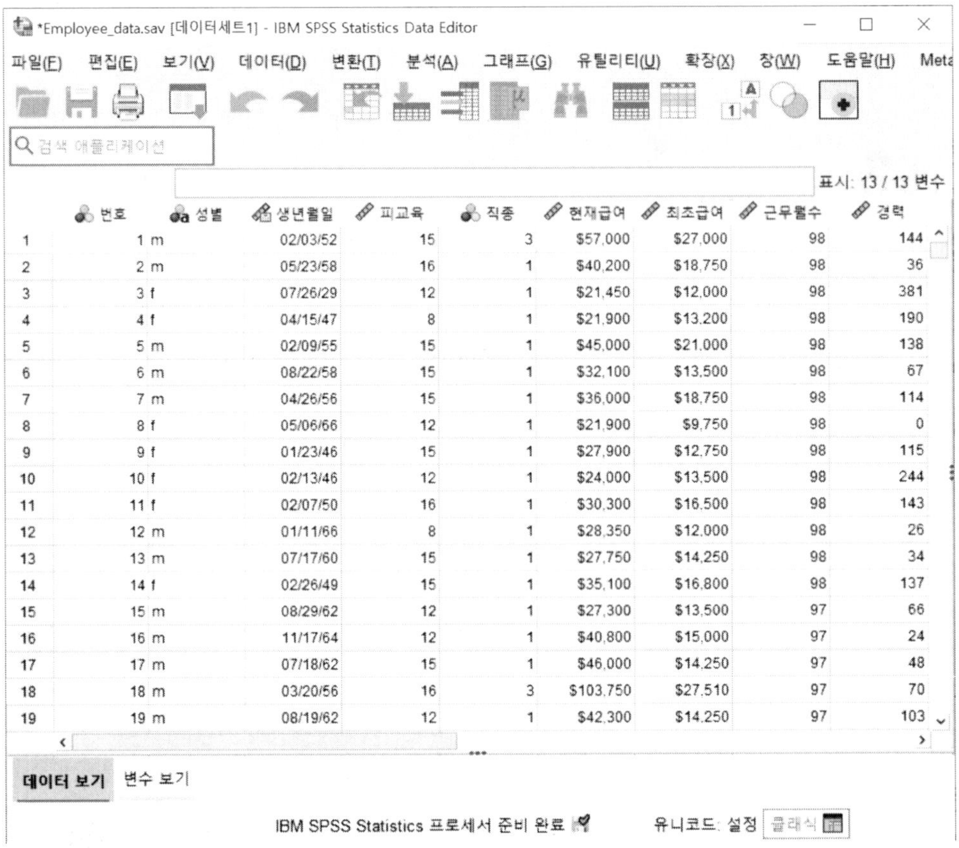

그림 2-2 데이터 편집기 창

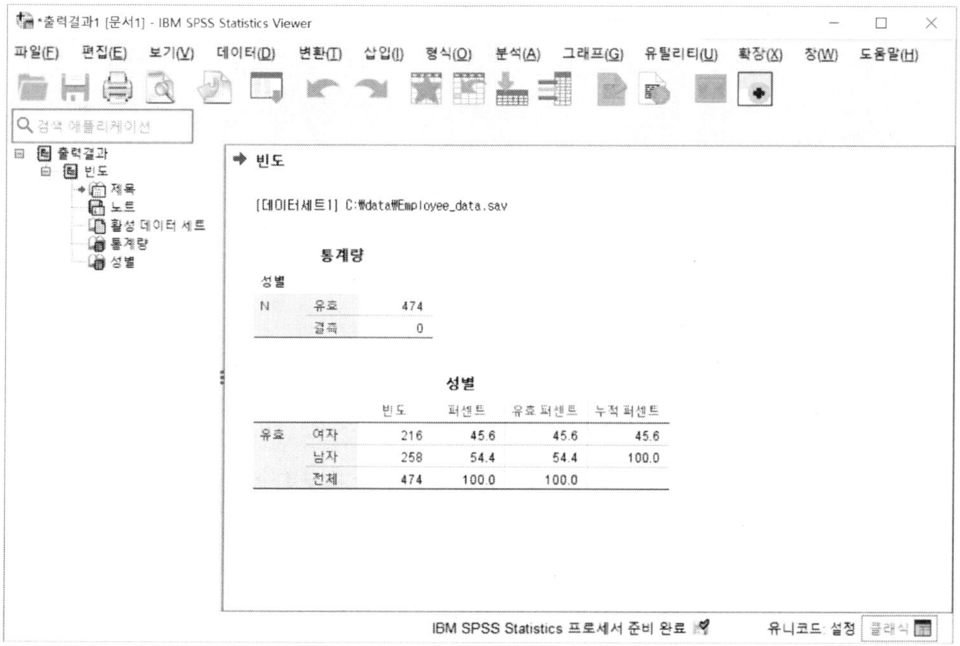

그림 2-3 IBM SPSS Statistics 출력결과 창

IBM SPSS Statistics(SPSS) 데이터 편집기 창 아래에는 두 개의 탭이 있어서 이것이 두 개의 시트(sheet)로 구성되어 있음을 말해준다. '데이터 보기' 탭을 누르면 작업하고 있는 데이터를 보여주고, '변수 보기' 탭을 누르면 데이터에 있는 각 변수들에 대한 정의를 보여준다. 출력결과와 도표는 IBM SPSS Statistics(SPSS) 출력결과 창에 제공된다. SPSS 출력결과 창은 처음 출력을 할 때 자동적으로 나타난다. 데이터 편집기 창과 SPSS 출력결과 창에는 메뉴가 있어서 파일이나 통계분석방법, 도표 선택 시 편리하게 이용된다.

(2) 메뉴(menus)

메뉴 바(Menu Bar)에는 파일을 열거나 통계 작업을 하거나 도표를 만드는 메뉴들이 있다. 또한 데이터 값을 바꾸는 일부터 폰트(fonts)를 바꾸는 일까지 대부분의 SPSS 작업을 위한 메뉴들이 망라되어 있다.

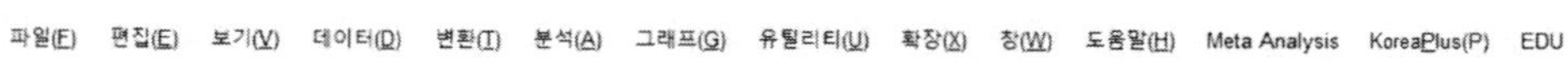

그림 2-4 메뉴

(3) 툴바(Toolbars)

그림 2-5 툴바

각 창에는 툴바가 있다. 마우스 커서를 한 툴(tool)에 놓으면 간단한 설명이 나타난다. 툴바는 다른 곳으로 옮겨 놓을 수 있다. 툴바 단추가 없는 여백 부분을 선택하여 원하는 곳으로 끌면 옮겨진다.

(4) 대화상자(Dialog Boxes)

대화상자를 이용하여 변수들, 통계작업과 도표에 대한 옵션들(options)을 선택할 수 있다.

① 전체 변수들의 목록으로부터 분석하고자 하는 변수들을 선택한다. 방향 단추 를 누르면 변수 목록으로 변수들이 옮겨간다. 이때 변수에 관한 정보를 알기 위해서는 오른쪽 마우스를 눌러 메뉴가 나타나도록 한 다음 변수정보를 선택한다.

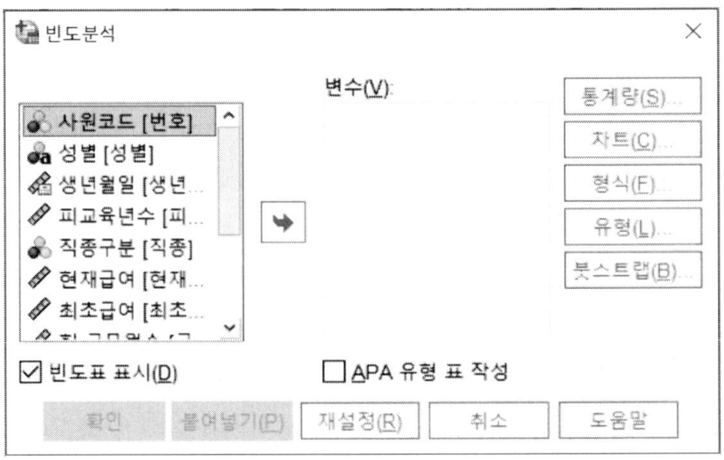

그림 2-6 빈도분석 대화상자

② 생략 부호(...)가 뒤따라오는 대화상자 단추를 누르면 옵션들을 선택하기 위한 부대화상자가 나타난다.

③ 대부분의 대화상자에는 다섯 가지 표준 단추(확인, 붙여넣기, 재설정, 취소, 도움말)가 있다.

03 대화상자에 의한 통계분석

다음 3단계로 통계분석을 수행한다.

(1) 데이터 파일을 선택한다.

① 주메뉴에서 〈**파일**〉을 선택한다.
② 파일 메뉴에서 〈**열기**〉와 〈**데이터**〉를 선택하여 **데이터 열기** 대화상자를 연다.
③ 만약 'employee data.sav' 파일을 열고자 한다면 employee data.sav 파일을 선택한다.
④ 〈**열기**〉를 선택한다.

(2) 통계분석 방법을 선택한다.

분석 메뉴에는 통계분석방법의 큰 범주들이 있다. 어느 한 범주를 선택하면 부메뉴에 여러 통계분석방법들이 열거되어 있다. 예를 들어 도수분포표를 만들고자 한다면,

① 주메뉴에서 〈**분석**〉을 선택한다.
② 분석 메뉴에서 〈**기술통계량**〉을 선택한다.
③ 부메뉴 중에서 〈**빈도분석...**〉을 선택한다. 이 책에서는 앞으로 이와 같은 통계절차를 다음과 같이 간략하게 표시하기로 한다.

분석
기술통계량
빈도분석...

혹은

분석 → 기술통계량 → 빈도분석...

(3) 대화상자에서 분석에 필요한 변수와 몇 가지 추가 내용을 선택한다.

통계분석방법을 선택하면 그 통계분석방법에 대한 주대화상자가 나타나는데, 이 상자는 다음 세 부분으로 구성된다.

- 변수목록
- 선택되는 변수목록

• 명령 단추

확인	분석을 실행한다.
붙여넣기	명령문 편집기 창에 명령어 문장을 기록한다.
재설정	처음 상태로 바꿔 준다.
취소	분석을 취소한다.
도움말	도움말을 준다.

실습 1

'employee data.sav' 데이터를 가지고 **빈도분석** 대화상자에서 다음 작업을 해 보자. 대화상자에서 왼편에 있는 변수목록에는 변수레이블[변수이름]의 형태로 변수가 나타나 있다. 변수의 순서는 데이터에 있는 변수의 순서와 동일하다.

① 목록에서 변수 '성별'을 선택한다.
② 키보드에서 〈Ctrl〉 키를 누른 상태로 변수 '직종구분[직종]'을 선택한다.
③ ➡ 단추를 누른다.
④ 목록에서 변수 '소수민족 여부[소수민족]'을 선택한다. 키보드에서 Shift 키를 누른 상태로 '경영직[dumjob2]'를 선택한다.
⑤ ➡ 단추를 누른다.

주대화상자의 아래에는 부대화상자를 여는 단추들이 있다. 예를 들어 **빈도분석** 주대화상자에는 관련된 부대화상자로서 [통계량(S)...], [차트(C)...], [형식(F)...], [유형(L)...], [붓스트랩(B)...]이 있다. 부대화상자에는 다양한 상자들이 있다.

□ 체크 상자	선택 시 ☑가 나타난다. 여러 개를 선택해도 상관없다.
텍스트 상자	네모칸 안에 숫자나 단어를 입력한다.
○ 래디오 상자	원형 단추로서 한 가지만 선택한다.
드롭 다운 목록	목록에서 한 가지만 선택한다.
도움말	도움말을 준다.

04 데이터 편집기

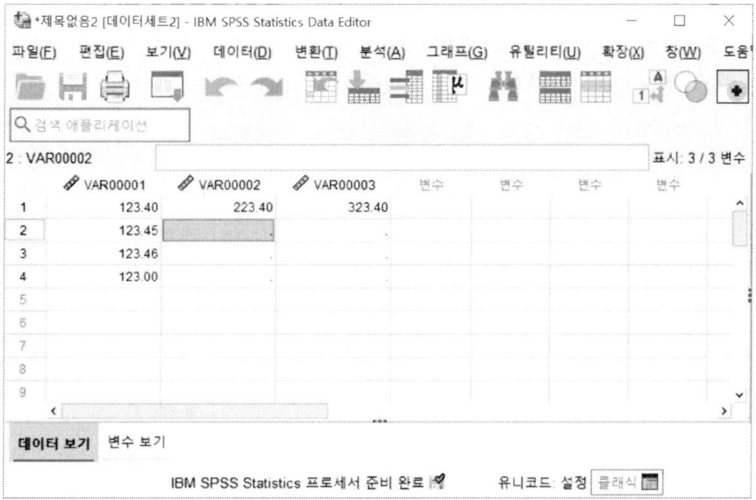

그림 2-7 데이터 편집기(데이터 보기)

데이터 편집기는 편리하게 데이터를 입력하고 고칠 수 있도록 스프레드 시트(spread sheet) 기능을 제공한다.

① 케이스는 행(row)에 나타낸다. 예를 들면 한 조사에서 각 응답자는 한 개의 케이스가 된다.
② 변수는 열(column)에 나타낸다. 예를 들면 한 조사에서 각 질문은 한 개의 변수가 된다.
③ 빈칸은 시스템 결측값으로 간주해서 마침표(.)로 대체된다.

(1) 데이터 보기 시트에 데이터 입력

데이터 편집기의 '데이터 보기' 시트에서 방향키를 사용하여 빈 열로 커서(cursor)를 옮겨서 다음을 입력해 보자.

123.4↵
123.45↵
123.456↵
123↵

다음 열로 옮겨서 223.4⏎을 입력하고, 다시 다음 열로 옮겨서 323.4⏎을 입력해 보자.

여기에서 우리는 다음을 확인할 수 있을 것이다.

① 디폴트 숫자 포맷(format)은 소수점 이하 두 자리이다.
② 디폴트 변수이름은 var00001, var00002, … 이다.
③ SPSS는 데이터를 직사각형 형태로 인식한다. 직사각형 부분에서 채워지지 않은 셀은 시스템 결측값으로 간주해서 이 자리에 마침표(.)를 넣는다.

(2) 데이터 변수 보기

데이터 편집기에서 '변수 보기' 탭을 누르면 방금 입력한 데이터의 변수들에 대해 SPSS가 인식한 변수정의가 나타나 있다.

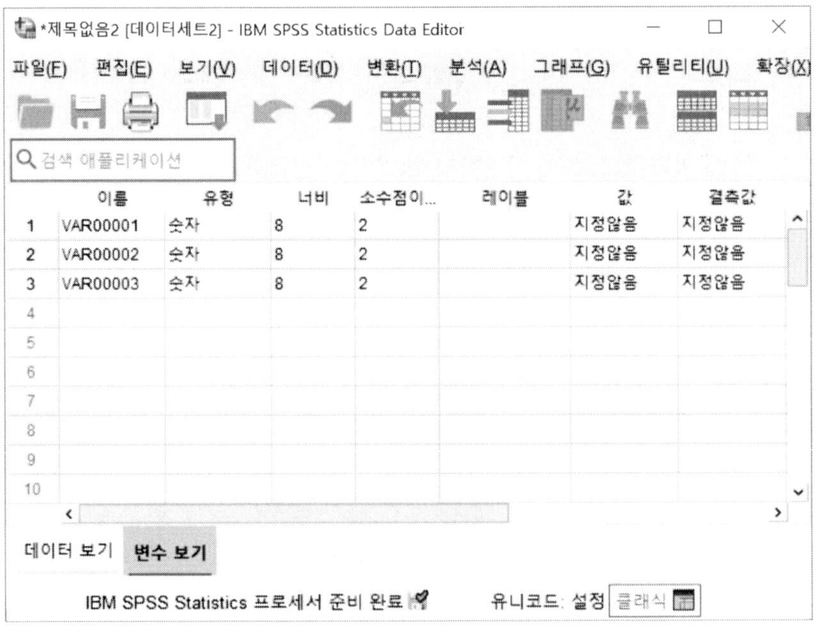

그림 2–8 데이터 편집기(변수 보기)

[그림 2-8]에서 첫 번째 줄(행)은 '데이터 보기'에서 보이는 첫 번째 변수 var00001에 대한 변수정의를 나타내고, 두 번째 줄은 두 번째 변수 var00002에 대한 변수정의를 나타낸다. 변수는 다음 11가지로 정의하고 있다.

항목	내용	비고
이름	변수이름	
유형	변수유형으로 숫자변수인지 문자변수인지를 지정	
너비	숫자나 문자가 차지하는 총자리수	디폴트는 8
소수점 이하 자리	숫자의 경우 소수점 이하의 자리수	디폴트는 2
레이블	변수이름에 대한 설명(label)	
값	변수값들에 대한 설명	
결측값	사용자가 정의하는 결측값	
열	열 자리수	디폴트는 8
맞춤	오른쪽, 왼쪽, 가운데 맞춤	디폴트는 숫자는 오른쪽, 문자는 왼쪽
측도	척도(구간/비율척도), 순서척도, 명목척도	
역할	입력, 대상, 모두, 없음, 분할	디폴트는 입력

여기에서 변수정의를 변경할 수 있다. 변수정의를 변경하려면 해당 셀을 마우스로 눌러서 내용을 변경한다.

참고 변수정의에 대한 자세한 설명은 3.2절에 있다.

실습 2

var00001 변수에 대해 변수이름을 '측정치1'로, 소수점 이하 자릿수를 3으로 변경해 보자. 그리고 '데이터 보기' 탭으로 가서 데이터가 변경되었는지 확인해 보자.

(3) 데이터 편집

편집메뉴의 여러 가지 명령을 사용하여 입력한 데이터를 편집할 수 있다.

실습 3

앞에서 입력한 데이터를 가지고 다음과 같이 편집해 보자.

① 변수 var00001의 처음 네 칸을 선택한다.
② 메뉴에서 다음을 선택한다.

편집 → 복사

③ 변수 var00002의 첫 번째 칸을 선택한다.
④ 메뉴에서 다음을 선택한다.

편집 → 붙여넣기

⑤ 변수 var00002의 네 번째 칸을 선택한다.
⑥ ②를 한다.
⑦ 변수 var00003의 처음 네 칸을 선택한다.
⑧ ④를 한다.

05 도표를 만들고 편집하기

도표를 만드는 명령문을 실행하면 그 결과는 출력결과 창에 나타난다. 만들어진 도표를 선택하여 도표 편집기 창에서 편집한다.

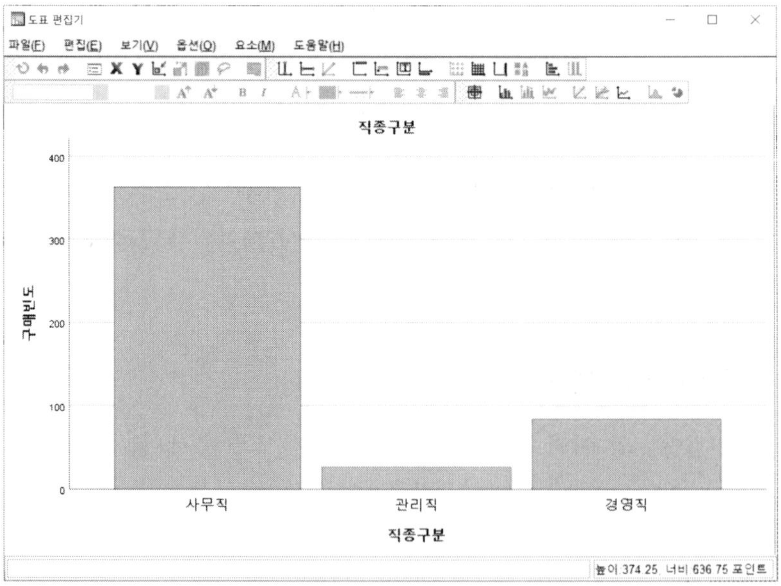

그림 2-9 도표 편집기 창

실습 4

employee data 데이터를 가지고 다음과 같이 막대도표를 편집해 보자.

① 분석 → 기술통계량 → 빈도분석

을 선택하여 **빈도분석** 대화상자를 연다.

② 변수 '직종'을 선택한다.

③ 오른쪽에 있는 [차트(C)...] 단추를 선택하여 **빈도분석:차트** 부대화상자를 연다.

④ 도표 유형에서 '막대형 차트'를 선택한다.

⑤ [계속(C)] 단추를 선택하여 **빈도분석** 대화상자로 돌아간다.

⑥ '빈도표 표시' 앞에 있는 체크상자를 마우스로 눌러서 체크표시가 사라지도록 한다.

⑦ [확인] 단추를 선택한다.

⑧ SPSS 뷰어 창에는 막대 그래프(Bar Chart)가 출력된다. 이것을 편집해 보자.

⑨ 도표 안에서 마우스를 두 번 누르면 그 도표는 도표 편집기 창에 나타난다. 여기에서 제목, 레이블, 폰트, 색, 축의 스케일, 범위, 도표 종류를 바꿀 수 있으며 축을 서로 바꿀 수도 있다.

⑩ 먼저 세로축 레이블 '빈도'를 바꿔 보자. 왼쪽 레이블 '빈도'를 한 번 누르면 선택이 되고 다시 한 번 누르면 커서가 나타난다. 여기에 '종업원 수'라고 입력한다. 도표 제목 '직종구분'도 마찬가지로 한 번 누르면 제목 영역이 선택되고 다시 한 번 누르면 커서가 나타나는데 이 상태에서 '직종분석'을 입력한다.

⑪ 글꼴을 바꿔 보자. 글꼴을 바꿀 글자를 한 번 누른다. 도표 편집기 창의 툴바에서 글꼴과 글자크기를 선택한다. 또는 글꼴을 바꿀 글자를 두 번 눌러 나타난 **특성** 대화상자의 텍스트 유형 탭에서 원하는 글꼴과 크기를 선택한 후 [적용(A)] 단추를 선택하고 대화상자를 닫는다.

⑫ 어떤 범주를 삭제할 때는 도표 막대를 두 번 누른다. **특성** 대화상자가 열리는데, 범주형 탭에서 삭제하고자 하는 범주를 선택하고 오른쪽에 있는 [✕] 단추를 누른다. 그러면 이 범주는 '제외' 상자로 옮겨진다. [적용(A)]을 선택하고 대화상자를 닫는다.

⑬ 축 척도를 바꿔 보자. 축 위에서 두 번 누른다. **특성** 대화상자의 척도 탭에서 '주눈금증가분'에 있는 체크표시를 눌러서 사라지게 하고 '사용자 정의' 상자에 50을 입력해 보자.

⑭ 색상을 바꿀 때는 바꾸고자 하는 부분을 두 번 눌러 **특성** 대화상자가 나타나면 채움 및 경계 탭에 가서 원하는 색상을 선택한다.

⑮ 막대도표를 가로 형태로 바꾸고자 하면 툴바에서 [아이콘] 아이콘을 선택한다.

⑯ 막대를 선택한 상태에서 오른쪽 마우스를 눌러 '데이터 레이블 표시'를 선택하면 **특성**

대화상자가 열린다. 데이터 값 레이블 탭에서 '표시' 상자에 있는 '빈도'를 선택하면 막대 안에 통계량이 삽입된다.

06 명령문 편집

SPSS에서는 대부분 대화상자를 이용하여 작업할 수 있도록 되어 있지만 SPSS 명령어를 이용하여 작업할 수도 있다. 대화상자에서 필요한 선택을 한 다음 [붙여넣기(P)] 단추를 선택하면 명령문 편집기 창에 SPSS 명령어 문장이 만들어진다. 그것을 편집하여 고쳐진 명령문을 실행시킬 수 있다.

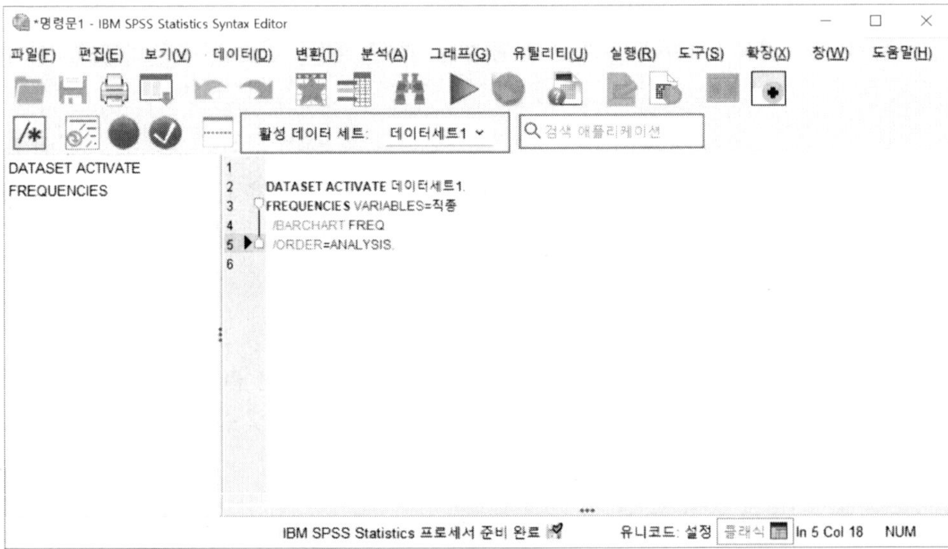

그림 2-10 명령문 편집기 창

실습 5

employee data 데이터를 사용하여 다음과 같이 명령문 편집기 창을 열고 명령문으로 작업을 실행시켜 보자.

① **빈도분석** 대화상자를 연다.

② 변수 '직종'을 선택하고 [차트(C)...] 단추를 눌러 '막대형 차트'를 선택한 다음 [계속(C)] 단추를 선택한다.

③ [붙여넣기(P)] 단추를 선택한다.

④ 명령어 편집기에서 커서를 문장의 처음 부분으로 보내서 모든 명령어를 선택한 다음 ▶(실행) 단추를 선택하거나 실행 메뉴를 이용하여 실행시킨다.

07 결과의 저장과 SPSS의 종료

다음 파일들을 저장할 수 있다. 파일 이름에서 디폴트 확장자는 각각 아래와 같이 주어진다.

① 데이터 편집기에 있는 파일(*.sav)
② 출력결과 창에 있는 결과 파일(*.spv)
③ 명령문 편집기 창에 있는 명령문 파일(*.sps)

SPSS를 종료하기 위해서는 메뉴에서 다음을 선택하거나 데이터 편집기 창을 닫는다.

파일 → 종료

3장 데이터 파일의 작성

01 데이터의 측정척도

어느 통계학과 학생들로부터 다음과 같은 양식의 설문지를 사용하여 데이터를 얻었다.

[설문지]

1. **성별:** 1) 남 2) 여
2. (성별이 '남'인 경우) **군복무를 마쳤습니까?** 1) 예 2) 아니오
3. **종교:** 1) 기독교 2) 불교 3) 천주교 4) 기타 종교 5) 종교 없음
4. **아버지의 키:** ( )cm
5. **본인의 키:** ( )cm
6. **결혼 전까지 순결을 지키는 편이 좋다고 생각합니까?**

   1) 매우 반대 2) 반대 3) 보통 4) 찬성 5) 매우 찬성

여기에서 조사대상자인 학생들을 관찰단위(observation) 또는 케이스(case)라고 하며 조사표의 각 항목을 변수(variable)라고 한다. 변수는 측정수준에 따라 다음의 네 종류로 구분된다.

(1) 명목척도(nominal scale) 변수

위의 조사표에서 항목 1, 2, 3에 해당되는 변수로서 변수값이 범주형으로 주어지며 범주 간에 서열을 부여할 수 없다. 또한 명목척도로 측정된 변수에서는 4칙연산이 의미가 없다.

(2) 순서척도(ordinal scale) 변수

항목 6과 같은 변수로 변수값이 범주형으로 주어지며 범주 간에 서열이 있는 변수이다. 교육정도(무학, 초등졸, 중졸, 고졸, 대졸 이상), 생활정도(상, 중, 하)와 3점척도, 5점척도, 7점척도로 답하는 변수들이 이에 해당되며 인접한 두 변수값들의 차이가 일정하지는 않으나 서열이 있다.

(3) 구간척도(interval scale) 변수

구간척도로 측정된 변수값은 상호간의 서열뿐 아니라 의미있는 차이(distance)를 가진다. 즉, 인접한 두 변수값의 차이가 일정하다. 그러나 기준값 0이 '없음'을 나타내지 않으므로 두 변수값의 비(ratio)는 의미가 없다. 섭씨 또는 화씨로 측정된 온도는 이 척도에 속한다.

(4) 비율척도(ratio scale) 변수

항목 4, 5의 키는 비율척도로 측정된 변수이다. 기준값 0이 '없음'을 나타내며 변수값 상호간의 서열, 차이, 비율이 의미가 있다. 따라서 이 척도로 측정된 변수는 실수의 모든 성질을 만족한다.

참고 일반적으로 구간척도와 비율척도를 엄격하게 구분하지 않고 합해서 구간·비율척도라고 한다. 또한 SPSS에서는 구간·비율척도 변수를 간단히 척도변수라고 한다.

02 SPSS 데이터 파일 만들기

위의 설문지를 가지고 수집한 데이터의 일부는 [표 3-1]과 같다. 이 데이터를 파일로 작성하여 SPSS 데이터 파일로 만들어 보자. 이를 위해서는 여러 가지 방법이 사용될 수 있으나, 1) SPSS 데이터 편집기에 직접 입력하는 방법, 2) 한글이나 워드로 만든 텍스트 데이터를 가져오는 방법, 3) Excel 데이터를 읽어 들이는 방법을 소개하고자 한다.

표 3-1 통계학과 학생들의 설문지 조사 데이터

일련번호	성별	군복무유무	종교	아버지키	본인키	성의식
01	1	2	2	160	170	5
02	2	9	5	175	160	4
03	1	2	5	164	176	2
04	2	9	1	179	158	5
05	2	9	5	168	160	4
06	2	9	5	165	156	4
07	2	9	5	176	164	4
08	2	9	2	176	168	4
09	2	9	2	165	155	4
10	2	9	5	168	159	5
11	2	9	2	175	161	3
12	2	9	5	170	155	3
13	2	9	2	170	164	4
14	2	9	5	168	160	3
15	2	9	5	172	159	3
16	2	9	5	165	152	5
17	1	1	5	173	171	3
18	1	1	5	174	174	3
19	1	1	5	172	183	3
20	1	1	5	170	176	3

(1) SPSS 데이터 편집기에서 직접 데이터를 입력하는 방법

데이터 편집기에서 데이터 파일은 케이스(row)와 변수(column)로 만들어지는 직사각형 모양으로 결정된다.

메뉴에서 다음을 선택한다.

파일

새로 만들기

데이터

데이터 편집기 창이 나타나면 '변수 보기' 탭을 누른다.

(가) 변수 보기-변수정의

'변수 보기' 시트에서는 각 변수에 대해 변수정의를 한다. 시트의 첫 행(줄)은 데이터에 있는 변수 중 첫 번째 변수에 대한 정보, 두 번째 행은 두 번째 변수에 대한 정보를 나타낸다.

① 이름

첫 번째 열 '이름' 아래에 각 변수의 이름을 입력한다. 변수이름은 다음의 규칙을 따라 만든다.

- 변수이름은 반드시 문자로 시작해야 한다.
- 변수이름의 첫 글자가 아닌 부분에는 문자, 숫자, 마침표, 부호(@, #, _, $) 등을 사용할 수 있다. 그러나 마침표로 끝날 수 없다.
- 변수이름은 중복될 수 없고 대소문자를 구별하지 않는다.
- 변수이름 안에 공백과 특수문자(!, ?, ', * 등)를 사용할 수 없다.
- 다음의 예약어(Reserved Keyword)는 변수이름으로 사용할 수 없다.

ALL BY WITH TO GE LE NE EQ GT LT NOT AND OR

- SPSS에서 취급할 수 있는 변수의 수에는 제한이 없다.

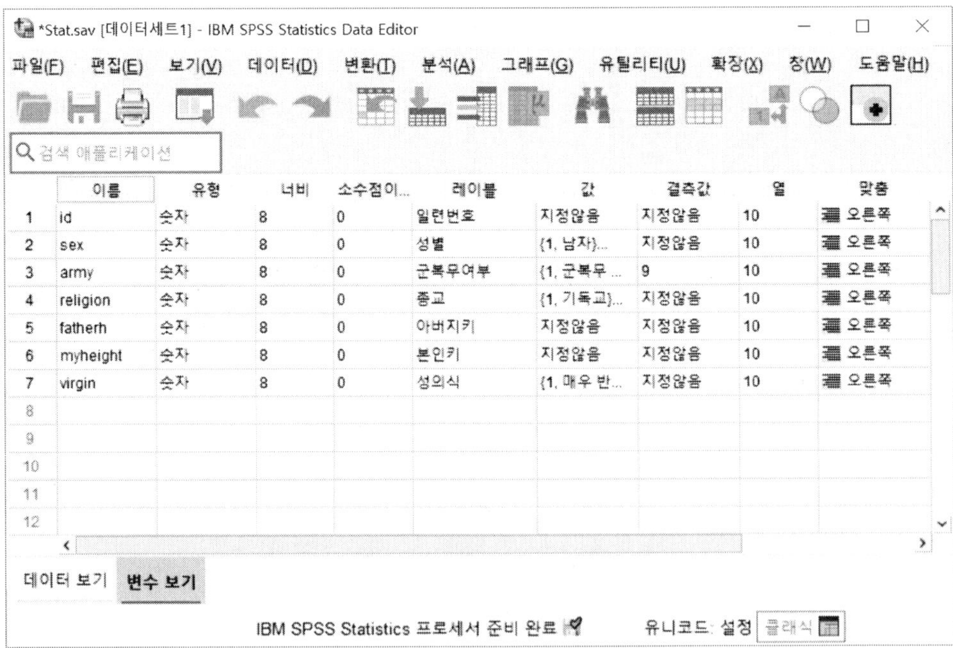

그림 3-1 데이터 편집기–변수 보기 시트

[표 3-1]의 데이터에 대해 'id', 'sex', 'army', 'religion', 'fatherh', 'myheight', 'virgin'을 입력한다. 입력할 때마다 변수에 대한 모든 열의 디폴트 정보가 나타난다. 우리는 이 디폴트 정보를 해당 셀을 눌러서 수정할 수 있다.

② 유형

이 열의 셀에는 입력하는 변수값이 숫자 형태(숫자 코드 포함)로 되어 있는지 문자로 되어 있는지를 나타낸다. 해당 셀의 오른쪽 끝부분을 눌러 나타난 대화상자의 변수 유형 중에서 하나를 선택한다. '자릿수' 칸에는 변수가 들어가기에 충분한 컬럼수를, '소수점 이하 자릿수' 칸에는 변수의 소수점 이하 자릿수를 입력하고 확인 을 누른다. 숫자변수의 디폴트 자릿수는 8이고 소수점 이하 자릿수는 2이다. 또한 문자열의 디폴트 자릿수는 8이다. [표 3-1]의 데이터에 대해 모든 변수의 유형을 '숫자'로 두고, '소수점 이하 자리' 열에서 '2'를 '0'으로 변경하자. 이것은 '유형' 열에서 대화상자를 통해 바꾸거나 '소수점 이하 자리' 열에서 직접 바꿀 수 있다.

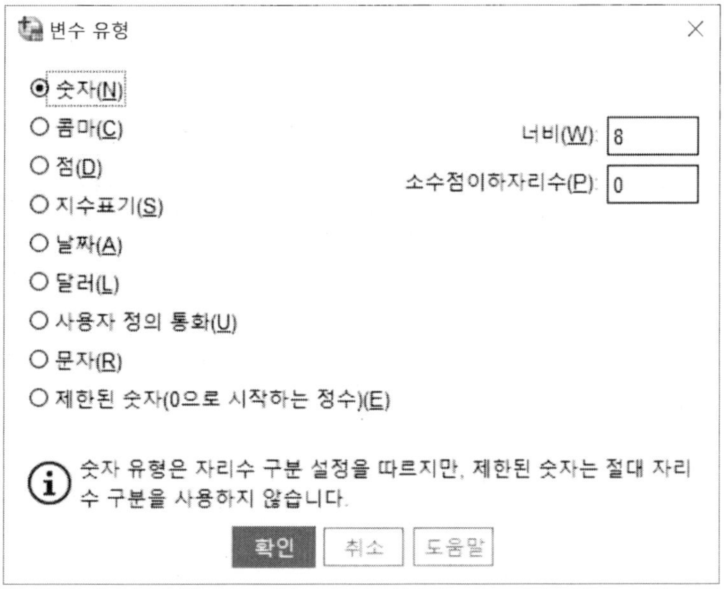

그림 3-2 변수 유형 대화상자

변수 유형	설명
○숫자	숫자변수
○콤마	세 자리마다 구분하는 콤마를 사용한 변수
○점	세 자리마다 구분하는 점을 사용한 변수
○지수표기	E와 10의 지수 형태로 표시된 변수
○날짜	날짜와 시간 형식으로 표시된 변수
○달러	달러 부호와 콤마를 포함하는 변수
○사용자 통화	옵션 대화 상자의 통화탭에서 정의한 사용자 정의 통화로 표시된 변수
○문자열	문자 변수

③ 레이블

이 열에서는 각 변수의 레이블을 준다. 변수이름은 일반적으로 짧게 사용하고 대·소문자를 구분하지 않는다. 그러나 변수레이블은 최대 256자까지 가능하며 대·소문자를 구분한다. 출력결과는 변수레이블을 사용하여 나타난다. [표 3-1]의 데이터에서 영문자 변수이름에 대한 레이블로 한글이름을 주기로 하자. 즉, '일련번호', '성별', '군복무여부', '종교', '아버지키', '본인키', '성의식'을 입력하자.

④ 값

셀의 오른쪽을 눌러서 나타나는 변수값 레이블 대화상자에서 변수의 각 기준값(범주값)에 대한 레이블을 준다. 오른편에 있는 [+] 단추를 누르면 입력할 새로운 줄이 나타난다. 칸에 마우스로 두 번 클릭하여 커서가 나타나면 변수 값과 레이블을 입력한다. 최대 60자까지 가능하며 대·소문자를 구분한다. 출력결과는 이러한 변수값 레이블을 사용하여 나타난다. [표 3-1]의 데이터에서 다음과 같이 변수값 레이블을 주기로 하자.

변수	값 레이블
sex	1=남자, 2=여자
army	1=군복무 마침, 2=군복무 마치지 않음, 9=해당없음
religion	1=기독교, 2=불교, 3=천주교, 4=기타종교, 5=종교없음
virgin	1=매우 반대, 2=반대, 3=보통, 4=찬성, 5=매우 찬성

그림 3-3 값 레이블 대화상자

⑤ 결측값

데이터를 수집하는 과정에서 어떤 관찰 단위에 대해서는 특정한 변수에 대한 정보가 없거나 관측하지 못하는 경우가 발생할 수 있다. 이러한 경우 공백으로 두면 SPSS는 시스템 결측값으로 간주한다. 그러나 사용자가 해당되는 변수의 값에 별도의 코드를 부여하여 그 값이 결측(missing)되어 있음을 나타낼 수도 있다. 이를 사용자에 의해 정의된 결측값(user-defined missing value)이라고 하며 그 값을 '결측값' 칸에 입력하여 정의한다. 셀을 눌러서 나타나는 결측값 대화상자에서 다음 중 하나를 선택하고 필요한 내용을 입력한다.

항목	설명
○ 결측값 없음	결측값이 없는 경우
○ 이산형 결측값	결측값으로 사용하는 코딩값이 한 개 이상 있는 경우로서 코딩값을 상자에 입력한다.
○ 한 개의 선택적 이산형 결측값을 더한 범위	결측값을 한 범위와 한 개의 값으로 지정하는 경우로서 범위의 하한, 상한값과 다른 한 개의 값을 입력한다.

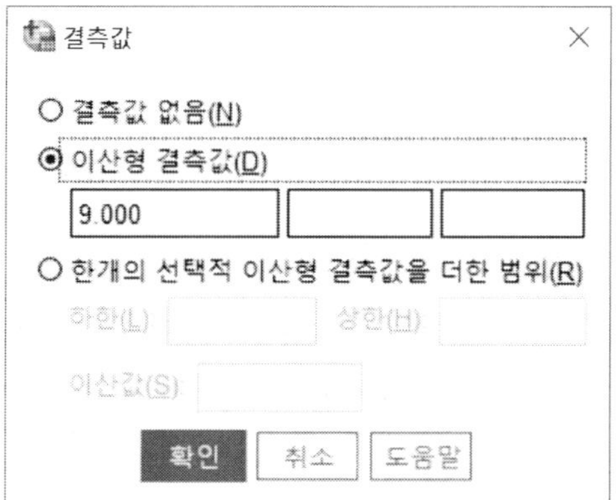

그림 3-4 결측값 대화상자

[표 3-1]의 데이터에서 'army' 변수에 대해 '9' 값을 사용자 결측값으로 정의하자.

⑥ 열

'데이터 보기' 시트에서 보이는 각 변수의 폭(컬럼수). 숫자인 경우 디폴트값은 8임. [표 3-1]의 데이터에 대해서는 디폴트값을 그대로 두자.

⑦ 맞춤

왼쪽, 오른쪽, 가운데 맞춤이 있다. 디폴트 설정은 숫자는 오른쪽 맞춤, 문자열은 왼쪽 맞춤이다. [표 3-1]의 데이터는 모두 숫자유형이므로 디폴트인 오른쪽 맞춤 그대로 두자.

⑧ 측도

각 변수의 측정척도를 설정한다. 척도(구간척도나 비율척도인 경우), 순서형(순서척도), 명목형(명목척도) 중 해당되는 하나를 선택한다. [표 3-1]의 데이터에서는 'id', 'sex', 'army', 'religion' 변수는 명목형, 'fatherh', 'myheight'는 척도, 'virgin' 변수는 순서형을 선택하자.

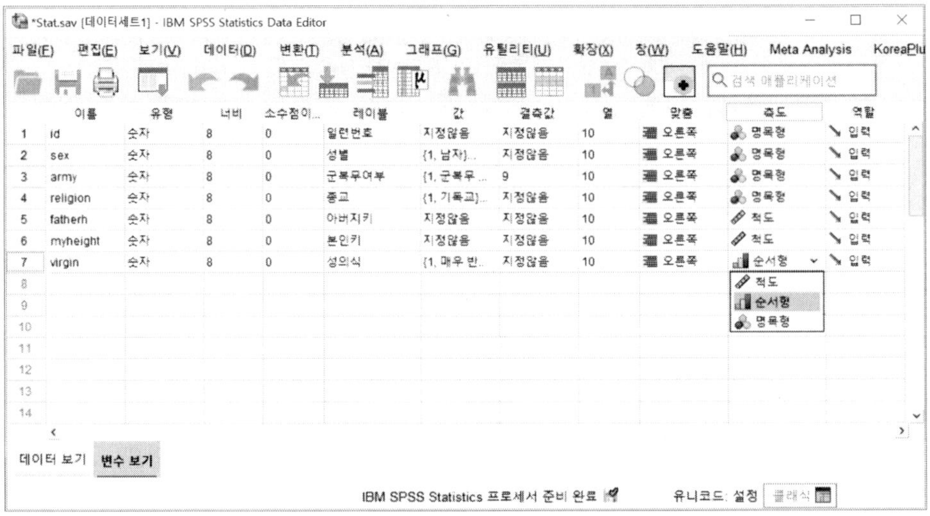

그림 3-5 데이터 편집기-변수 보기 시트

⑨ 역할

각 변수의 역할을 분석에 들어가기 전에 정의한다. 입력, 대상, 모두, 없음, 분할, 분할이 있다. 디폴트 설정은 입력이다.

역할	설명
입력	변수가 입력(독립)변수로 사용된다.
목표	변수가 목적(종속)변수로 사용된다.
모두	변수가 입력변수와 목적변수의 어느 쪽으로도 사용된다.
없음	변수에 역할이 할당되지 않는다.
분할	변수가 데이터를 훈련, 검증, 타당성 검사로 분할하는 데 사용한다.
분할	PASW Modeler와의 라운드 트립 호환성용으로 포함된다. 이 역할이 있는 변수는 SPSS에서 분할파일 변수로 사용되지 않는다.

(나) 데이터 보기-데이터 입력

'데이터 보기' 탭을 눌러서 '데이터 보기' 시트로 오면 변수이름이 표시되어 있는 것을 볼 수 있다. 변수이름 아래에 데이터를 직접 입력한다. 현재 셀은 [그림 3-6]에서 보는 바와 같이 다른 색상으로 표시된다. 현재 셀의 행 번호와 변수이름이 데이터 편집기의 왼쪽 위 구석에 표시되며 데이터 값을 입력하면 데이터 편집기 상단에 있는 셀 편집기에 값이 표시된다. 데이터 편집기에서 [표 3.1]의 데이터를 직접 입력하여 보자.

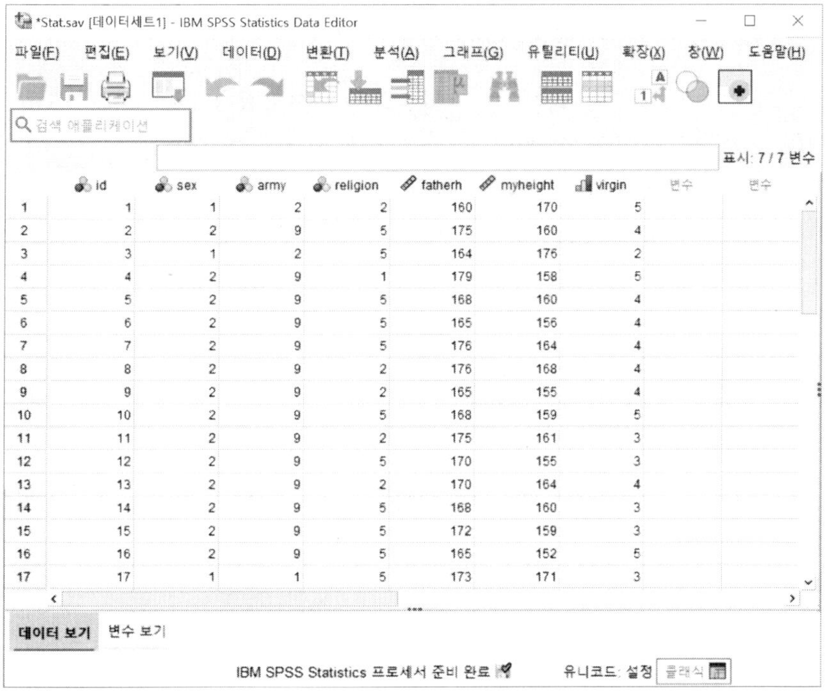

그림 3-6 데이터 편집기-데이터 보기 시트

(다) 데이터 편집

입력한 데이터 파일을 여러 방법으로 변경할 수 있다.

- 데이터 값을 바꾼다.
- 데이터 값을 잘라내거나 복사하거나 붙여 넣을 수 있다.
- 케이스를 추가하거나 삭제한다.
- 변수 순서를 바꾼다.
- 변수정의를 바꾼다.

「데이터 값을 바꾸는 방법」

① 셀을 선택하면 셀 값은 셀 편집기에 표시된다.

② 셀이나 셀 편집기에서 새로운 데이터 값을 입력하거나 원하는 값으로 수정한다.

「데이터 값을 잘라내기, 복사, 붙여넣기」

편집 메뉴의 〈잘라내기〉, 〈복사〉, 〈붙여넣기〉를 이용하여 개별 셀 값이나 한 영역의 값들을 잘라내거나 복사하거나 붙여 넣을 수 있다.

- 단일 셀 값을 다른 셀로 이동하거나 복사한다.
- 단일 셀 값을 한 영역 전체에 이동하거나 복사한다.
- 단일 케이스(행)를 여러 케이스로 이동하거나 복사한다.
- 단일 변수(열)를 여러 변수로 이동하거나 복사한다.
- 한 영역의 값들을 다른 영역으로 이동하거나 복사한다.

「새로운 케이스를 삽입」

빈 행에 데이터를 입력하면 새 케이스가 작성된다. 기존 케이스 사이에도 새 케이스를 삽입할 수 있다. 새 케이스를 삽입할 위치 아래에 있는 케이스를 선택하고 다음의 메뉴를 선택한다.

편집
　　케이스 삽입

「새로운 변수들을 삽입」

빈 열에 데이터를 입력하면 기본 변수이름(var로 시작하고 순차적인 5자리 숫자)과 디폴트 데이터 유형을 가진 새 변수가 작성된다. 기존 변수 사이에도 새 변수를 삽입할 수 있다. 새 변수를 삽입할 위치 오른쪽 변수에서 셀을 선택하고 메뉴에서 다음을 선택한다.

편집
　　변수 삽입

「변수 순서를 바꾸는 방법」

① 변수를 옮길 위치에 새로운 변수를 삽입한다.

② 이동하는 변수이름을 눌러 변수 전체를 선택한다.

③ 〈편집〉메뉴에서 〈잘라내기〉를 선택한다.
④ 새로운 변수 자리의 변수이름을 선택한다.
⑤ 〈편집〉메뉴의 〈붙여넣기〉를 선택한다.

(라) 데이터 파일의 보관

메뉴로부터 다음을 선택한다.

파일
　　다른 이름으로 저장...

다른 이름으로 저장 대화상자에서 파일 형식으로 SPSS(*.sav)를 선택하고 파일 이름을 stat로 준다. 이때 실제 파일 이름은 stat.sav가 된다.

(2) 워드프로세서로 만든 텍스트 데이터를 가져오는 방법

'아래아한글'이나 'Microsoft WORD' 등에서 데이터를 입력한 다음, 이 파일을 텍스트 형식으로 저장해 놓자. SPSS는 이런 텍스트 데이터 파일을 SPSS에 가져와서 SPSS 데이터 파일로 만들수 있다.

텍스트 데이터 파일 형식은 크게 두 가지가 있다.

① **구분자로 구분된 형식:** 구분자(공백, 콤마, 탭 등)를 사용하여 변수(항목)들을 구분하여 입력하는 방법이다. 구분자로 변수를 구분하기 때문에 변수들이 반드시 고정된 열에 있을 필요가 없다.

② **고정너비 형식:** 구분자를 두지 않고 입력하되, 변수(항목)들을 고정된 열에 맞춰서 입력하는 방법이다. 이 방법은 주로 데이터 양이 큰 경우(변수 개수가 많거나 케이스 수가 많은 경우)에 데이터 입력시간을 줄일 수 있어서 편리하다.

아래아한글에서 [표 3.1]의 데이터를 구분자로 구분된 형식이나 고정너비 형식으로 입력해 보자.

구분자로 구분된 형식	고정너비 형식
01 1 2 2 160 170 5↵	011221601705↵
02 2 9 5 175 160 4↵	022951751604↵
…	…
20 1 1 5 170 176 3↵	201151701763↵

20명 학생에 대한 데이터의 입력이 완료되면 데이터 파일을 **stat.dat**라는 파일명으로 저장해 보자. 이때 '다른 이름으로 저장하기'를 선택한다. '다른 이름으로 저장하기' 창에서는 파일형식으로 텍스트 문서(*.txt)를 선택하여 저장한다. 한글 문서(*.hwp) 형식은 SPSS에서 읽을 수 없기 때문에 반드시 텍스트 문서 형식으로 저장하여야 한다. SPSS에서는 이 텍스트 파일을 텍스트 가져오기 마법사를 사용하여 간편하게 읽을 수 있다. 텍스트 가져오기 마법사는 나름대로 텍스트 데이터 형태를 파악하여 사용자가 매우 간단한 선택만을 하도록 한다. 텍스트 가져오기 마법사는 다음 메뉴로 연다.

파일
　　데이터 가져오기
　　　　텍스트 데이터...

(가) 구분자로 구분된 형식의 경우

데이터 열기 대화상자가 나타나면 '찾아보기'에서 파일이 있는 드라이브와 디렉토리를 지정한 다음 **stat1.dat** 파일을 찾아서 [열기(O)] 를 선택한다.

① 텍스트 가져오기 마법사 – 6단계 중 1단계 대화상자가 열린다. 이 상자의 아래에는 텍스트 데이터 파일이 나타나 있다. [텍스트 파일이 사전 정의된 형식과 일치합니까?]에 디폴트 답 '아니오'를 선택된 대로 두고 [다음(N) >] 단추를 눌러서 2단계 대화상자를 연다.

② 2단계에서는 변수배열이 구분자에 의해 배열되어 있는지 여부와 변수이름이 처음 줄에 있는지를 묻는다.

- **변수배열: 구분자로 구분된** 형식의 경우에는 구분자(공백, 콤마, 탭 등)에 의해 배열되었기 때문에 '구분자에 의한 배열'을 선택한다.
- **변수이름:** 텍스트 데이터 파일의 처음 줄에 변수이름이 있으면 '예'를, 아니면 '아니오'를 선택한다.

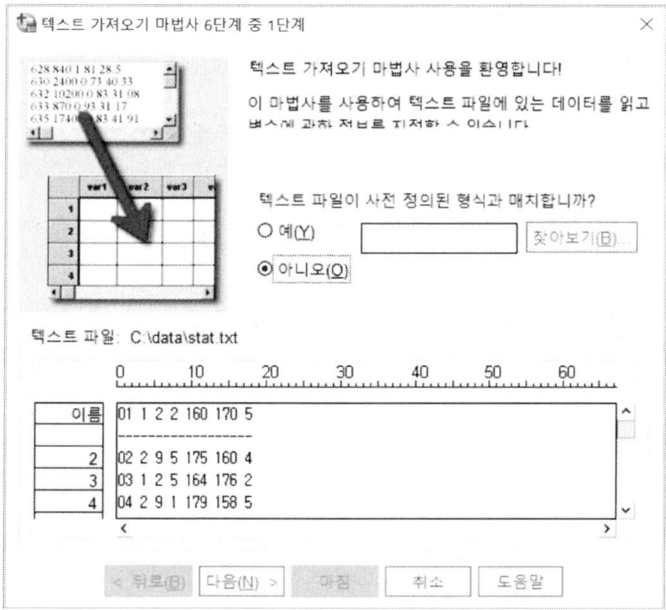

그림 3-7 텍스트 가져오기 마법사-6단계 중 1단계

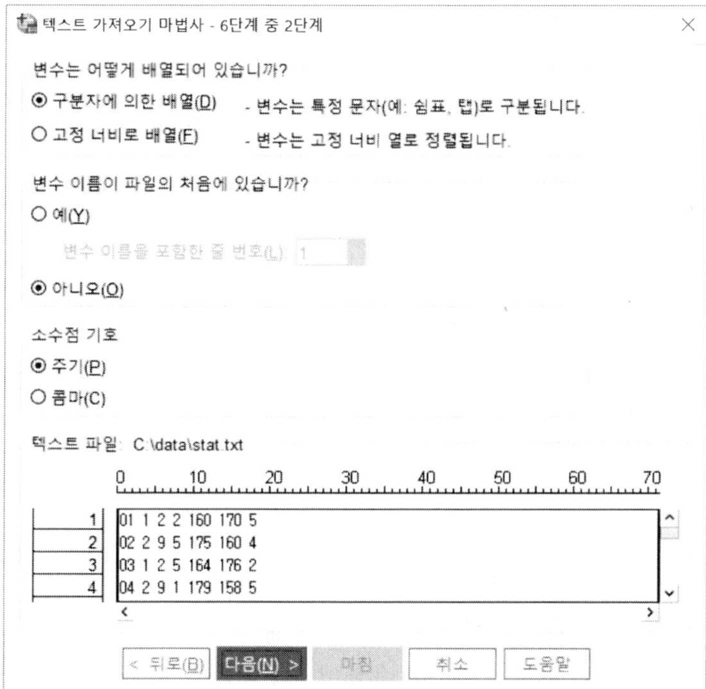

그림 3-8 텍스트 가져오기 마법사-6단계 중 2단계

[그림 3-8]의 **stat1.dat** 파일에 대한 2단계 대화상자에서 '구분자에 의한 배열'과 '아니오'가 잘 선택되어 있는 것을 확인하고 [다음(N) >] 단추를 누른다.

③ 3단계 대화상자에서는 데이터의 첫 번째 케이스가 시작하는 줄(행)과 한 케이스가 한 줄에 입력되어 있는지 여부, 데이터의 일부만을 가져올 것인지를 묻는다.

- **첫 번째 케이스의 시작 줄**: 변수이름을 제외한 첫 번째 케이스가 시작하는 행(줄)을 말한다.
- **케이스의 표시**: 한 케이스가 한 줄(행)에 들어 있으면 '각 줄은 케이스를 표시합니다'를 선택하고, 한 케이스가 여러 줄에 걸쳐 입력되었으면 '다음 개수의 변수가 한 케이스를 나타냅니다.'를 선택하고 입력된 변수 개수를 선택한다.

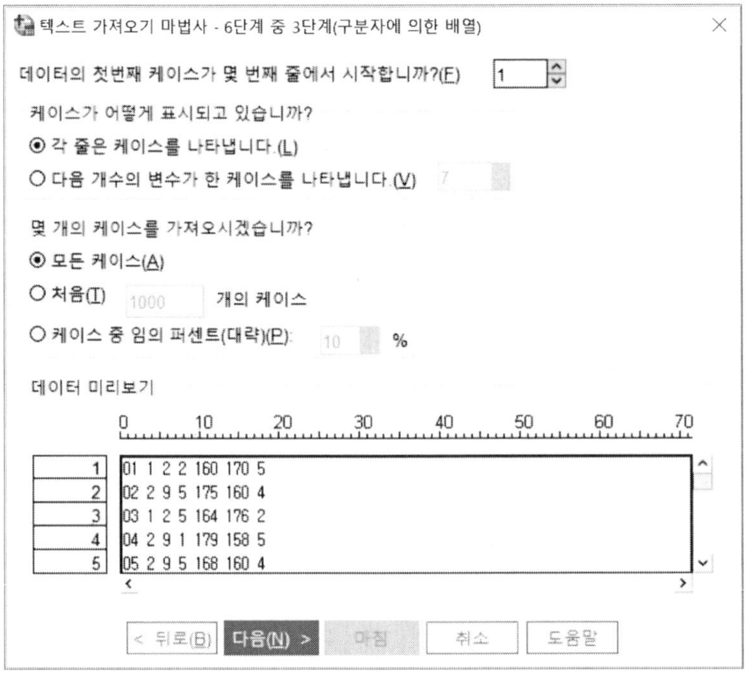

그림 3-9 텍스트 가져오기 마법사-6단계 중 3단계(구분자에 의한 배열)

- **가져올 케이스 개수**: 모든 데이터를 가져올 경우에는 '모든 케이스'를 선택하고, 텍스트 데이터의 일부만을 가져올 경우에는 '처음 [ ]개의 케이스'를 선택한 다음 원하는 케이스 개수를 입력하거나 '케이스 중 임의 퍼센트(대략)'를 선택한 다음 원하는 양(퍼센트)를 입력한다.

[그림 3-9]의 **stat1.dat** 파일에 대한 3단계 대화상자에서 각각 '1', '각 줄은 케이스를 표시합니다'와 '모든 케이스'가 잘 선택되어 있는지 확인한 다음 다음(N) > 단추를 누른다.

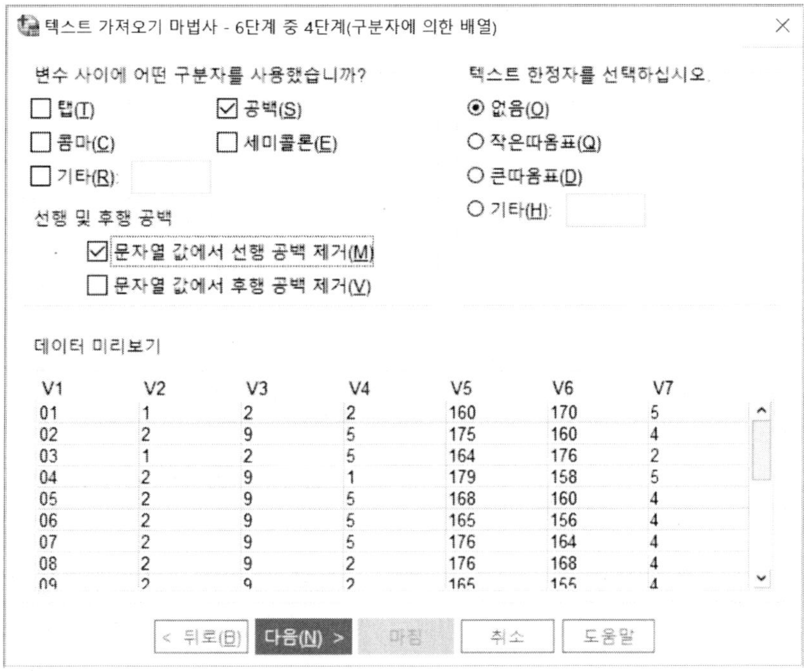

그림 3-10 텍스트 가져오기 마법사-6단계 중 4단계(구분자에 의한 배열)

④ 4단계 대화상자에서는 사용한 구분자가 무엇인지 나타내고, '데이터 미리보기'를 보여준다. SPSS 마법사가 구분자를 잘 찾아내었는지 확인한다. 잘못 찾았으면 다른 구분자에 체크한 다음 '데이터 미리보기'에서 데이터가 제대로 읽혀지는지 살펴본다. [그림 3-10]의 **stat1.dat** 파일에 대한 4단계 대화상자에서는 구분자가 공백인 것을 잘 찾아주었다.

⑤ 5단계에서는 변수이름과 데이터 형식을 변경할 수 있다. '데이터 미리보기' 영역에서 변경하고자 하는 변수를 마우스로 누르면 상자의 윗부분에 있는 '변수이름'과 '데이터 형식'이 반전되는데 여기에서 변수이름과 데이터 형식을 변경한다.

[그림 3-11]의 5단계 대화상자에서 각 변수의 이름을 'id', 'sex', 'army', 'religion', 'fatherh', 'myheight'과 'virgin'으로 변경해 보자. 다음(N) > 단추를 눌러서 6단계 대화상자를 연다.

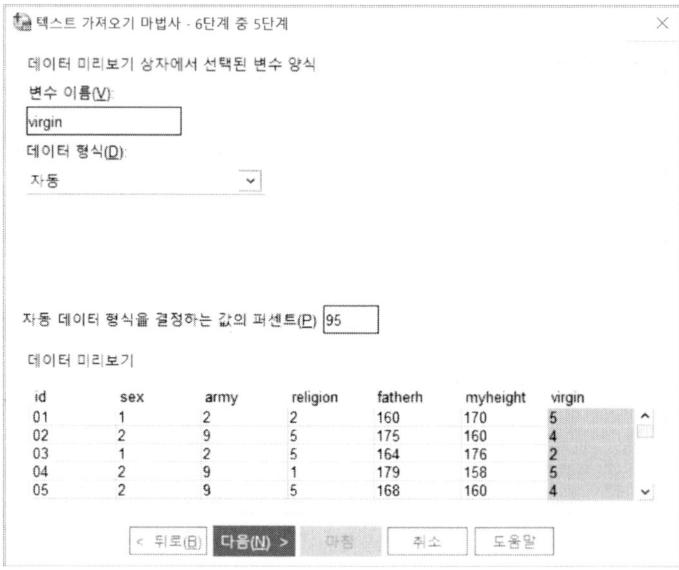

그림 3-11 텍스트 가져오기 마법사-6단계 중 5단계

⑥ 6단계에서는 지금까지 텍스트 데이터를 SPSS로 가져오기 위해 정의한 파일형식을 후에 사용할 수 있도록 저장할 것인지를 묻고, 이 작업을 SPSS 명령문 형태로 나타낼 것인지를 묻는다. [그림 3-12]에서 [마침] 단추를 누르면 텍스트 데이터는 데이터 편집기 창에 나타난다.

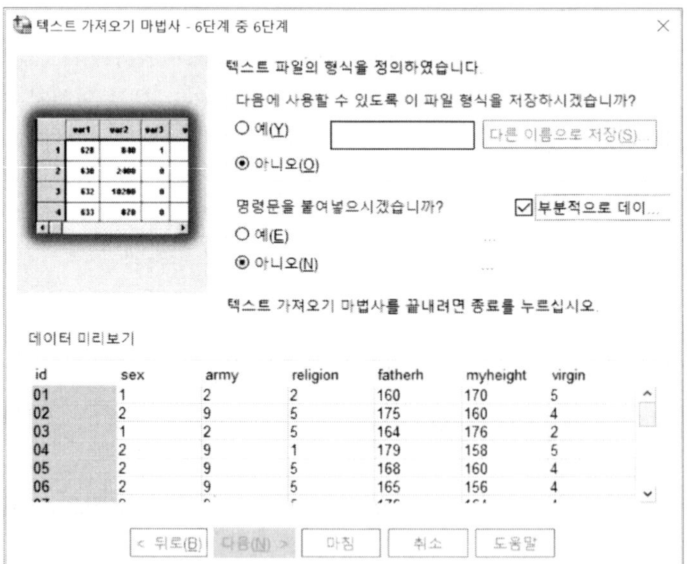

그림 3-12 텍스트 가져오기 마법사-6단계 중 6단계

(나) 고정너비 형식의 경우

데이터 열기 대화상자가 나타나면 '찾아보기'에서 파일이 있는 드라이브와 디렉토리를 지정한 다음 stat2.dat 파일을 찾는다. 고정너비 형식의 경우에는 유니코드를 지원하지 않기 때문에 '인코딩' 칸에서 '로칼 인코딩'을 선택한 후에 [열기(O)]를 선택한다.

① 텍스트 가져오기 마법사-6단계 중 1단계 대화상자가 열린다. 이 상자의 아래에는 텍스트 데이터 파일이 나타나 있다. [텍스트 파일이 사전 정의된 형식과 일치합니까?]에 디폴트 답 '아니오'를 선택된 대로 두고 [다음(N) >] 단추를 눌러서 2단계 대화상자를 연다.

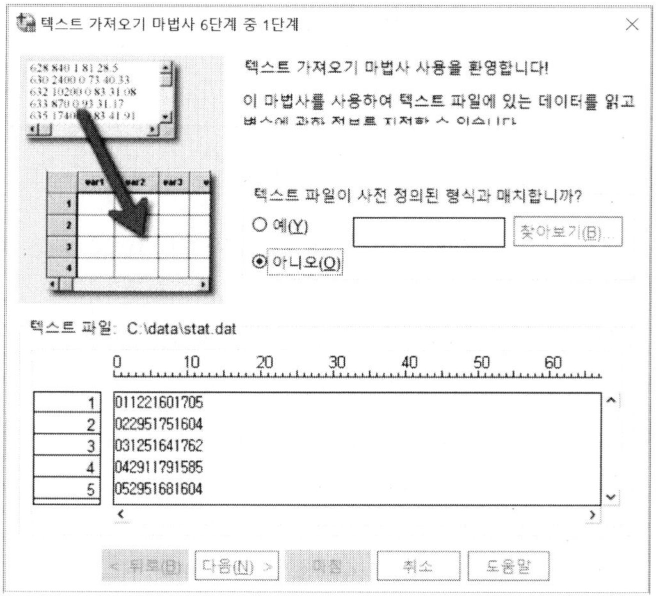

그림 3-13 텍스트 가져오기 마법사-6단계 중 1단계

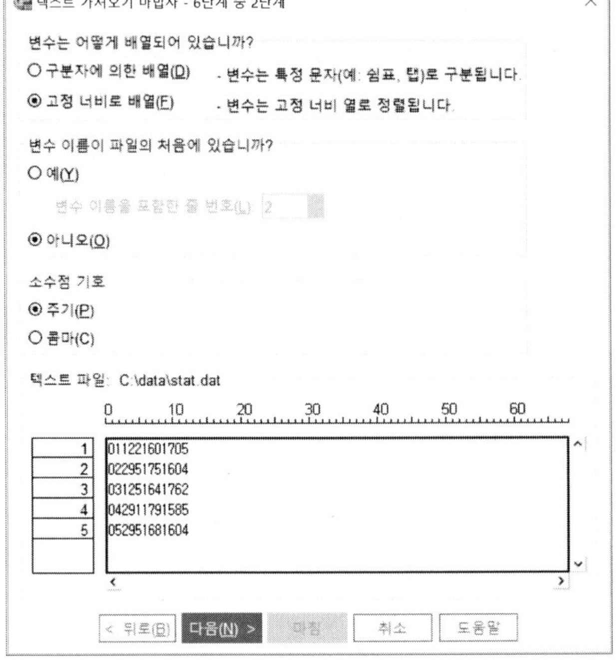

그림 3-14 텍스트 가져오기 마법사-6단계 중 2단계

② 2단계에서는 변수배열이 구분자에 의해 배열되어 있는지 여부와 변수이름이 처음 줄에 있는지를 묻는다.

- **변수배열**: 고정너비 형식의 경우에는 '고정너비로 배열'을 선택한다.
- **변수이름**: 텍스트 데이터 파일의 처음 줄에 변수이름이 있으면 '예'를, 아니면 '아니오'를 선택한다.
- 소수점 기호: 소수점 기호가 마침표이면 위쪽, 쉼표이면 '콤마'를 선택한다.

[그림 3-14]의 **stat2.dat** 파일에 대한 2단계 대화상자에서 '고정너비로 배열'을 선택하고, 변수이름에서는 '아니오'가 잘 선택되어 있는 것을 확인하고 [다음(N) >] 단추를 누른다.

참고 다음과 같은 오류 메시지가 나타날 수 있다.

> 텍스트마법사는 고정너비 유니코드 파일을 지원하지 않습니다. GET DATA 명령문 또는 DATA LIST 명령문을 사용하여 고정너비 유니코드 텍스트 데이터 파일을 읽을 수 있습니다.

이 경우에는 다음 두 가지 방법 중 하나를 선택하여 실행한다.
① 데이터를 열지 않은 상태에서 편집 메뉴의 옵션 대화상자를 연다. 언어 탭을 눌러서 데이터 및 명령문을 위한 문자 인코딩을 "로케일의 쓰기 시스템"으로 변경한다.
② 텍스트 데이터 열기 대화상자에서 데이터 파일을 넣고 '인코딩' 칸에 "로컬 인코딩"으로 변경하여 실행한다.

③ 3단계 대화상자에서는 데이터의 첫 번째 케이스가 시작하는 줄(행)과 한 케이스가 한 줄에 입력되어 있는지 여부, 데이터의 일부만을 가져올 것인지를 묻는다.

- **첫 번째 케이스의 시작 줄**: 변수이름을 제외한 첫 번째 케이스가 시작하는 행(줄)을 말한다.
- **한 케이스가 차지하는 줄(행) 수**: 한 케이스가 한 줄(행)에 들어 있으면 1을, 한 케이스가 여러 줄에 걸쳐 입력되었으면 해당 줄(행) 수를 선택한다.
- **가져올 케이스 개수**: 모든 데이터를 가져올 경우에는 '모든 케이스'를 선택하고, 텍스트 데이터의 일부만을 가져올 경우에는 '처음 [　　] 개의 케이스'를 선택한 다음 원하는 케이스 개수를 입력하거나 '케이스 중 임의 퍼센트(대략)'을 선택한 다음 원하는 양(퍼센트)을 입력한다.

[그림 3-15]의 **stat2.dat** 파일에 대한 3단계 대화상자에서 각각 '1', '1'과 '모든 케이스'가 잘 선택되어 있는지 확인한 다음 [다음(N) >] 단추를 누른다.

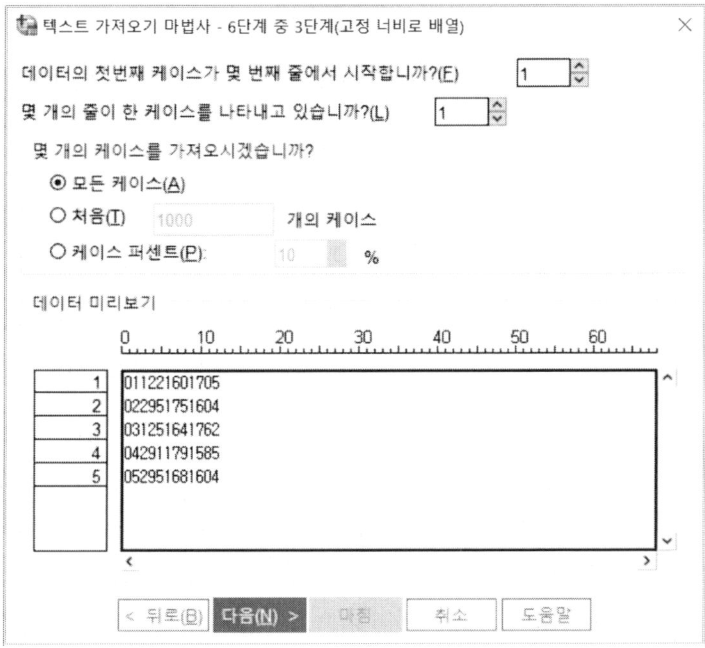

그림 3-15 텍스트 가져오기 마법사–6단계 중 3단계(고정너비로 배열)

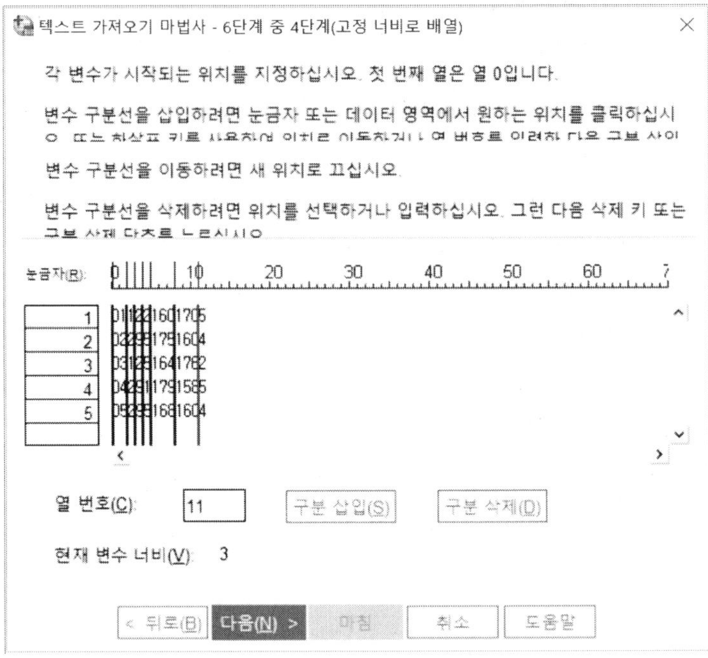

그림 3-16 텍스트 가져오기 마법사-6단계 중 4단계(고정너비로 배열)

④ 4단계 대화상자에서는 변수 구분선을 수직선으로 넣는 작업을 한다. '데이터 미리보기' 상자에서 변수를 구분하기 위해 수직선을 넣을 부분과 상자의 밑면이 만나는 지점을 마우스로 누른다. 또는 '열 번호' 상자에 변수 구분선이 들어갈 눈금 번호를 넣고 [구분 삽입(S)] 단추를 눌러 수직선을 넣을 수 있다. 그러면 [그림 3-16]과 같이 수직선이 나타난다. 필요한 수직선을 모두 넣었는지 확인한 다음 [다음(N) >] 단추를 누른다.

⑤ 5단계에서는 변수이름과 데이터 형식을 변경할 수 있다. '데이터 미리보기' 영역에서 변경하고자 하는 변수를 마우스로 누르면 상자의 윗 부분에 있는 '변수이름'과 '데이터 형식'이 반전되는데 여기에서 변수이름과 데이터 형식을 변경한다.
[그림 3-17]의 5단계 대화상자에서 각 변수의 이름을 'id', 'sex', 'army', 'religion', 'fatherh', 'myheight'과 'virgin'으로 변경해 보자. [다음(N) >] 단추를 눌러서 6단계 대화상자를 연다.

- 자동 데이터 형식을 결정하는 값의 퍼센트: 자동 형식의 경우, 각 변수의 데이터 형식(숫자 또는 문자)을 결정하기 위한 형식에 맞는 데이터 값의 최소 백분율이며, 50보다 커야 한다.

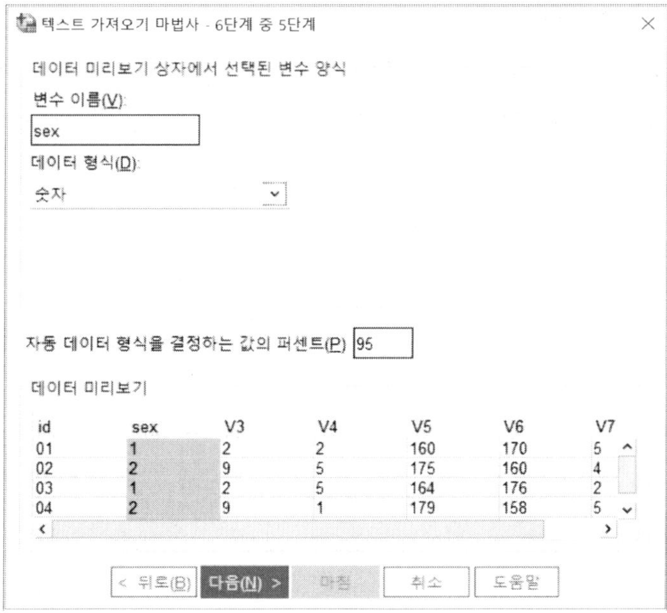

그림 3-17 텍스트 가져오기 마법사-6단계 중 5단계

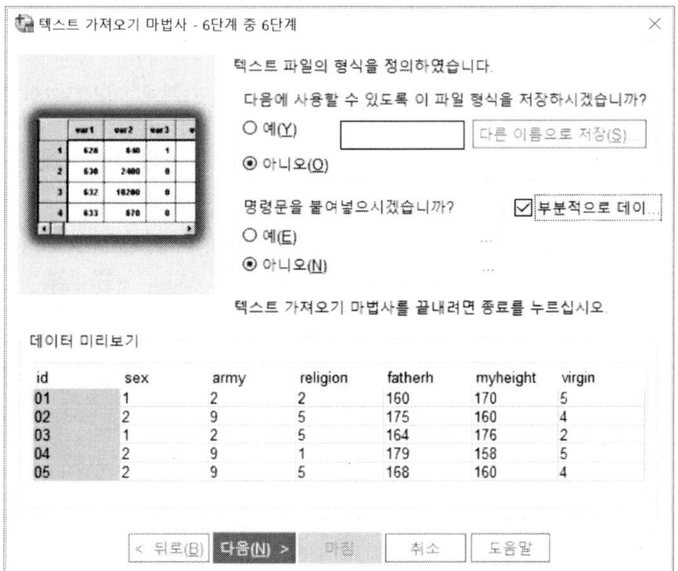

그림 3-18 텍스트 가져오기 마법사-6단계 중 6단계

⑥ 6단계에서는 지금까지 텍스트 데이터를 SPSS로 가져오기 위해 정의한 파일형식을 후에 사용할 수 있도록 저장할 것인지를 묻고, 이 작업을 SPSS 명령문 형태로 나타낼 것인지를 묻는다. [그림 3-18]에서 마침 단추를 누르면 텍스트 데이터는 데이터 편집기 창에 나타난다.

(다) 변수정의

① [그림 3-19]와 같이, 텍스트 데이터를 구분자로 구분된 형식이나 고정너비 형식으로 SPSS 데이터 편집기 안에 가져오면 우선 데이터가 제대로 읽혀졌는지를 확인한다. [그림 3-19]의 데이터는 제대로 읽혀진 것으로 보인다.

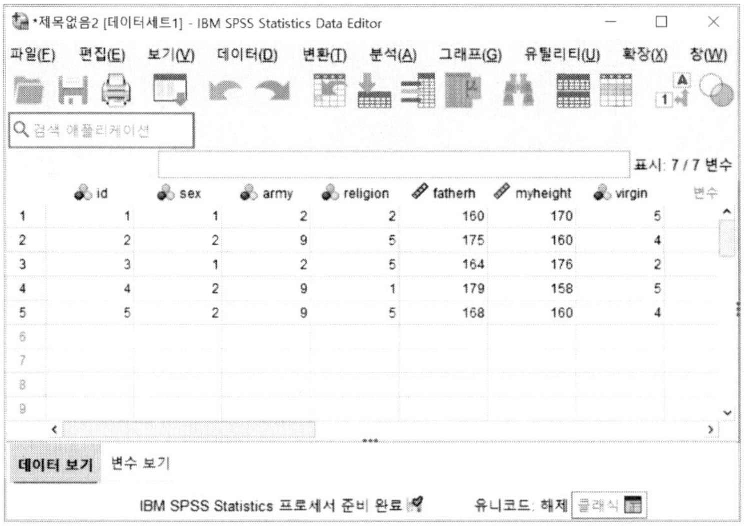

그림 3-19 SPSS로 가져온 텍스트 데이터

② 다음에는 '변수 보기' 탭을 눌러서 SPSS가 인식한 각 변수에 대한 정의를 수정한다.

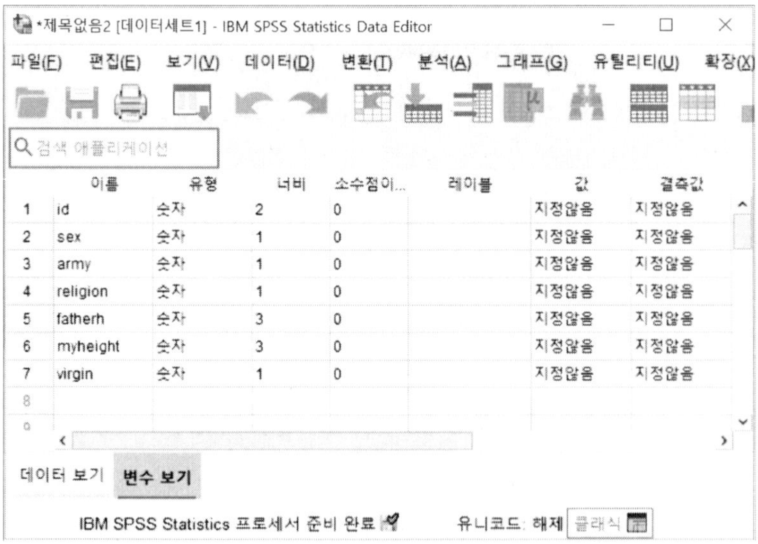

그림 3-20 SPSS로 가져온 텍스트 데이터의 변수 보기

[그림 3-20]에서 각 변수들의 '레이블'과 '값'을 주고, '결측값'과 '측도'값을 바르게 변경한다.

참고 '변수정의'에 대한 자세한 내용은 이 장의 2절 '(1) SPSS 데이터 편집기에서 직접 데이터를 입력하는 방법'에 있음.

(3) Excel 데이터를 읽어들이는 방법

SPSS에서는 Excel에서 작성한 데이터를 SPSS 데이터 파일로 읽어 들일 수 있다. SPSS는 엑셀 데이터를 다음과 같은 방식으로 읽는다.

- 행은 케이스이고 열은 변수이다.
- 각 변수의 첫 번째 데이터 셀의 유형(숫자, 문자)과 너비가 변수 전체의 유형과 너비를 결정한다.
- 숫자변수에서 빈 셀은 결측값으로 변환되고 문자변수에서 빈 셀은 유효한 blank 문자로 취급된다.
- 엑셀 데이터에서 변수이름이 포함되어 있지 않은 경우, SPSS는 변수이름으로 알파벳 문자 a, b, c, d, …를 붙여준다.

Excel에서 [표 3.1]의 데이터를 변수이름과 함께 입력한다. 20명 학생의 Excel 데이터 파일을 **stat.xls** 파일명으로 저장하자.

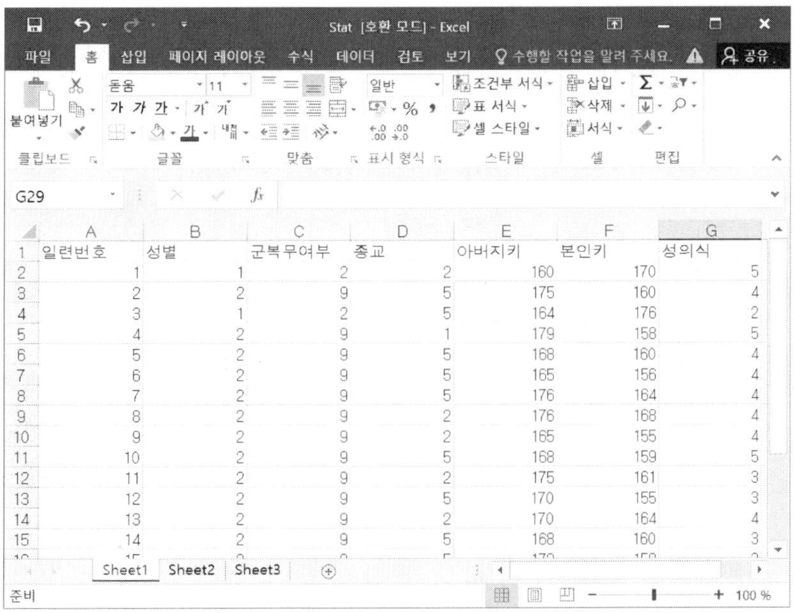

그림 3-21 Excel 스프레드시트 데이터

- 파일메뉴에서 〈다른 이름으로 저장...〉을 선택한다.
- **다른 이름으로 저장** 대화상자에서 파일형식이 엑셀 통합문서인 상태에서 파일이름에 stat을 입력 하고 [저장(S)] 단추를 누른다. 그러면 이 파일은 엑셀확장자 xls나 xlsx가 붙은 stat이라는 파일이름을 갖게 된다.

(가) 엑셀 데이터 읽기

SPSS에서 방금 저장한 Excel 파일을 읽어보자.

① 메뉴에서

파일
열기
데이터...

를 선택한다. **데이터 열기** 대화상자에서 파일 유형으로 'Excel'을 선택한다.

② stat.xls 파일을 찾아서 [열기(O)]를 선택한다.

그림 3-22 데이터 열기 대화상자

③ **Excel 파일 읽기** 대화상자가 나타난다. 첫 행에 변수이름이 있을 경우에는 '데이터 첫 행에서 변수이름 읽어오기'의 체크상자에 체크 표시가 되어 있는지 확인하고, '워크시트' 안에 읽을 데이터의 영역이 잘 나타나 있는지 확인한 상태에서 [확인]을 선택한다.

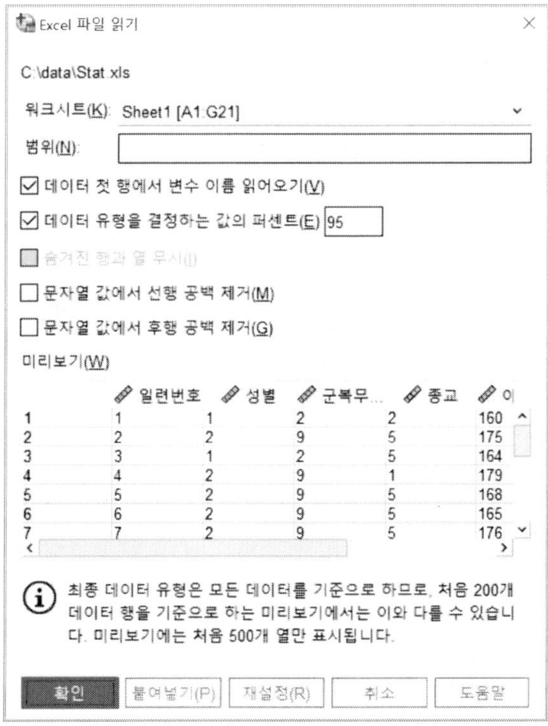

그림 3-23 Excel 파일 읽기 대화상자

④ 그러면 [그림 3-24]와 같이 엑셀 데이터가 SPSS 데이터 편집기 창에 나타난다.

그림 3-24 SPSS로 가져온 데이터

(나) 변수정의

'변수 보기' 탭을 눌러서 각 변수들에 대한 변수정의를 수정한다.

① '이름' 열에는 한글 변수이름이 있다. 그대로 두어도 좋지만 영문 변수이름을 주는 것이 영문 SPSS에서도 사용할 수 있어서 편리하다. '이름' 열의 내용을 '설명' 열에 복사한다. '이름' 열에는 'id', 'sex', 'army', 'religion', 'fatherh', 'myheight'와 'virgin'을 입력한다.

② '자릿수' 열을 모두 '8'로 변경하고, '값' 열에는 각 변수의 범주값에 대한 설명을 입력한다.

③ 맨 끝열인 '측도' 열을 수정한다. 'id', 'sex', 'army'와 'religion'의 측도는 '명목'으로, 'fatherh'와 'myheight'의 측도는 '척도'로 변경한다.

참고 '변수정의'에 대한 자세한 내용은 (1)의 (가)변수 보기-변수정의에 있음.

03 SPSS 데이터의 보관

메뉴로부터 다음을 선택한다.

파일
　　다른 이름으로 저장...

다른 이름으로 저장 대화상자에서 파일 형식으로 SPSS(*.sav)를 선택하고 파일 이름을 **stat**로 준다. 이때 실제 파일 이름은 **stat.sav**가 된다.

4장 데이터 변환

이 장에서는 3장에서 만든 SPSS 데이터 파일을 용도에 맞게 변환하는 방법을 알아보도록 하자. 현재 정의된 실행 파일의 데이터를 변환 메뉴를 선택하여 변환할 수 있다. 범주를 합치는 것과 같은 단순 작업은 물론 일정한 계산식과 조건문에 따라 새 변수를 작성하는 등의 보다 복잡한 작업도 수행할 수 있다.

01 변수계산

그림 4-1 변수 계산 대화상자

기존의 변수를 이용하여 새로운 변수를 만들고자 할 때 사용하며 산술식 및 여러 가지 형태의 함수를 이용할 수 있다. 메뉴에서

변환
　　변수계산...

을 선택하면 **변수계산** 대화상자가 나타난다. 새로운 변수이름을 만들어 '목표변수' 칸에 입력하고 '숫자표현식' 칸에 수식을 입력한다. 이때 변수목록에서 변수들을, 계산기판에서 수와 연산부호들을, 함수목록에서 함수들을 선택하여 사용할 수 있다.

- 목표변수가 새로운 변수이면 그 내용이 실행 파일의 데이터에 추가되며, 목표변수가 기존의 변수이면 해당되는 변수에 대한 내용이 변경된다.
- 목표변수의 유형과 변수레이블은 목표변수 아래에 있는 [유형 및 레이블(L)...] 단추를 선택하여 입력한다.
- 산술식에서 사용되는 연산자

  + (덧셈), − (뺄셈), * (곱셈), / (나눗셈), ** (거듭제곱)

- 산술식에서 함수를 사용할 경우에는 먼저 아래에 있는 '함수 집단' 상자에서 함수 집단을 선택한다. '함수 및 특수변수' 상자에 그 함수 집단에 해당되는 함수들이 나타나는데, 원하는 함수를 선택해서 [↑]를 누르면 '숫자표현식' 칸에 함수가 입력된다. 함수를 선택하면 왼쪽에 있는 상자에 그 함수에 대한 설명이 나타난다. 많이 사용하는 몇 가지 함수를 다음 표에 나타내었다.

함수	설명
ABS(숫자표현식)	절댓값
ARTAN(숫자표현식)	$\tan^{-1}$ 값
COS(숫자표현식)	cos 값
EXP(숫자표현식)	지수 e^X
LAG(변수)	변수의 바로 직전 케이스에 대한 값을 준다.
LG10(숫자표현식)	상용대수
LN(숫자표현식)	자연대수
MISSING(변수)	변수의 값이 결측값이면 1이 된다.
MOD(숫자표현식,modulus)	숫자 표현식 값을 modulus로 나눈 나머지
NORMAL(표준편차)	N(0, 표준편차^2) 분포를 갖는 확률 변수값을 준다.
RND(숫자표현식)	정수로 반올림한다.
SIN(숫자표현식)	sin 값
SQRT(숫자표현식)	제곱근
SYSMIS(숫자변수)	변수의 값이 시스템 결측값이면 1이 된다.
TRUNC(숫자표현식)	소수 이하를 버린다.
UNIFORM(최대값)	U(0, 최대값) 분포를 갖는 확률변수값을 준다.
VALUE(변수)	변수에 대한 사용자 정의 결측값을 무시하고 계산에 포함시킨다.
YRMODA(년,월,일)	1582년 10월 15일 이후의 총 날짜를 제공한다.

• 산술식에서의 연산순서

① ( )

② 함수

③ **(거듭제곱)

④ *(곱셈), /(나눗셈): 연산순위는 같으며 먼저 나온 순서대로 연산함.

⑤ +(덧셈), −(뺄셈): 연산순위는 같으며 먼저 나온 순서대로 연산함.

• 논리식에서 사용되는 연산자

<table>
<tr><th>연산자</th><th colspan="2">종류</th></tr>
<tr><td rowspan="3">관계 연산자
(relational operator)</td><td>=: 같다</td><td>~=: 같지 않다</td></tr>
<tr><td>〈: 작다</td><td>〈=: 작거나 같다</td></tr>
<tr><td>〉: 크다</td><td>〉=: 크거나 같다</td></tr>
<tr><td rowspan="3">논리 연산자
(logical operator)</td><td colspan="2">&(AND): 참과 참을 연산할 때만 참이 되며 그렇지 않으면 거짓이 된다.</td></tr>
<tr><td colspan="2">|(OR): 적어도 하나가 참이면 그 결과가 참이 된다.</td></tr>
<tr><td colspan="2">~(NOT): 참에 대해서는 거짓으로, 거짓에 대해서는 참으로 연산된다.</td></tr>
</table>

예제 다음 논리식의 결과는 '참'이나 '거짓'이 된다.

1. 변수 A, B의 값이 각각 A=10.5, B=7일 때,
   (A = 10.5) : 참
   (A*5–2 〈= B/4*3) : 거짓

2. 변수 A, B의 값이 각각 A=10.5 B=11.5일 때,
   (A = 10.5 & B 〈= 9.6) : 거짓
   (A = 10.5 | B 〈= 9.6) : 참
   (~A = 10.5) : 거짓

• 논리식에서의 연산순서

① ( )

② 산술식

③ 관계 연산자

④ 논리 연산자: 논리 연산자가 중복 사용되면 ~, &, | 순으로 연산된다.

• 조건

변수계산 대화상자에서 [조건(I)...] 단추를 눌러서 조건을 만족하는 케이스들에 한해서 데이터 변환을 수행할 수 있다. 조건 표현식 결과가 '참'인 케이스에 변환이 적용된다.

그림 4-2 변수 계산: 케이스 조건 대화상자

실습 1

다음을 실행하여 보자.

1. 다음 '아들과 아버지 키의 차이에 대한 변수' 'diff'를 만들어 보자.

   남자인 경우(sex=1)는 diff = myheight − fatherh로 계산하고,
   여자인 경우(sex=2)는 결측값으로 둔다.

변수계산 대화상자에서 '목표변수' 칸에 'diff'를 입력한다. 왼쪽에 있는 변수목록으로부터 변수를 선택하고 상자 아래의 연산자를 선택해서 '숫자표현식' 상자에 'myheight − fatherh'를 넣는다.

[조건(I)] 단추를 눌러 **케이스 조건** 대화상자를 연다. '다음 조건을 만족하는 케이스 포함'을 선택하고 상자에 'sex=1'을 입력한 다음 [계속(C)] 단추를 누른다. **변수계산** 대화상자에서 [확인] 단추를 눌러 실행시킨다.

2. 다음 '아버지 키의 로그변환값'인 'logfath' 변수를 만들어 보자.

logfath = log(fatherh)

'목표변수' 칸에 'logfath'를 입력한다. '숫자표현식' 상자 아래에 있는 '함수집단' 목록 중 '산술'을 선택하고 '함수 및 특수변수' 목록에서 자연로그함수 'Ln'을 선택한 다음 위쪽 방향 단추를 누른다. 숫자표현식의 '?' 자리(즉, 커서가 있는 곳)에 변수목록으로부터 fatherh를 선택하여 오른쪽 방향 단추를 누르면 숫자표현식의 로그함수 안에 fatherh가 입력된다.

02 코딩변경(Recode)

데이터 값이나 범주를 변경하거나 수정할 수 있다. 몇 개 범주를 합치거나 조합할 때 특히 유용하며 기존 변수내 값의 코드를 변경하거나 기존 변수값의 코딩변경으로 새로운 변수를 만들 수 있다.

(1) 같은 변수로 코딩변경

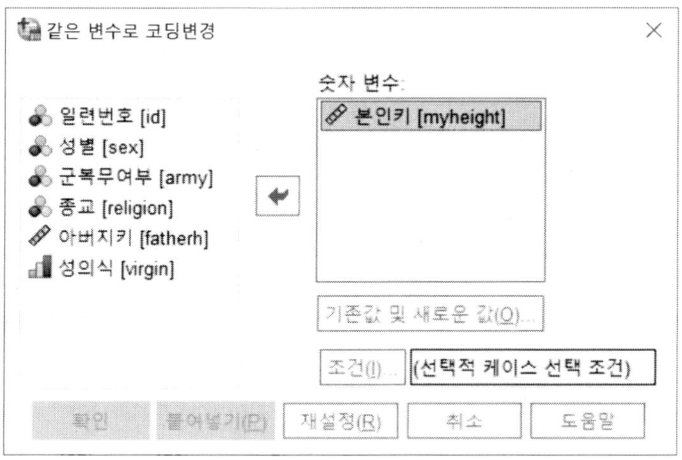

그림 4-3 같은 변수로 코딩변경 대화상자

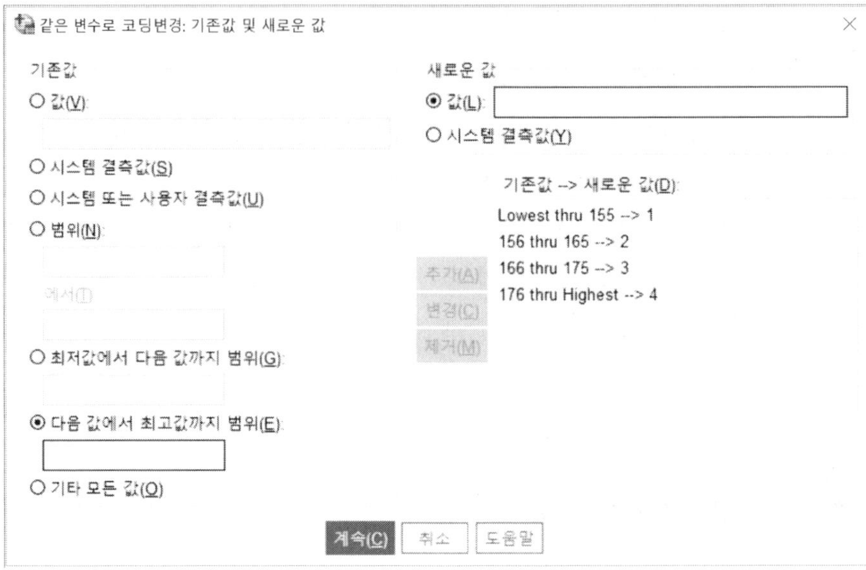

그림 4-4 기존값 및 새로운 값 대화상자

메뉴에서

변환
　　같은 변수로 코딩변경...

를 선택하면 **같은 변수로 코딩변경** 대화상자가 나타난다. 기존변수의 값을 다시 할당하거나 기존값 범위를 새 값으로 만들 수 있다. 변수목록으로부터 코드를 변경할 변수를 선택하고 [기존값 및 새로운 값(O)...] 단추를 선택한다. 대화상자에서 기존값(Old Value)과 새로운 값(New Value)을 입력한 후 [추가(A)] 를 선택한다.

> **참고** 같은 변수로 코딩변경을 하면 데이터 편집기에서 기존 변수값이 사라지기 때문에 이 명령을 실행하기 전에 기존 변수값이 없어져도 괜찮은지 주의할 필요가 있다. 따라서 기존 변수를 유지하면서 새로운 변수를 만드는 '다른 변수로 코딩변경'이 보다 일반적으로 사용된다.

(2) 다른 변수로 코딩변경

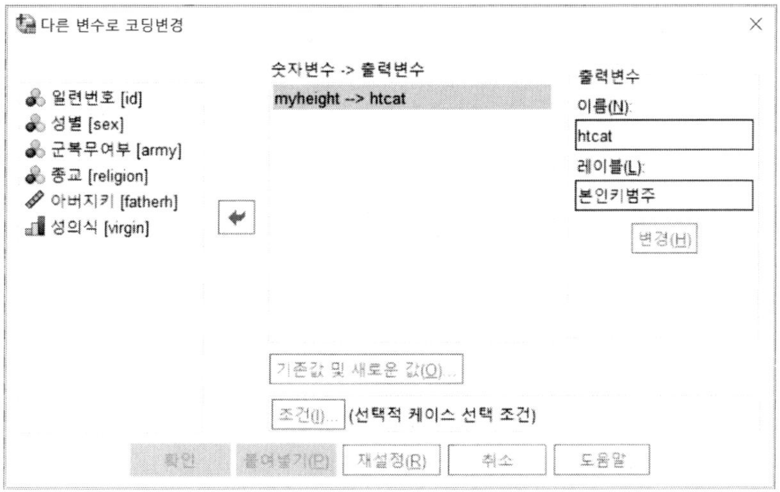

그림 4-5 다른 변수로 코딩변경 대화상자

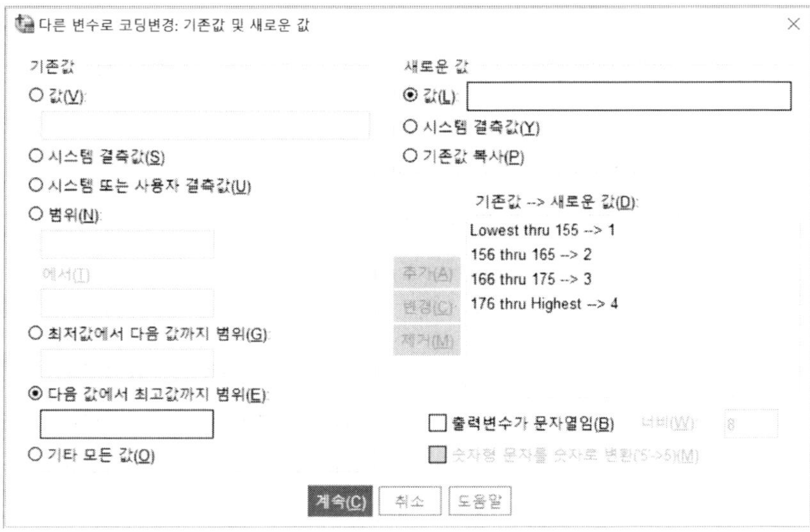

그림 4-6 기존값 및 새로운 값 대화상자

메뉴에서

변환
  다른 변수로 코딩변경...

를 선택하면 **다른 변수로 코딩변경** 대화상자가 나타난다. 기존변수의 값을 다르게 할당하거나 기존값 범위를 합치어 새로운 변수를 만들 수 있다. 변수목록으로부터 코드를 변경할 변수를 선택하고 새로운 변수의 이름과 변수레이블을 '출력변수' 아래에 입력한 다음

[변경(C)] 단추를 누른다. [기존값 및 새로운 값(O)...] 단추를 선택하여 기존값과 새로운 값을 입력한 후 [추가(A)]를 선택한다.

> **참고** 기존값 및 새로운 값 대화상자에서 변경을 원하지 않는 변수값들을 한꺼번에 처리할 수 있다. '기존값'에서 'ㅇ기타 모든 값'을 선택하고, '새로운 값'에서 'ㅇ기존값 복사'를 선택한 후 [추가(A)]를 선택한다.

실습 2

1. 본인 키(myheight)를 네 개의 범주(155 이하, 156–165, 166–175, 176 이상) 변수로 바꾸기 위해 코딩변경을 해 보자.
   ① **다른 변수로 코딩변경** 대화상자를 연다.
   ② 변수목록으로부터 'myheight'를 선택한다. '출력변수'의 '이름' 칸에는 새로운 변수이름 'htcat'를 입력하고 [변경(C)] 단추를 누른다.
   ③ [기존값 및 새로운 값(O)...] 단추로 **기존값 및 새로운 값** 대화상자를 연다. 해당되는 '범위'를 선택하여 범위를 설정한 후 [추가(A)] 단추를 눌러서 [그림 4-6]과 같이 모든 기존값에 새로운 값을 대응시킨다. [계속(C)]을 누르고 실행시킨다.

2. 성의식 변수는 5점척도(매우반대, 반대, 보통, 찬성, 매우찬성)로 되어 있다. 이 변수를 3점척도(반대, 보통, 찬성)로 변경해 보자.
   ① **다른 변수로 코딩변경** 대화상자를 열고 변수목록으로부터 'virgin'을 선택한다. '출력변수'의 '이름' 칸에는 새로운 변수이름 'virgin1'를 입력하고 [변경(C)] 단추를 누른다.
   ② [기존값 및 새로운 값(O)...] 단추로 **기존값 및 새로운 값** 대화상자를 연다. '기존값'에서 범위 중 첫 번째 것을 선택하여 하한과 상한에 '1'과 '2'를 입력한다. '새로운 값'의 '값'에 1을 입력하고 [추가(A)] 단추를 누른다.
   ③ '기존값'에서 '값'을 선택하여 '3'을 입력하고 '새로운 값'의 '값'에 2를 입력한 후 [추가(A)] 단추를 누른다.
   ④ '기존값'에서 범위 중 첫 번째 것을 선택하여 하한과 상한에 '4'와 '5'를 입력한다. '새로운 값'의 '값'에 3을 입력하고 [추가(A)] 단추를 누른다. [계속(C)]을 누르고 실행시킨다.

03 시각적 구간화(Visual Bander)

구간·비율척도 변수를 범주형 변수로 변환할 경우에 '시각적 구간화' 절차를 사용하면 매우 편리하다.

메뉴에서 다음을 선택하면 시각적 구간화 대화상자가 나타난다.

변환
　　시각적 구간화

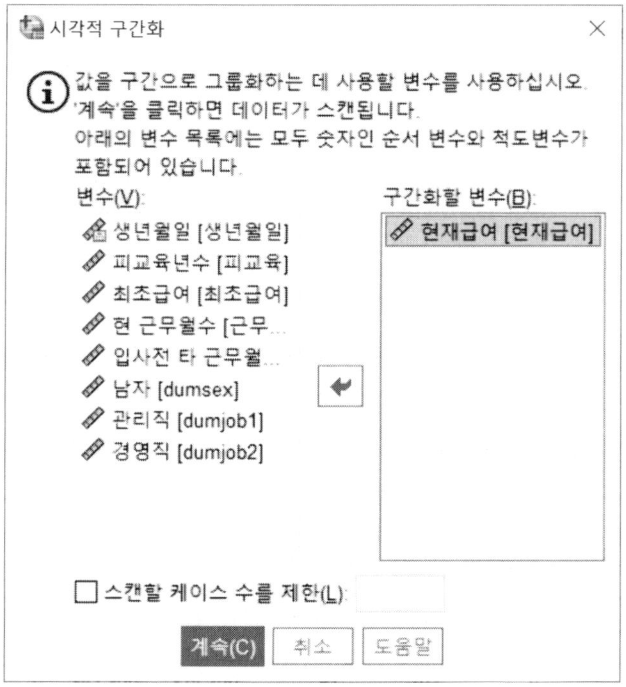

그림 4-7 시각적 구간화 대화상자

나열된 '숫자변수'들 중에서 구간화할 변수를 선택해서 '구간화할 변수' 칸에 넣는다. 계속(C)을 누르면 [그림 4-8]의 대화상자가 열린다.

'스캔된 변수 목록'의 변수에서 구간화할 변수를 선택하면 오른쪽에 이 변수에 대한 내용들이 나타난다.

'구간 변수' 칸에 새로운 변수의 이름을 입력하고, '격자' 안에 절단점을 입력한다. 절단점은 각 구간의 상위 값을 나타내는데, 이 값을 구간에 포함시키지 않으려면 격자 오른편에 있는 '상한 끝점'의 '제외(<)'를 선택하면 된다. 각 구간을 입력하면 히스토그램에 구간선이 표시된다. 구간 상한 값을 입력한 후 [레이블 만들기(A)] 단추를 눌러 레이블을 붙인다. [절단점 만들기(M)...] 단추를 누르면 [그림 4-9]와 같이 **절단점 만들기** 대화상자가 열리는데, 여기서 절단점을 쉽게 만들 수 있다.

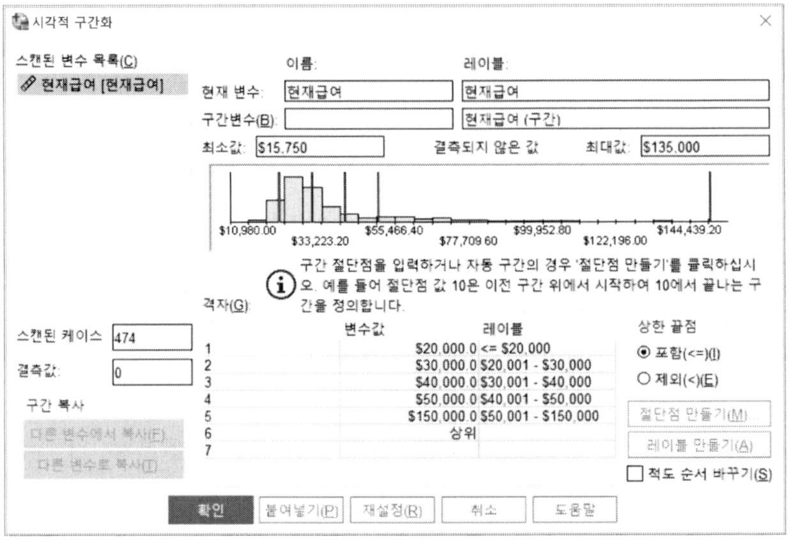

그림 4-8 시각적 구간화 대화상자

절단점 만들기 대화상자에는 절단점을 만드는 세 가지 방법이 있다.

- **동일한 너비 구간**: 동일한 폭으로 절단점을 만든다. 세 가지 입력상자(처음 절단점 위치, 절단점 수, 너비) 중 두 가지를 입력해야 한다.
- **스캔된 케이스로부터 계산된 동일크기 백분위수**: 각 구간에 동일한 수의 데이터가 들어가도록 절단점을 나눈다. 두 가지 입력상자(절단점 수, 너비%) 중 하나를 입력해야 한다.
- **스캔된 케이스로부터 계산된 평균과 표준편차에 근거한 절단점**: 평균과 표준편차를 이용해서 절단점을 만든다. 체크를 한 값을 절단점으로 사용한다.

절단점 만들기 대화상자에서 하나를 선택한 경우에는 [적용(A)] 단추를 누르고 선택을 하지 않은 경우에는 [취소] 단추를 누른다.

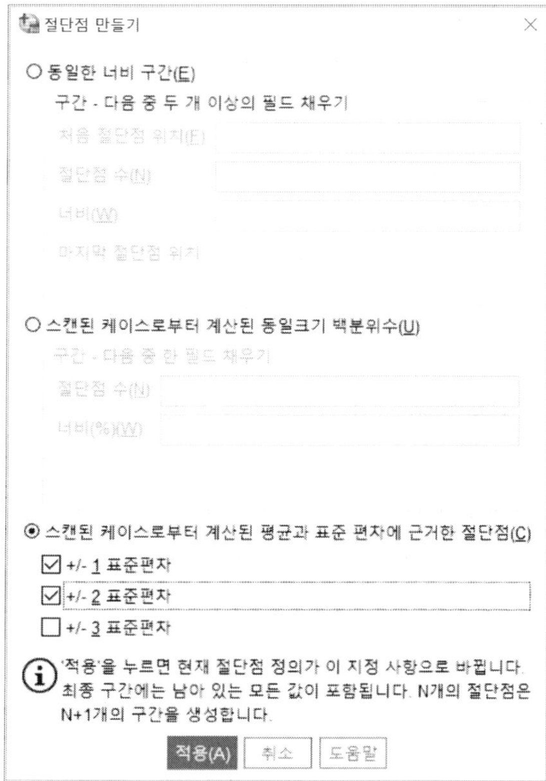

그림 4-9 절단점 만들기 대화상자

실습 3

1. 본인 키(myheight)를 네 개의 범주(155 이하, 156-165, 166-175, 176 이상) 변수로 바꾸기 위해 시각적 구간화 방법을 사용해 보자.
   ① 시각적 구간화 대화상자를 연다.
   ② 변수목록으로부터 'myheight'를 선택해서 '구간화할 변수' 칸에 넣고 [계속(C)] 단추를 누른다. '스캔된 변수목록'에서 'myheight'를 선택한다.
   ③ '구간 변수' 칸에는 새로운 변수이름 'htcat'를 입력하고 '격자' 안에 구간의 상한값, 155, 165, 175, 185를 입력한다. [레이블 만들기(A)] 단추를 누른다.
   ④ [확인] 단추를 눌러 실행시킨 후, 'htcat'이 잘 만들어졌는지 빈도분석으로 확인해 보자.

2. 이번에는 1번의 작업을 [절단점 만들기(M)...] 의 세 가지 방법을 각각 사용해서 실행해 보자.
   ① [절단점 만들기(M)...] 단추를 눌러서 **절단점 만들기** 대화상자를 연다.

② '동일한 너비 구간'을 선택하고, '처음 절단점 위치'에 155를, '너비'에 10을 입력하고 다른 빈칸을 마우스로 클릭하면 모든 값이 채워지는 것을 볼 수 있다.

③ [적용(A)]을 누르고 시각적 구간화 대화상자에 돌아오면 격자 상자에 구간이 나타나있는 것을 볼 수 있다. [확인] 단추를 눌러 실행시킨다.

④ 이번에는 '스캔된 케이스로부터 계산된 동일크기 백분위수'를 선택하자. '너비'에 25를 입력하면 전체 데이터를 25%씩 네 구간으로 나누게 된다.

⑤ [적용(A)]을 누르고 시각적 구간화 대화상자에 돌아오면 격자 상자에 구간이 나타나 있고 이 구간은 ③번 결과와는 다른 것을 볼 수 있다. [확인] 단추를 눌러 실행시킨 후, 빈도분석을 해 보자. 각 구간의 도수가 같은지 확인해 보자.

⑥ 이번에는 '스캔된 케이스로부터 계산된 평균과 표준편차에 근거한 절단점'을 선택하자. '+/−1표준편차'와 '+/−2표준편차'를 선택하자.

⑦ [적용(A)]을 누르고 시각적 구간화 대화상자에 돌아오면 격자 상자에 구간이 나타나 있고 이 구간은 ③번, ⑤번 결과와 다른 것을 볼 수 있다. [확인] 단추를 눌러 실행시킨 후, 빈도분석을 해 보자.

04 케이스 내의 값 빈도변수 생성(Count)

여러 개의 문항에서 어떤 특정한 값이 얼마나 많이 나타나는지 알기 위해, 그 특정한 값의 빈도를 변수값으로 하는 빈도변수를 만들 수 있다. 예를 들어, 성격에 관한 10개의 문항을 '예/아니오'의 응답형태로 질문하였을 경우에 '예'로 응답한 문항의 수를 변수로 만들거나, 잡지의 종류별 구독여부(예/아니오)를 물었을 경우에 현재 구독 중인 잡지의 수를 변수로 만들 때 이 메뉴가 매우 편리하게 이용된다.

메뉴에서 다음을 선택하면 케이스 내의 값 빈도 대화상자가 나타난다.

변환
　　케이스 내의 값 빈도...

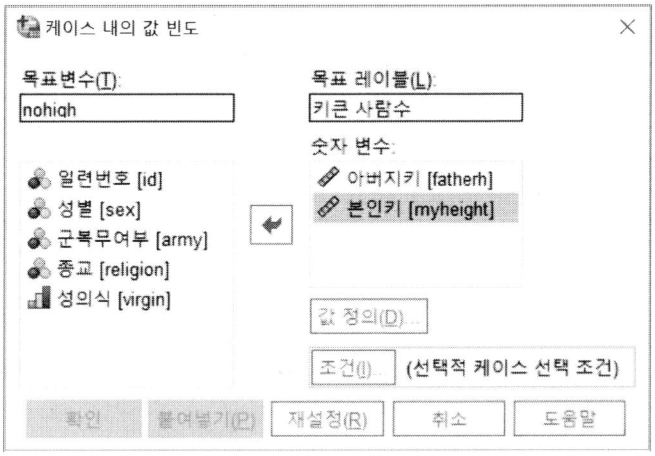

그림 4-10　빈도변수 생성 대화상자

나열된 '숫자변수'들에서 특정한 값 또는 특정한 범위의 값을 가지는 변수의 수를 세어, 이 빈도수를 변수값으로 하는 새로운 변수를 만들고자 할 때 사용한다. 예를 들어 한 여론조사에서 응답자가 읽는 잡지를 알아보기 위해 예/아니오 확인란을 포함하는 잡지목록을 제시하였다고 하자. 여기서 케이스 내의 값 빈도 메뉴를 사용하면 응답자가 읽는 잡지 수를 나타내는 새 변수를 작성할 수 있다.

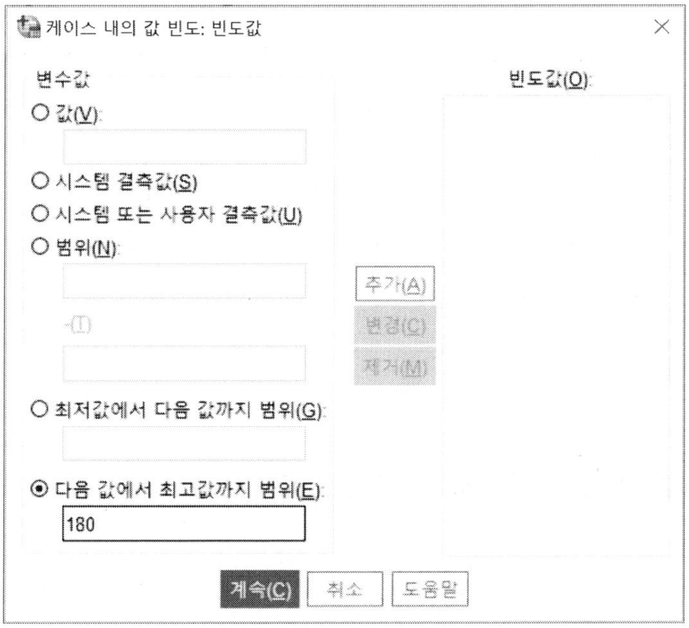

그림 4-11　빈도값 대화상자

'목표변수' 칸에 빈도변수이름을 입력하고 '목표 레이블' 칸에 변수레이블을 입력한다. 실행 파일의 전체 변수목록으로부터 빈도를 알아 볼 해당 변수들을 '숫자변수' 상자로 선택한 다음 [값 정의(D)...] 단추를 누른다. **빈도값** 대화상자가 나타나고 빈도화할 값을 지정하여 단추를 누른다. 주 대화상자의 목표변수값은 선택한 각 변수가 빈도화 값에서 지정한 사항과 일치할 때 1씩 증가한다.

실습 4

1. **stat.sav** 데이터에서 아버지와 본인 중 키가 180cm 이상인 사람 수를 변수로 만들어보자.
   ① [그림 4-10]과 같이, 케이스 내의 값 빈도 대화상자에서 '목표변수' 칸에 'nohigh'라는 새로운 변수이름을 입력하고 '목표 레이블'에 '키큰 사람수'를 입력한다.
   ② '숫자변수' 상자에는 두 개의 변수 'fatherh'와 'myheight'를 선택하여 넣는다.
   ③ [값 정의(D)...] 단추를 누르면 [그림 4-11]과 같은 **빈도값** 대화상자가 열린다. 상위값을 지정하기 위해 맨 아래에 있는 '다음 값에서 최고값까지 범위'를 선택하여 상자에 '180'을 입력하고 [추가(A)] 단추를 누른다. [계속(C)] 단추를 누르고 실행시킨다.

2. **설문지.sav** 데이터에서, '국어(korean)', '영어(english)', '수학(math)'의 세 과목 성적 중에서 60점 미만인 과목 수를 나타내는 빈도변수를 만들어보기로 하자.
   ① 케이스 내의 값 빈도 대화상자에서 '목표변수' 칸에 'nofail'라는 새로운 변수이름을 입력하고 '목표 레이블'에 '60점 미만인 과목수'를 입력한다.
   ② '숫자변수' 상자에는 세 개의 과목변수 'korean', 'english'와 'math'를 선택하여 넣는다.
   ③ [값 정의(D)...] 단추를 눌러서 **빈도값** 대화상자가 나타나면, 왼편에 열거되어 있는 '변수값' 중에서 '최저값에서 다음 값까지 범위'를 선택하여 상자에 '59'를 입력하고 [추가(A)] 단추를 누른다. [계속(C)] 단추를 누르고 실행시킨다.

05 순위변수 생성(Rank Cases)

순서척도나 구간·비율척도 변수들에 대해 순위, 정규점수(normal score), Savage score, 퍼센트 등을 값으로 하는 새로운 변수를 만들 수 있다.

메뉴에서 다음을 선택하면 **순위변수 생성** 대화상자가 나타난다.

변환
　　　순위변수 생성...

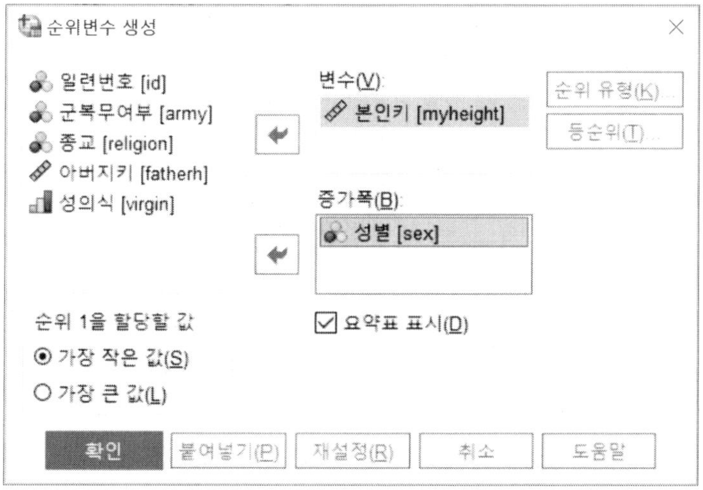

그림 4-12　순위변수 생성 대화상자

변수목록으로부터 순위를 생성할 변수를 선택해서 '변수' 칸에 넣고, 집단별 순위를 생성하고자 하는 경우에는 '증가 폭'에 집단을 나누는 변수를 선택해서 입력한다.

(1) 순위 1을 할당할 값

변수목록 아래에는 순위를 매길 때 가장 큰 값을 순위 1로 할 수 있도록 선택버튼이 있다.

(2) 요약표 출력

'요약표 출력'을 선택하면 순위를 생성할 변수이름, 새 변수이름과 새 변수설명에 대한 요약표가 출력된다.

(3) 순위유형

[순위 유형(K)...] 단추를 누르면 [그림 4-13]과 같이 **순위변수 생성: 유형** 대화상자가 나타난다.

그림 4-13　순위변수 생성: 유형 대화상자

- 순위: 순위값을 준다.
- Savage 점수(Savage scores): 지수분포에 의한 점수
- 분수순위(Fractional rank): 순위를 케이스 수(가중값 합)로 나눈 값
- 분수순위를 %로 표시: 분수순위×100%
- 케이스 가중값 합: 가중값을 주지 않은 경우에는 케이스 수를 나타낸다. 같은 집단 내 케이스는 모두 같은 값을 가지게 된다.
- N분위수(Ntiles): N분위수에 의한 순위. 예를 들어 4분위수를 선택하면 순위가 25% 이하인 경우는 1, 25 ~ 50%의 데이터에는 2, 50 ~ 75%이면 3, 75% 이상이면 4를 준다.
- 비율추정값(Proportion estimates): 순위분포에서 누적비율값을 준다.
- 정규점수(Normal scores): 비율추정값에 대한 z점수
- 비율추정공식: 비율추정값과 정규점수를 계산할 때 사용하는 비율추정공식으로 다음 중 하나를 선택한다. 순위를 r로 나타내고, 케이스 가중치 합을 w로 나타내는 경우에,
  - Blom: (기본설정) $(r-3/8)/(w+1/4)$
  - Tukey: $(r-1/3)/(w+1/3)$
  - Rankit: $(r-1/2)/w$
  - Van der Waerden: $r/(w+1)$

(4) 등순위

등순위(T) 단추를 누르면 [그림 4-14]와 같은 **순위변수 생성: 등순위** 대화상자가 열린다. 여기서 데이터의 두 개 이상의 값이 동일할 때 어떤 순위 값을 줄 것인가를 지정한다.

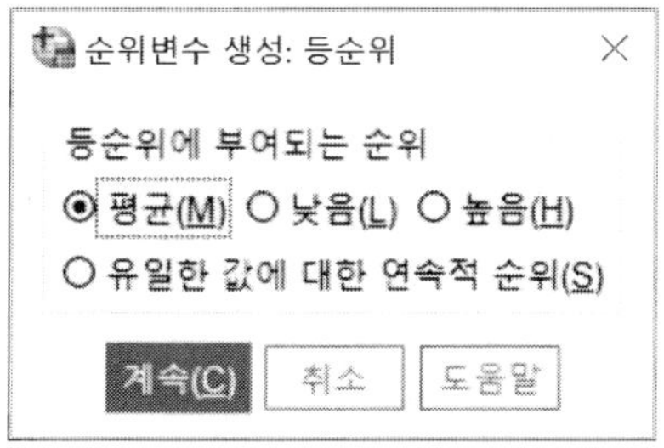

그림 4-14 순위변수 생성: 등순위 대화상자

동률에 할당할 순위로서 다음 네 가지 중 하나를 선택한다.

- **평균(Mean)**: (기본설정) 평균순위를 할당
- **낮은 순위(Low)**: 가능한 순위 중 가장 작은 값을 할당
- **높은 순위(High)**: 가능한 순위 중 가장 높은 값을 할당
- 유일한 값에 대한 연속적 순위(Sequential ranks to unique values): 연속인 순위를 주되, 동일한 값에는 동일한 순위를 할당

다음 예는 동일한 값에 위의 네 가지 방법으로 할당된 순위가 다른 것을 보여준다.

값	평균	낮은 순위	높은 순위	Sequential
10	1	1	1	1
15	3	2	4	2
15	3	2	4	2
15	3	2	4	2
16	5	5	5	3
20	6	6	6	4

실습 5

1. stat.sav 데이터에서 본인 키(myheight)의 순위변수를 생성해 보자.
   ① **순위변수 생성** 대화상자에서 '변수' 칸에 'myheight'를 선택하여 입력하고 순위 유형과 등순위를 디폴트 상태로 확인을 눌러 실행시킨다.
   ② 이번에는 성별로 순위를 생성하기 위해, '증가 폭' 칸에 '성별'을 선택해서 입력하자. 순위 유형과 등순위를 디폴트 상태로 하여 확인을 눌러 실행시킨다.
2. **〈정규확률도 그리기〉 순위변수 생성** 대화상자를 이용해서 정규확률도(정규 Q-Q 도표)를 그릴 수 있다. stat.sav 데이터에서 '본인 키(myheight)'가 정규분포를 따르는지 정규확률도를 그려보자.

① **순위변수 생성** 대화상자에서 '변수' 칸에 'myheight'를 선택하여 입력하고, [순위 유형(K)] 단추를 누른다.

② **순위변수 생성: 유형** 대화상자에서 '정규점수'를 선택하고 비율추정공식은 디폴트인 'Blom'으로 한다.

③ [계속(C)] 단추를 누르고 실행시키면, 데이터 편집기에 'Nmyheigh'라는 변수가 생성된다. 이는 각 케이스에 대한 표준정규분포의 백분위수값이다.

④ 그래프 메뉴의 산점도를 선택하여 나타난 **산점도** 대화상자에서 '단순'을 [정의]하고, **단순 산점도** 대화상자에서 'Y-축' 상자에 표준정규분포 백분위수 'Nmyheigh'를 선택하여 넣고, 'X-축' 상자에는 'myheight' 변수를 넣는다.

⑤ 실행시키면 본인 키에 대한 정규확률도(정규 Q-Q 도표)가 생성된다.

06 자동 코딩변경(Automatic Recode)

문자변수나 숫자변수를 연속된 정수값을 가지는 변수로 변경하고자 할 때 사용된다. 문자변수를 사용할 수 없거나 범주형 변수의 어떤 범주가 빈 셀을 가지는 경우에 이 메뉴가 유용하게 사용된다.

메뉴에서 다음을 선택하면 **자동 코딩변경** 대화상자가 나타난다.

변환
　자동 코딩변경...

변수목록으로부터 자동 코딩변경할 변수를 선택해서 '변수→새 이름' 칸에 넣는다. 아래에 있는 '새 이름' 상자에 코딩변경할 새 변수에 대한 이름을 입력하고 [새 이름 추가(A)] 단추를 누르면 '변수→새 이름' 칸에 새 이름이 입력된다.

- 코딩변경 시작값

처음 시작되는 정수 1을 가장 작은 값부터 줄지(기본설정), 가장 큰 값부터 줄지를 지정한다.

- 자동 코딩 양식

1부터 시작되는 연속된 정수값을 준다. 문자변수는 알파벳 순서로 값을 주고, 결측값은 결측값이 아닌 값보다 큰 수로 주되, 순서는 유지한다. 즉, 결측값이 아닌 값으로 열 가지 숫자가 있다면 결측값 중 가장 작은 수는 11이 할당된다. 자동 코딩변경이 수행되면 다음과 같은 요약표가 출력된다.

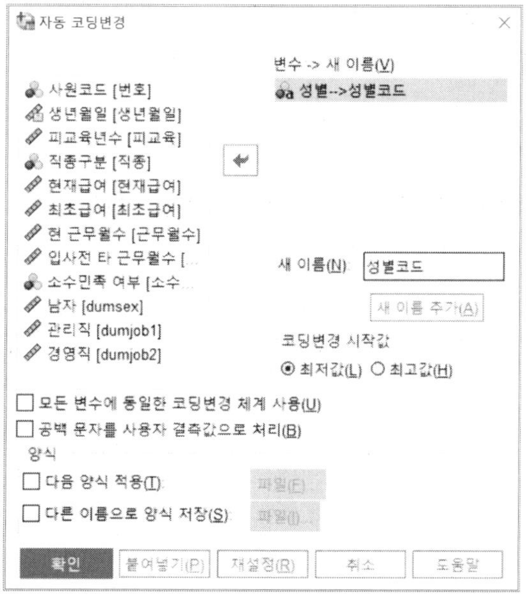

그림 4-15 자동 코딩변경 대화상자

성별 into 성별코드 (성별)

Old Value	New Value	Value Label
f	1	여자
m	2	남자

- 모든 변수에 동일한 코딩변경 체계 사용

  이 옵션을 사용하면 자동 코딩변경 형식 하나를 모든 다른 선택된 변수에 적용한다.

- 공백 문자를 사용자 결측값으로 처리

  문자 변수의 경우에는 빈칸을 시스템 결측값으로 취급한다. 그런데 이 옵션을 사용하면 빈칸에 결측이 아닌 변수값보다 높은 숫자를 주고 사용자 결측값으로 코딩변경한다.

실습 6

1. employee.sav 데이터에서 '성별' 변수는 문자변수이다. 이를 자동 코딩변경 방법으로 코딩변경을 해 보자.

   ① [그림 4-15]와 같이, **자동 코딩변경** 대화상자에서 변수목록으로부터 '성별' 변수를 선택해서 '변수→새 이름' 칸에 넣는다. 아래에 있는 '새 이름' 상자에 새 이름으로 '성별코드'를 입력하고 [새 이름 추가(A)] 단추를 누른다. 그러면 '변수→새 이름' 칸에 성별코드가 입력되는 것을 볼 수 있다.

② 코딩변경 시작값을 기본 설정된 '가장 작은 값부터'로 된 상태에서 [확인]을 눌러 자동 코딩변경을 실행시킨다.

07 난수 생성기(Random Number Seed)

난수 생성기를 선택하고 생성기 초기화 값을 설정하여 일련의 난수를 생성한다. 생성기 초기화 값을 고정시키면 다음에도 같은 난수를 반복적으로 생성할 수 있는 장점이 있다. 산술식이나 논리식을 쓰는 경우나 케이스 선택 시 '케이스의 무작위표본추출'을 사용하는 경우에 고정된 생성기 초기화 값(Seed)을 주면 필요 시 동일한 표본을 뽑을 수 있다. 시작값은 1부터 최대 2,000,000,000까지의 양의 정수면 된다. 메뉴에서 다음을 선택한다.

변환
　　난수 생성기...

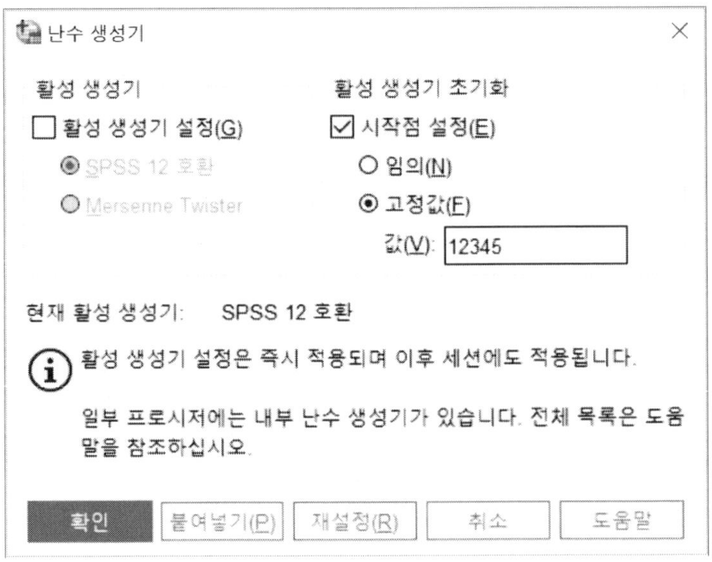

그림 4-16 난수 생성기 대화상자

이 메뉴를 사용하지 않거나 시작점을 '임의'로 선택하면 난수를 생성할 때마다 다른 난수집단을 생성하게 한다. 그러나 '시작값 설정'에 '고정값'을 주게 되면 동일한 난수집단을 생성할 수 있다.

• 활성 생성기

서로 다른 두 개의 난수 생성기를 사용할 수 있다.

- SPSS 12 호환

  SPSS 12 버전이나 그 이전 버전에서 사용된 난수 생성기이다. 특정 시작값으로 이전 버전에서 생성한 난수결과를 재연해야 할 경우에 사용한다.

- Mersenne Twister

  더욱 정확한 시뮬레이션을 위해 만들어진 새로운 난수 생성기이다.

• 활성 생성기 초기화

다음에 동일한 난수를 생성할 필요가 있는 경우에는 '시작점 설정'을 선택한 후 '고정값'을 선택하고 '값' 상자에 시작값을 입력한다. 그러면 이후에 이 시작값을 사용해서 동일한 난수를 얻을 수 있다.

실습 7

1. **난수 생성기** 대화상자에 있는 두 가지 활성 생성기 초기화 옵션을 사용하여 베르누이 분포로부터 난수집단을 생성시켜보자.

   1) '임의'를 선택한 경우

      ① '시작점 설정'을 선택하고 '임의'를 선택한다.

      ② **변수계산** 대화상자에서 '목표변수' 칸에 'ber1'을 입력한다. 함수 집단 중에서 '난수'를 선택하고 나열된 함수 중에서 Rv.Bernoulli를 선택하여 '숫자표현식' 상자에 넣은 다음 확률값으로 0.3을 입력한다. [확인] 단추로 명령을 실행시키면 데이터 편집기에는 변수 'ber1'이 생성된다.

      ③ 다시 **난수 생성기** 대화상자를 열고 '임의'가 선택된 상태에서 [확인] 단추를 누른다.

      ④ **변수계산** 대화상자를 열고 '목표변수'를 'ber2'로 바꾼다. 그 밖의 모든 설정이 ②와 동일한 상태에서 [확인] 단추로 실행시켜서 생성된 변수 'ber2'를 살펴보자. 앞의 변수 'ber1'과는 다른 난수집단인 것을 확인할 수 있다.

   2) '고정값' 선택 경우

      ① '시작값 설정'을 선택하고 '고정값'을 선택한 후 '값' 상자에 '12345'를 입력한다.

      ② **변수계산** 대화상자에서 '목표변수' 칸에 'ber3'을 입력하고, 함수 집단 중에서 '난수'를 선택하고 나열된 함수 중에서 Rv.Bernoulli를 선택하여 '숫자표현식' 상자에 넣은 다음 확률값으로 0.3을 입력하자. 즉, 발생확률이 0.3인 베르누이 난수를 생성한다. [확인] 단추로 명령을 실행시키면 데이터 편집기에는 새로운

변수 'ber3'이 생성되어 있다.

③ 다시 **난수 생성기** 대화상자를 열고 동일한 '고정값'이 선택된 상태에서 [확인] 단추를 누른다.

④ **변수계산** 대화상자를 열고 '목표변수'를 'ber4'로 바꾼다. 그 밖의 모든 설정이 ②와 동일한 상태에서 [확인] 단추로 실행시켜서 생성된 변수 'ber4'를 살펴보자. 앞의 변수 'ber3'과 같은 것을 확인할 수 있다.

2. **난수 생성기**는 전체 데이터 중에서 일부 데이터의 표본을 뽑아서 분석하고자 하는 경우에 유용하게 사용될 수 있다. **employee data.sav** 데이터를 가지고 30%의 케이스(표본)를 뽑아보자.

① **난수 생성기** 대화상자에서 '시작값 설정'을 선택하고 '고정값'으로 '12345'를 입력한다.

② 데이터 메뉴의 **케이스 선택** 대화상자를 연다.

③ '케이스의 무작위 표본 추출'을 선택하고 [표본(S)] 단추를 누른다. **케이스 선택: 표본추출** 대화상자에서 '대략'을 선택하고 '30'을 입력한다.

④ 실행시키면, 데이터 편집기의 변수 보기 탭에는 선택된 케이스를 나타내는 'filter_$' 변수가 생성되어 있다. 이 변수의 이름을 '표본1' 변수로 변경하자.

⑤ 다시 **난수 생성기** 대화상자를 열고 동일한 '고정값'이 선택된 상태에서 [확인] 단추를 누른다.

⑥ ②와 ③을 반복하여 실행시키면 새로 'filter_$' 변수가 생성된다. 이 변수값은 '표본1' 변수의 값과 정확하게 일치할 것이다.

5장 파일 관리와 파일 변환

데이터 파일은 항상 필요에 맞게 정리되어 있는 것은 아니다. 여러 개의 파일들을 합하거나, 어떤 순서로 정렬하거나, 케이스의 일부분만을 선택하거나, 케이스들을 몇 개 그룹으로 묶고 싶은 경우도 있을 수 있다. SPSS는 〈데이터〉 메뉴에서 이러한 작업을 위한 명령어들을 제공하고 있다.

- **케이스 정렬**: 하나 이상의 변수값을 기준으로 케이스를 정렬한다.
- **전치**: 데이터의 행(케이스)과 열(변수)을 바꾼다.
- **파일 합치기**: 두 개 이상의 데이터 파일을 합친다.
- **데이터 통합**: 여러 집단 변수값을 가지고 집단에 대한 통계량 값을 데이터로 하는 통합 파일을 만든다.
- **파일분할**: 여러 집단 변수값을 가지고 케이스를 여러 개의 집단으로 나눈다.
- **케이스 선택**: 분석에 필요한 케이스만을 선택한다.
- **가중 케이스**: 가중 변수값을 통하여 케이스에 가중치를 부여한다.

01 케이스 정렬(Sort Cases)

케이스 정렬을 하기 위해서는 메뉴에서 다음을 선택한다.

데이터
　　케이스 정렬...

실행 파일의 케이스를 기준 변수의 값에 따라 오름차순(ascending order) 또는 내림차순(descending order)으로 정렬(sorting)하고자 할 때 사용한다. **케이스 정렬** 대화상자에서 여러 개의 정렬변수를 선택할 수 있다. 이때 '정렬 기준' 목록에 나타나는 순서대로 분류한다.

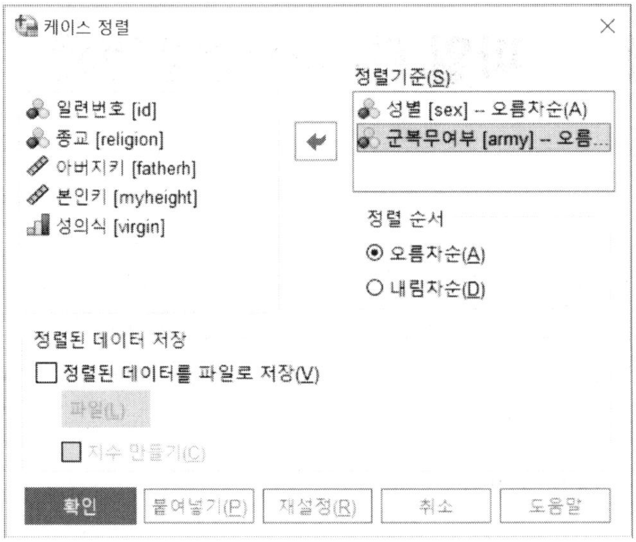

그림 5-1 케이스 정렬 대화상자

실습 1

1. stat.sav 데이터를 성별(sex)변수값의 오름차순으로 정렬해 보자.
   케이스 정렬 대화상자를 열어서 '정렬기준' 상자에 'sex' 변수를 선택하여 넣는다. 이때 '정렬순서'가 '오름차순'으로 체크되어 있는지 확인한 후 [확인]을 눌러 실행시킨다.

2. stat.sav 데이터를 본인 키(myheight)가 큰 순서대로 정렬하되, 키가 같다면 여자를 앞에 정렬시켜보자.
   ① **케이스 정렬** 대화상자에서 '정렬기준' 상자에 'myheight' 변수를 넣고 '정렬순서'를 '내림차순'으로 변경한다.
   ② 두 번째 변수로 'sex'를 선택하여 '정렬기준' 상자에 넣고 '정렬순서'가 '내림차순'으로 되어 있는지 확인한 후 [확인]을 눌러 실행시킨다.

02 전치(Transpose)

데이터 전치를 하기 위해서는 메뉴에서 다음을 선택한다.

데이터
전치...

SPSS는 케이스를 행(row)에 변수를 열(column)에 놓는 데이터 구조를 가정하고 있다. 그러나 가끔 뒤바뀐 형태로 데이터가 입력될 수 있다. 이런 데이터 파일의 행과 열을 바꾸는 데 사용되는 명령이다.

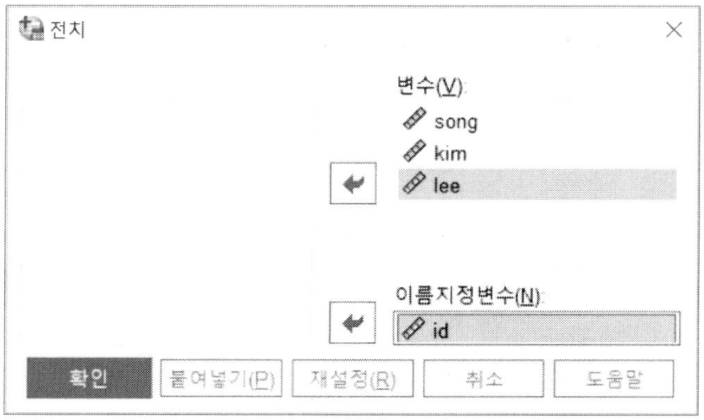

그림 5–2 데이터 전치 대화상자

실습 2

[그림 5–3]의 데이터를 가지고 행과 열을 바꿔 보자.

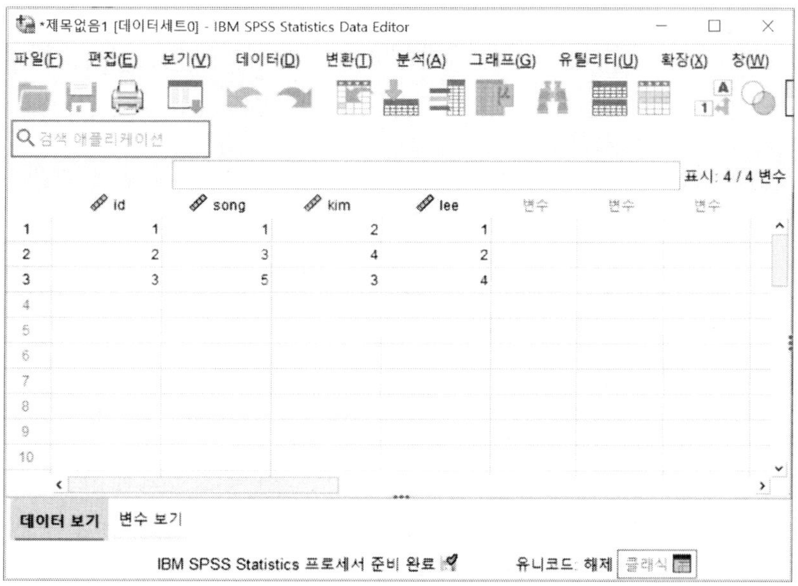

그림 5–3 데이터 전치를 위한 예제 데이터

데이터 전치 대화상자를 열어서 [그림 5-2]와 같이, '이름지정변수' 칸에 변수이름으로 사용할 변수를 선택하여 넣는다. 그리고 나머지 모든 변수를 선택하여 '변수' 상자에 넣는다. [확인]을 눌러 실행시킨다.

03 데이터 파일 합치기(Merge Files)

SPSS는 두 개의 파일을 결합시키는 두 가지 방법을 제공한다.

- 같은 변수들을 포함하지만 다른 케이스들을 가지는 파일들의 합성
- 같은 케이스들을 포함하지만 다른 변수들을 가지는 파일들의 합성

(1) 다른 케이스들을 가지는 파일들의 합성

〈케이스 추가〉 명령어는, 변수들은 같지만(경우에 따라서는 다른 변수가 포함될 수 있음) 케이스들이 다른 두 개 이상의 SPSS 데이터 파일을 결합시키는 데 사용된다. 예를 들면 각 지역별로 입력된 조사 데이터를 하나의 파일로 합쳐서 통계분석을 하는 경우이다. 외부의 SPSS 데이터 파일을 현재 작업 파일에 합쳐 케이스들을 더하기 위해서는 메뉴로부터 다음을 선택한다.

데이터
　　파일 합치기
　　　　케이스 추가...

이렇게 하면 **케이스 추가** 대화상자가 열린다. 여기에서 현재 작업 파일에 합치고자 하는 외부의 파일을 읽어 들인다. 이 파일은 반드시 SPSS 데이터 파일이어야 한다. 파일명을 입력하고 [확인]을 선택하면 **다음에서 케이스 추가** 대화상자가 나타난다. **다음에서 케이스 추가** 대화상자에는 대응되지 않는 변수의 목록과 새로 만들어질 작업 파일 내에 있는 변수의 목록이 있다.

- 대응되지 않는 변수(Unpaired Variables)
  이것은 합쳐져서 만들어질 새 작업 파일에 포함되지 않은 변수들의 목록이다. 이 경우에, 같은 내용을 가지고 있지만 변수이름이 다른 변수들이 있다면 다음 두 가지 방법으로 그 변수들을 새로운 작업 파일에 포함시킬 수 있다.

  ① 두 개의 내용은 같으나 이름이 다른 변수이름을 선택하여 [대응(A)] 단추를 누르면

새로운 작업 파일의 변수 목록에 두 변수이름에 해당하는 새로운 변수가 만들어 진다.

② 대응되지 않는 변수 목록의 아래에 위치한 [이름 변경(E)...] 단추 눌러서 **이름변경** 대화상자를 연다. 이름이 다른 두 변수 중 현재 작업 파일의 변수이름을 외부파일의 변수이름으로 이름을 변경한다.

- 새 활성 데이터 세트에 포함될 변수(Variable in New Working Data File)

이것은 새로 만들어질 작업 파일 내에 있는 변수들의 목록이다. 여기에서 삭제하고 싶은 변수가 있는 경우에는 그 변수를 선택하여 [↩] 단추를 누른다. 그 변수는 대응되지 않는 변수 상자로 옮겨진다. 옵션으로 케이스의 소스(source)를 표시할 변수를 만들어서 각 케이스가 어느 파일로부터 왔는지 표시할 수 있다. 이 변수는 디폴트 변수이름이 source01(이름을 입력할 수 있다)으로 현재 작업 파일의 케이스는 0의 값, 외부파일의 케이스는 1의 값을 가진다.

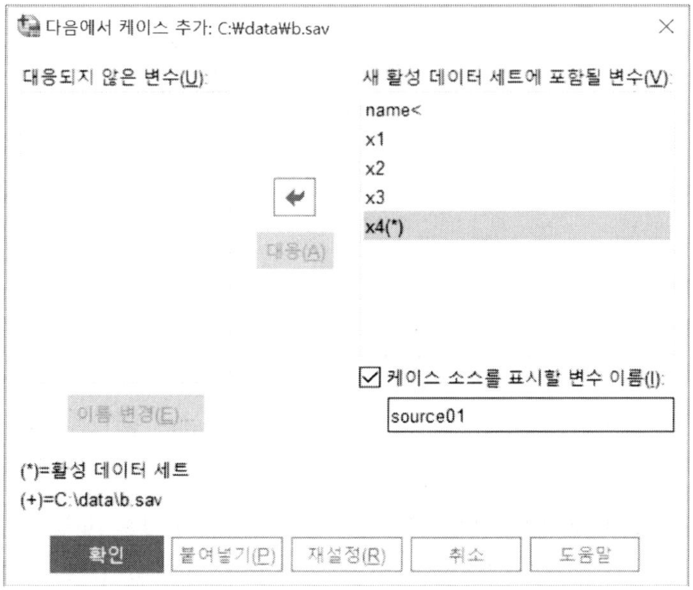

그림 5-4 다음에서 케이스 추가 대화상자

실습 3

데이터 파일 b.sav에 다음과 같은 내용이 들어있다고 하자(맨 윗줄은 변수이름을 나타낸다).

Name	x1	x2	x3
Song	1	3	5
Kim	2	4	3
Lee	1	2	4

현재 작업 파일(파일명: a.sav)에는 다음 내용을 입력하자.

Name	x1	x2	x3	x4
Park	2	3	1	3
Kwon	1	4	1	2
Kang	2	2	2	1

두 파일을 합쳐 보자. 즉, a.sav에 b.sav가 붙여지도록 해 보자.

① 데이터 편집기에 a.sav 데이터가 있는 상태에서 **케이스 추가** 대화상자를 연다.

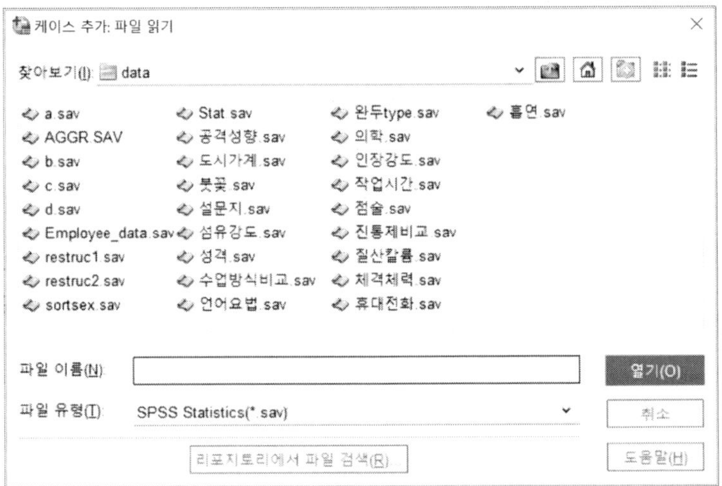

그림 5-5 케이스 추가: 파일 읽기 대화상자

② '외부 SPSS Statistics 데이터 파일'을 선택한 후 [찾아보기(B)...]를 눌러 b.sav 파일을 선택하고 [계속(C)]을 누른다.

③ **다음에서 케이스 추가** 대화상자에는 '대응되지 않은 변수' 상자에 'x4(*)' 변수가 있다. 합치는 데이터 파일에 이 변수를 포함시키려면 [그림 5-4]와 같이 방향키를 이용해서 '새 활성 데이터 세트에 포함될 변수' 상자로 이동시킨다.

④ 합쳐진 파일에서 케이스의 출처(소스)를 나타내는 변수를 추가하고자 할 경우에는 '케이스 소스를 표시할 변수이름'에 체크하고 변수이름을 지정한다.

⑤ [확인]을 눌러 실행시키면, 데이터 편집기에는 합쳐진 데이터가 나타난다.

⑥ 합쳐진 데이터를 새로운 파일이름으로 저장한다.

(2) 다른 변수들을 가지는 파일들의 합성

〈변수 추가〉 명령어는 케이스는 같고(경우에 따라서는 다른 케이스가 포함될 수 있음) 변수가 다른 두 개 이상의 SPSS 파일을 합성하여 동일한 케이스에 대해 변수를 추가하고자 할 때 사용하며, 합성된 파일은 새로운 작업 파일로 정의된다. 또는 집단 특성을 나타내는 변수(예를 들어 집단 평균, 집단 표준편차 등)를 통합 파일로 작성한 후, 이 파일의 변수를 집단별 케이스에 추가하여 합칠 수 있다. 여기서 집단별 특성치로 된 파일은 직접 데이터를 입력하여 작업 파일이나 시스템 파일로 만들 수 있으며, 〈데이터 통합〉 명령어를 이용하여 작성할 수도 있다.

다른 변수들을 가지는 파일들을 합치기 위해서는 다음의 메뉴를 선택한다.

데이터
　　파일 합치기
　　　　변수 추가...

이렇게 하면 **변수 추가** 대화상자가 열린다. 이 대화상자에서 합치고자 하는 외부의 파일을 선택한 뒤 [계속(C)] 을 선택하면 **변수 추가 위치** 대화상자가 나타난다. 이 대화상자에는 '합치기 방법'과 '변수'의 두 가지 탭이 있다.

'합치기 방법' 탭을 클릭하면 합치는 방법으로 다음 세 가지 중 한 가지를 선택한다.

문항	설명
○파일 순서를 기반으로 하는 일대일 합치기	두 파일 모두 케이스들이 일치하는 경우
○키 값을 기반으로 하는 일대일 합치기	현재 작업 파일과 외부파일 모두 기준변수(키변수)가 있는 케이스들인 경우
○키 값을 기반으로 하는 일대다 합치기	현재 작업 파일이나 외부파일 중 하나가 집단별 특성치로 된 통합 파일인 경우

'변수' 탭을 클릭하면 다음 변수 상자들이 있다.

- 제외된 변수(Excluded Variables):

  현재 중복된 변수들로서 외부 파일에 포함된 변수들이 여기에 포함된다.

- 새 활성 데이터 세트(New Working Data Set):

  새로 만들어지는 합성 파일 내에 있게 될 변수목록이다. 아래에 있는 '기준변수' 칸에는 두 파일이 정확하게 합성되도록 하는 기준변수들을 입력할 수 있는데 제외된 변수목록으로부터 선택하여 입력한다. 이때 두 파일은 이 기준변수들의 오름차순으로 정렬되어 있어야 한다.

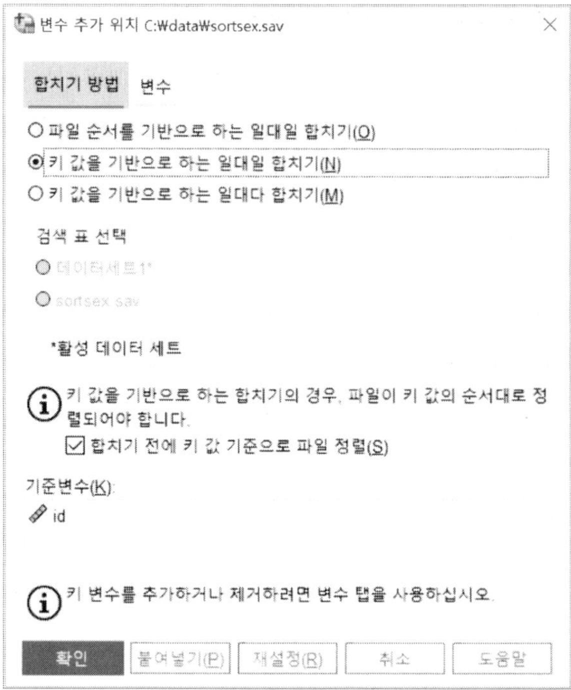

그림 5-6a 변수 추가 위치 대화상자 - 합치기 방법 탭

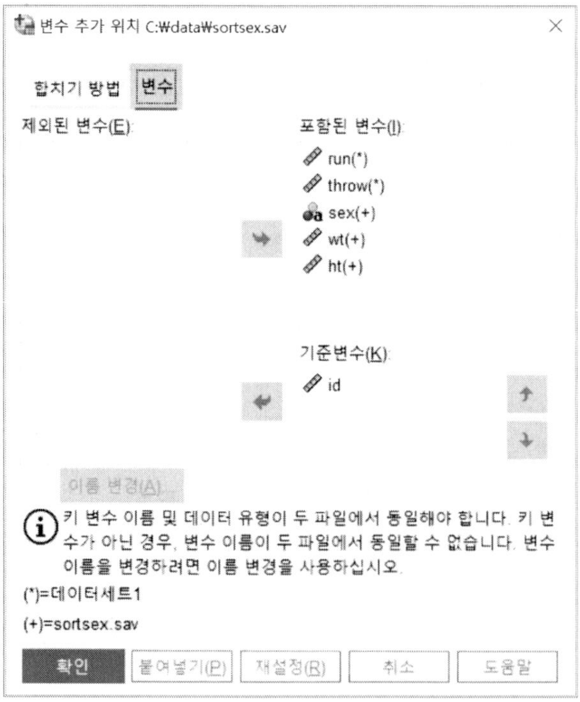

그림 5-6b 변수 추가 위치 대화상자 - 변수 탭

실습 4

1. 데이터 파일 **sortsex.sav**의 내용이 다음과 같다고 하자.

id	sex	wt	ht
1	F	45.3	162
2	F	47.3	159
3	M	55.7	168
4	M	60.0	172

현재 작업 파일(**c.sav**)에는 다음 내용을 입력하자.

id	run	throw
1	19	18
2	17	20
3	18	30
4	18	25
5	16	35

변수가 다른 두 데이터를 하나의 데이터로 합쳐 보자.

① 데이터 편집기에는 **c.sav** 데이터가 있는 상태에서 **변수 추가** 대화상자를 연다. **sortsex.sav** 파일을 찾아 선택하고 [계속(C)] 을 누른다.

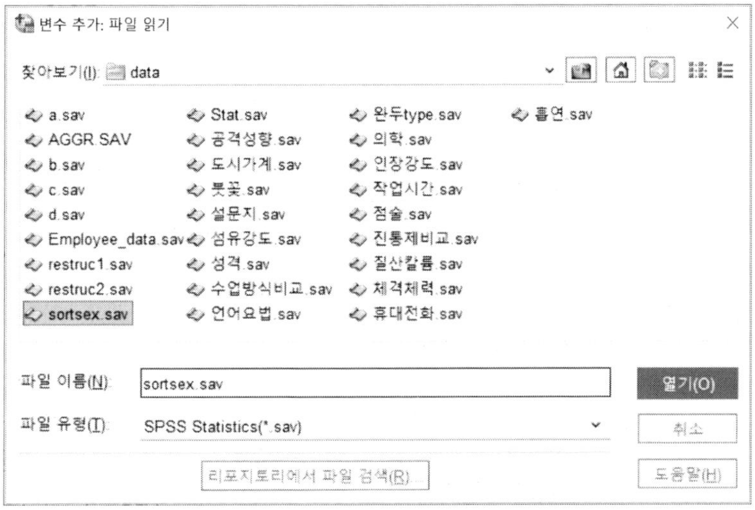

그림 5-7 변수 추가: 파일 읽기 대화상자

② [그림 5-6a]와 같이 해 보자. '합치기 방법' 탭에서 '키 값을 기반으로 하는 일대일 합치기'를 선택한다. 아래 '기준변수'에는 'id' 변수가 선택되어 있는지 확인한다.

③ [확인] 을 눌러 실행시키면, 현재 작업파일인 c.sav 파일에는 합쳐진 데이터가 나타난다.

2. 이번에는 다음 내용의 **d.sav**라는 파일을 사용하자. 이것은 **sortsex.sav** 데이터의 성별 체중과 키의 평균값 파일인데, 다음 4절에서 배울 〈데이터 통합〉 명령을 사용하여 얻을 수 있다.

sex	meanwt	meanht
F	46.3	160
M	57.8	170

두 파일의 변수들을 합쳐 보자.

① 데이터 편집기에는 **sortsex.sav** 데이터가 있는 상태에서 **변수 추가** 대화상자를 연다. **d.sav** 파일을 찾아 선택하고 [계속(C)] 을 누른다.

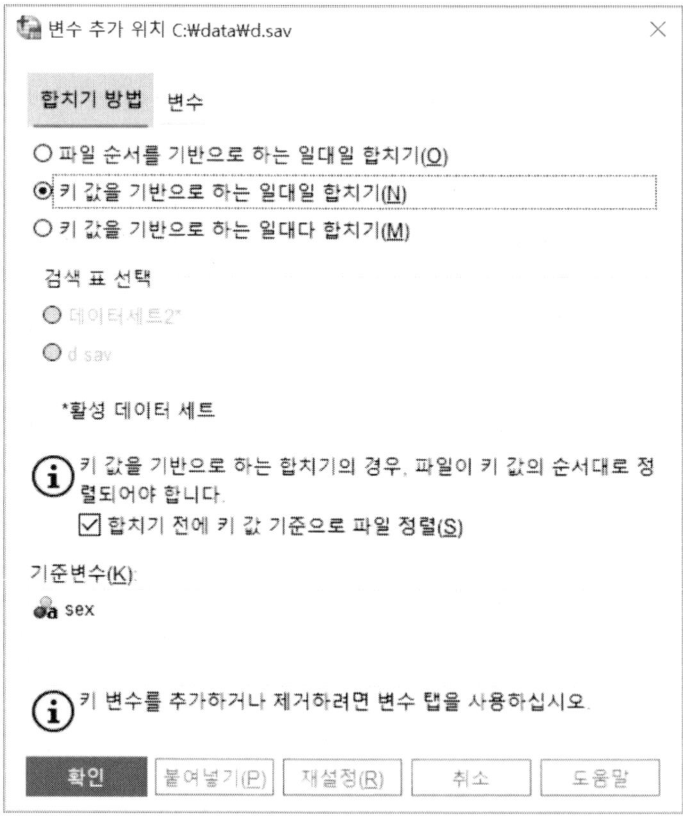

그림 5-8a 통합 파일과 합치기 - 합치기 방법 탭

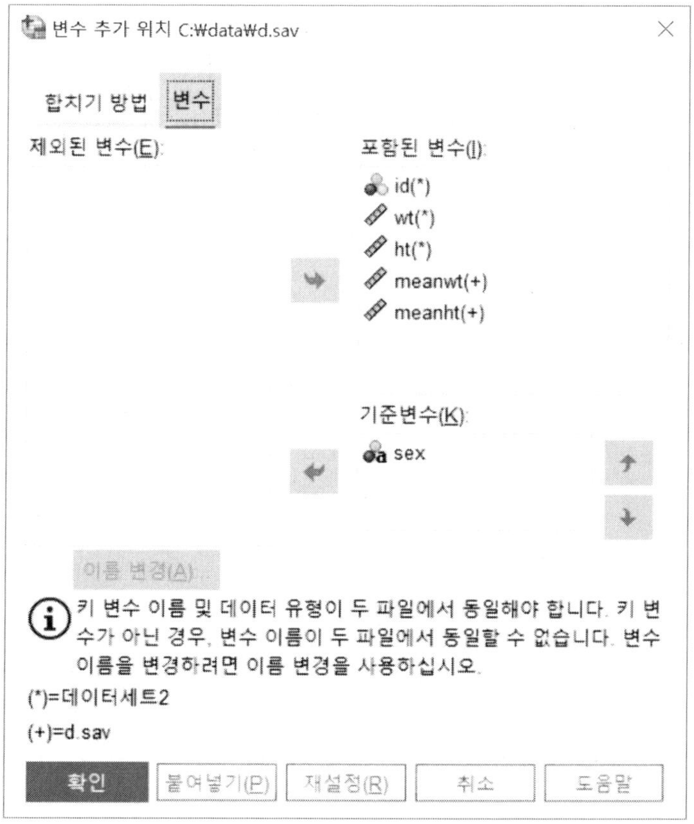

그림 5-8b 통합 파일과 합치기 - 변수 탭

② [그림 5-8]과 같이 하자. '합치기 방법' 탭에서 세 번째에 있는 '키 값을 기반으로 하는 일대다 합치기'를 선택한다. 아래 '기준변수'에는 'sex' 변수가 선택되어 있는지 확인한다.

③ [확인]을 눌러 실행시키면, 현재 작업 파일인 sortsex.sav파일에는 합쳐진 데이터가 나타난다.

04 데이터 통합(Aggregate)

집단 특성을 나타내는 변수를 통합(aggregate) 파일로 작성한 후, 이 통합 파일의 변수를 집단별 케이스에 추가하여 합성할 수 있다.

메뉴로부터

데이터
　　　　데이터 통합...

을 선택하면 다음과 같은 **데이터 통합** 대화상자가 나타난다.

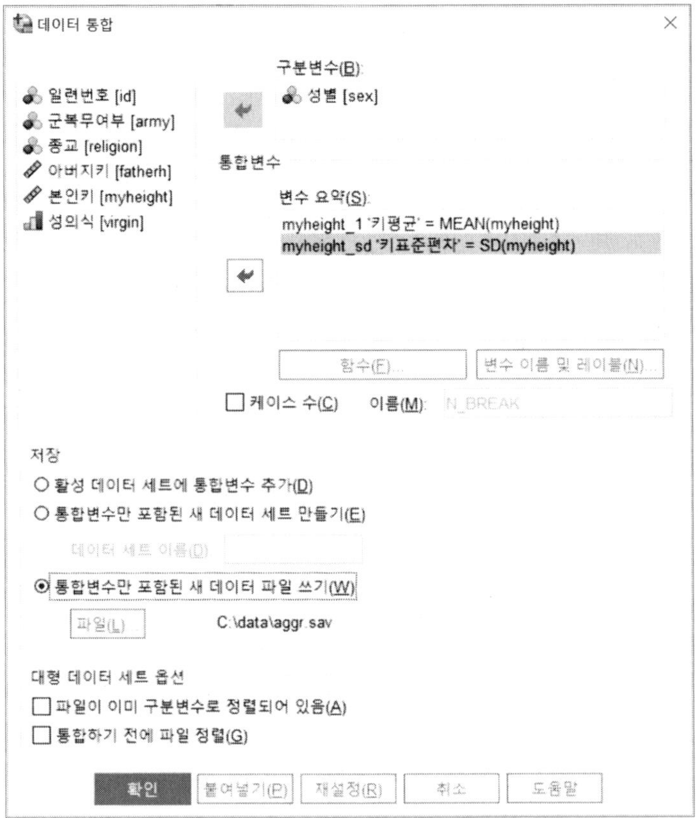

그림 5-9　데이터 통합 대화상자

- **구분 변수(Break Variable)**: 변수목록으로부터 집단을 나누는 변수를 선택한다.
- **변수 요약(Aggregate Variables)**: 집단 특성치를 계산할 변수를 전체 변수목록에서 선택하면 디폴트로 그 변수의 집단 평균값을 내는 평균 함수의 변수가 표시된다. 디폴트 변수이름을 변경하거나 레이블을 붙이기 위해서는 [변수 이름 및 레이블(N)...] 단추를 누르고, 평균 함수를 다른 특성치 함수로 바꾸기 위해서는 [함수(F)...] 단추를 누른다. [그림 5-10]과 같은 **통합함수** 대화상자에서 한 개의 요약통계량이나 퍼센트를 선택하고 [계속(C)]을 선택하면 다른 통합 변수가 만들어진다. 이 대화상자 내에서 요약함수 외에 다음을 선택할 수 있다.

① 값: 구분 집단의 케이스 퍼센트로 원시변수에 대한 값이 지정한 값보다 큰 경우나 작은 경우의 퍼센트 혹은 비율을 구한다.

② 하한, 상한: 원시변수에 대한 값이 지정한 하한값보다 크고 상한값보다 작은 범위를 고려한다.

그림 5-10 통합함수 대화상자

- **케이스 수**: 옵션으로서 구분 집단 내의 케이스 수를 저장할 변수를 만들 수 있다. 디폴트 변수이름은 N_BREAK이다. 다른 변수이름을 상자에 입력하여 바꿀 수 있다.
- **저장**: 통합 데이터를 저장하는 방법으로 다음 세 가지 중 하나를 선택한다.
  - 활성 데이터 세트에 통합변수 추가: 만들어진 통합변수는 활성 데이터 파일에 변수로서 추가된다. 데이터 파일 자체는 통합되지 않는다.
  - 통합변수만 포함된 새 데이터 세트 만들기: '데이터 파일 이름'에 입력한 파일이름을 가진 새로운 데이터 통합 파일이 화면에 나타난다.
  - 통합변수만 포함된 새 데이터 파일 쓰기: 파일(L) 을 눌러 데이터 통합 파일을 저장한다. 현재 활성 데이터 파일은 영향을 받지 않는다.
- **대형 데이터 세트 옵션**: 데이터 통합은 데이터가 구분변수에 따라 정렬되어야 한다. 따라서 데이터 파일이 매우 큰 경우에는 데이터를 미리 정렬한 다음 통합하는 것이 효율적이다.
  - 파일이 이미 구분변수로 정렬되어 있음: 파일이 이미 구분변수로 정렬되어 있음을 표시한다.
  - 통합하기 전에 파일 정렬: 정렬이 되어 있지 않은 경우에 파일을 정렬할 필요가 있음을 나타냄.

실습 5

1. 파일 **stat.sav**을 사용하여 성별에 따른 본인 키의 평균과 표준편차를 파일로 만들어 보자.

① [그림 5-9]와 같이, **데이터 통합** 대화상자를 열어서 '구분변수'에 'sex'를 넣고, '변수요약'에는 'myheight' 변수를 선택하여 넣는 작업을 두 번 반복한다.

② '변수요약' 상자의 첫 번째 줄을 선택하고 [변수 이름 및 레이블(N)...]을 누른다. '레이블' 칸에 '키 평균'을 입력하고 [계속(C)]을 누른다.

③ '변수요약' 상자의 두 번째 줄을 선택한 다음 [변수 이름 및 레이블(N)...] 단추를 눌러 '레이블'에 '키 표준편차'를 입력하고 [함수(F)...]를 눌러 '요약통계량' 중 '표준편차'를 선택한다.

④ [계속(C)]을 눌러 **데이터 통합** 대화상자로 돌아와서 '저장'의 세 번째 항목을 선택하고 통합 파일 이름에 **aggr.sav**를 입력한다. [확인]을 누르면 통합 파일이 생성된다. 〈파일〉 메뉴의 〈열기〉 명령을 사용하여 통합 파일을 확인해 보자.

2. 이번에는 **stat.sav** 데이터 파일에 통합 변수(성별 키 평균과 키 표준편차)를 합쳐(merge) 보자.

① 위 1번에서 ③번 까지 동일하게 수행한다.

② [계속(C)]을 눌러 **데이터 통합** 대화상자로 돌아와서 '저장'의 첫 번째 항목인 '활성 데이터 파일에 통합변수 추가'를 선택하고 [확인]을 누른다. **stat.sav** 파일에 두 개의 통합변수가 추가되어 있는 것을 볼 수 있다.

참고 이것은 3절의 데이터 파일 합치기를 통해서도 얻을 수 있다.

① 데이터 편집기에 **stat.sav** 데이터가 있는 상태에서 **변수추가** 대화상자를 연다. **aggr.sav** 파일을 선택하고 [열기(O)]를 누른다.

② [실습 4]의 2번과 같은 과정을 거쳐 실행한다.

05 파일분할(Split-File)

하나의 데이터 파일을 몇 개의 집단으로 나눠서 분석할 경우가 있다. 파일을 분할하기 위해서는 메뉴로부터

데이터
　　파일분할...

를 선택한다. **파일분할** 대화상자에서 다음 세 가지 중 하나를 선택하게 되어 있다.

- 모든 케이스 분석, 집단은 만들지 않음: 파일을 분할하지 않는 상태
- 집단들 비교: 여러 집단결과를 함께 비교하고자 하는 경우
- 각 집단별로 출력결과를 나타냄

집단을 나누기 위한 변수('분할 집단변수')들을 전체 변수목록으로부터 선택한다. 〈파일분할〉 명령을 수행하기 위해서는 데이터가 이 변수들에 관해 정렬되어 있어야 한다. 데이터가 이 변수들에 관해 정렬되어 있지 않다면 '집단변수 기준으로 케이스 정렬'을 선택하여서 파일을 분할하기 전에 정렬하도록 지시한다. 다시 **파일분할** 대화상자에서 '모든 케이스 분석, 집단은 만들지 않음'을 선택할 때까지 분할 상태는 유효하다.

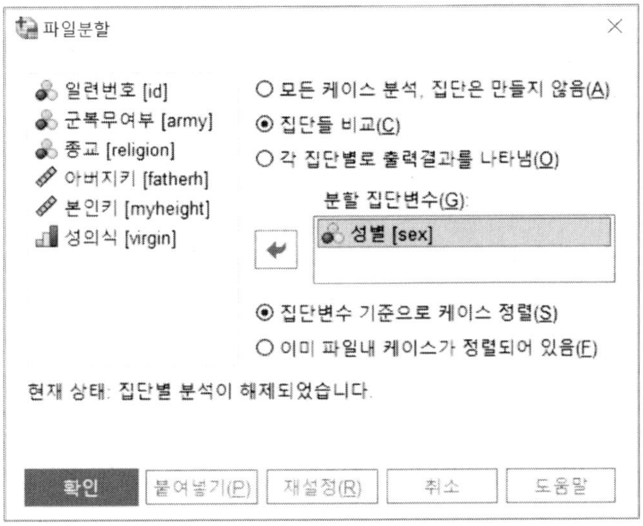

그림 5-11 파일분할 대화상자

실습 6

데이터 파일 **stat.sav**에서 본인키(myheight)의 요약값을 성별로 비교해 보자. 이때 **파일분할** 대화상자에 있는 두 가지 옵션 '집단들 비교'와 '각 집단별로 출력결과를 나타냄'을 번갈아 사용해보고 그 차이를 알아보자.

① **파일분할** 대화상자에서 '집단들 비교'(비교를 목적으로 하는 경우)나 '각 집단별로 출력결과를 나타냄'(집단별로 출력을 하고자 하는 경우) 중 하나를 선택하고 '분할 집단변수'에 'sex'를 선택한 다음 [확인] 단추를 눌러 실행시킨다.

② 메뉴에서

분석 → 기술통계량 → 기술통계... 를 선택한다. 대화상자에서 'myheight' 변수를 선택하고 [확인] 단추를 누른다.

06 케이스 선택(Select Cases)

어떤 작업은 전체 케이스를 사용하지 않고 일부 케이스만을 사용할 수 있다. [표 3.1]의 설문지 조사 데이터를 분석하는 과정에서 남학생 혹은 여학생만의 데이터를 가지고 분석할 경우도 생긴다. 이러한 경우에는 작업 파일의 케이스에서 일부분만을 선택하여야 한다.

메뉴에서

데이터
케이스 선택...

를 선택하면 **케이스 선택** 대화상자가 열린다. 이 대화상자에는 선택 방법과 선택되지 않은 케이스의 처리 방법, 선택에 관한 현재 상태(current status)가 있다.

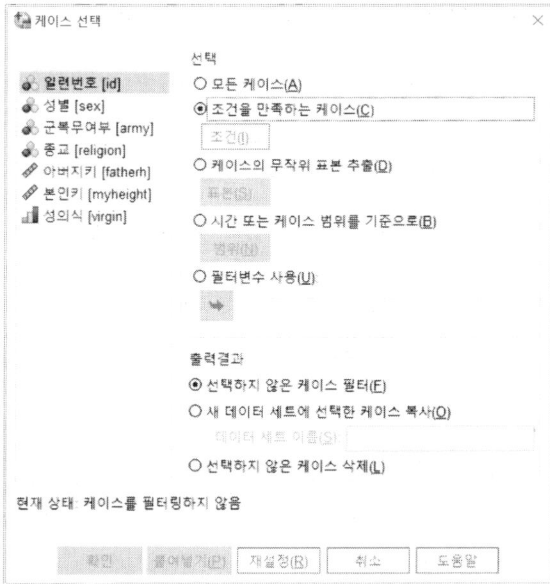

그림 5-12 케이스 선택 대화상자

① 선택 방법

- **모든** 케이스: 디폴트이고 모든 케이스를 사용한다.
- 조건을 만족하는 케이스: 케이스를 선택하는 데 조건식을 사용한다. 조건에 맞는 케이스만 선택된다. 조건(I)... 단추를 눌러 **케이스 선택: 조건** 대화상자를 열고 상자 안에 조건 표현식을 입력한다. 조건식이 참(true)이면 그 케이스가 선택된다.

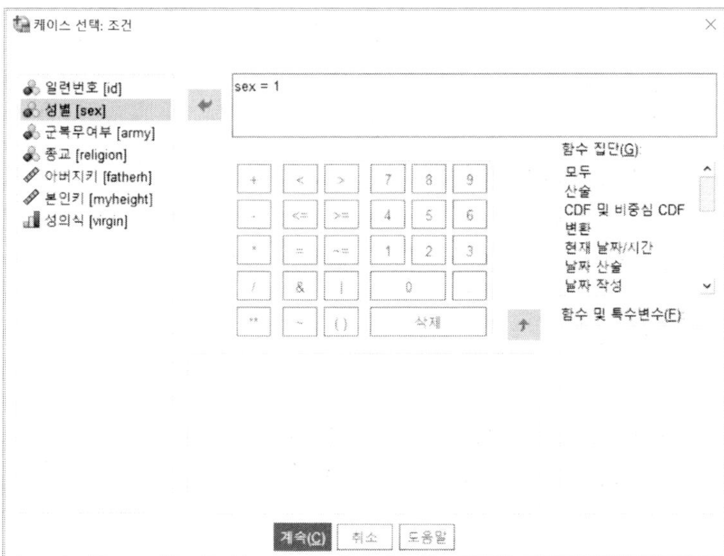

그림 5-13 케이스 선택: 조건 대화상자

• **케이스의 무작위 표본추출**: 케이스의 수나 비율을 지정하여 랜덤 표본을 뽑는다.

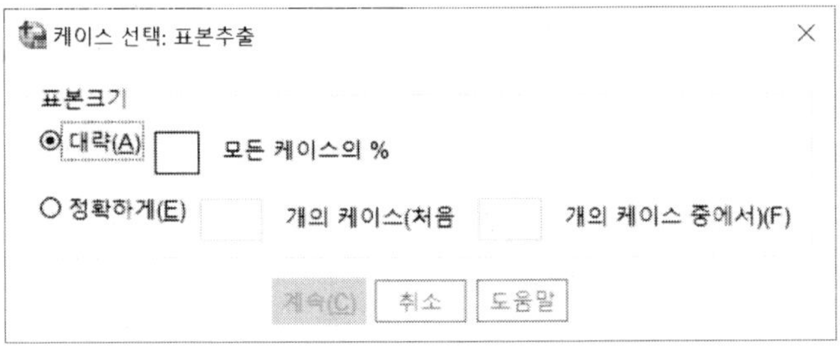

그림 5-14 케이스 선택: 표본추출 대화상자

선택할 케이스의 비율을 지정할 경우에는 '대략'을 선택한 다음 상자 안에 퍼센트 값을 입력한다. 선택할 케이스의 수를 지정할 경우에는 '정확하게'를 선택하고 첫 번째 상자에는 처음 몇 개의 케이스로부터 표본추출할 것인지 고려할 케이스의 수를, 두 번째 상자에는 선택할 케이스 수를 입력한다.

• **시간 또는 케이스 범위를 기준으로**: 시계열 데이터에서 시간의 범위에 해당되는 케이스만 뽑는다.

• **필터변수 사용**: 데이터 파일에 있는 한 변수를 선택한다. 이 변수값이 0이거나 결측값이 아닌 케이스들만 선택된다.

② 출력결과

• **선택하지 않은 케이스 필터**: 선택되지 않은 데이터는 분석에는 사용하지 않으나 데이터 파일에는 남아 있다. 필터링을 off하면 선택되지 않은 데이터를 다음 작업에서 다시 사용할 수 있다. filter_$라는 새 변수가 만들어지며 선택된 케이스에는 1값이, 선택되지 않은 케이스에는 0값이 부여된다. 필터링을 off하기 위해서는 다시 **케이스 선택** 대화상자를 열어서 '모든 케이스'를 선택하면 된다.

• **새 데이터 세트에 선택한 케이스 복사**: 선택한 케이스는 '데이터 세트 이름'에 입력한 파일이름의 새 데이터 파일로 나타난다.

• **선택하지 않은 케이스 삭제**: 선택되지 않은 데이터를 데이터 파일에서 삭제한다.

③ 현재 상태

현재 상태가 케이스 선택 상태인지 아닌지를 표시한다.

• **케이스를 필터링하지 않음**: 필터링이 off 되었음.

• **Filter_$ 값 별**: 필터링이 on 되었음.

실습 7

1. **stat.sav** 데이터에서 남학생만을 대상으로 본인 키와 아버지 키의 관련성을 알아보기 위해 상관계수를 구해 보자.
   ① [그림 5-12]와 [그림 5-13]과 같이, **케이스 선택** 대화상자에서 '조건을 만족하는 케이스'를 선택하여 반전된 [조건(I)...] 단추를 누른다.
   ② **케이스 선택: 조건** 대화상자에서 'sex=1'을 넣고 [계속(C)] 단추를 누른 다음 주대화상자에서 [확인]으로 명령을 실행시킨다.
   ③ 데이터 편집기에서 선택되지 않은 케이스의 번호에 사선이 그어 있고 새로운 필터변수 Filter_$가 생성된 것을 볼 수 있다.
   ④ 상관계수를 구하기 위해서는 메뉴에서

   분석 → 상관분석 → 이변량 상관

   을 선택한다. 대화상자에서 'myheight'와 'fatherh' 변수를 선택하고 [확인] 단추를 누른다.
   ⑤ 다음에 모든 케이스를 사용해서 작업하려면, **케이스 선택** 대화상자를 열어서 '모든 케이스'를 선택한다.

07 가중 케이스(Weight Cases)

이 명령을 사용하지 않으면 분석에서 모든 케이스는 똑같은 가중값 1을 가지게 된다. 그러나 데이터의 한 변수를 가중변수로 사용하여 케이스에 대한 가중값을 줄 수 있다.
메뉴에서

데이터
가중 케이스...

를 선택하면 **가중 케이스** 대화상자가 열린다. 대화상자에서 '가중 케이스 지정'을 선택하고 가중값으로 사용할 변수를 선택하여 '빈도변수' 상자에 입력한다.

실습 8

교차표를 가지고 카이제곱 통계량 구하기

다음 이차원 빈도표(교차표)에 대해 독립성 검정을 위한 카이제곱 통계량을 구해 보자.

성별 \ 직종	사무직	관리직	경영직
여자	206	1	10
남자	157	27	74

① 데이터 편집기에 다음 내용의 데이터를 입력한다.

성별	직종	빈도
1	1	206
1	2	1
1	3	10
2	1	157
2	2	27
2	3	74

② **가중 케이스** 대화상자를 열어서 '가중 케이스 지정'을 선택하고 '빈도변수' 칸에 '빈도' 변수를 선택하여 넣는다.

그림 5-15 가중 케이스 대화상자

③ 교차표에 대한 카이제곱 통계량을 구하기 위해서는 메뉴에서

분석 → 기술통계량 → 교차분석...

을 선택한다. [그림 5-16]과 같이 '행' 변수로 '성별', '열' 변수로 '직종'을 선택한 다음, 아래에 있는 [통계량(S)] 단추로 **교차분석: 통계량** 대화상자를 연다. '카이제곱'을 선택하고 주대화상자로 돌아와서 [확인]을 눌러 실행시킨다.

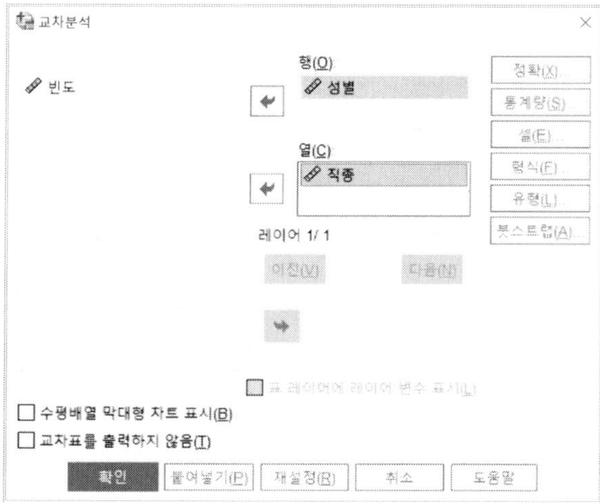

그림 5-16 교차분석 대화상자

6장 SPSS 출력결과

SPSS Statistics(SPSS)의 명령어를 실행하면 그 결과는 IBM SPSS Statistics(SPSS) 출력결과 창에 표시된다. SPSS 출력결과 창은 두 부분으로 나뉘어 있다. 왼쪽 판널에는 출력결과 내용의 개요 보기가 들어 있고, 오른쪽 판널에는 명령문, 통계표, 도표, 텍스트 출력결과가 들어 있다. SPSS 출력결과에서 다음을 수행할 수 있다.

- 출력결과 찾아보기
- 선택한 표와 도표를 나타내거나 감추기
- 선택한 항목을 이동하여 표시 순서 바꾸기
- 피벗표, 도표, 텍스트 출력결과의 편집

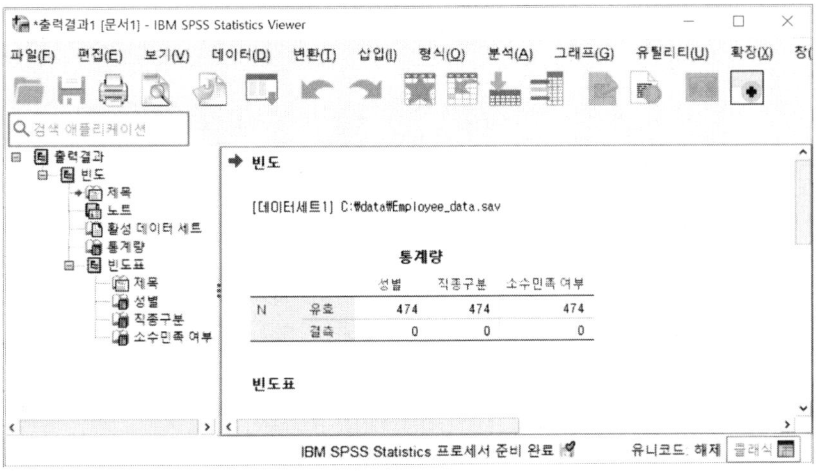

그림 6-1 IBM SPSS Statistics(SPSS) 뷰어 창

많은 출력결과에서 원하는 결과를 찾기 위해서는 개요 판널에서 항목을 선택하면 된다. 개요 판널의 오른쪽 경계선을 끌어당기어 개요 판널의 너비를 조정할 수 있다.

01 출력결과의 저장

출력결과를 저장하기 위해서는 메뉴에서 다음을 선택한다.

파일
　　다른 이름으로 저장...

SPSS 출력결과 파일의 디폴트 확장자는 .spv이다.

02 선택한 표와 도표 나타내거나 감추기

SPSS 출력결과에서 개별 표나 결과를 선택적으로 나타내거나 감출 수 있다. 출력결과의 양을 줄이려 할 때 유용하다.

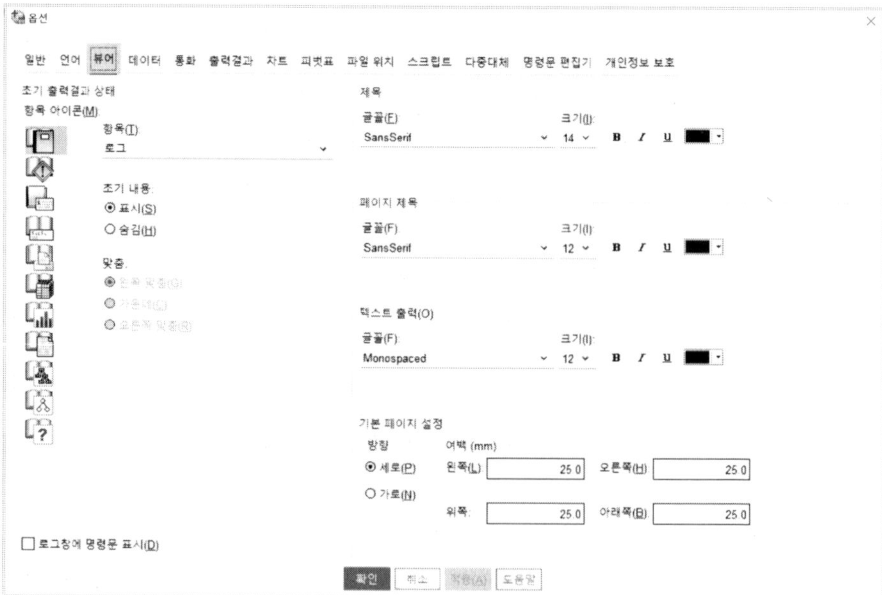

그림 6-2 옵션 창

- 개요 판넬에서 각 항목의 맨 앞에 있는 책모양의 아이콘을 두 번 눌러 선택하거나 감춘다. 열린 책모양은 '나타내기' 상태를, 닫힌 책모양은 '감추기' 상태를 표시한다.
- 한 명령어의 모든 결과를 감추거나 나타내려면 명령어 이름의 왼쪽에 있는 '−'나 '+' 상자를 누른다. '−'는 '나타내기' 상태를, '+'는 '감추기' 상태를 표시한다.
- 초기 표시 상태를 제어할 수 있다. 메뉴에서 다음을 선택하여 뷰어 탭을 누른다. 여기에서 새 출력결과를 작성할 때 감추거나 나타낼 항목을 선택한다.

편집
옵션...

03 출력결과 항목의 순서 바꾸기

개요 판넬에서 항목의 순서를 바꿀 수 있다. 개요 판넬에서 이동할 항목을 선택하면 왼쪽에 화살표가 나타난다. 이 화살표를 눌러 원하는 위치로 끈다.

04 표의 편집

출력결과에 있는 표를 두 번 누르면 피벗표 편집기 상태가 된다. 또는 표를 선택한 상태에서 SPSS 출력결과 창의 메뉴에서

편집
편집

을 선택한다. 이 피벗표 편집기 창에서 피벗표가 편집된다.

피벗표 편집기 상태에서는 피벗과 형식 등의 새로운 메뉴가 있어서 표를 쉽게 편집하고 변경할 수 있다.

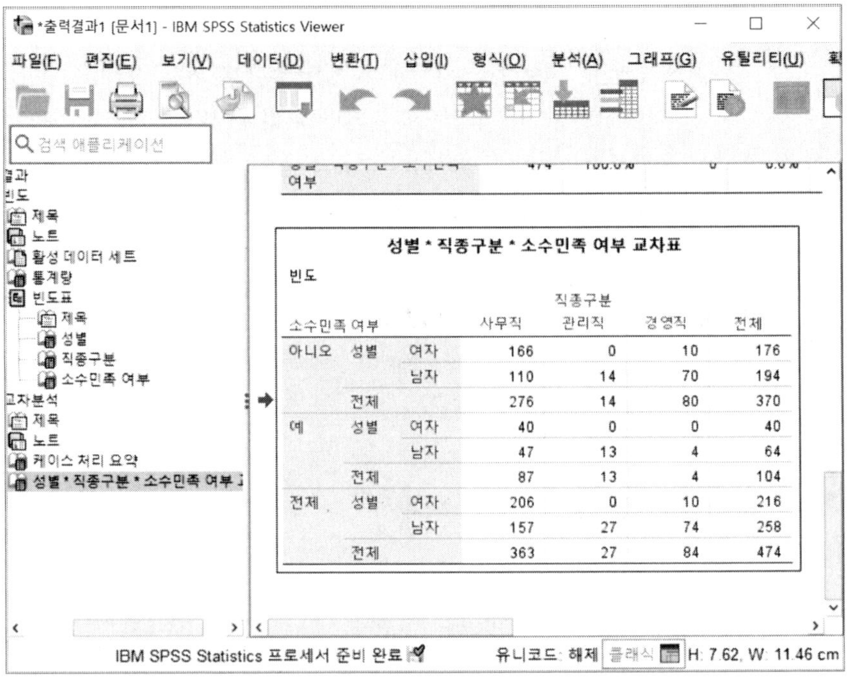

그림 6-3 표의 편집

(1) 행과 열의 전치

피벗 메뉴의 〈행과 열 전치〉를 선택하면 표의 행과 열이 바뀌진다.

(2) 피벗 트레이

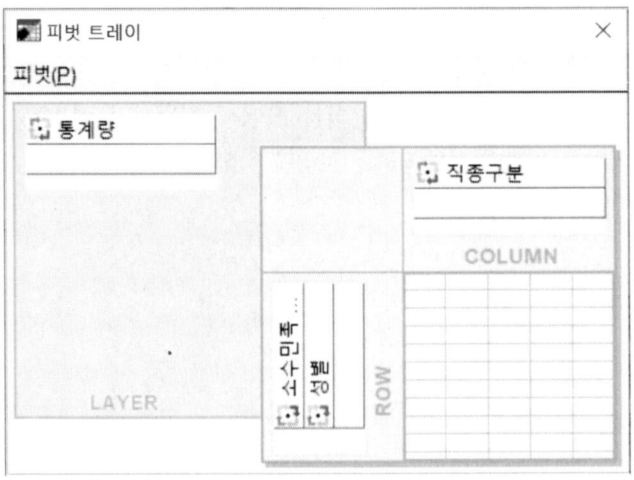

그림 6-4 피벗 트레이

피벗 메뉴의 〈피벗 트레이〉를 선택하면 피벗 트레이 창이 나타난다. 레이어, 행과 열 트레이에 변수들이 있는데 마우스로 변수를 끌어서 다른 트레이에 놓으면 피벗표의 구조가 변경된다.

그림 6-5 표 특성 편집 대화상자

(3) 표 특성의 변경

피벗표 편집기 창의 오른편에는 '일반', '영역 형식', '경계선', '셀 형식', '참고'의 다섯 가지 탭이 있다. 이 탭을 사용하여 표의 특성을 바꿀 수 있다.

- 빈 행이나 열 감추기와 같은 일반적인 특성을 제어할 수 있다.
- 꼬리말 각주 표시의 형식과 위치를 지정할 수 있다.
- 데이터 영역의 셀, 행과 열 설명을 정의할 수 있다.
- 표의 경계선에 대한 선 종류와 색상을 지정할 수 있다.

(4) 표모양의 변경

이전에 정의한 표모양을 선택하거나 새로 직접 작성할 수 있다. 이것은 **형식** 메뉴의 〈표모양...〉을 선택하여 **표모양** 대화상자를 열어서 작업한다. **표모양** 대화상자에서는 '표모양 파일' 목록으로부터 하나의 목록을 선택하고 [모양 편집(E)...] 단추를 눌러 표모양을 편집한 다음 [다른 이름으로 저장(A)...] 단추를 사용하여 표모양을 저장하거나 [확인] 단추를 눌러서 현재의 표에 표모양을 적용한다.

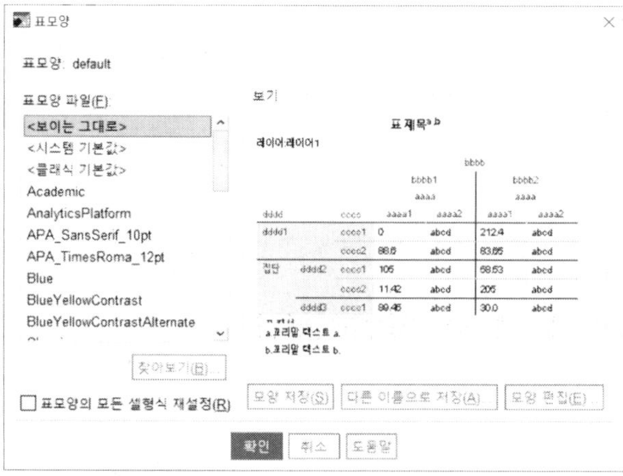

그림 6-6 표모양 대화상자

실습 1

SPSS에 포함되어 있는 **employee data.sav** 데이터를 가지고 삼차원 교차표를 작성한 다음 이 표를 가지고 여러 가지로 편집해 보자.

① 삼차원 교차표를 만들기 위해 메뉴에서

분석 → 기술통계량 → 교차분석...

을 선택한다. [그림 6-7]과 같이 '행'에 '성별', '열'에 '직종' 변수를 넣고, '레이어' 상자에는 '소수민족' 변수를 넣는다. [확인] 단추를 눌러 실행시키면 SPSS 출력결과 창에는 [그림 6-3]과 같이 성별*직종구분*소수민족이라는 제목아래 삼차원 교차표가 나타난다.

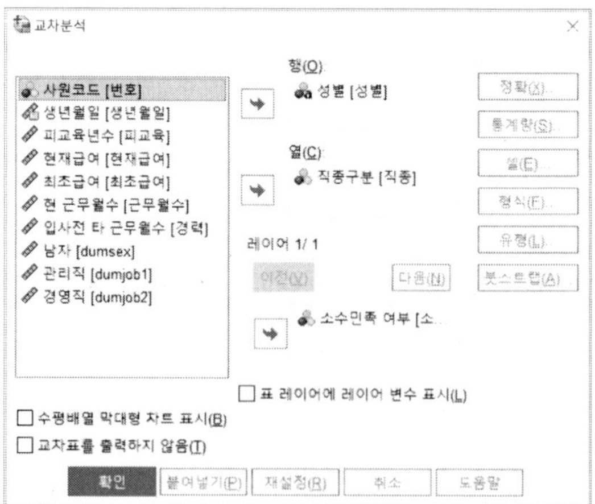

그림 6-7 삼차원 교차표를 위한 교차분석 대화상자

② [그림 6-3]과 같이, 교차표를 두 번 눌러서 편집할 수 있는 상태가 되면 다음 작업들을 해 보자.

③ **피벗** 메뉴의 〈행과 열 전치〉를 선택해서 교차표의 행과 열을 바꿔보자. 반복하면 원래 상태가 된다.

④ **피벗** 메뉴의 〈피벗 트레이〉를 선택하면 [그림 6-4]와 같이 피벗 트레이 창이 나타난다. [그림 6-4]에서 레이어 트레이에는 빈도통계량 아이콘이 있고, 행 트레이에는 각각 소수민족과 성별 아이콘, 열 트레이에는 직종 아이콘이 있다. 아이콘을 이동시켜서 표 구조를 변경해 보자.

⑤ **형식** 메뉴의 〈표모양...〉을 선택하여 표모양을 여러 가지로 바꿔보자.

05 텍스트 출력결과의 편집

텍스트 출력결과와 제목을 텍스트 편집 기능으로 편집할 수 있다. 텍스트 출력결과 영역을 두 번 누르면 텍스트 영역이 선택된다. **편집** 메뉴를 사용하여 텍스트를 편집한다.

06 다른 응용 프로그램(예: 한글)에 출력결과를 내보내기

SPSS 출력결과를 다른 응용프로그램에서 사용하려면 SPSS의 〈내보내기〉를 이용하는 것이 편리하다.

① **파일** 메뉴의 〈내보내기〉를 선택하면 [그림 6-8]과 같이 **내보내기 출력결과** 대화상자가 열린다.

- **내보낼 개체**: 뷰어의 모든 개체, 보이는 모든 개체, 선택한 개체 중에서 내보낼 개체를 선택한다.
- **문서 유형**: Word/RTF(*.doc), Excel(*.xls), 포터블 문서형식(*.pdf), PowerPoint 파일(*.ppt), 텍스트(*.txt), 없음(그래픽만 해당) 중에서 선택할 수 있다. 옵션을 변경하기 위해서는 [옵션 변경(C)] 단추를 눌러 변경한다.

'파일 이름' 칸에 내보내기 출력 파일을 확인하고 [확인] 단추를 누른다.

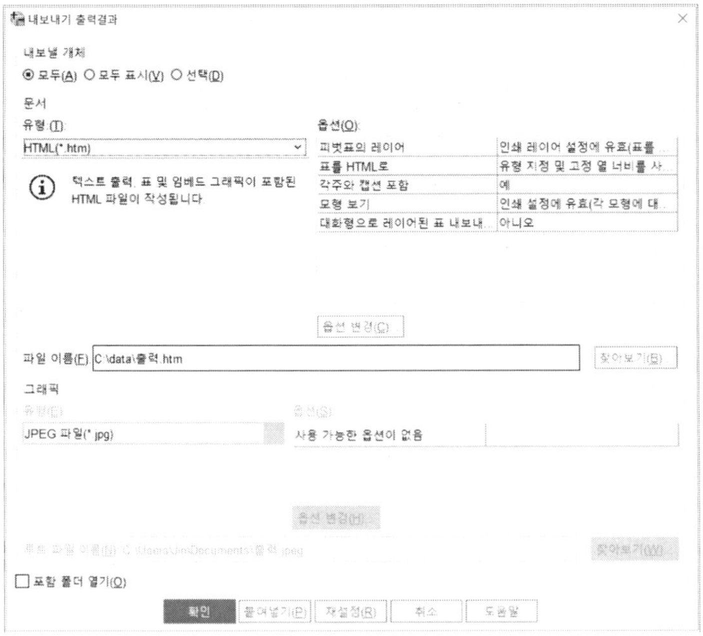

그림 6-8 내보내기 대화상자

② 엑셀 파일로 '내보내기'를 했다면, 내보내어 저장된 엑셀 파일 [그림 6-9]를 열어서 편집한 후에 한글과 같은 다른 편집기에 복사하여 사용할 수 있다.

그림 6-9 한글에서 SPSS의 내보내기 파일을 불러오기

제 2 부

통계분석

1장 데이터 수집과 통계분석

데이터를 가지고 통계분석을 하기 위해서는 데이터에 있는 변수들의 성질을 잘 알아야 한다. 변수들은 측정방법에 따라 명목척도 변수, 순서척도 변수, 구간·비율척도 변수로 구분되는데 변수의 척도에 따라 분석방법이 달라진다. 명목척도와 순서척도 변수를 합해서 범주형(categorical) 변수라고 한다. 또한 SPSS에서는 구간·비율척도 변수를 척도변수라고 한다.

통계분석을 수행하려면 데이터를 수집하여 컴퓨터에 입력하는 과정이 선행되어야 한다.

데이터를 수집하는 방법에는 여러 가지가 있는데 그 중 가장 널리 사용하는 방법은 설문지에 의한 조사방법과 실험에 의한 방법이다.

01 설문조사에 의한 데이터의 수집과 통계분석

(1) 설문조사에 의한 데이터의 수집 절차

설문지에 의한 조사방법으로 통계분석을 하기 위해 데이터를 준비하는 절차는 다음과 같다.

연구목적, 연구내용 및 분석방법 결정
⇩
설문지 작성, 표본추출방법과 표본크기 결정, 조사방법 결정, 조사원 훈련, 예비조사
⇩
설문조사
⇩
데이터의 코딩과 컴퓨터 입력
⇩
데이터의 출력(LIST)과 도수분포표를 사용하여 데이터의 오류를 수정
⇩
수정이 완료된 데이터

(2) 통계분석 작업의 단계

(가) 제1단계: 각 변수의 분포 파악

수정이 완료된 데이터를 가지고 일반적으로 가장 먼저 수행하는 통계분석은 각 문항(변수)에 대한 빈도분석(Frequency Analysis)이나 기술 통계분석(Descriptive Statistics Analysis)이다. 조사한 각 변수에 대해 그 분포가 어떠한지 파악하는 데 적합하다.

각 변수에 대한 분포 파악

⇩ ⇩

범주형 변수	구간·비율척도 변수
빈도분석	기술 통계분석

① **빈도분석:** 명목이나 순서척도 변수에 대해 빈도(Frequency) 분포를 알아보는 분석.

② **기술 통계분석:** 구간·비율척도 변수(SPSS에서는 척도변수)에 대해 요약통계량(평균, 표준편차 등)을 구하는 분석.

(나) 제2단계: 데이터의 타당성 및 신뢰성 검토

설문지 조사의 경우에는 설문지 문항들이 원하는 내용을 잘 측정하도록 해야 하기 때문에 설문지 문항을 구성함에 있어서 대단한 주의가 필요하다. 특히 사회과학에서는 어떤 개념에 대한 측정방법이 잘 개발되어 있지 않은 경우가 많고, 설사 개발되어 있다 하더라도 논란이 있기 쉽다. 예를 들어 '사회복지 지표', '소비자 만족도' 등을 어떻게 정의하는가에 대해서는 많은 견해들이 있다. 따라서 설문지 조사에서는 어떤 하나의 개념을 3점척도나 5점척도 등으로 작성한 여러 개의 문항으로 조사하여 그 문항들의 합 을 개념의 측정값으로 사용한다. 이러한 설문지 조사에서는 한 개념의 측정값으로 조사한 여러 개의 문항 합을 사용하는 것이 타당한 것인가를 알아보는 요인분석(Factor Analysis)과 응답자들이 신뢰할 만하게 답했는지를 알아보는 신뢰도분석(Reliability Analysis)을 할 수 있다.

데이터의 타당성과 신뢰성

⇩

여러 개의 순서척도(3점, 5점, 7점척도) 변수

요인분석	신뢰도분석

① **요인분석:** 많은 문항(변수)를 적은 수의 요인변수로 축소하는 데 사용하는 분석이다. 하나의 개념을 측정하기 위해 여러 개의 문항(변수)들을 사용했을 경우에 이 문항들이 한 개의 요인으로 묶여지는 것은 그 측정도구가 타당함을 나타내준다.

② **신뢰도분석:** 동일한 개념을 여러 문항(변수)으로 질문하였을 경우에, 응답들이 비슷하게 나타나는지를 측정하는 신뢰계수를 계산한다.

(다) 제3단계: 통계분석기법의 선정

수집한 데이터가 타당성과 신뢰성이 확보되었다면 이제 분석목적에 적절한 통계분석기법을 사용하여 분석할 수 있다.

통계분석기법은 아주 다양해서 데이터와 목적에 가장 적절한 기법을 찾는 것은 결코 쉬운 일이 아니다.

통계분석기법을 선정하는 데 고려해야 할 기준은 다음과 같다.

① 몇 개의 변수를 동시에 분석할 것인가
② 변수의 측정척도는 무엇인가
③ 분석목적은 무엇인가

(3) 여러 가지 통계분석

(가) 두 변수의 관련성 분석

두 변수 간의 관련성을 알아보고자 하는 경우가 많다. 연관이 있는 두 변수 간에 연관성의 정도를 알아보는 분석에는 교차분석(Cross Tabulation Analysis)과 상관분석(Correlation Analysis)이 있다. 집단간 평균이 차이가 있는지 알아보는 분석에는 T-검정과 일원배치 분산분석이 있고, 설명변수(독립변수)가 목적변수(종속변수)에 영향을 주는지 알아보는 분석으로는 단순회귀분석(Simple Regression Analysis)이 있다.

두 변수의 연관성 정도

⇩ ⇩

두 개 모두 범주형 변수	**두 개 모두 구간·비율척도 변수**
교차분석	상관분석

집단간 평균 비교

⇩ ⇩

독립변수: 범주형 변수 (2개 범주) 종속변수: 구간·비율척도 변수	**독립변수: 범주형 변수 (3개 이상 범주) 종속변수: 구간·비율척도 변수**
T-검정	일원배치분산분석

독립변수가 종속변수에 영향을 주는지 파악

⇩

독립변수와 종속변수: 구간·비율척도 변수
단순회귀분석

① 교차분석: 명목이나 순서척도 변수들에 대해 이차원 혹은 삼차원 빈도표를 작성한다.
② 상관분석: 두 개의 구간·비율척도 변수들의 이변량 상관계수를 구한다.
③ T-검정: 두 집단간의 평균이 차이가 있는지 검정한다.
④ 일원배치분산분석: 세 집단 이상에서 평균값에 차이가 있는지 검정한다.
⑤ 단순회귀분석: 종속변수를 독립변수의 선형함수 형태로 표현하고자 할 때 사용하는 분석이다.

참고 독립변수가 특히 시간을 나타내는 변수이고 종속변수는 구간·비율척도 변수일 때 시계열분석(Time Series Analysis)을 한다.

(나) 한 개의 종속변수와 여러 개의 독립변수 간의 관계

여러 개의 독립변수가 하나의 종속변수에 영향을 준다고 생각되어 여러 개의 독립변수를 한꺼번에 고려하고자 할 때 사용하는 통계분석이 분산분석(Analysis of Variance)과 다중회귀분석(Multiple Regression Analysis)이다.

여러 개의 독립변수와 한 개의 종속변수 간의 관계

⇩	⇩
독립변수 모두: 범주형 변수 종속변수: 구간·비율척도 변수	독립변수, 종속변수 모두 구간·비율척도 변수
분산분석	다중회귀분석

① 분산분석: 두 개 이상의 변수(범주형 변수)를 동시에 고려해서 집단을 나누는 경우 혹은 어떤 변수를 통제한 상황에서 평균의 차이가 있는지를 알아보는 분석.
② 다중회귀분석: 여러 개의 독립변수(구간·비율척도 변수)들의 선형함수 형태로 종속변수에 대한 모형을 나타내고자 할 때 사용하는 분석이다.

02 실험에 의한 데이터의 수집과 통계분석

(1) 실험에 의한 데이터의 수집

실험에 의한 방법은 실험 대상과 실험 조건을 능동적으로 통제할 수 있기 때문에 어떤 처리(조작)가 반응치(종속변수)에 영향을 미치는지를 잘 알아낼 수 있다. 실험목적을 효과적으로 달성하기 위해서는 실험계획(experimental design)을 잘 세워야 한다. 실험에 의한 방법은 주로 농학, 교육학과 심리학에서 많이 사용하는데, 여기에서는 변수 대신 다른 용어를 사용한다. 종속변수를 반응치라 하고 반응치를 얻기 위해 처리를 하는 변수를 인자(factor)라고 하며, 이때 각 처리를 인자의 수준(범주)이라고 한다.

실험에 의해 데이터를 수집하는 절차는 다음과 같다.

실험목적의 설정

⇩

반응치(특성치)의 선택, 인자와 인자수준의 선택
실험계획법 결정(실험의 배치와 실험순서의 랜덤화)

⇩

실험의 실시

⇩

데이터의 컴퓨터 입력

⇩

수정이 완료된 데이터

(2) 통계분석

실험계획법에 따라 분석방법이 다르다. 몇 가지 대표적인 실험계획법과 분석방법은 다음과 같다.

(가) 일원 배치 완전랜덤계획법

관심 있는 특성치에 대해 하나의 인자의 영향을 조사하기 위한 가장 단순한 실험계획법이다.

실험대상을 선택하거나 실험방법을 적용하는 순서에서 랜덤의 방법을 사용한다.

인자의 수준이 두 개인 경우에는 T-검정으로 분석하고, 인자의 수준이 세 개 이상인 경우에는 일원배치분산분석으로 분석한다.

일원배치법
인자: 범주형 변수, 반응변수: 구간·비율척도 변수

⇩ ⇩

인자의 수준: 2개	**인자의 수준: 3개 이상**
T-검정	일원배치분산분석

(나) 이원배치법

이원배치법에는 두 가지가 있다.

① 랜덤완전블록계획법(Randomized Complete Block Design): 블록으로 나누어서 실험을 하는데, 블록 내에서 랜덤하게 실험하는 계획법
② 요인계획법(Factorial Design): 두 개 요인이 있고 실험은 두 개 요인의 모든 수준 조합에서 랜덤하게 실시하는 계획법. 각 요인들의 효과뿐만 아니라, 요인들의 상호작용(interaction) 효과를 알 수 있다.

SPSS에서는 이원배치법을 일반선형모형 메뉴를 사용하여 분석한다.

이원배치법
인자(두 개 모두): 범주형 변수, 반응변수: 구간·비율척도 변수

⇩ ⇩

랜덤완전블록계획법	**요인계획법**
일변량 일반선형모형 (상호작용 무시)	일변량 일반선형모형 (상호작용 포함)

(다) 반복측정 계획법

어떤 처리에 대해 반응치를 반복해서 측정하는 계획법이다. 이런 데이터를 분석하는 데는 여러 개의 종속변수를 한꺼번에 고려하는 다변량 분산분석(Multivariate Analysis of Variance) 방법을 사용한다.

여러 개의 종속변수에 대한 분산분석 인자(모두): 범주형 변수, 반응변수(모두): 구간·비율척도 변수	
⇩	⇩
종속변수들이 다양한 속성으로 구성	종속변수들이 같은 속성을 반복측정한 것
다변량 분산분석	반복측정 분산분석

03 표본수가 적은 경우의 통계분석방법

표본수가 적은 경우에 통계분석방법을 사용하려면 몇 가지 사항을 검토하여야 한다. T분석, 분산분석, 상관분석, 회귀분석 등은 데이터의 모집단이 정규분포를 따른다고 가정할 수 있는 경우에만 분석결과를 믿을 수 있다. 그러나 모집단의 분포에 대해 잘 모르거나 표본 데이터를 살펴보아 정규성이 의심된다면(5절의 소표본에서 정규성 검토 방법을 참조) 비모수적 통계분석(Nonparametric Analysis)을 해야 한다. 각 모수적 분석에 대응되는 비모수적 통계분석은 다음과 같다.

모수적 방법		비모수적 방법
상관분석	➡	비모수적 상관분석
T-검정	➡	윌콕슨 순위합 (맨-휘트니 검정)
일원배치분산분석	➡	크루스칼-월리스 검정

04 통계적 추론과 가설검정

(1) 모집단(population)과 표본(sample)

연구나 조사를 하는 경우에 그 대상이 되는 전체 집단을 모집단이라고 한다. 연구나 조사를 정확히 하기 위해서는 모집단을 모두 조사해야 하겠지만 대부분의 경우에는 모집단의 일부(일반적으로 1/10 이하)인 표본만을 조사할 수밖에 없다. 그 주된 이유는 모집단을 모두 조사하려면 비용과 시간이 무척 많이 들기 때문이다.

모집단으로부터 표본을 뽑는 방법을 표본추출방법(sampling method)이라고 한다.

통계적 추론을 하기 위해서는 표본이 모집단의 성질을 잘 나타낼 수 있도록 뽑혀야 하는데, 이를 위해서는 표본추출방법을 정확하게 사용해야 한다.

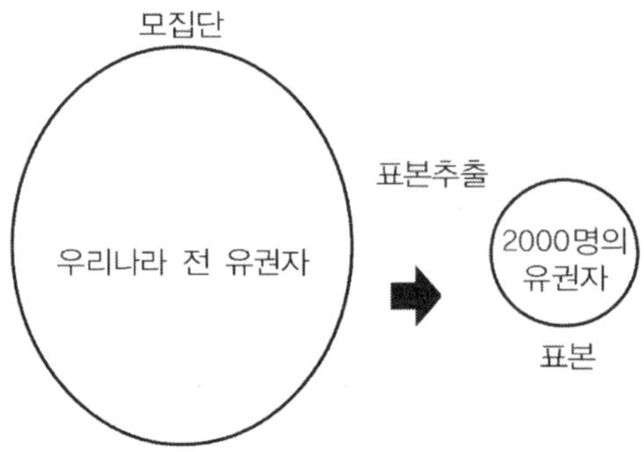

그림 1-1 모집단과 표본

예 ① 대선 후보 여론조사의 경우
모집단: 우리나라 전 지역의 유권자
표본: 지역, 성별에 따른 층화랜덤표본추출방법에 의한 2000명의 유권자
② 진주시 정책에 대한 설문조사
모집단: 진주시에 거주하는 15세 이상의 시민
표본: 지역, 성별, 나이에 따른 층화집락추출방법에 의한 1200명의 15세 이상 시민
③ 두 가지 비료에 의한 수확량의 비교
모집단: 과거, 현재, 미래에 있어서 모든 가능한 토지에 두 가지 비료를 주었을 때 나타나는 단위면적별 수확량
표본: 실제 두 가지 비료를 사용하여 경작한 토지에서의 단위면적별 수확량

(2) 통계적 추론(statistical inference)

표본은 모집단의 아주 작은 일부이기 때문에 이 표본만을 가지고 모집단 전체에 대해 정확히 알아낼 수는 없다. 그러나 표본추출절차를 정확하게 준수하여 표본을 뽑으면 우리는 작은 오차(error) 범위 내에서 모집단 전체에 대해 추측할 수 있다. 이러한 모집단에 대한 통계적 추측방법을 통계적 추론이라고 한다. 추론방법으로는 신뢰구간에 의한 방법과 가설검정방법 두 가지가 있다.

신뢰구간(흔히 95% 신뢰구간)이란 모집단의 한 특성의 값을 신뢰구간 내에서 추측하는 구간을 말한다. 그리고 가설검정은 모집단에 대한 가설을 세워 놓고서 이 가설이 옳거나 그르다고 추측하는 방법이다.

예 어느 도시의 실업률에 대한 95% 신뢰구간은 (0.058, 0.106)으로 나타났다.

(3) 가설검정(Hypothesis Testing)

많은 통계분석방법(T검정, 분산분석, 회귀분석 등)에서는 가설검정방법을 통해 추측을 한다. 가설검정에 의한 추측은 다음의 단계를 밟는다.

①		②		③		④
가설을 세운다 H_0(귀무가설) H_1(대립가설)	→	표본자료를 가지고 검정통계량 (T, χ^2, F 등)값을 계산한다.	→	검정통계량값의 p값(유의확률)을 계산한다.	→	결론을 내린다. p값≤유의수준 α이면 H_1을 채택한다.(H_0를 기각)

① 가설

연구자는 귀무가설(H_0로 표기)과 대립가설(H_1으로 표기), 두 개의 통계적 가설을 세운다. 가설은 모두 모집단에 대한 기술이어야 한다. 예상하거나 새로 알아내고자 하는 명제를 대립가설(alternative hypothesis)로 하고 대립가설에 반대되는 명제를 귀무가설(null hypothesis)로 설정한다. 귀무가설(영가설)은 흔히 '동일하다', '차이가 없다' 등으로 표현된다. 대립가설은 연구가설, 목적가설이라고 부르기도 한다.

예1 H_0 : 두 변수는 상관(correlation)이 없다.
H_1 : 두 변수는 상관이 있다.

예2 H_0 : 새로운 치료법과 기존 치료법은 치료효과에 차이가 없다.
H_1 : 새로운 치료법은 기존 치료법보다 치료효과가 좋다.

② 검정통계량 값(test statistics)

가설을 검정하기 위한 통계량 값이다. T 검정통계량, χ^2 검정통계량, F 검정통계량 등이 있는데, 이것은 표본자료값을 가지고 계산된다.

③ p값(유의확률)(p-value, significance probability)

귀무가설이 참(true)일 경우, ②에서 계산된 검정통계량 값이 얼마나 빈번하게 일어날지에 대한 확률값이다. 만약 p값이 작으면 귀무가설 하에서 일반적인 현상이 아니므로 귀무가설을 기각하고 연구가설(대립가설)을 채택하게 된다. 이때의 기준으로 유의수준 α를 사용한다. 유의수준으로는 1%, 5%, 10%를 일반적으로 설정하는데, 이 중에서도 5% 수준이 가장 널리 사용된다.

④ 결론

통계적 결론은 'H_0를 기각한다'나 'H_0를 기각할 수 없다'의 두 가지인데, 연구자는 통계적 결론을 바탕으로 연구의 결론을 내리게 된다. 즉, 표본 데이터에 의거해서 연구의 목적하던 바를 옳다고 받아들이거나, 받아들일 수 없다고 기술한다.

05 소표본에서 정규성 검토 방법

한 변수의 표본 데이터를 가지고 모집단의 분포가 정규분포를 따른다고 할 수 있는지 알아보는 방법에는 여러 가지가 있다. 이 중에서 몇 가지 방법을 제시하고자 한다.

(1) 히스토그램과 정규곡선

변수에 대한 히스토그램을 그려본다. 히스토그램의 형태가 정규분포와 같이 서양 종 모양이며 중앙값 근처의 케이스가 상대적으로 많고 이상점이 거의 없게 나타나면 모집단의 분포를 정규분포로 가정할 수 있다. 또한 히스토그램의 그림 위에 데이터와 같은 평균과 표준편차를 가지는 정규곡선을 출력시키면 정규분포에 근사한지를 쉽게 알 수 있다. 히스토그램과 정규곡선을 얻기 위해서는 메뉴로부터 다음과 같은 절차를 따른다.

그래프
　　히스토그램 ...

그러면 [그림 1-2]와 같이 **히스토그램** 대화상자가 열린다. [그림 1-2]에서 사용한 데이터는 예제 데이터 중 '체격체력.sav' 데이터이다. 변수목록으로부터 변수를 선택하고 '정규곡선 표시'에 체크한다. 행변수나 열변수의 범주로 구분하여 히스토그램을 보고자 하는 경우에는 창기준의 '행' 상자나 '열' 상자에 변수를 선택하여 입력한 후 [확인] 단추를 누른다.

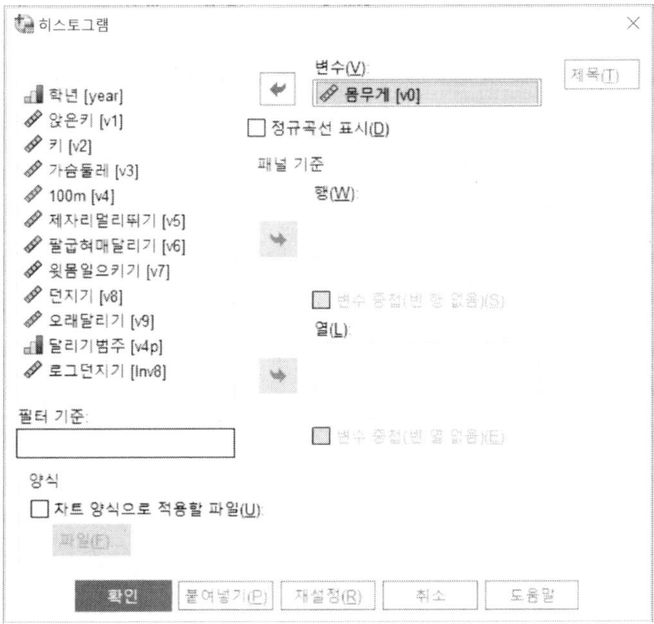

그림 1-2　히스토그램 대화상자

(2) Q-Q 도표

변수의 데이터가 같은 평균과 표준편차를 가지는 정규분포의 백분위수들과 얼마나 차이가 있는지를 보여준다. Q-Q 도표에서 데이터의 점들이 직선에 가까울수록 정규분포에 가깝다. Q-Q 도표를 그리기 위해서는 메뉴로부터 다음과 같은 절차를 따른다.

분석
　　기술통계량
　　　　Q-Q 도표 ...

그러면 [그림 1-3]과 같이 Q-Q 도표 대화상자가 나타난다. 변수목록으로부터 Q-Q 도표를 그리고자 하는 변수를 선택하고 '검정분포'로서 '정규'를, '분포모수'는 '데이터로부터 추정'을 선택한 상태에서 [확인] 단추를 누른다.

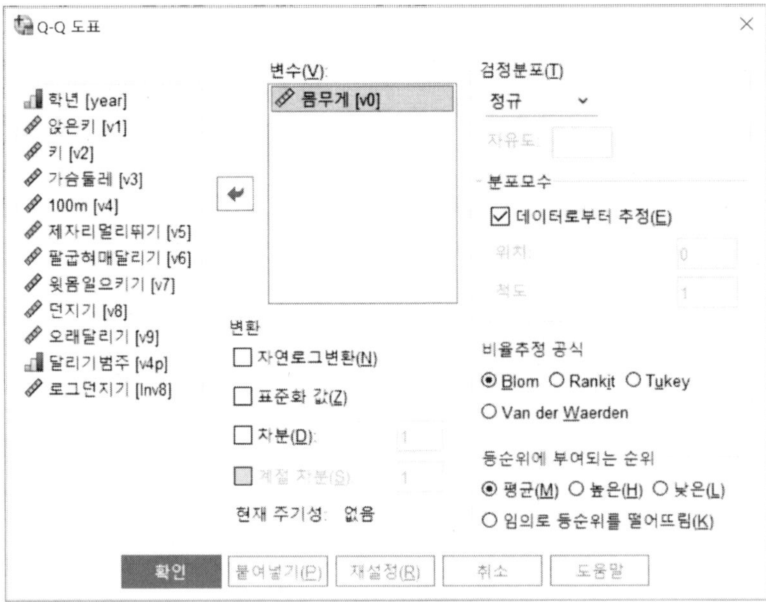

그림 1-3 Q-Q 도표 대화상자

(3) 정규성 검정을 하는 방법

메뉴로부터 다음과 같은 절차를 따르면 [그림 1-4]과 같이 **데이터 탐색** 대화상자가 열린다.

분석
　　기술통계량
　　　　데이터 탐색 ...

데이터 탐색 대화상자에서는 선택한 변수들에 대해 여러 가지 통계량과 도표를 출력시킬 수 있다. [통계량(S)...] 단추를 눌러서 기술통계량과 신뢰구간, M-추정량, 이상값, 백분위수를 선택하여 구할 수 있고, [도표(T)...] 단추를 눌러 상자도표, 줄기와 잎 그림, 히스토그램, 검정과 함께 정규성도표, Levene 검정과 평균-산포도표를 선택하여 출력시킬 수 있다.

그림 1-4 데이터 탐색 대화상자

선택한 변수가 정규분포에 근사한지 알아보기 위해서는 맨 아래 줄에 있는 '표시'에서 '도표'를 선택한 다음 오른쪽에 있는 도표(T)... 단추를 눌러서 [그림 1-5]와 같은 **데이터 탐색: 도표** 대화상자를 연다. 여기에서 '검정과 함께 정규성도표'를 선택하여 실행시킨다. 그러면 두 가지 정규성 검정결과와 함께 Q-Q 도표가 출력된다. 두 가지 정규성 검정은 콜모고로브-스미르노브(Kolmogorov-Smirnov)의 정규성 검정과 샤피로-윌크(Shapiro-Wilk) 정규성 검정인데 이 두 검정은 아래와 같은 가설을 검정한다.

귀무가설 H_0: 모집단의 분포는 정규분포를 따른다.
대립가설 H_1: 모집단의 분포는 정규분포를 따르지 않는다.

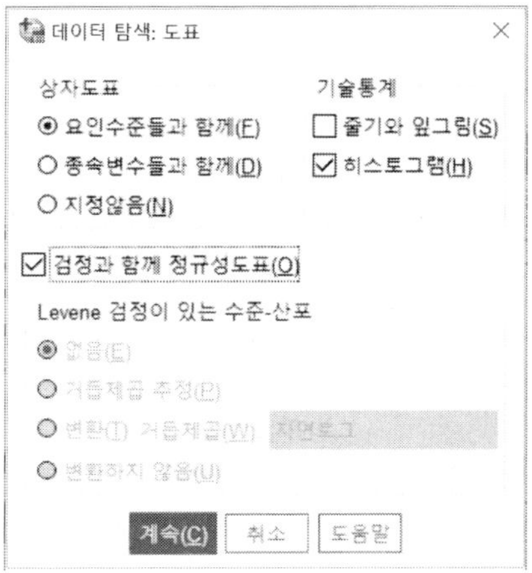

그림 1-5 데이터 탐색: 도표 대화상자

정규성 검정결과에서는 유의확률(p값)이 두 가지 검정에 따라 약간의 차이가 있는 것을 볼 수 있다. 한 개의 검정결과를 선택해서 유의확률이 유의수준(일반적으로 $\alpha = 0.05$)보다 크면 모집단의 분포는 정규분포를 따른다고 생각할 수 있다.

06 붓스트랩 방법(Bootstrap Method)

(1) 붓스트랩 방법의 소개

붓스트랩 방법은 1977년에 창안되었는데 컴퓨터의 발달로 인해 유용하게 된 계산적 추론 방법이다.

붓스트랩 방법은 평균, 중앙값, 비율, 오즈비, 상관계수 또는 회귀계수 등과 같은 추정값에 대한 표준오차와 신뢰구간을 계산할 수 있도록 하는 강력한 추정 방법이다. 또한 가설검정에서도 붓스트랩 방법을 사용하여 t, X^2, F 등과 같은 검정통계량의 유의확률을 계산할 수 있다.

붓스트랩 방법은 모집단 분포의 가정이 불확실한 경우, 표본 수가 작은 경우, 그리고 통계량(추정량)의 분포를 구해내기 어려운 경우에 유용하다. 이 경우에는 추정량 혹은 검정통계량의 분포를 찾아내기 어려울 뿐 아니라 찾아내더라도 표준오차와 신뢰구간, 검정통계량의 유의확률을 정확하게 계산할 수 없다.

예를 들어, 두 집단의 평균을 비교하는 경우를 생각해 보자. 두 집단에서 뽑은 표본이 각각 30개보다 작다면(표본 수가 작은 경우) 두 집단 각각 모집단의 분포가 정규분포를 따른다고 가정할 수 있을 때만 t 통계량을 사용하여 신뢰구간을 구하거나 가설검정의 유의확률을 구하는 것이 적절하다. 그러나 두 모집단 중에서 하나라도 정규분포를 따른다고 할 수 없는 경우에는 t 통계량을 사용한 신뢰구간과 가설검정의 유의확률은 실제 값과 많이 다를 수 있는 엉터리 값이다. 따라서 이런 경우에 대안으로서 붓스트랩 방법을 사용하는 것이 좋다.

다른 예를 들어보자. 사원들의 연봉이나 농가의 경지면적에 대한 데이터는 오른쪽이 완만하게 기울어진(skewed to the right) 분포를 가진다. 이런 변수들의 추정값으로는 평균보다 중앙값이 적절할 수 있다. 그런데 중앙값에 대한 분포를 정확하게 구할 수 없기 때문에 표준오차와 신뢰구간을 구해낼 수 없다. 이때 붓스트랩 방법은 그 대안이 된다.

SPSS의 최근 버전에서는 많은 분석 대화상자에서 붓스트랩 방법을 지원하고 있다. 빈도분석, 기술통계, 교차분석, t 검정, 상관분석, 분산분석, 회귀분석, 판별분석, 로지스틱 회귀분석 등에서 그러하다.

(2) 붓스트랩 방법

붓스트랩 방법의 특징은 모집단 분포에 대해 가정을 하지 않고, 모든 경우에 통일된 방식을 사용하며, 통계량(추정량)의 분포를 구하기 위해 수학에 의존하지 않는 것이다.

붓스트랩 방법은 다음과 같은 단계로 실행된다.

n개의 표본 데이터가 있다고 하자.

단계 1: 표본 데이터로부터 n개의 새로운 표본을 복원방법(with replacement)으로 뽑는다. 새로운 표본을 가지고 통계량 값을 구한다.

단계 2: 단계 1을 B(보통 1000)회 반복하여 B개의 통계량 값을 얻는다.

단계 3: B개의 통계량 값을 가지고 표준오차와 신뢰구간, 검정통계량의 유의확률 등을 구한다.

(3) SPSS에서 붓스트랩 방법을 실행하는 방법

stat 데이터를 가지고 아버지 키와 본인 키 간의 상관계수를 구하는 데에 붓스트랩 방법을 사용해 보자. 분석메뉴에서 상관분석의 이변량상관 주대화상자 [그림 1-6]에서 붓스트랩(B)... 단추를 누르면 [그림 1-7]과 같은 붓스트랩 대화상자가 열린다.

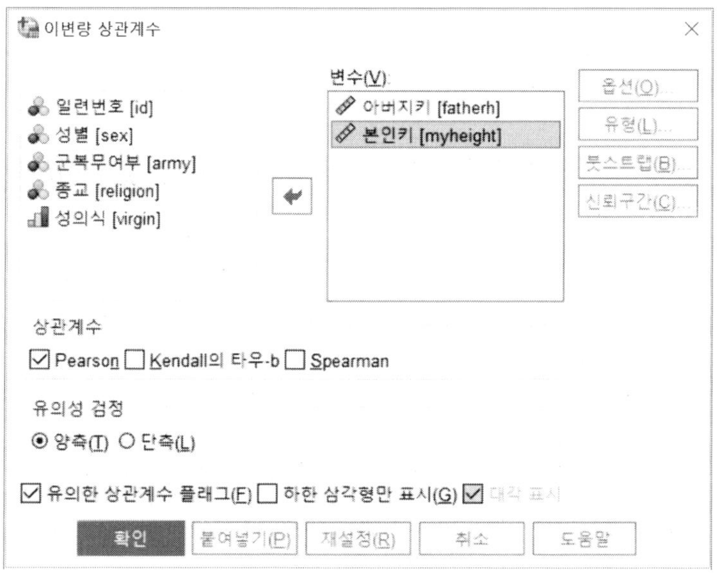

그림 1-6 이변량 상관계수 대화상자

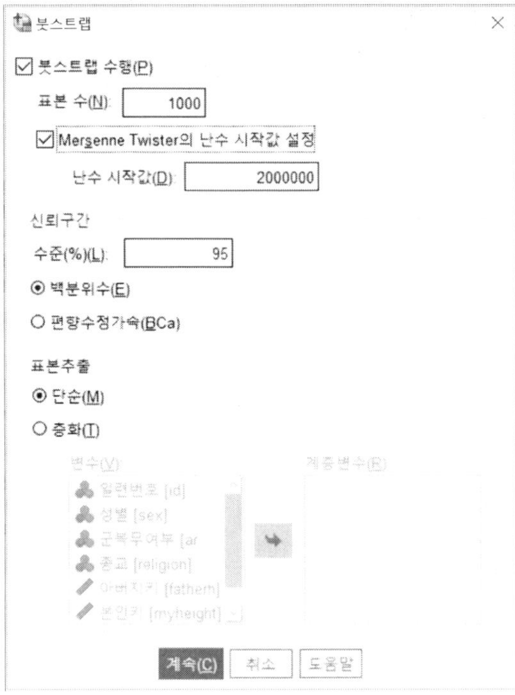

그림 1-7 붓스트랩 대화상자

붓스트랩 방법을 사용하기 위해서는 [그림 1-7] 대화상자의 맨 위에 있는 '붓스트랩 수행'의 네모칸을 선택하면 된다.

옵션	내용	추천옵션
붓스트랩 수행	붓스트랩 방법 사용	○
표본 수	붓스트랩 표본 수. 1000개 이상 사용하는 것이 좋음	
Mersenne Twister의 난수 시작값 설정	표본을 뽑는데 사용하는 난수 시작값을 설정. 이후 같은 시작값을 사용하면 동일한 분석 결과를 얻을 수 있음	
난수 시작값	난수 시작값 입력	
신뢰구간	**붓스트랩 방법에 의한 신뢰구간 생성**	
수준	신뢰수준	
백분위수	붓스트랩 통계량 값들의 백분위수를 사용. 95% 신뢰구간은 붓스트랩 통계량 값의 2.5번째와 97.5번째 백분위수로 구해짐.	○
편향수정가속(accelerated bias-corrected) 백분위수	통계량의 분포가 편향된 경우, 백분위수 방법에 대한 미세한 보정으로 정확성을 높임.	
표본추출	**표본을 뽑는 방법**	
단순	복원 단순랜덤표본 추출방법	○
층화	복원 층화랜덤표본 추출방법	
변수	변수 목록	
계층변수	**계층으로 나누는 데 사용할 변수 선택**	

(4) 붓스트랩 결과 해석

[그림 1-8]의 붓스트랩 결과를 보자. 먼저 붓스트랩 지정 사항에서는 붓스트랩 대화상자에서 지정한 사항들을 보여준다. 표본추출방법으로는 단순, 표본수는 1000개, 신뢰구간 수준은 95%, 신뢰구간 유형으로는 백분위수 방법이다. 모두 디폴트 사항이다.

상관관계 결과를 보자. 먼저 위에 있는 세 줄은 일반적으로 사용하는 Pearson 상관분석 결과이다. 즉, 아버지 키와 본인 키 모집단의 분포가 모두 정규분포라고 가정될 때의 유의확률 결과이다. 피어슨 상관계수는 0.079이고, t 통계량의 양측 유의확률은 0.739이다. 유의수준 $\alpha = 0.05$에서 유의확률 값이 유의수준보다 크기 때문에 아버지 키와 본인 키 간의 상관계수는 유의하지 않다. 즉, 상관이 있다고 할 수 없다. 만약 두 모집단의 분포가 정규분포라고 가정할 수 없다면 이 유의확률은 정확하지 않다. 이 경우에 대안이 되는 붓스트랩 결과를 해석해 보자. 붓스트랩 통계량 값을 가지고 계산된 편향지수(붓스트랩 통계량 값들의 평균에서 피어슨 상관계수를 뺀 값)는 0.007이고 표준화된 오차는 0.217이다. 붓스트랩 백분위수 방법에 의한 상관계수의 95% 신뢰구간은 -0.321에서 0.553이다. 이 구간이 0을 포함하기 때문에 우리는 상관계수가 0이 아니라고 할 수 없다. 즉, 붓스트랩 방법에 의해서도 아버지 키와 본인 키 간에는 상관이 있다고 할 수 없다.

붓스트랩 지정 사항

표본추출 방법	단순
표본 수	1000
신뢰구간 수준	95.0%
신뢰구간 유형	백분위수

상관관계

				아버지키	본인키
아버지 키	Pearson 상관			1	0.079
	유의확률 (양측)				0.739
	N			20	20
	붓스트랩[c]	편향		0	0.007
		표준화 오차		0	0.217
		9ㅋ5% 신뢰구간	하한	1	-0.321
			상한	1	0.553
본인키	Pearson 상관			0.079	1
	유의확률 (양측)			0.739	
	N			20	20
	붓스트랩[c]	편향		0.007	0
		표준화 오차		0.217	0
		95% 신뢰구간	하한	-0.321	1
			상한	0.553	1

c. 특별한 표기가 되어 있지 않으면 붓스트랩 결과는 1000개 붓스트랩 표본을(를) 기반으로 한다.

그림 1-8 붓스트랩 결과

연습문제

1. 여자 중학교 학생들의 체격검사와 체력검사 데이터인 **체격체력.sav** 파일에서 몸무게 변수에 대해 정규성을 검토해 보자. 정규분포를 따른다고 할 수 있는가?(실제 분석에서는 몸무게 변수 데이터가 많기 때문에 정규성을 검토할 필요가 없다.)
2. **stat.sav** 데이터에서 아버지키와 본인키의 모집단 분포가 각각 정규분포를 따른다고 할 수 있는지 검토해 보자.

참고문헌

(1) 김우철 외 8인 (2000). 『일반통계학』(개정판), 영지문화사.
(2) 한국통계학회 조사통계연구회 역 (1998). 『통계조사방법』, 자유아카데미.
(3) 허명회 (1995). 『통계조사의 길잡이』, 자유아카데미.
(4) 유영호 (1996). 『설문조사법』, 자유아카데미.
(5) 김종호, 김주환 (1996). 『통계적 가설검정』, 자유아카데미.

2장 그래프 작성

데이터의 특성을 시각적으로 잘 묘사하는 방법은 그래프를 작성하는 것이다. 적절한 그래프는 어떤 다른 수치적인 표현보다도 내용을 효과적으로 전달할 수 있다. 따라서 이 장에서는 데이터의 측정척도에 따라 적절한 그래프가 무엇인지 알아보고, SPSS가 제공하는 그래프 메뉴를 사용하여 그래프를 작성해 보고자 한다. SPSS에서는 그래프의 작성이 매우 편리할 뿐 아니라 작성한 그래프를 쉽게 편집할 수 있다.

적절한 그래프를 작성하기 위해서는 데이터에 있는 변수들의 성질을 잘 알아야 한다. 변수들은 측정방법에 따라 명목척도 변수, 순서척도 변수, 구간·비율척도 변수로 구분되는데, 변수의 척도에 따라 사용할 수 있는 그래프의 종류가 달라진다. 명목척도와 순서척도 변수를 범주형(categorical) 변수라고 하며, SPSS에서는 구간·비율척도 변수를 척도변수라고 한다.

하나의 범주형 변수에 대한 그래프로는 막대그래프와 원도표가 있다. 이 그래프들은 각 범주별로 얼마나 많은 케이스가 있는지를 나타내준다. 범주 수가 많은 경우에는 원도표가 조밀하게 나눠지기 때문에 막대도표를 사용하는 것이 좋다.

하나의 구간·비율척도 변수에 대한 그래프로는 히스토그램, 줄기와 잎 그림, 상자도표 등이 있다. 이 그래프들은 변수값의 분포를 나타내준다.

두 개의 범주형 변수에 대해서는 수평누적 막대도표나 수직누적 막대도표 등을 활용할 수 있고, 두 개의 구간·비율척도 변수의 경우에는 산점도를 그려보면 좋다.

세 개의 변수에 대해서는, 모두 범주형 변수인 경우에는 삼차원 막대그래프를, 모두 구간·비율척도 변수인 경우에는 삼차원 산점도를 그릴 수 있다.

또한 한 개나 두 개의 범주형 변수에 따른 구간·비율척도 변수의 변화를 알아보고자 할 때는 선도표를 활용하면 효과적이다.

SPSS에서 그래프를 작성하려면 그래프 메뉴에 있는 도표 메뉴들을 선택한다. 여기서는 〈차트 작성기〉와 〈그래프보드 양식 선택기〉는 자세히 다루지 않고 소개만 하고자 한다.

메뉴로부터 다음을 선택하면 [그림 2-1]과 같은 **차트 작성기** 대화상자가 나타난다(**차트작성기 경고문** 내용 확인 후, **변수특성정의**를 통해 설정을 변경할 수도 있다).

그래프
　　차트 작성기

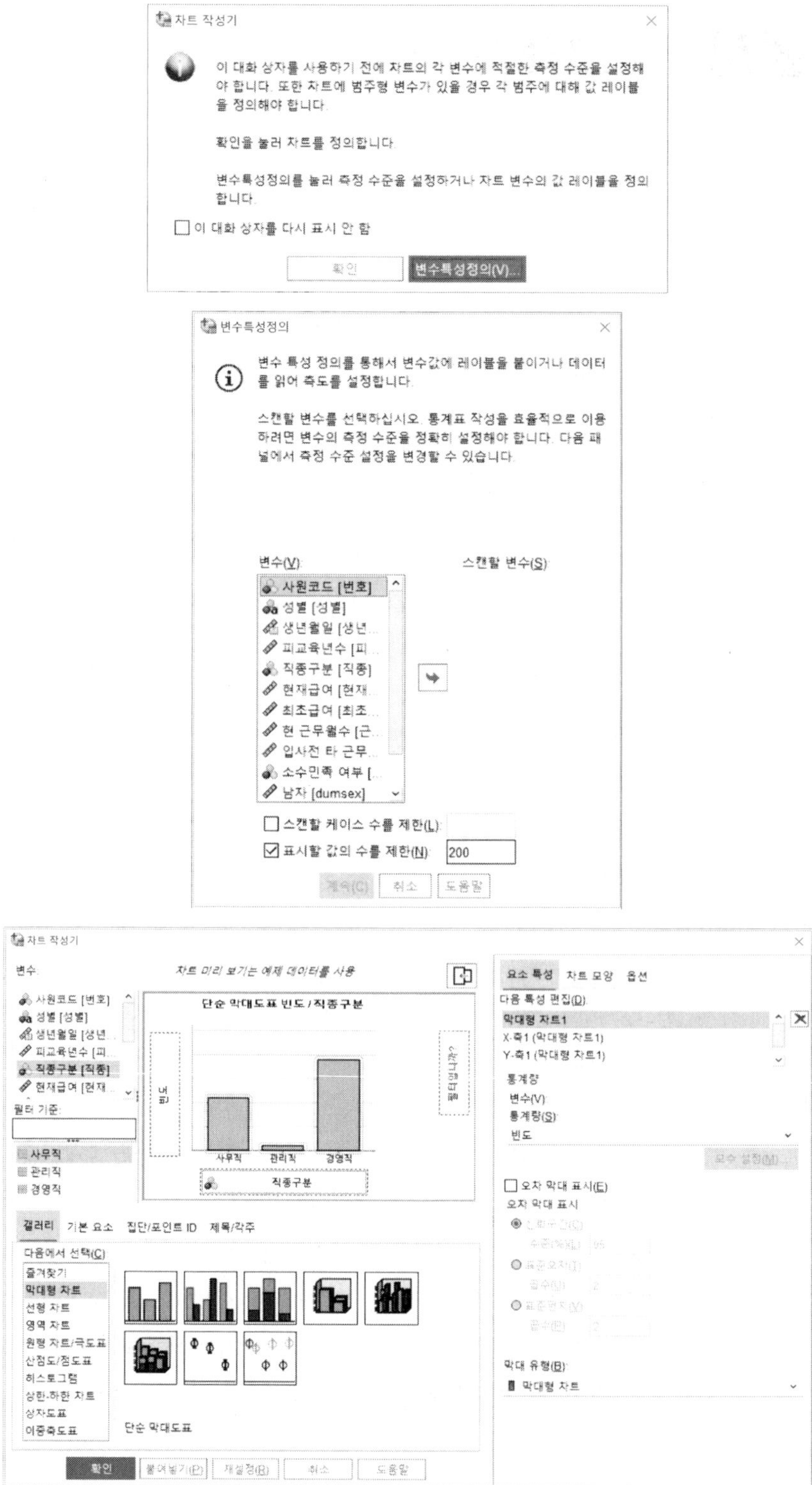

그림 2–1 차트 작성기 대화상자

[그림 2-1]의 **차트 작성기** 대화상자에서는 오른쪽 위에 있는 빈 캔버스에 그래프를 작성한다. 아래의 갤러리나 기본요소 탭을 사용해서 그림 유형을 마우스로 끌어 놓고서 왼쪽에 있는 변수를 해당 축에 끌어오는 방법으로 쉽게 그래프를 그릴 수 있도록 한다.

메뉴로부터 다음을 선택하면 [그림 2-2]와 같은 **그래프보드 양식 선택기** 대화상자가 나타난다.

그래프
　　그래프보드 양식 선택기

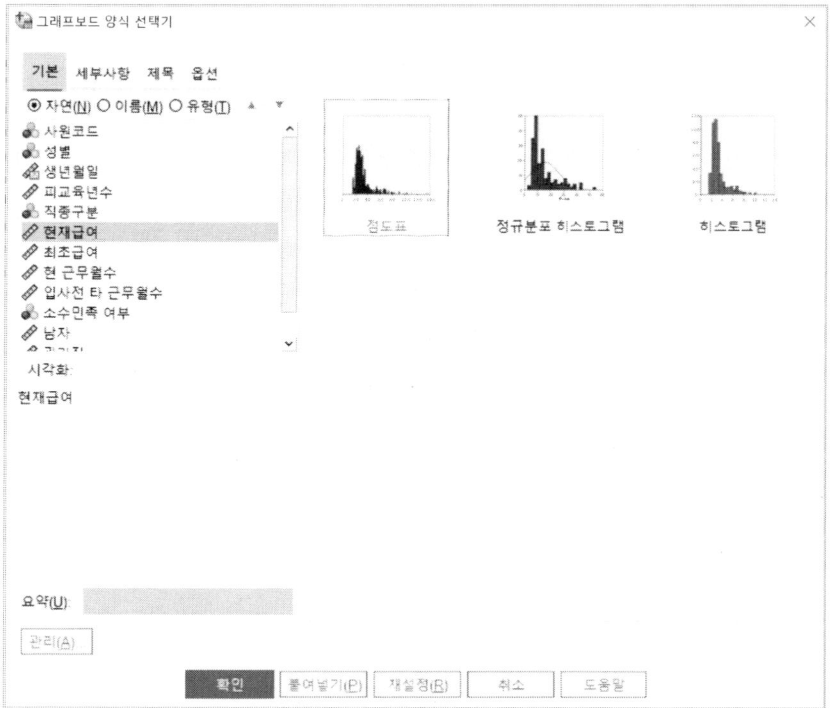

그림 2-2　그래프보드 양식 선택기 대화상자

[그림 2-2]의 **그래프보드 양식 선택기** 대화상자에서는 양식을 설정하기 위한 두 가지 탭('기본' 탭, '세부사항' 탭)이 있다. 기본 탭에서는 먼저 그래프를 그릴 변수를 왼쪽 목록에서 선택한다. 그러면 오른쪽에 그래프 양식이 나타나고 이 양식 중에서 하나를 선택하는 방식이다. 세부사항 탭에서는 먼저 그래프 양식을 선택하고 다음에 변수를 선택하는 방법이다. 세부사항 탭에서는 기본 탭에서 사용할 수 없는 세부 내용을 추가할 수 있다. 확인 단추를 누르면 그래프가 출력결과 창에 나타난다.

01 범주형 변수에 대한 그래프

범주형 변수에 대한 그래프로 가장 많이 사용되는 것은 막대도표와 원도표이다. 범주 수가 많은 경우, 원도표는 조밀하게 나눠지기 때문에 막대도표를 사용하는 것이 좋다. 변수가 순서척도인 경우에는 선도표, 영역도표와 상한-하한 도표 등을 사용할 수 있다. 이 중에서 막대도표와 선도표를 작성하는 방법을 설명하기로 한다.

(1) 막대형 차트(막대도표)

메뉴로부터 다음과 같은 절차를 따르면 [그림 2-3]과 같이 **막대형 차트** 대화상자가 열린다.

그래프
　　막대형 차트 ...

그림 2-3 막대형 차트 대화상자

막대형 차트 대화상자에서는 세 종류의 막대도표(단순, 수평배열, 수직누적) 중 하나를 선택할 수 있으며, 도표에 표시할 데이터로서 세 가지 중 하나를 선택하도록 되어 있다.

항목	설명
도표 유형	**다음 중 하나를 선택할 수 있다.**
ㅇ단순(Simple)	(기본 설정)한 개의 범주형 변수에 대한 도표
ㅇ수평배열(Clustered)	두 개의 범주형 변수에 대한 도표
ㅇ수직누적(Stacked)	두 개의 범주형 변수에 대한 도표
도표에 표시할 데이터	**다음 중 하나를 선택할 수 있다.**
ㅇ케이스 집단들의 요약값	(기본 설정)각 범주에 속한 데이터의 요약값
ㅇ개별 변수의 요약값	여러 변수 데이터를 수평 혹은 수직 누적
ㅇ각 케이스의 값	각 케이스에 대한 값들을 도표화

① 단순 막대도표

막대형 차트 대화상자에서 단순 막대도표를 선택하고 정의 단추를 누르면 [그림 2-4]의 **단순 막대 정의: 케이스 집단들의 요약값** 부대화상자가 나타난다.

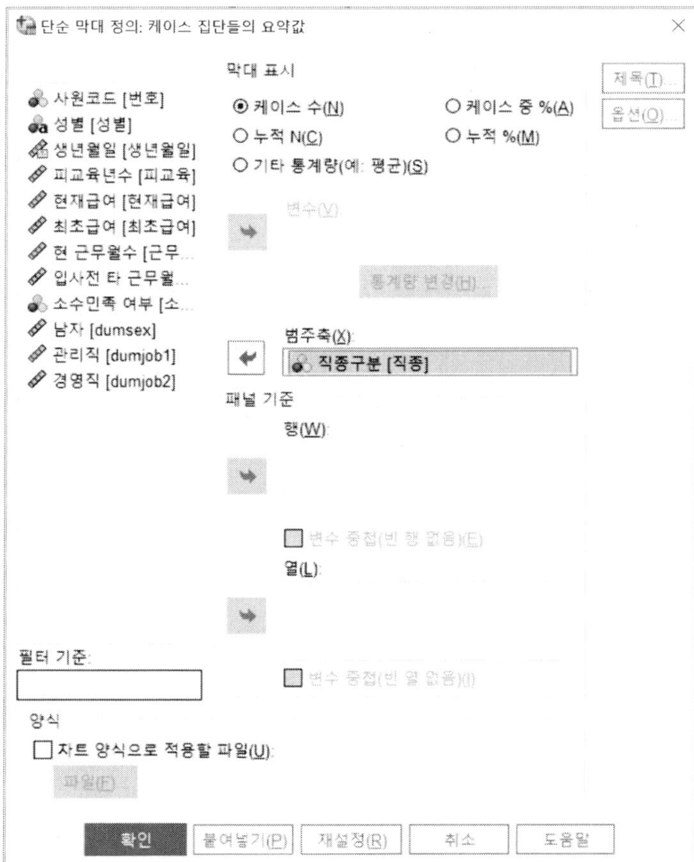

그림 2-4 단순 막대 정의: 케이스 집단들의 요약값

막대의 높이를 무엇으로 할 것인지 '막대표시' 중에서 한 가지를 선택하고 '범주축'에는 범주형 변수를 선택하여 입력한 후 [확인] 단추를 누른다. '막대표시' 선택사항 중 '기타 통계량'을 선택하는 경우에는 '변수' 칸에 평균이나 표준편차 등을 구하고자 하는 변수를 변수창에서 선택해서 입력한다. 여기서 평균 이외의 요약값을 사용하려면 [통계량 변경(H)] 을 눌러서 평균이 아닌 요약값을 선택한다. 행변수나 열변수의 범주별로 그래프를 그리기 위해서는 '패널기준'에 있는 행이나 열 상자에 변수를 선택하여 입력한다.

② 수평배열 막대도표

막대형 차트 대화상자에서 수평배열 막대도표를 선택하고 [정의] 단추를 누르면 [그림 2-5]의 **수평배열 막대 정의: 케이스 집단들의 요약값** 부대화상자가 나타난다.

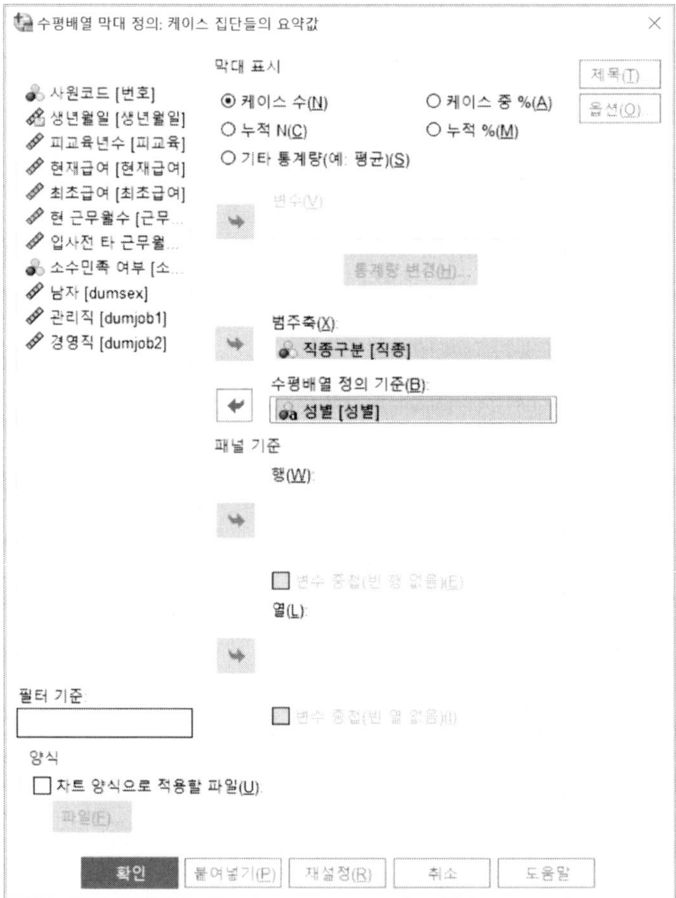

그림 2-5 수평배열 막대 정의: 케이스 집단들의 요약값

막대의 높이를 무엇으로 할 것인지 '막대표시' 중에서 한 가지를 선택하고 '범주축'에는 횡축에 놓을 범주형 변수를, '수평배열 정의기준'에는 각 막대에 수평으로 붙일 범주형 변수를 선택하여 입력한 후 [확인] 단추를 누른다. '막대표시' 선택사항 중 '기타 통계량'을 선택하는 경우에는 '변수' 칸에 평균이나 표준편차 등을 구하고자 하는 변수를 변수창에서 선택해서 입력한다. 여기서 평균 이외의 요약값을 사용하려면 [통계량 변경(H)...] 을 눌러서 평균이 아닌 요약값을 선택한다.

③ 출력된 여러 가지 막대도표

[그림 2-6]은 막대형 차트 대화상자를 통해 출력한 여러 가지 막대도표이다. 대화상자로 작성한 도표를 도표 편집기 창에서 쉽게 편집할 수 있다. 막대를 선택한 후 오른쪽 마우스를 눌러 '데이터 레이블 표시'를 선택하면 막대에 막대값을 나타낼 수 있다.

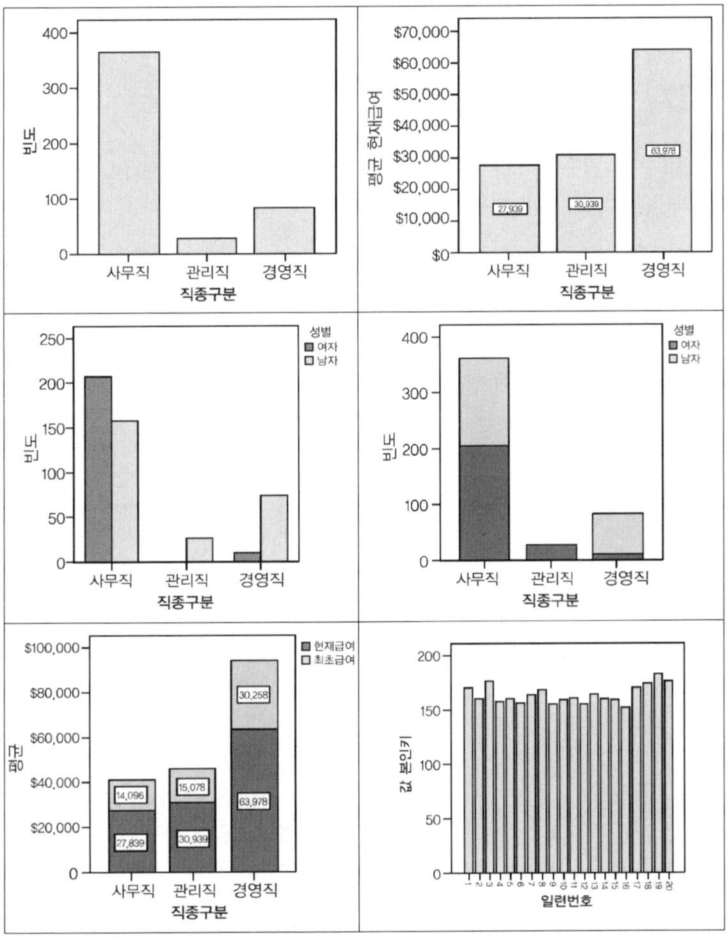

그림 2-6 여러 가지 막대도표

[그림 2-6]의 첫 줄 왼쪽 그림은 단순 막대도표와 케이스 집단들의 요약값을 선택하여 작성한 그림이고, 오른쪽 그림은 **단순 막대 정의: 케이스 집단들의 요약값** 부대화상자에서 '막대표시' 중 '기타 통계량'을 선택한 후 '변수' 칸에 현재급여를 선택하여 얻은 막대도표이다. 막대 안에는 평균 현재급여값이 나와 있는데, 이것은 도표 편집기 창에서 막대를 선택한 후 '데이터 레이블 표시'를 선택하여 출력한 것이다.

두 번째 줄의 왼쪽 그림은 수평배열 막대도표이고, 오른쪽 그림은 수직누적 막대도표이다. '범주축'에는 직종을, '수평배열 정의기준'이나 수직에는 성별 변수를 입력한 결과이다.

세 번째 줄의 왼쪽 그림은 **막대형 차트** 대화상자에서 수직누적 막대도표를 선택하고, '도표에 표시할 데이터' 중 '개별 변수의 요약값'을 선택한 후 **수직누적 막대 정의: 개별 변수의 요약값** 부대화상자에서 '막대표시' 칸에 두 가지 변수, 현재급여와 최초급여를 입력하고 '범주축'에는 직종을 입력하여 작성된 막대도표이다. 막대 안에 있는 현재급여와 최초급여의 평균값은 도표 편집기 창에서 표시하도록 하였다.

(2) 선형 차트(선도표)

범주형 변수가 크기의 차이가 나는 순서척도 변수라면 변수들의 크기에 따른 변화 패턴을 볼 수 있는 선형 차트를 작성하는 것이 좋다.

메뉴로부터 다음과 같은 절차를 따르면 [그림 2-7]과 같이 **선형 차트** 대화상자가 열린다.

그래프
　　선형 차트 ...

그림 2-7 선형 차트 대화상자

선형 차트 대화상자에서는 세 종류의 선도표(단순, 다중, 하락-선) 중 하나를 선택할 수 있으며, 도표에 표시할 데이터로서 세 가지 중 하나를 선택하도록 되어 있다.

항목	설명
도표 유형	**다음 중 하나를 선택할 수 있다.**
○단순(Simple)	(기본 설정)한 개의 범주형 변수에 대한 도표
○다중(Multiple)	두 개의 범주형 변수에 대한 도표
○하락-선(Drop-line)	두 개의 범주형 변수에 대한 도표를 하락선으로 연결해서 표현
도표에 표시할 데이터	**다음 중 하나를 선택할 수 있다.**
○케이스 집단들의 요약값	(기본 설정)각 범주에 속한 데이터의 요약값
○개별 변수의 요약값	여러 변수 데이터를 수평 혹은 수직 누적
○각 케이스의 값	각 케이스에 대한 값들을 도표화

① 단순 선도표

선형 차트 대화상자에서 단순 선도표를 선택하고 [정의] 단추를 누르면 [그림 2-8]의 **단순 선 차트의 정의: 케이스 집단들의 요약값** 부대화상자가 나타난다.

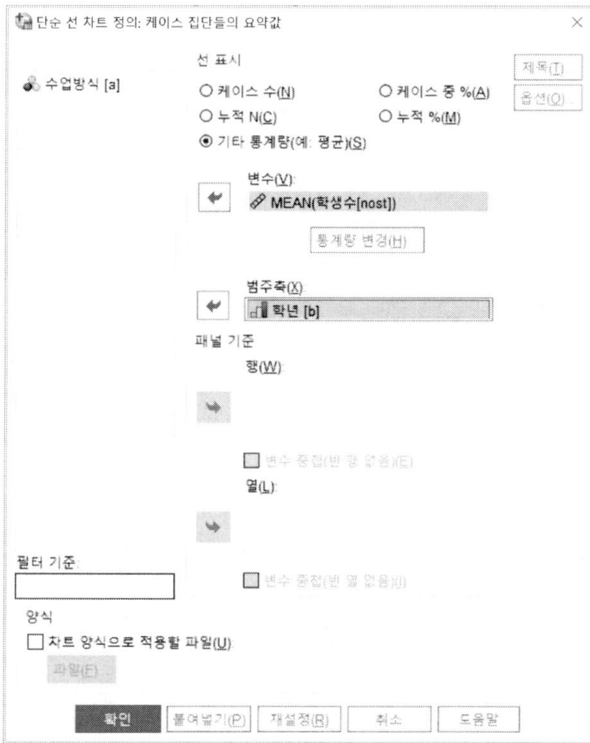

그림 2-8 단순 선 차트 정의: 케이스 집단들의 요약값

선의 높이를 무엇으로 할 것인지 '선표시' 중에서 한 가지를 선택하고 '범주축'에는 범주형 변수를 선택하여 입력한 후 [확인] 단추를 누른다. '선표시' 선택사항 중 '기타 통계량'을 선택하는 경우에는 '변수' 칸에 평균이나 표준편차 등을 구하고자 하는 변수를 변수창에서 선택해서 입력한다. 여기서 평균 이외의 요약값을 사용하려면 [통계량 변경(H)] 을 눌러서 평균이 아닌 요약값을 선택한다. 행변수나 열변수의 범주별로 그래프를 그리기 위해서는 '패널기준'에 있는 행이나 열 상자에 변수를 선택하여 입력한다.

② 다중 선도표

선형 차트 대화상자에서 다중 선도표를 선택하고 [정의] 단추를 누르면 [그림 2-9]의 **다중 선 차트 정의: 케이스 집단들의 요약값** 부대화상자가 나타난다.

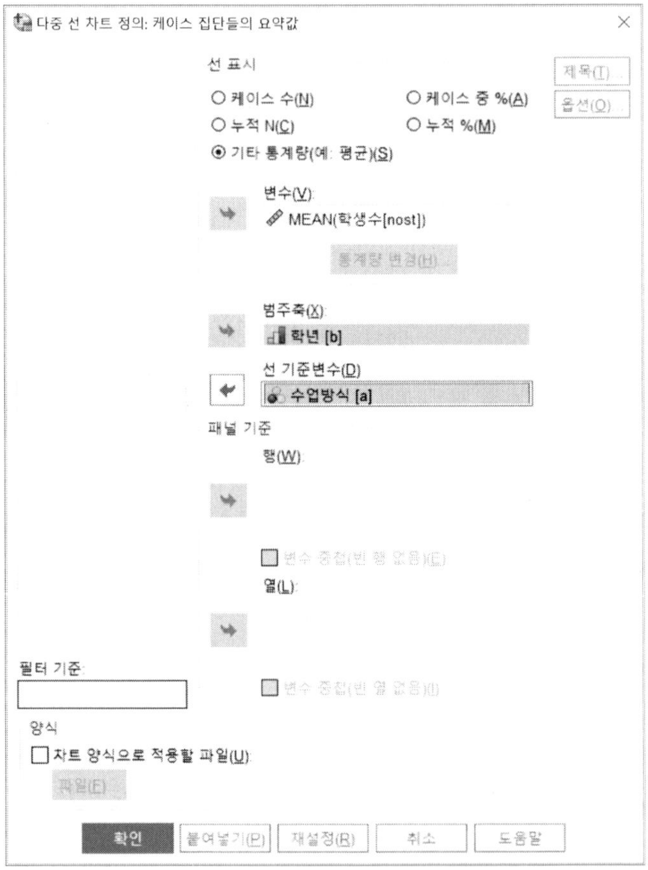

그림 2-9 다중 선 차트 정의: 케이스 집단들의 요약값

선 높이를 무엇으로 할 것인지 '선표시' 중에서 한 가지를 선택하고, '범주축'에는 횡축에 놓을 범주형 변수를, '선 기준변수'에는 선을 나타낼 범주형 변수를 선택하여 입력한

후 [확인] 단추를 누른다. '선표시' 선택사항 중 '기타 통계량'을 선택할 경우에는 평균이나 표준편차 등을 구하고자 하는 변수를 변수창에서 선택해서 '변수' 칸에 입력한다. 여기서 평균 이외의 요약값을 사용하려면 [통계량 변경(H)...] 을 눌러서 평균이 아닌 요약값을 선택한다.

③ 출력된 여러 가지 선도표

[그림 2-10]은 선형 차트 대화상자를 통해 출력한 여러 가지 선도표이다. 대화상자로 작성한 도표를 도표 편집기 창에서 쉽게 편집할 수 있다. 선을 선택한 후 오른쪽 마우스를 눌러 '데이터 레이블 표시'를 선택하면 선에 값을 나타낼 수 있다.

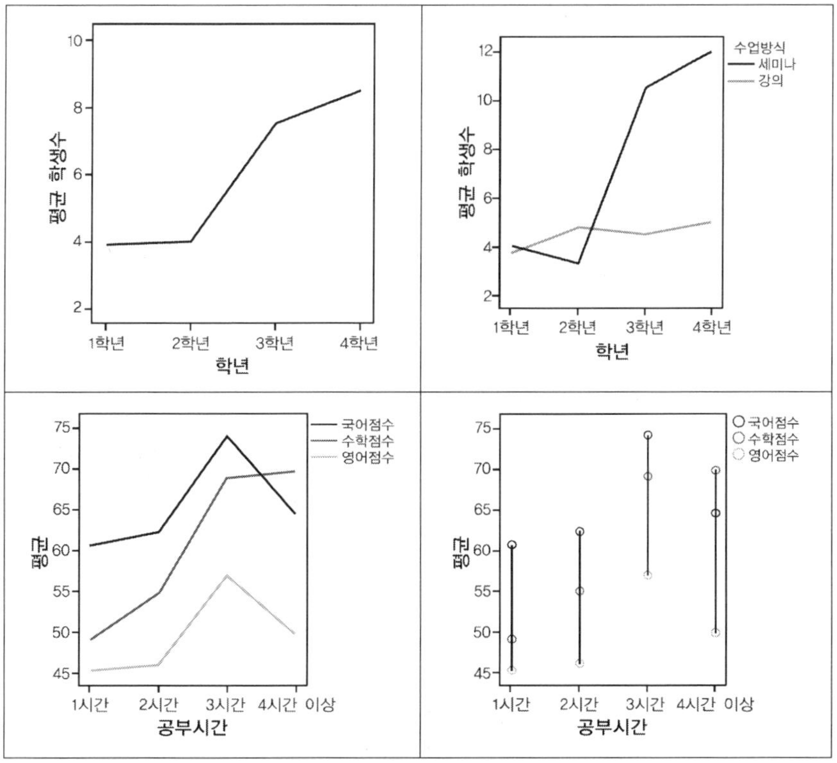

그림 2-10 여러 가지 선도표

[그림 2-10]의 첫 줄 왼쪽 그림은 수업방식비교.sav 데이터를 가지고 단순 선도표와 케이스 집단들의 요약값을 선택하여 작성한 그림인데, **단순 선 차트 정의: 케이스 집단들의 요약값** 부대화상자에서 '선표시' 중 '기타 통계량'을 선택한 후 '변수' 칸에 학생수(nost)를 선택하고 '범주축'에는 학년(b)를 입력하여 얻은 선도표이다.

오른쪽 그림은 다중 선도표로서, '범주축'에는 학년(b)을, '선 기준변수'에는 수업방식 변수(a)를 입력하였다. '선표시'에서 '기타 통계량'을 선택한 후 '변수' 칸에 학생수(nost)

를 선택한 결과이다.

두 번째 줄의 왼쪽 그림은 설문지.sav 데이터를 가지고 선도표를 그린 것이다. **선형 차트** 대화상자에서 다중 선도표를 선택하고 '도표에 표시할 데이터' 중 '개별 변수의 요약값'을 선택한 후, **선 차트 정의: 개별 변수의 요약값** 부대화상자에서 '선 표시' 칸에 세 가지 변수, 국어점수, 수학점수와 영어점수를, '범주축'에는 공부시간 변수를 입력하여 작성한 선도표이다. 오른쪽 그림은 같은 내용을 선형 차트 대화상자에서 하락-선 선도표를 선택하여 그린 것이다.

02 구간·비율척도 변수에 대한 그래프

한 개의 구간·비율척도 변수에 대한 그래프로 가장 많이 사용하는 것은 히스토그램이고 두 개의 구간·비율척도 변수에 대한 그래프로는 산점도가 가장 많이 사용된다. 그러나 두 집단의 구간·비율척도 변수값을 비교하기 위해서는 히스토그램보다 상자도표가 좋다. 또한 집단을 나누는 변수가 순서척도인 경우에는 선형도표를 사용할 수 있다. 여기서는 상자도표와 산점도를 설명하기로 한다.

(1) 상자도표(Box plot)

메뉴로부터 다음과 같은 절차를 따르면 [그림 2-11]과 같이 **상자도표** 대화상자가 열린다.

그래프
　　상자도표 ...

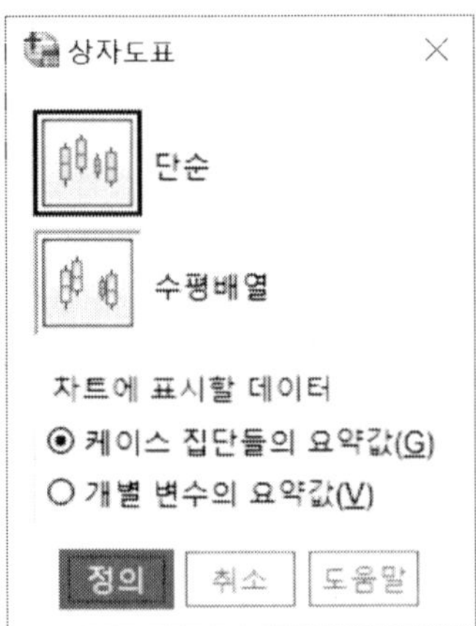

그림 2-11 상자도표 대화상자

상자도표 대화상자에서는 두 종류의 상자도표(단순, 수평배열) 중 하나를 선택할 수 있으며, 도표에 표시할 데이터로서 두 가지 중 하나를 선택하도록 되어 있다.

항목	설명
도표 유형	**다음 중 하나를 선택할 수 있다.**
○단순(Simple)	(기본 설정)한 개의 범주형 변수의 범주별 구간·비율척도 변수값에 대한 도표
○수평배열(Clustered)	두 개의 범주형 변수에 대한 구간·비율척도 변수값이나 범주별 두 개 이상의 구간·비율척도 변수에 대한 도표
도표에 표시할 데이터	**다음 중 하나를 선택할 수 있다.**
○케이스 집단들의 요약값	(기본 설정)각 범주에 속한 데이터의 요약값
○개별 변수의 요약값	여러 변수 데이터를 수평배열

① 단순 상자도표

상자도표 대화상자에서 단순 상자도표를 선택하고 [정의] 단추를 누르면 [그림 2-12]의 **단순 상자도표 정의: 케이스 집단들의 요약값** 부대화상자가 나타난다.

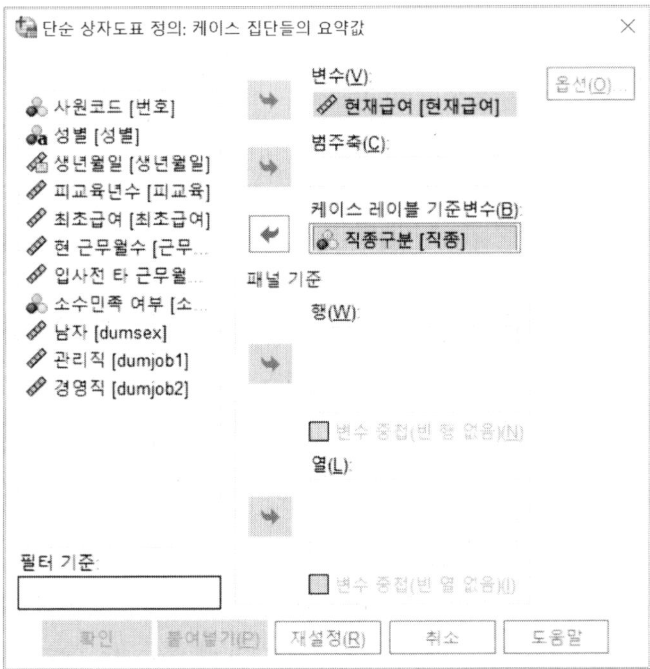

그림 2-12 단순 상자도표 정의: 케이스 집단들의 요약값

구간·비율척도 변수 하나를 선택하여 '변수' 칸에 넣고 '범주축'에는 범주형 변수를 선택하여 입력한 후 [확인] 단추를 누른다.

② 수평배열 상자도표

상자도표 대화상자에서 수평배열 상자도표를 선택하고 정의 단추를 누르면 [그림 2-13]의 **수평배열 상자도표 정의: 케이스 집단들의 요약값** 부대화상자가 나타난다.

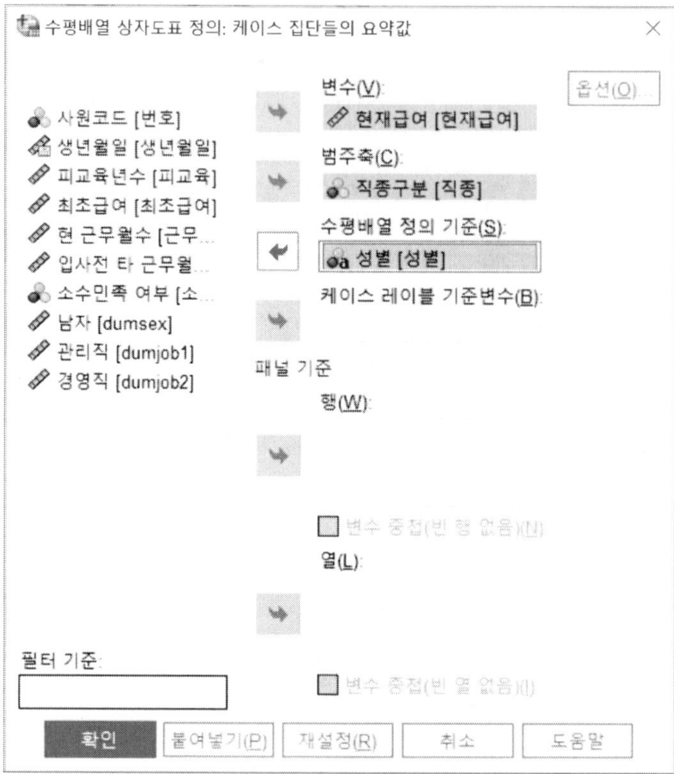

그림 2-13 수평배열 상자도표 정의: 케이스 집단들의 요약값

상자도표화 할 구간·비율척도 변수를 선택하여 '변수' 칸에 넣고 '범주축'에는 횡축에 놓을 범주형 변수를, '수평배열 정의기준'에는 각 상자도표에 수평으로 붙일 범주형 변수를 선택하여 입력한 후 확인 단추를 누른다.

③ 출력된 여러 가지 상자도표

[그림 2-14]는 **상자도표** 대화상자를 통해 출력한 여러 가지 상자도표이다.

상자도표는 상자와 수염 그림(Box and Whisker plot)이라고도 하는데, 상자를 가운데로 하고 상자로부터 선을 연결한 형태를 가지고 있다. 상자도표에는 상자의 중앙이 중위수를 나타내고, 상자의 위와 아래선이 각각 제3사분위수와 제1사분위수를 나타낸다. 이 상자로부터 연결된 선의 위쪽 끝이 이상값(outlier)을 제외한 최대값을 나타내고, 선의 아래쪽 끝이 이상값을 제외한 최소값을 나타낸다. 선으로 연결되지 않은 곳에 있는 동그라미 표시가 이상값을 나타내며, 별표로 표시된 값은 이상값보다도 바깥에 위치하는 매우 크거나 작은 값으로서 극단적 이상값을 나타낸다. 여기에서 사용된 통계치를 정리하면 다음과 같다.

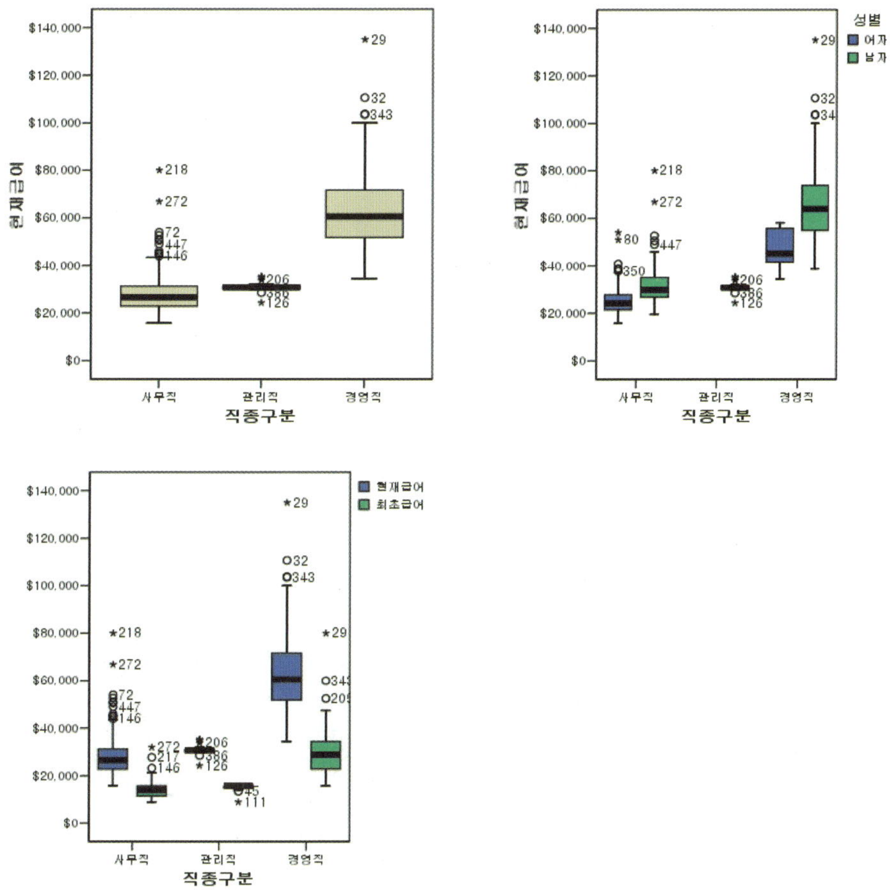

그림 2-14 상자도표

① **중위수(median)**: 데이터를 크기순으로 늘어놓았을 때 중앙(50%)에 위치하는 값.

② **사분위수(quartiles)**: 데이터를 크기순으로 늘어놓았을 때 사등분위치(25%, 50%, 75%)에 위치하는 값. 25% 위치값을 제1사분위수, 50% 위치값을 제2사분위수(중위수와 같음), 75% 위치값을 제3사분위수라 한다.

③ **이상값이 아닌 최대값, 최소값**: 상자의 양 끝으로부터 1.5배의 상자길이(제3사분위수와 제1사분위수의 차이) 내에 있는 데이터 값 중에서 가장 크거나 작은 값.

④ **이상값(outlier)**: 상자의 양 끝으로부터 1.5배의 상자길이 바깥에 위치하지만 세 배의 상자길이 안쪽으로 있는 데이터 값.

⑤ **극단적 이상값(special outlier):** 상자의 양 끝으로부터 세 배의 상자길이 바깥에 위치하는 데이터 값.

[그림 2-14]의 왼쪽 그림은 단순 상자도표와 케이스 집단들의 요약값을 선택하여 작성한 그림이고, 오른쪽 그림은 수평배열 상자도표이다. '범주축'에는 직종을 '수평배열 정의기준'에는 성별 변수를 입력한 결과이다.

두 번째 줄 그림은 **상자도표** 대화상자에서 수평배열 상자도표를 선택하고, '도표에 표시할 데이터' 중 '개별 변수의 요약값'을 선택한 후 **수평배열 상자도표 정의: 개별 변수의 요약값** 부대화상자에서 '상자표시' 칸에 두 가지 변수, 현재급여와 최초급여를 입력하고 '범주축'에는 직종을 입력하여 작성한 상자도표이다.

(2) 산점도(scatter plot)

메뉴로부터 다음과 같은 절차를 따르면 [그림 2-15]와 같이 **산점도** 대화상자가 열린다.

그래프
　　레거시 대화 상자
　　　　산점도 / 점도표...

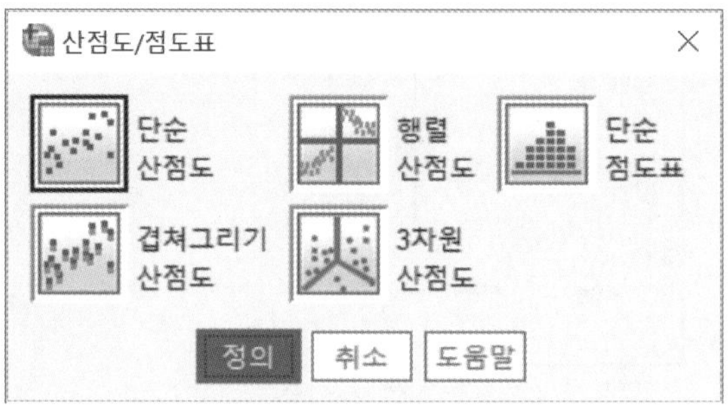

그림 2-15 산점도 대화상자

산점도 대화상자에서는 네 종류의 산점도(단순, 행렬, 겹쳐 그리기, 삼차원)와 단순 점도표 중 하나를 선택할 수 있다.

항목	설명
도표 유형	**다음 중 하나를 선택할 수 있다.**
○단순(Simple) 산점도	(기본 설정)두 개의 구간·비율척도 변수값을 좌표 점으로 나타낸 도표
○행렬(Matrix) 산점도	세 개 이상의 구간·비율척도 변수값을 행렬 형태로 나타낸 도표
○겹쳐그리기(Overlay) 산점도	두 개 이상의 단순 산점도를 같은 틀 안에 나타낸 도표
○삼차원(3-D) 산점도	세 개의 구간비율척도 변수값을 삼차원 좌표 점으로 나타낸 도표
○단순 점도표(Dot Plot)	한 개의 구간비율척도 변수값을 일차원 축 위에 점으로 쌓아 올린 도표

① 단순 산점도

산점도 대화상자에서 단순 산점도를 선택하고 [정의] 단추를 누르면 [그림 2-16]의 단순 산점도 부대화상자가 나타난다.

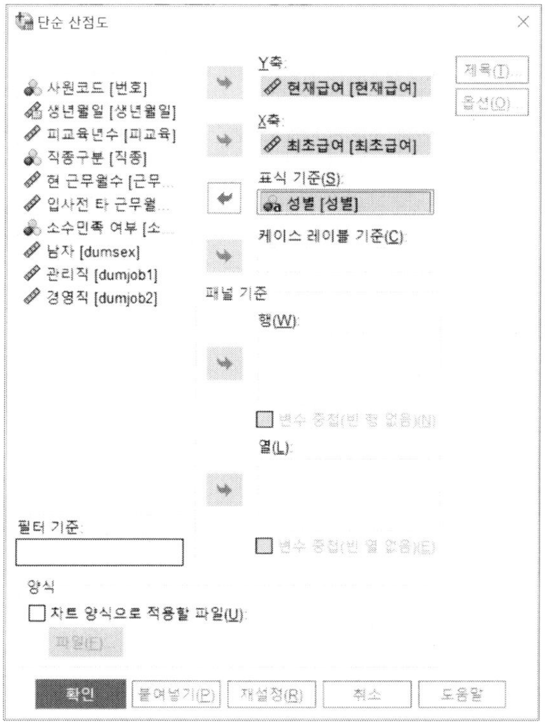

그림 2-16 단순 산점도 대화상자

'Y축' 칸에 Y축에 놓을 변수(종속변수)를, 'X축' 칸에 X축에 놓을 변수(독립변수)를 선택한다. '표식 기준'은 데이터 점들을 다른 색상이나 기호를 사용해서 집단으로 분리하고 싶은 경우에 사용하는데, 집단을 나타내는 변수를 선택하여 입력하면 된다. 집단으로 나누고 싶지 않은 경우에는 빈칸으로 둔다. '케이스 레이블 기준'에는 데이터 점에 레이블을 붙이고 싶은 경우에 해당 변수를 선택해서 입력한다. 케이스가 많은 경우에는 그림이 복잡해져서 사용하지 않는 것이 좋다. 도표를 여러 개의 창으로 나타내기 위해서는 '패널 기준' 상자를 이용한다. 예를 들어 성별로 분리하여 현재급여와 최초급여의 산점도를 그리고자 한다면 '패널 기준'의 '행' 칸에 성별 변수를 입력한다. '행' 칸은 여러 개의 산점도를 세로로 배열하고 '열' 칸은 산점도를 가로로 배열한다. 오른편 위에는 두 개의 단추가 있다. [제목(T)...] 단추를 누르면 그림의 제목, 부제목, 꼬리말을 붙일 수 있다. 또한 [옵션(O)...] 단추를 눌러서 결측값에 대한 처리를 바꾸거나 데이터 점에 케이스 설명을 붙여 출력할 수 있다.

② 행렬 산점도

산점도 대화상자에서 행렬 산점도를 선택하고 [정의] 단추를 누르면 [그림 2-17]의 **산점도 행렬** 부대화상자가 나타난다.

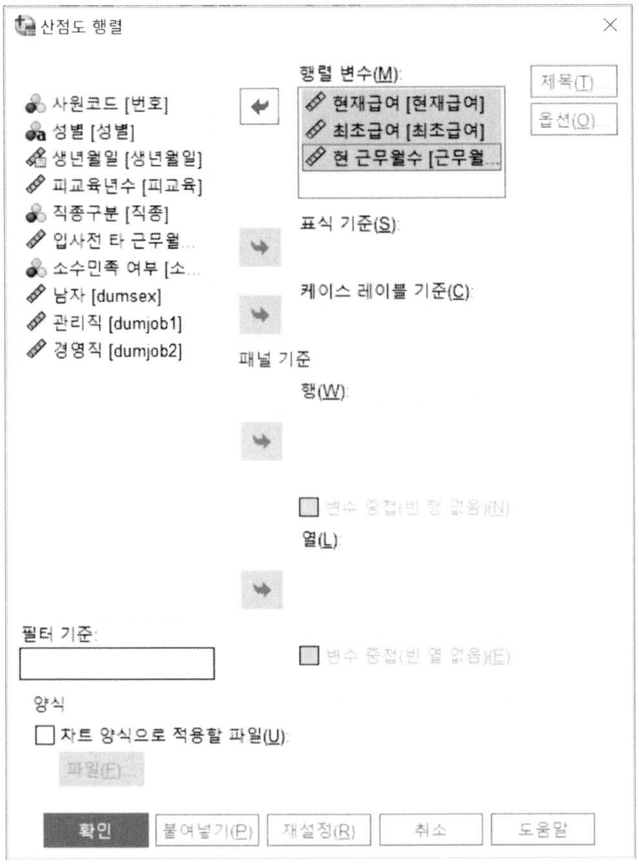

그림 2-17 산점도 행렬 대화상자

'행렬 변수' 칸에 세 개 이상의 구간·비율척도 변수를 선택하여 넣고 '표식 기준'은 데이터 점들을 다른 색상이나 기호를 사용해서 집단으로 분리하고 싶은 경우에 사용하는데, 집단을 나타내는 변수를 선택하여 입력하면 된다. 집단으로 나누고 싶지 않은 경우에는 빈칸으로 둔다. '케이스 레이블 기준'에는 데이터 점에 레이블을 붙이고 싶은 경우에 해당 변수를 선택해서 입력한다. 케이스가 많은 경우에는 그림이 복잡해져서 사용하지 않는 것이 좋다. 오른편 위에는 두 개의 단추가 있다. [제목(T)...] 단추를 누르면 그림의 제목, 부제목, 꼬리말을 붙일 수 있다. 또한, [옵션(O)...] 단추를 눌러서 결측값에 대한 처리를 바꾸거나 데이터 점에 케이스 설명을 붙여 출력할 수 있다.

③ 겹쳐그리기 산점도

산점도 대화상자에서 겹쳐그리기 산점도를 선택하고 [정의] 단추를 누르면 [그림 2-18]의 **겹쳐그리기 산점도** 부대화상자가 나타난다.

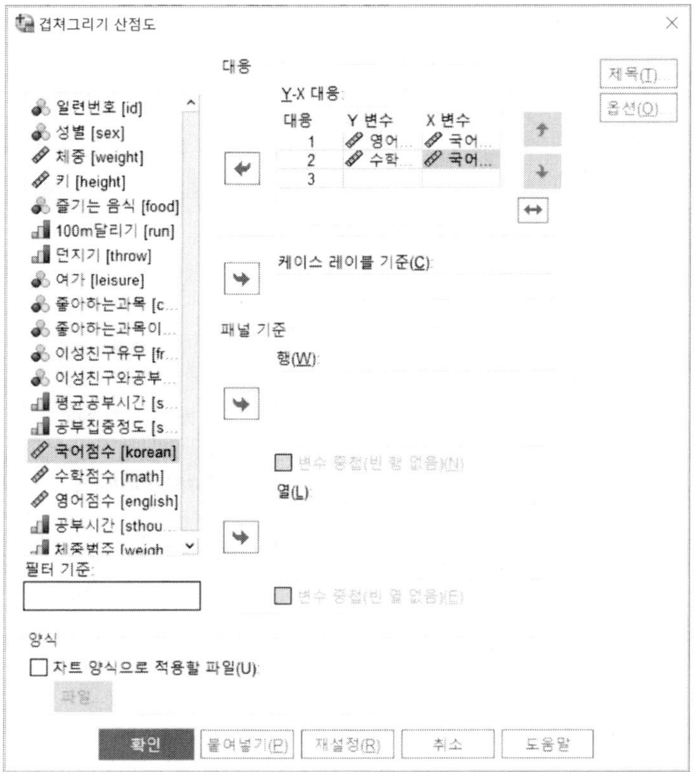

그림 2-18 겹쳐그리기 산점도 대화상자

'Y-X 대응' 칸에 산점도를 그릴 Y변수와 X변수 대응쌍을 선택하여 두 개 이상 넣는다. 이때 [↔] 단추를 눌러서 Y변수와 X변수의 순서를 바꿀 수 있다. '케이스 레이블 기준'에는 데이터 점에 레이블을 붙이고 싶은 경우에 해당 변수를 선택해서 입력한다. 케이스가 많은 경우에는 그림이 복잡해져서 사용하지 않는 것이 좋다. 오른편 위에는 두 개의 단추가 있다. [제목(T)...] 단추를 누르면 그림의 제목, 부제목, 꼬리말을 붙일 수 있다. 또한 [옵션(O)...] 단추를 눌러서 결측값에 대한 처리를 바꾸거나 데이터 점에 케이스 설명을 붙여 출력시킬 수 있다.

④ 삼차원 산점도

산점도 대화상자에서 삼차원 산점도를 선택하고 [정의] 단추를 누르면 [그림 2-19]의 삼차원 산점도 부대화상자가 나타난다.

세 개의 구간 · 비율척도 변수들을 각각 'Y–축' 칸, 'X–축' 칸, 'Z–축' 칸에 선택하여 입력한다. '표식 기준'은 데이터 점들을 다른 색상이나 기호를 사용해서 집단으로 분리하고 싶은 경우에 사용하는데, 집단을 나타내는 변수를 선택하여 입력하면 된다. 집단으로 나누고 싶지 않은 경우에는 빈칸으로 둔다. '케이스 레이블 기준'에는 데이터 점에 레이블을 붙이고 싶은 경우에 해당 변수를 선택해서 입력한다. 케이스가 많은 경우에는 그림이 복잡해져서 사용하지 않는 것이 좋다. 오른편 위에는 두 개의 단추가 있다. 제목(T)... 단추를 누르면 그림의 제목, 부제목, 꼬리말을 붙일 수 있다. 또한, 옵션(O)... 단추를 눌러서 결측값에 대한 처리를 바꾸거나 데이터 점에 케이스 설명을 붙여 출력시킬 수 있다.

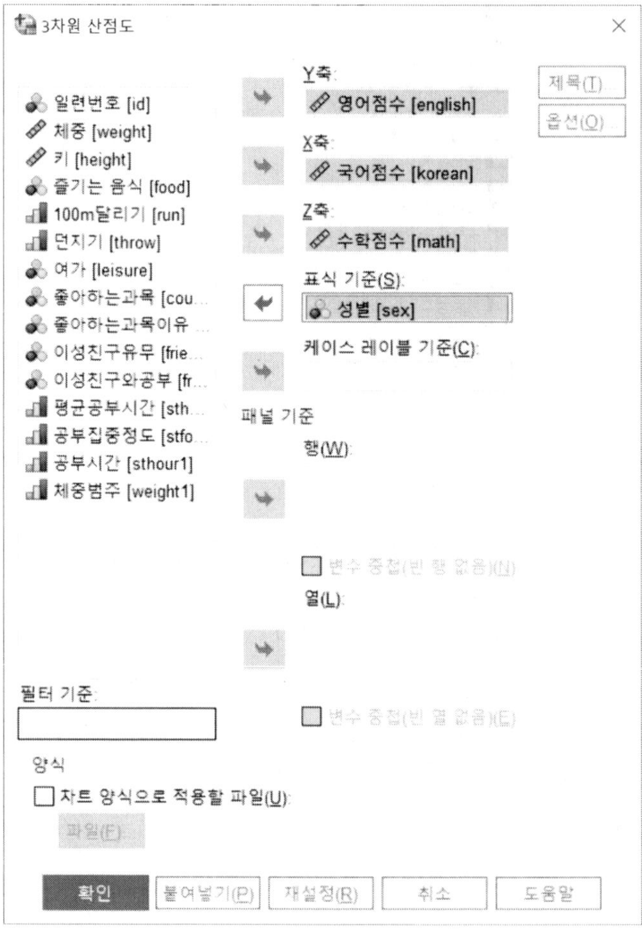

그림 2–19 3차원 산점도 대화상자

⑤ 출력된 여러 가지 산점도

[그림 2–20]은 산점도 대화상자를 통해 출력한 여러 가지 산점도이다.

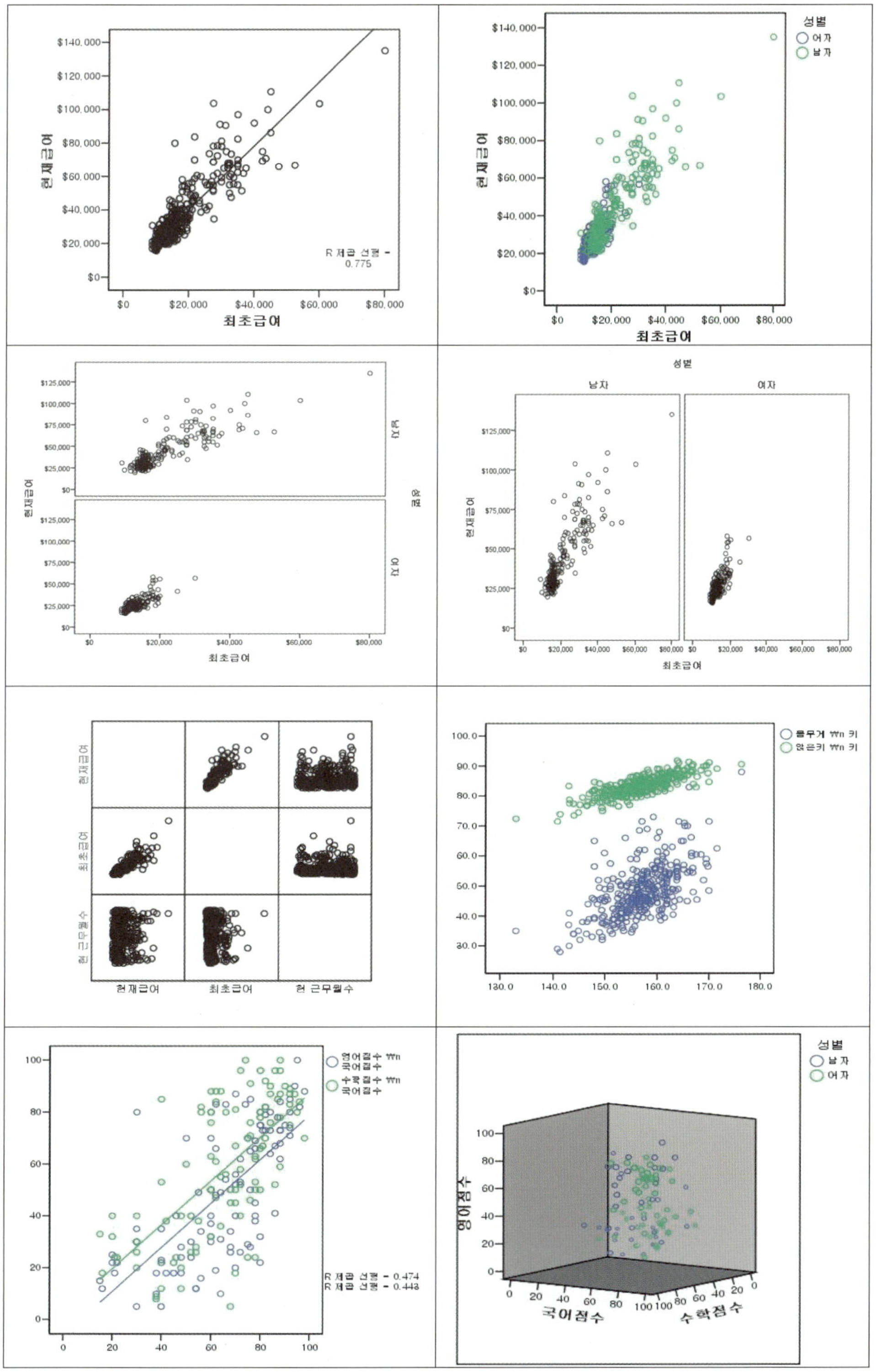

그림 2-20 여러 가지 산점도

[그림 2-20]의 첫 번째 줄 왼쪽 그림은 최초급여와 현재급여 변수의 단순 산점도이다. 작성한 산점도를 두 번 클릭하면 도표 편집기가 나타나는데, 여기에서 '추가 전체 적합선'을 그릴 수 있다. 산점도의 점을 눌러 점들을 선택한 상태에서 오른쪽 마우스를 누르거나 툴 바에서 적합선 아이콘을 선택하면 된다. 오른쪽 그림은 단순 산점도 대화상자에서 '표식 기준' 칸에 성별 변수를 입력해서 작성한 산점도이다.

두 번째 줄 왼쪽 그림은 최초급여와 현재급여 변수의 단순 산점도를 그린 것인데, 단순 산점도 대화상자에서 '패널 기준'의 '행' 칸에 성별 변수를 입력해서 작성한 산점도이고 오른쪽 그림은 '패널 기준'의 '열' 칸에 성별 변수를 입력해서 작성한 것이다.

세 번째 줄 왼쪽 그림은 현재급여, 최초급여, 현근무월수 변수에 대한 행렬 산점도이고, 오른쪽 그림은 겹쳐그리기 산점도를 사용해서 몸무게와 키의 산점도와 앉은키와 키의 산점도를 겹쳐 그린 것이다.

네 번째 줄 왼쪽 그림은 마찬가지로 **겹쳐그리기 산점도** 대화상자를 사용해서 작성된 산점도인데, 도표 편집기 창에서 각 산점도에 추가 전체 적합선을 넣은 것이다. 오른쪽 그림은 삼차원 산점도의 출력결과이다. '표식 기준'으로 성별 변수를 입력했기 때문에 남자와 여자 데이터 점들이 다른 색상으로 출력되었다.

3장 빈도분석(FREQUENCIES)

01 목적

도수분포표 작성 및 데이터 입력 오류 발견

빈도분석은 입력된 데이터들이 도수분포표(frequency table) 상에서 어떠한 분포적 특성을 가지고 있는지 파악하는 데 사용된다. 또한 이 분석은 데이터를 다른 통계적 방법에 적용시키기 전에 데이터에 오류가 있는지 점검하는 데 유용하다. 도수분포표에서 나타나서는 안 될 데이터 값이 있다면 이것은 코딩 오류이거나 데이터 입력 오류이기 때문이다.

02 사용되는 변수의 척도

명목척도, 순서척도, 데이터 값의 가지수가 적은 구간·비율척도

사용할 수 있는 변수는 성별, 종교 등과 같은 명목척도 변수, 3점척도, 5점척도 등의 순서척도 변수이거나 가족수(1명, 2명, …)와 같이 변수값의 가지수가 15개 이내인 구간·비율척도 변수이다.

03 원리

(1) 도수분포표(Frequency table)

1부 [표 3-1](19쪽 참조)의 데이터에서 성별, 군복무 여부와 종교는 명목척도 변수이고 성의식은 순서척도 변수이기 때문에 빈도분석을 적용시킬 수 있다. 종교에 대해 도수분포표를 작성해 보면 다음과 같다.

표 3-1 '종교'에 대한 도수분포표

종교

		빈도	퍼센트	유효 퍼센트	누적 퍼센트
유효	기독교	1	5.0	5.0	5.0
	불교	5	25.0	25.0	30.0
	종교없음	14	70.0	70.0	100.0
	전체	20	100.0	100.0	

여기서 퍼센트는 합계 빈도 중 각 빈도의 비율(%)이고 누적 퍼센트는 합계 빈도 중 해당 변수값 이하의 빈도 비율(%)이다. 본인키는 구간·비율척도 변수이지만 계급(class)으로 나눠서 도수분포표를 작성할 수 있다. 예를 들어 본인키를 155cm 미만, 155~164cm, 165~174cm, 175~184cm, 185cm 이상으로 계급을 나눠보자. SPSS에서는 코딩변경 메뉴를 사용하여 쉽게 계급을 나눌 수 있다. 본인키의 도수분포표는 다음과 같다.

표 3-2 '키범주'에 대한 도수분포표

키범주

		빈도	퍼센트	유효 퍼센트	누적 퍼센트
유효	< 155	1	5.0	5.0	5.0
	155 - 164	12	60.0	60.0	65.0
	165 - 174	4	20.0	20.0	85.0
	175 - 184	3	15.0	15.0	100.0
	전체	20	100.0	100.0	

(2) 도표

도수분포표를 시각적으로 보다 효과적으로 나타내기 위해서는 막대도표(bar chart)나 원도표(pie chart)를 그린다. 위의 종교 도수분포표를 막대 도표와 원도표로 작성하면 다음과 같다.

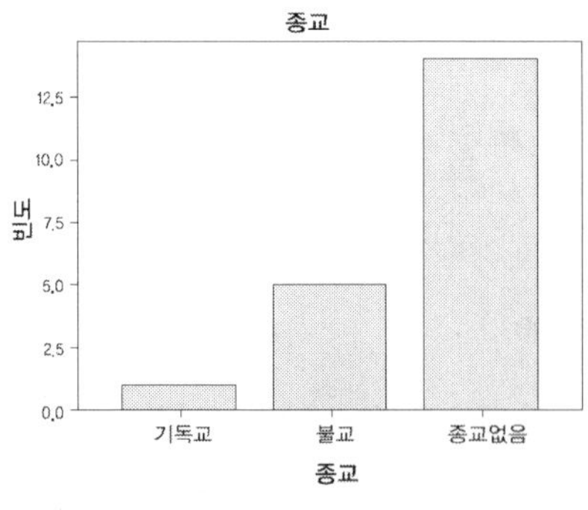

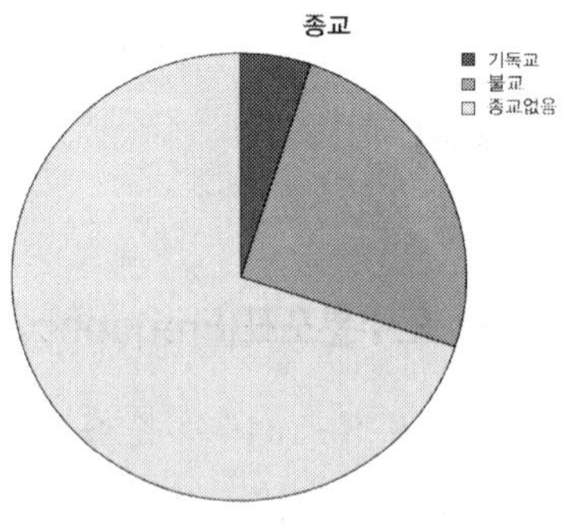

참고 변수정의에 대한 자세한 설명은 3.2절에 있다.

그림 3-1 대화상자에서 변수목록 표시방법 변경

04 SPSS 빈도분석 실행

SPSS에 포함되어 있는 employee data.sav 파일에서 성별, 직종, 소수민족은 명목척도 변수이므로 이 변수들에 대한 분포의 특성을 파악하기 위해 빈도분석을 해보기로 하자.

(1) 빈도분석(Frequencies) 대화상자

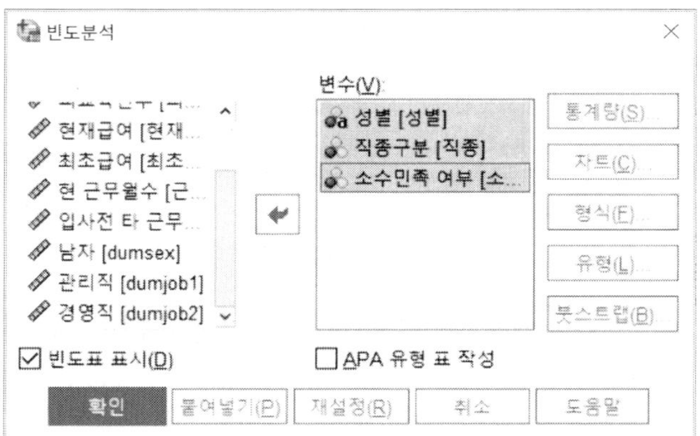

그림 3-2 빈도분석 대화상자

빈도분석을 실행하기 위해서는 메뉴로부터 다음과 같은 절차를 따른다.

분석
기술통계량
빈도분석 ...

[그림 3-2]와 같은 **빈도분석** 대화상자가 열리는데 왼쪽 상자에는 변수들의 목록이 있다. 먼저, 분석하고자 하는 변수들, 예컨대 성별, 직종, 소수민족을 선택한 후 일반적인 빈도분석을 실행하기 위해서는 마우스로 확인 단추를 선택하면 된다. 이 대화 상자의 아래에는 통계량(S)..., 차트(C)..., 형식(F)..., 유형(L)... 과 붓스트랩(B)... 의 네 가지 선택단추가 있다.

(2) 통계량(Statistics...) 대화상자

사용한 변수의 척도가 구간·비율척도인 경우에만 선택한다. 통계량(S)... 단추를 마우스로 선택하면 [그림 3-3]과 같은 **빈도분석: 통계량** 대화상자가 열린다. 여기에서 원하는 통계량의 앞에 있는 □를 마우스로 눌러서 선택한다.

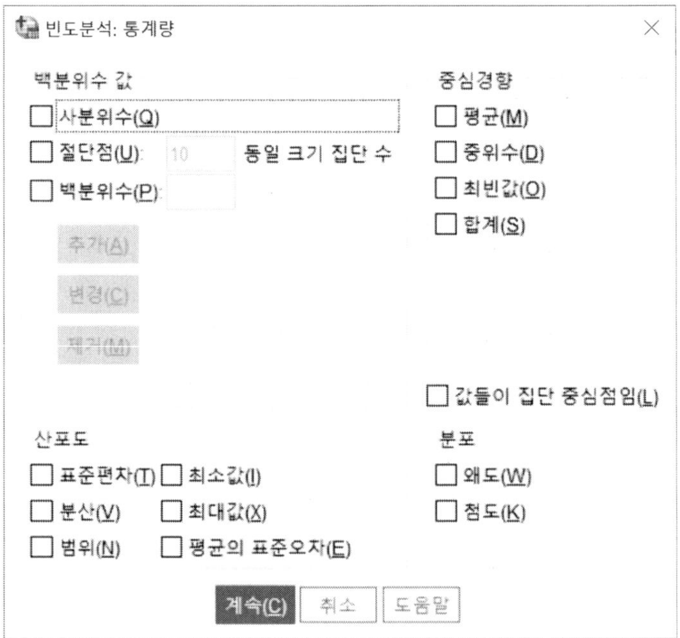

그림 3-3 빈도분석: 통계량 대화상자

항목	설명	추천항목
백분위수 값(Percentile Value)	**모든 케이스에 대한 해당 변수값을 크기순으로 늘어 놓을 때**	명목, 순서척도 변수인 경우에는 해당 사항 없음
□ 사분위수(Quantiles)	25%, 50%, 75%에 위치하는 변수값을 출력한다.	
□ 절단점(Cut Points for N equal groups)	N 등분해서 등분점에 위치하는 변수값을 출력한다.	
□ 백분위수(Percentiles)	0%와 100% 사이의 원하는 %에 위치하는 변수값을 출력한다. 원하는 % (0과 100 사이의 숫자)를 입력하고 추가 단추를 누르는 작업을 반복한다.	
산포도(Dispersion)	**변수의 퍼짐 정도에 대한 통계량이다.**	
□ 표준편차(Std. deviation)		
□ 분산(Variance)		
□ 범위(Range)	최대값과 최소값의 차이	
□ 최소값(Minimum)		
□ 최대값(Maximum)		
□ 평균의 표준오차(S. E. mean)	표준편차÷ $\sqrt{케이스수}$	
중심경향(Central Tendency)	**변수의 중심위치에 대한 통계량이다.**	
□ 평균(Mean)	산술평균	
□ 중위수(Median)	변수값들을 크기순으로 늘어놓을 때 가운데 오는 값	
□ 최빈값(Mode)	가장 빈번하게 나타나는 변수값	
□ 합계(Sum)	변수값들의 합계	
□ 값들이 집단 중심점임 (Values are group midpoints)	데이터가 집단화(grouping)되었고 변수값들이 집단의 중심점이라는 가정하에서 백분위수와 중위수가 계산된다.	
분포(Distribution)	**변수값들에 대한 분포에서**	
□ 왜도(Skewness)	비대칭도를 나타내는 통계량으로서 대칭분포이면 0, 작은값들의 빈도가 크면 양의 값, 큰 값들의 빈도가 크면 음의 값을 가진다.	
□ 첨도(Kurtosis)	중심점 주위에 변수값이 밀집해 있는 정도를 나타내는 통계량으로서 표준정규분포의 첨도는 0이다. 양의 첨도는 표준정규분포보다 중심점 주위에 더 많이 밀집해 있고 꼬리가 더 긴 것을 나타내며 음의 첨도는 그 반대이다.	

(3) 차트(Charts...) 대화상자

막대도표, 원도표나 히스토그램(Histogram)을 그리기 위해서는 [차트(C)...] 단추를 선택한다. **빈도분석: 차트** 대화상자에서 원하는 도표를 선택하고 [계속(C)] 단추를 누른다.

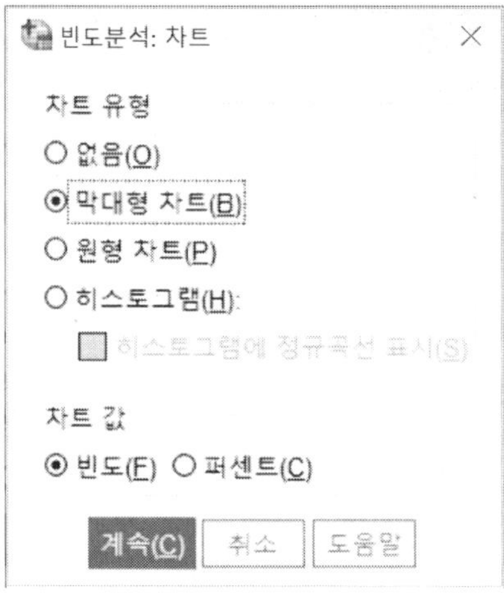

그림 3-4 빈도분석: 차트 대화상자

항목	설명	추천항목
차트 유형	**다음 중 하나를 선택할 수 있다.**	
○없음(None)	(기본 설정)도표를 그리지 않음	
○막대형 차트(Bar Chart)	명목, 순서척도 변수들에 적합한다.	○
○원형 차트(Pie Chart)	명목, 순서척도 변수들에 적합하다.	○
○히스토그램(Histogram)	구간·비율척도 변수들에 적합하다.	
○히스토그램에 정규곡선표시	히스토그램을 선택한 경우에 그 위에 같은 평균과 표준편차를 가지는 정규분포곡선을 그린다.	
차트 값		
○빈도(Frequencies)	(기본 설정)세로축에 빈도를 표시	○
○퍼센트(Percentages)	세로축에 비율을 표시	

(4) 형식(Format...) 대화상자

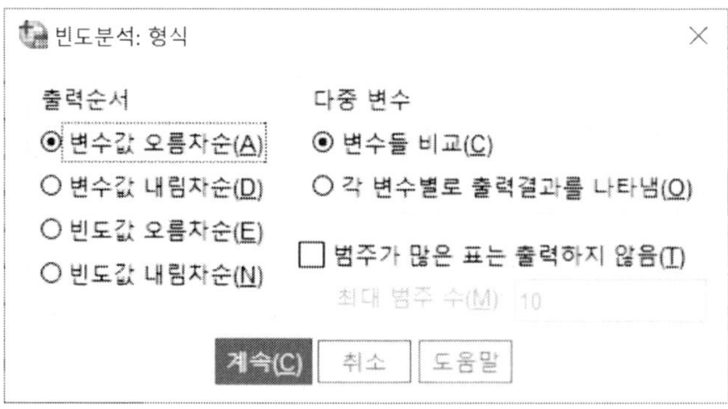

그림 3-5 빈도분석: 형식 대화상자

빈도분석의 결과에 대한 출력양식을 수정하기 위해서는 [형식(F)...] 단추를 선택한다. **빈도분석: 형식** 대화상자에는 다음과 같은 선택 옵션들이 있다.

항목	설명
출력 순서	**도수분포표에서 순서를 정할 수 있다.**
○변수값 오름차순	변수값들의 오름차순으로 한다.(기본설정)
○변수값 내림차순	변수값들의 내림차순으로 한다.
○빈도값 오름차순	빈도수가 적은 것부터 출력한다.
○빈도값 내림차순	빈도수가 많은 것부터 출력한다.
다중 변수	**빈도분석 대화상자에서 두 개 이상의 변수를 선택한 경우**
○변수들 비교	모든 변수들을 비교할 수 있도록 묶어서 나타냄.
○각 변수별로 출력결과를 나타냄	각 변수별로 출력결과를 나타냄.
□범주가 많은 표는 출력하지 않음	여기에서 제한한 범주 수(변수값의 가지수)보다 많은 범주를 가지는 변수에 대해서는 도수분포표를 출력하지 않는다.

(5) 유형 대화상자

빈도분석 대화상자에서 [유형(L)...] 단추를 선택하면 [그림 3-6]과 같은 표 유형 대화상자가 열린다. 여기에서는 조건에 따라 셀 배경을 지정할 수 있다. 빈도분석 표에서 퍼센트가 50퍼센트 이상일 때 셀 배경을 노란색으로 표시하고 싶다면, '값' 칸에 퍼센트, '조건' 칸에 "x >= 50", '형식' 칸에 배경(255,255,0)을 넣으면 된다. 각 셀의 오른편을 누르면 선택 목록이 나타난다.

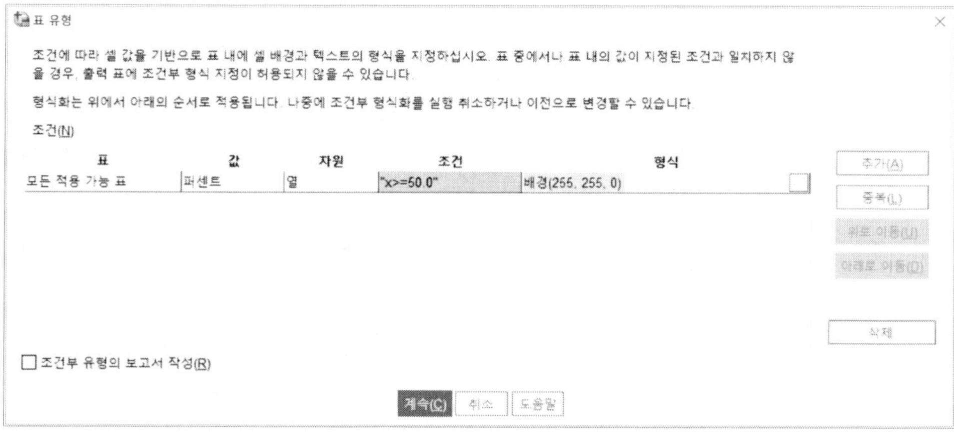

그림 3-6 표 유형 대화상자

(6) 붓스트랩 대화상자

붓스트랩 추정을 하기 위해서는 빈도분석 대화상자에서 붓스트랩(B)... 단추를 선택한다. 그러면 [그림 3-7]과 같은 붓스트랩 대화상자가 열리는데 맨 위에 있는 '붓스트랩 수행'을 클릭하게 되면 붓스트랩 추정치가 출력된다. 출력결과에서 퍼센트에 대한 붓스트랩 추정 결과가 나타난다.

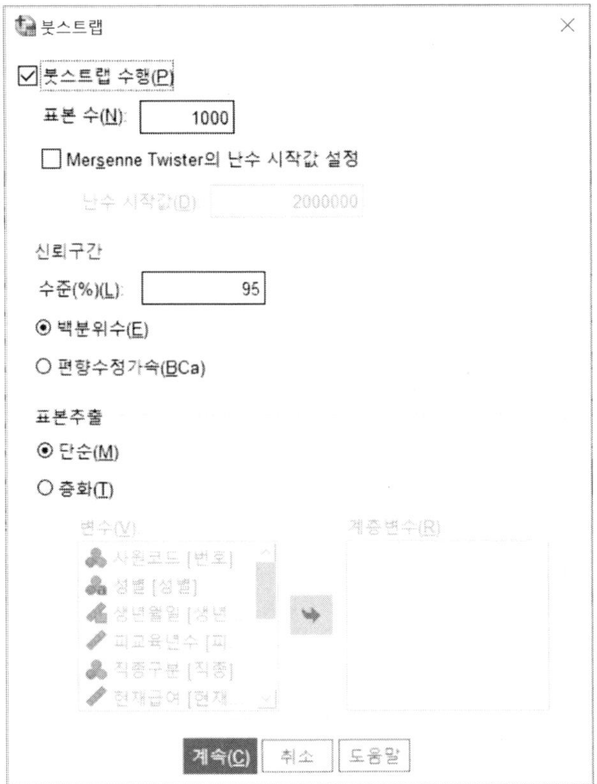

그림 3-7 붓스트랩 대화상자

(7) 분석결과 해석

유형(L)... 과 붓스트랩(B)... 단추는 흔히 사용되지는 않는다. 유형(L)... 은 출력결과에서 조건에 맞는 셀에 표시를 하여 쉽게 알아보고자 할 때 사용한다. 또한, 붓스트랩(B)... 은 붓스트랩 방법에 의한 백분위수 신뢰구간을 구하려고 할 때 사용한다. 이 장에서는 유형과 붓스트랩이 빈번하게 사용되지는 않지만 대화상자에 처음 나오기 때문에 출력결과에 함께 보여주고자 한다. 그러나 일반적으로 사용자는 빈도분석 결과만을 원하기 때문에 유형과 붓스트랩 단추를 선택할 필요가 없다.

빈도분석 대화상자에서 [확인] 단추를 누르면 SPSS 출력결과 창에는 [그림 3-8]과 같은 실행결과가 출력된다. 여기에서는 직종변수에 대한 빈도분석 표와 함께 유형과 붓스트랩 결과가 함께 나타나 있다.

통계량

직종구분

		통계량	붓스트랩[a] 편향	표준오차	95% 신뢰구간 하한	상한
N	유효	474	0	0	474	474
	결측	0	0	0	0	0

a. 특별한 표기가 되어 있지 않으면 붓스트랩 결과는 1000개 붓스트랩 표본을(를) 기반으로 합니다.

직종구분

		빈도	퍼센트	유효 퍼센트	누적 퍼센트	퍼센트의 붓스트랩[a] 편향	표준오차	95% 신뢰구간 하한	상한
유효	사무직	363	76.6	76.6	76.6	.0	1.9	72.8	80.6
	관리직	27	5.7	5.7	82.3	.0	1.1	3.6	7.8
	경영직	84	17.7	17.7	100.0	.0	1.7	14.3	21.1
	전체	474	100.0	100.0		.0	.0	100.0	100.0

a. 특별한 표기가 되어 있지 않으면 붓스트랩 결과는 1000개 붓스트랩 표본을(를) 기반으로 합니다.

그림 3-8 빈도분석 출력결과(유형과 붓스트랩 결과 포함)

[그림 3-8]의 해석

첫 번째 표는 데이터에 결측값이 없고 유효한 개수가 474개임을 나타낸다. 두 번째 표에서는 빈도분석표 결과를 왼편에, 퍼센트에 대한 붓스트랩 결과를 오른편에 보여주고 있다. 빈도표에는 직종변수의 각 범주에 대한 빈도(도수), 퍼센트(빈도에 대한 전체 퍼센트), 유효 퍼센트(유효한 데이터 중 퍼센트), 누적 퍼센트가 있다. 사무직의 경우, 363명의 직원이 있고, 전체 474명 중 76.6%이며, 결측값이 없기 때문에 유효 퍼센트는 퍼센트와 같은 값으로 76.6%이다. 직종변수는 명목척도이므로 범주 간에 서열이 없다. 따라서 이런 명목척도 변수에서 누적 퍼센트는 의미가 없다. 순서척도 이상의 변수에서는 누적 퍼센트는 그 범주 이하의 퍼센트를 나타낸다. 오른편에 있는 붓스트랩 결과를 해석해 보자. 1000번의 붓스트랩 표본을 가지고 계산한 범주들의 퍼센트 평균에서 현재 데이터의 퍼센트를 뺀 차이가 편향이다 거의 차이가 없음을 나타낸다. 1000개의 퍼센트를 가지고 계산한 표준화 오차 역시 매우 작은 값이다. 1000개의 퍼센트를 가지고 2.5 백분위수(하한)와 97.5백분위수(상한)를 나타낸 95% 신뢰구간이 있다.

연습문제

1. stat.sav 데이터에서 명목이나 순서척도 변수인 성별, 군복무 여부, 종교와 성의식 변수에 대해 도수분포표를 작성하고 막대그래프나 원도표를 그려보자.

2. stat.sav 데이터에서 구간·비율척도 변수인 본인키와 아버지키 변수에 대해 요약치(평균, 표준편차)와 히스토그램을 다음과 같이 구해 보자.

   ① **빈도분석** 대화상자를 열어서 '빈도표 출력' 앞에 표시되어 있는 체크를 눌러서 체크 표시를 사라지게 한다.

   ② **빈도분석: 통계량** 대화상자를 열어서 평균과 표준편차 등 필요한 통계량에 체크한다.

   ③ **빈도분석: 도표** 대화상자를 열어서 '히스토그램'을 선택하고 '정규곡선 표시'를 선택한다.

4장 기술통계분석(DESCRIPTIVES)

01 목적

요약통계량(평균,표준편차)을 계산하거나 변수값을 Z 점수로 바꾼다.

기술통계분석은 구간·비율척도 변수들에 대해 요약통계량(평균, 표준편차 등)을 계산하거나 변수값을 표준화값(Z 점수)으로 변환해서 변수로 저장할 때 사용된다. 또한 빈도분석과 마찬가지로, 구간·비율척도의 데이터에서 입력오류를 발견하기 위해서도 사용된다.

02 사용되는 변수의 척도

구간·비율척도 변수, 순서척도 변수(범주들이 등간격일 때)

사용되는 변수의 척도는 원칙적으로 구간·비율척도이어야 한다. 그러나 순서척도이더라도 각 범주들의 간격이 등간격이라고 볼 수 있을 경우이거나 몇 개의 순서척도 변수들의 합으로 된 변수에도 적용할 수 있다.

03 원리

(1) 요약통계량(Statistics)

① 중심화 경향(Central Tendency)

변수값들의 크기에 있어서 중심위치가 되는 값이다.

• 평균(mean)

산술평균을 말한다. 데이터가 모집단이거나 표본인 경우에 공히 계산 공식은 다음과 같다.

X_i 를 변수의 i 번째 케이스값이라고 하고 전체 케이스 수를 n 이라고 하면

$$\text{평균} = \frac{X_1 + X_2 + \cdots + X_n}{n} = \frac{1}{n}\sum_{i=1}^{n} X_i$$

변수값들의 퍼짐을 나타내는 통계량인 표준편차와 함께 가장 많이 사용하는 통계량이다.

- 중위수(median)

변수값들을 크기순으로 늘어 놓았을 때 가운데에 위치하는 값이다.

- 최빈수(mode)

가장 빈번하게 나타나는 변수값이다.

② 퍼짐 정도, 산포도(Dispersion)

퍼짐 정도란 변수값들이 중심값으로부터 얼마나 넓게 퍼져 있는가를 나타낸다.

- 표준편차(Standard Deviation)

변수값들이 평균으로부터 떨어져 있는 정도를 나타내는 것으로서 중심화 경향을 나타내는 평균과 함께 가장 많이 사용된다. 데이터가 모집단인 경우와 표본인 경우 표준편차의 계산이 다르다.

$$\textbf{모집단 표준편차}\ \sigma = \sqrt{\frac{\sum_{i=1}^{n}(X_i - \mu)^2}{n}} \quad (\text{여기에서 } \mu\text{는 모집단 평균임})$$

$$\textbf{표본 표준편차}\ s = \sqrt{\frac{\sum_{i=1}^{n}(X_i - \overline{X})^2}{n-1}} \quad (\text{여기에서 } \overline{X}\text{는 표본평균임})$$

- 분산(Variance)

표준편차의 제곱을 취한 값이다.

- 범위(Range)

변수값의 최대값과 최소값의 차이이다.

- 평균의 표준오차(Standard Error of Mean)

데이터가 표본인 경우에만 사용하며, 평균의 표준편차이다. $s/\sqrt{n}$ (여기서 s는 데이터의 표준편차)로 계산한다.

(2) 정규분포(Normal Distribution)

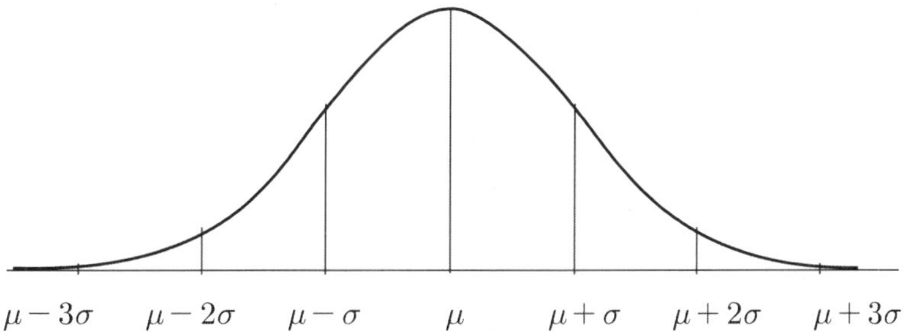

그림 4-1 정규분포

많은 경우에 데이터의 히스토그램을 그려보면 [그림 4-1]과 같이 종 모양(bell- shaped)과 비슷한 분포가 된다. 데이터의 중심위치에 데이터들이 집중되어 있고 작거나 큰 값들의 빈도수가 작은 형태의 분포이다.

[그림 4-1]에 있는 그림은 평균이 μ 이고 표준편차가 σ 인 정규분포의 확률곡선 그림이다. 데이터 값이 $\mu-\sigma$와 $\mu+\sigma$ 사이에 있을 확률(그림에서는 $\mu-\sigma$와 $\mu+\sigma$ 위에 있는 선을 경계로 하는 면적의 비율)이 68.3%, $\mu-2\sigma$와 $\mu+2\sigma$ 사이에 있을 확률이 95.4%, $\mu-3\sigma$ 와 $\mu+3\sigma$ 사이에 있을 확률이 99.7%가 된다. 이러한 분포를 표준화시킨 것이 바로 표준정규분포(Standard Normal Distribution)이다. 표준정규분포는 평균이 0이고 표준편차가 1이 된다.

실제 데이터가 정확하게 정규분포를 따르는 경우는 없다. 그러나 키, 체중과 같이 동·식물에 대한 측정값들의 분포는 대부분 근사적으로 정규분포를 따른다.

(3) 표준점수(Standard Scores)

데이터에서 한 값의 상대적인 위치를 나타내기 위해서 표준점수를 이용한다. 통계학에서 표준화(standardize)한다는 것은 평균을 0으로 만들고 표준편차가 1이 되도록 데이터들을 변화시키는 작업이다. 표준점수를 때때로 Z 점수(Z score)라고도 한다. Z 점수가 1이라는 것은 1배의 표준편차만큼 평균보다 값이 크다는 것을 의미하고 Z 점수가 -0.5라는 것은 0.5배의 표준편차만큼 평균보다 작은 값이라는 것을 의미한다.

$$Z=\frac{X-\mu}{\sigma}$$

여기서 X : 데이터 값

μ : 데이터 평균

σ : 데이터 표준편차

04 보조통계분석이나 그래프

히스토그램(Histogram), 정규곡선(Normal Curve)

변수값들의 분포를 시각적으로 보다 효과적으로 나타내기 위해서는 히스토그램을 그리고, 그 위에 동일한 평균과 표준편차값을 갖는 정규곡선을 겹쳐서 그림으로써 정규분포와 얼마나 차이가 있는지 비교해 볼 수 있다.

05 SPSS 기술통계분석의 실행

employee data.sav 파일에서 구간·비율척도 변수는 피교육년수, 현재급여, 최초급여, 근무월수, 경력이다. 이 변수들에 대한 기술통계량을 구해보고 그 변수들의 Z 점수(Z score)를 구해 보자.

(1) 기술통계분석(Descriptives)

기술통계분석을 실행하기 위해 메뉴로부터 다음과 같은 절차를 따른다.

분석
기술통계량
기술통계 ...

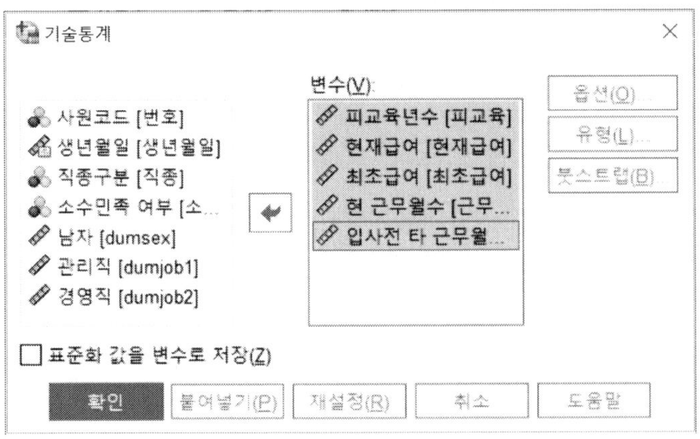

그림 4-2 기술통계 대화상자

[그림 4-2]와 같은 **기술통계** 대화상자가 열리는데 그림에서 보는 바와 같이 데이터 파일에 있는 변수들이 왼쪽 상자에 나타난다. 분석하고자 하는 피교육년수, 현재급여, 최초급여, 근무월수, 경력을 선택한 후 [확인] 단추를 누르면 변수들에 대한 기본적인 통계량(평균, 표준편차, 최대값, 최소값)들이 계산된다. 그러나 보다 많은 통계량을 필요로 하거나 Z 점수를 구하려면 다음과 같은 절차를 따라야 한다.

우선, Z 점수를 구해서 변수로 저장하기 위해서는 **기술통계** 대화상자의 아래쪽에 있는 선택 단추 □을 마우스로 선택하면 된다. 기본적인 통계량 이외의 통계량을 계산하거나 출력 순서를 변경하기 위해서는 **기술통계** 대화상자 내에서 [옵션(O)...] 단추를 선택한다. 그러면 [그림 4-3]과 같은 **기술통계: 옵션** 대화상자가 열린다. 여기서 필요한 통계량과 원하는 출력순서를 선택하면 된다.

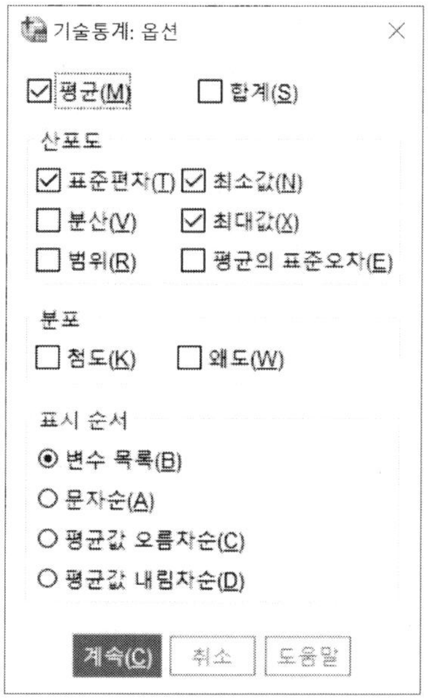

그림 4-3 기술통계: 옵션 대화상자

옵션	내용	추천옵션
□ 평균(Mean)	(기본 설정)	○
□ 합계(Sum)	변수값들의 합계	
산포도(Dispersion)	**변수의 퍼짐 정도에 대한 통계량이다.**	
□ 표준편차(Std. deviation)	(기본 설정)	○
□ 분산(Variance)		
□ 범위(Range)	최대값과 최소값의 차이	○
□ 최소값(Minimum)		○

옵션	내용	추천옵션
□ 최대값(Maximum)		○
□ 평균의 표준오차 (S. E. of mean)	표준편차÷ $\sqrt{케이스수}$	○
분포(Distribution)	**변수값들에 대한 분포에서**	
□ 첨도(Kurtosis)	중심점 주위에 변수값이 밀집해 있는 정도를 나타내는 통계량으로서 표준정규분포의 첨도는 0이다. 양의 첨도는 표준정규분포보다 중심점 주위에 더 많이 밀집해 있고 꼬리가 더 긴 것을 나타내며 음의 첨도는 그 반대이다.	○
□ 왜도(Skewness)	비대칭도를 나타내는 통계량으로서 대칭분포이면 0, 작은값들의 빈도가 크면 양의 값, 큰값들의 빈도가 크면 음의 값을 가진다.	○
출력 순서(Display Order)		
○ 변수목록(Variable list)	대화상자에서 선택한 순서대로 출력(기본설정)	○
○ 문자순(Alphabetic)	변수이름의 알파벳 순으로 출력	
○ 평균값 오름차순 (Ascending means)	평균값들이 작은 변수부터 출력	
○ 평균값 내림차순 (Descending means)	'평균값들이 큰 변수부터 출력	

06 분석결과 해석

기술통계 대화상자에서 [확인] 단추를 누르면 SPSS 출력결과 창에는 실행결과가 출력된다. [그림 4-4]는 **피벗** 메뉴의 행과 열 전치 명령을 사용하여 출력결과의 행과 열을 바꾼 것이다. 보조 통계분석으로서 각 변수에 대한 히스토그램을 [그림 4-6]과 같이 그려보면 분포에 대해 더욱 잘 파악할 수 있다.

[그림 4-4]의 해석

474명의 피교육년수는 최대 21년이고 최소 8년으로서 범위는 13년이다. 평균은 13.49년이고 표준편차는 2.88년이며 평균의 표준오차는 0.13년이다. 분포의 왜도는 -0.114인데 두 배의 표준오차를 더하고 빼면 (-0.338, 0.110)이 된다. 이 구간이 0을 포함하므로 분포는 좌우대칭이라고 할 수 있다. 첨도는 -0.265지만 두 배의 표준오차를 고려하여 구한 (-0.713, 0.183) 구간 내에 0이 포함되므로 표준정규분포와 첨도면에서 비슷하다.

현재급여의 최대값은 $135,000이고 최소값은 $15,750이어서 범위는 $119,250이다. 평균은 $34,419.57이고 표준편차는 $17,075.66이다. 분포의 왜도는 2.125로서 두 배의 표준오차를 고려해서 구한 구간이 0을 포함하지 않는 양의 구간이 되므로 큰 값으로 꼬리가 긴 비대칭분포라고 할 수 있다. 첨도는 5.378로서 이 역시 두 배의 표준오차를 고려해서 구한 구간이 0을 포함하지 않는 양의 구간이므로 표준정규분포에 비해서 꼬리가 긴 분포를 한다고 볼 수 있다.

기술통계량

		피교육년수	현재급여	최초급여	현 근무월수	입사전 타 근무월수	유효 N(목록별)
N	통계량	474	474	474	474	474	474
범위	통계량	13	$119,250	$70,980	35	476	
최소값	통계량	8	$15,750	$9,000	63	0	
최대값	통계량	21	$135,000	$79,980	98	476	
평균	통계량	13.49	$34,419.57	$17,016.09	81.11	95.86	
표준편차	통계량	2.885	$17,075.661	$7,870.638	10.061	104.586	
왜도	통계량	-.114	2.125	2.853	-.053	1.510	
	표준오차	.112	.112	.112	.112	.112	
첨도	통계량	-.265	5.378	12.390	-1.153	1.696	
	표준오차	.224	.224	.224	.224	.224	

그림 4-4 기술통계분석 출력결과

최초급여의 최대값은 $79,980이고 최소값은 $9,000이어서 그 범위는 $70,980이다. 평균은 $17,016.09이고 표준편차는 $7,870.64이다. 왜도로 보아 현재급여와 마찬가지로 큰 값쪽으로 꼬리가 길게 있는 비대칭분포이고, 현재급여보다 첨도값이 훨씬 크기 때문에 꼬리가 아주 긴 분포인 것으로 보인다.

현 근무월수의 최소값은 63개월, 최대값은 98개월로서 범위는 35개월이다. 평균은 81개월이고 표준편차는 10개월로 나타났다. 분포는 왜도값으로 보아 좌우대칭에 가깝고 표준정규분포보다 중심점의 밀도가 작으면서 꼬리가 짧은 것 같다. 입사전 타근무월수는 0부터 476개월로서 범위는 476개월이다. 평균은 95.86개월이고 표준편차는 104.59개월로서 상당히 크다. 왜도는 1.510으로서 큰 값쪽으로 꼬리가 긴 비대칭분포이고 첨도도 역시 표준정규분포보다 꼬리가 긴 것으로 나타났다.

히스토그램 출력과 해석

기술통계분석에 의해 구간·비율척도 변수에 대한 요약치(평균, 표준편차 등)를 구하고 최대값, 최소값, 왜도와 첨도 등을 사용하여 분포의 형태를 짐작할 수 있다. 그러나 히스토그램을 그려보면 구간·비율척도 변수의 분포를 보다 확연하게 알 수 있다. **그래프** 메뉴에서 히스토그램을 선택하면 [그림 4-5]의 **히스토그램** 대화상자가 열린다. 여기서 변수를 선택하고 '정규곡선 표시'를 체크하여 실행시키면 [그림 4-6]의 히스토그램이 출력된다.

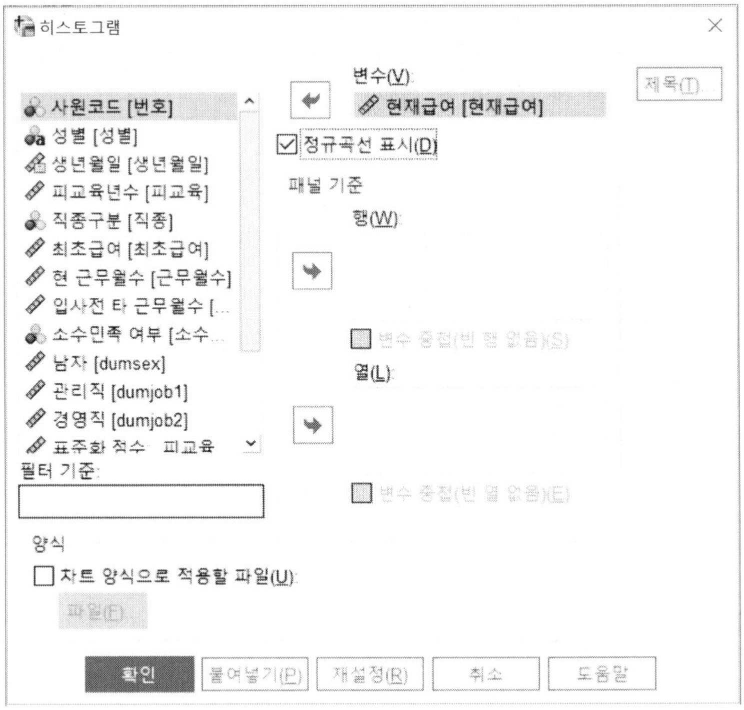

그림 4-5 히스토그램 대화상자

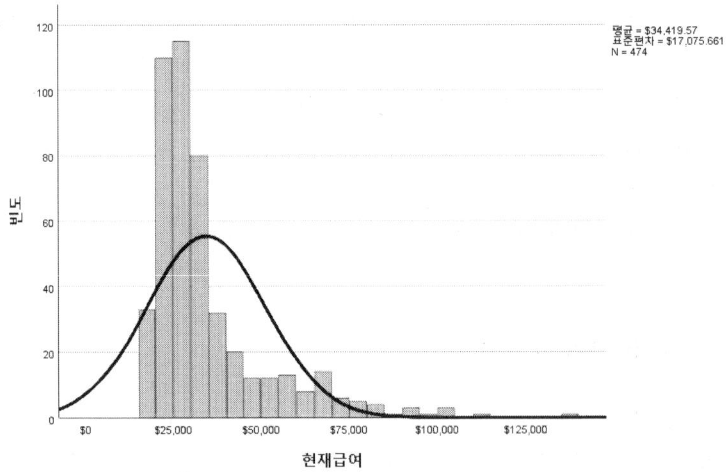

그림 4-6 히스토그램

[그림 4-6]은 '현재급여' 변수에 대한 히스토그램이다. 기술통계분석에 의해 추측한 것과 같이 현재급여 변수는 오른쪽으로 꼬리가 아주 긴 비대칭분포이다. 분포가 25,000에서 35,000 사이에 대부분 몰려 있고 정규분포보다 뾰쪽한 분포(첨도가 큰 분포)인 것을 알 수 있다.

Z 점수와 해석

데이터에 있는 변수들의 상대적인 크기를 고려하기 위하여 Z 점수를 사용한다. 각 변수의 평균점을 0으로 하고 표준편차를 1로 변환한 값이 Z 점수이다. **기술통계** 대화상자에서 '표준화 값을 변수로 저장'을 선택하면 데이터 편집기에 선택한 변수들의 Z 점수들이 변수로서 추가된다. 이것을 회귀분석이나 군집분석 등과 같은 차후 분석에서 사용할 수 있다. [그림 4-7]은 기술통계분석을 실행시켜서 데이터 편집기에 생성된 Z 점수 변수들이다.

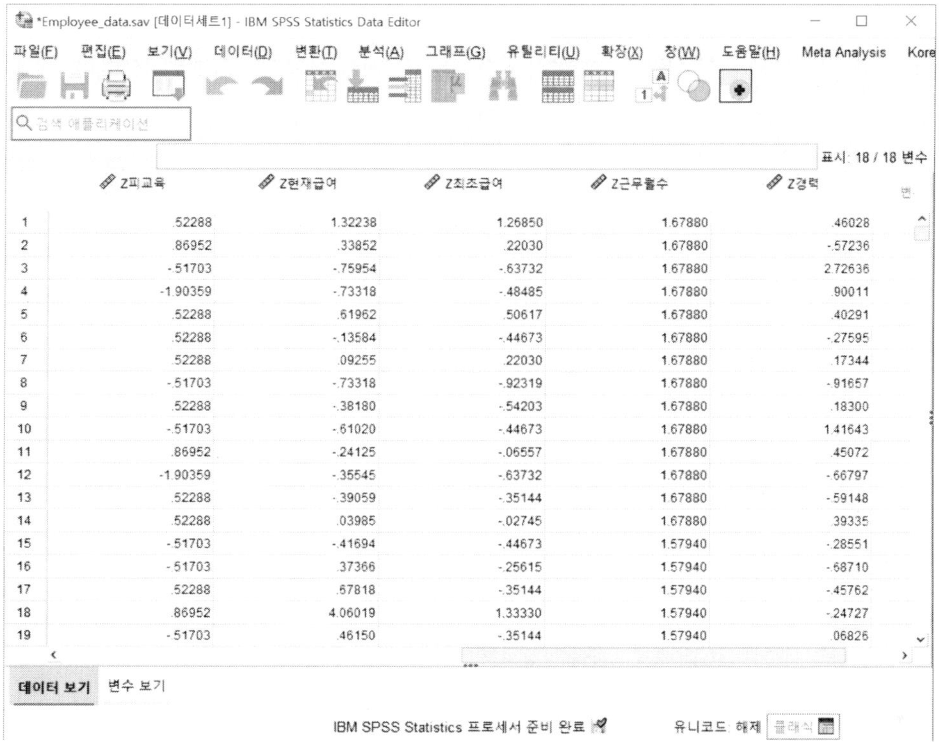

	Z피교육	Z현재급여	Z최초급여	Z근무월수	Z경력
1	.52288	1.32238	1.26850	1.67880	.46028
2	.86952	.33852	.22030	1.67880	-.57236
3	-.51703	-.75954	-.63732	1.67880	2.72636
4	-1.90359	-.73318	-.48485	1.67880	.90011
5	.52288	.61962	.50617	1.67880	.40291
6	.52288	-.13584	-.44673	1.67880	-.27595
7	.52288	.09255	.22030	1.67880	.17344
8	-.51703	-.73318	-.92319	1.67880	-.91657
9	.52288	-.38180	-.54203	1.67880	.18300
10	-.51703	-.61020	-.44673	1.67880	1.41643
11	.86952	-.24125	-.06557	1.67880	.45072
12	-1.90359	-.35545	-.63732	1.67880	-.66797
13	.52288	-.39059	-.35144	1.67880	-.59148
14	.52288	.03985	-.02745	1.67880	.39335
15	-.51703	-.41694	-.44673	1.57940	-.28551
16	-.51703	.37366	-.25615	1.57940	-.68710
17	.52288	.67818	-.35144	1.57940	-.45762
18	.86952	4.06019	1.33330	1.57940	-.24727
19	-.51703	.46150	-.35144	1.57940	.06826

그림 4-7 Z 점수

[그림 4-7]의 첫 번째 케이스에 대한 Z 점수를 해석해 보자. 이 사람은 474명의 사원들 중 피교육년수는 평균보다 0.52288배의 표준편차만큼 많고, 현재급여는 평균보다 1.32238배의 표준편차만큼 많이 받고 있으며 최초급여 역시 평균보다 1.26850배의 표준편차만큼 높게 책정되었다. 현 근무월수는 평균보다 1.67880배의 표준편차만큼 오래 근무하였고 입사전 경력은 평균보다 0.46028배의 표준편차만큼 많았다.

연습문제

1. **stat.sav** 데이터에서 구간·비율척도 변수인 본인키와 아버지키 변수에 대해 요약치(평균, 표준편차)와 히스토그램을 구해 보자.
2. 교재의 데이터 중 **체격체력.sav** 파일은 어떤 여자 중학교 학생들의 체격검사와 체력검사 데이터이다. 체격변수들(몸무게, 앉은키, 키, 가슴둘레) 변수에 대해 요약치(평균, 표준편차)와 히스토그램을 구해 보자.
3. 2번의 작업을 학년별(1, 2, 3학년)로 해서 비교해 보자.

참고문헌

(1) 김우철 외 7인 (1984). 『현대통계학』(재개정판), 영지문화사.
(2) 김우철 외 8인 (2000). 『일반통계학』(개정판), 영지문화사.
(3) 김동희 외 6인 (1997). 『통계학』, 자유아카데미.

5장 표 작성(TABLES)

데이터가 가지고 있는 여러 가지 특성을 표를 사용해서 효과적으로 나타낼 수 있다. SPSS 분석 메뉴에는 이를 위한 보고서 메뉴와 표 메뉴가 있다.

여기서는 보고서 메뉴의 케이스 요약 절차와 표 메뉴의 몇 가지 표 작성 절차를 설명하기로 한다.

01 케이스 요약 보고서

메뉴로부터 다음과 같은 절차를 따르면 [그림 5-1]과 같이 **케이스 요약** 대화상자가 열린다.

분석
　　보고서
　　　　케이스 요약 ...

[그림 5-1]의 **케이스 요약** 대화상자에서 '변수' 칸에는 변수목록으로부터 요약 통계치를 구할 변수를 선택해서 넣고, '집단변수' 칸에는 집단을 나눌 변수를 넣는다.

- 케이스 표시

각 케이스 데이터를 출력할 때 사용한다.
'첫 케이스부터의 출력수': 출력할 케이스 수를 제한한다.
'유효 케이스만 표시': 결측값을 제외한 케이스만 출력한다.
'케이스 번호 표시': 케이스 번호를 출력한다.

이것은 데이터를 처음 입력한 후에 잘못 입력한 데이터 케이스를 찾을 때 사용하면 편리하다. 예를 들어, 성별 변수에 남자를 1로, 여자를 2로 코딩한 경우에 4번으로 잘못 입력한 데이터가 있다면, 다음과 같은 절차로 이 케이스를 찾을 수 있다.

① 데이터 주메뉴의 '케이스 선택' 절차를 선택한다.
② **케이스 선택** 대화상자에서 '조건을 만족하는 케이스'를 선택하고 [조건(I)...] 단추를 누르면 **케이스 선택: 조건** 부대화상자가 나타나는데, 성별 = 4 라는 조건식을 입력한다.

③ **케이스 선택** 대화상자에서 [확인] 단추를 눌러 대화상자를 닫는다.
④ 분석 주메뉴에서 '보고서' 절차의 **케이스 요약** 대화상자를 연다.
⑤ '변수' 칸에 데이터 일련번호와 성별 등 몇 가지 케이스를 찾을 수 있는 변수를 넣고 '케이스 표시'와 '첫 케이스부터의 출력수'에 체크하고 [확인] 단추를 누른다.

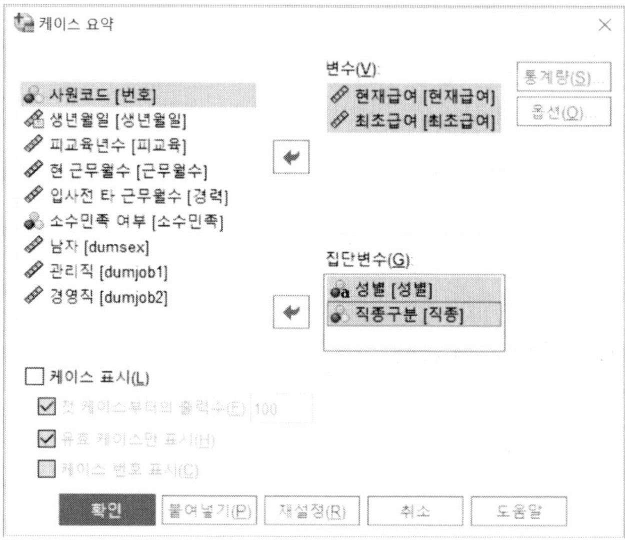

그림 5-1 케이스 요약 대화상자

(1) 통계량

[통계량(S)] 단추를 누르면 [그림 5-2]와 같은 **요약보고서: 통계량** 부대화상자가 나타난다. 여기서 표에 나타내고자 하는 통계량을 선택한다.

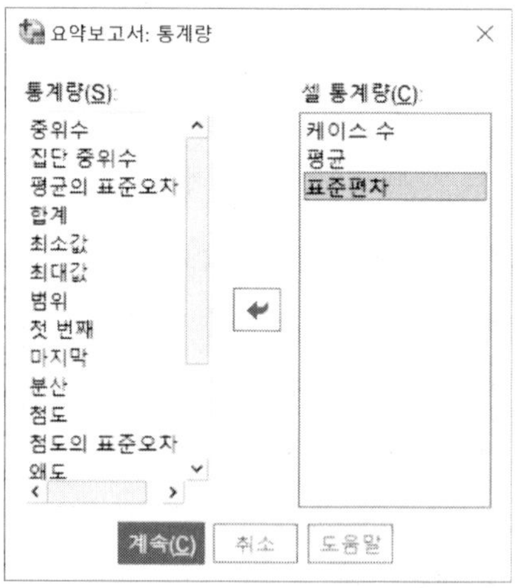

그림 5-2 요약보고서: 통계량 대화상자

옵션(O) 단추를 누르면: **옵션** 대화상자가 열리는데, 여기에서 요약보고서의 제목과 캡션을 붙이고, 결측값에 대한 처리를 변경할 수 있다.

요약보고서 대화상자에서 계속(C) 단추를 눌러 케이스 요약 대화상자로 돌아온다. [그림 5-1]과 같이 '케이스 표시' 앞의 네모칸을 눌러 체크 표시가 사라지게 한 후 확인 단추를 눌러 실행시키면 [표 5-1]과 같은 케이스 요약 보고서가 출력된다.

표 5-1 성별, 직종별 현재급여와 최초급여의 평균과 표준편차

케이스 요약

성별	직종구분		현재급여	최초급여
여자	사무직	N	206	206
		평균	$25,003.69	$12,750.75
		표준편차	$5,812.838	$2,391.056
	경영직	N	10	10
		평균	$47,213.50	$20,121.00
		표준편차	$8,501.253	$4,252.342
	전체	N	216	216
		평균	$26,031.92	$13,091.97
		표준편차	$7,558.021	$2,935.599
남자	사무직	N	157	157
		평균	$31,558.15	$15,861.21
		표준편차	$7,997.978	$2,564.694
	관리직	N	27	27
		평균	$30,938.89	$15,077.78
		표준편차	$2,114.616	$1,341.235
	경영직	N	74	74
		평균	$66,243.24	$31,627.70
		표준편차	$18,051.570	$9,749.813
	전체	N	258	258
		평균	$41,441.78	$20,301.40
		표준편차	$19,499.214	$9,111.781
전체	사무직	N	363	363
		평균	$27,838.54	$14,096.05
		표준편차	$7,567.995	$2,907.474
	관리직	N	27	27
		평균	$30,938.89	$15,077.78
		표준편차	$2,114.616	$1,341.235
	경영직	N	84	84
		평균	$63,977.80	$30,257.86
		표준편차	$18,244.776	$9,980.979
	전체	N	474	474
		평균	$34,419.57	$17,016.09
		표준편차	$17,075.661	$7,870.638

02 표

간단한 형태의 표는 보고서 메뉴의 케이스 요약 절차를 사용하여 작성할 수 있으나 좀 더 복잡한 형태의 표를 작성하기 위해서는 표 메뉴의 사용자 정의 표 작성 절차를 사용하는 것이 좋다.

표 메뉴의 '사용자 정의 표' 절차를 사용하면 대화상자 내에서 직접 표를 작성할 수 있다. 메뉴로부터 다음과 같은 절차를 따르면 [그림 5-3]과 같이 사용자 정의 표 대화상자가 열리고, 통계표 작성에 앞서 범주형 변수에 대해 변수특성정의를 하거나 변수특성을 검색할 수 있는 창이 나타난다.

분석
　　표
　　　　사용자 정의 표 ...

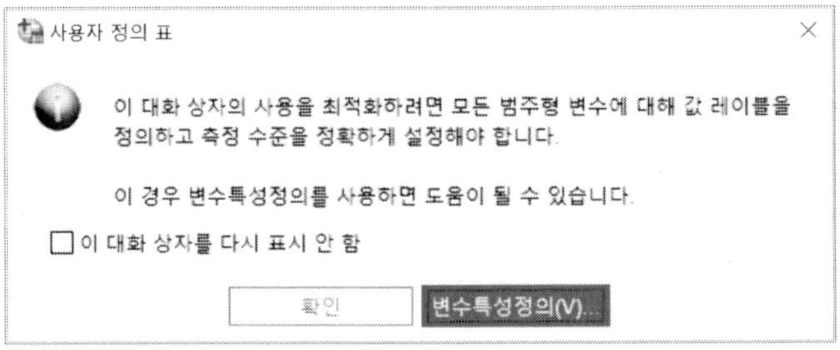

그림 5-3　사용자 정의 표 작성 대화상자 1

그림 5-4 사용자 정의 표 작성 대화상자 2

(1) 변수특성정의

사용자 정의 표 창에서 [확인]을 누르면 이 창이 사라지고 [그림 5-4]에 있는 사용자 정의 표 대화상자로 바로 가게 된다. 그러나 [변수특성정의(V)...] 단추를 누르면 [그림 5-5]의 **변수특성정의** 대화상자가 나타난다. 변수목록으로부터 검색할 범주형 변수를 선택해서 '스캔할 변수' 칸에 넣고 [계속(C)]을 누른다.

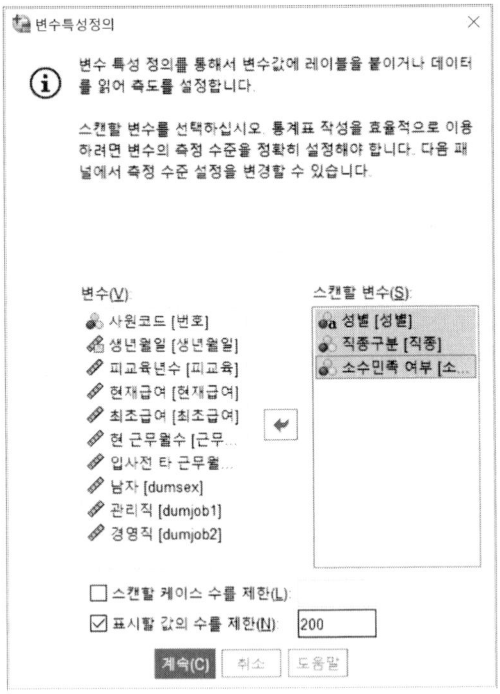

그림 5-5 변수특성정의 대화상자 1

스캔할 변수로 선택한 변수들이 '스캔된 변수목록'에 있다([그림 5-6] 참조). 각 변수를 선택하면 이 변수의 특성이 오른편에 나타나게 되고 여기서 변수특성을 변경하거나 정의할 수 있다. 또한 다른 변수에서 특성을 복사해올 수 있고, 이 변수의 특성을 다른 변수에 복사할 수도 있다.

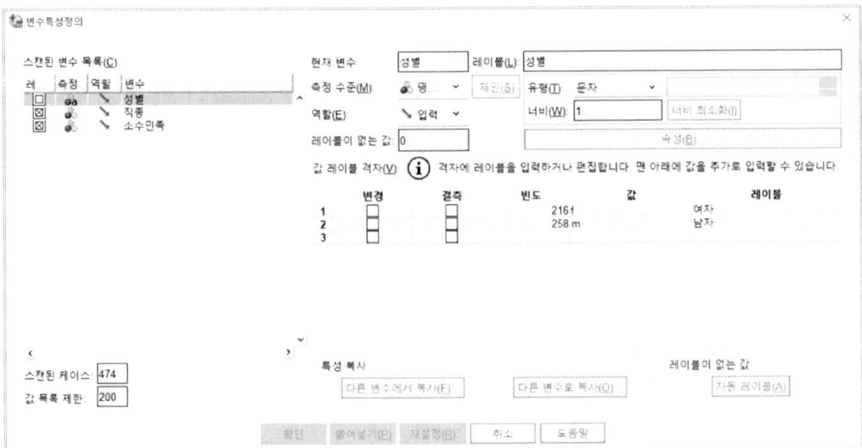

그림 5-6 변수특성정의 대화상자 2

변수특성정의 대화상자에서 변경을 한 경우에는 [확인] 단추를 누르고 변경을 하지 않은 경우에는 [취소] 단추를 누른다.

(2) 사용자 정의 표

사용자 정의 표 대화상자에는 네 개의 탭이 있다. '표' 탭에서는 표를 작성할 변수를 할당하고, '제목' 탭에서는 표에 대한 제목을 붙일 수 있으며, '검정통계량' 탭에서는 카이제곱 통계량을 비롯한 평균비교, 비율비교 검정을 할 수 있다. 옵션 탭에서는 빈 셀이나 결측값에 대한 처리와 표 모양을 정의할 수 있다. 각 탭에 대해 설명해 보기로 하자.

① 표

[그림 5-7]과 같이, 왼쪽에 있는 변수목록으로부터 행 변수를 행 위치에, 열 변수를 열 위치에 마우스로 끌어온다. 레이어 변수가 있는 경우에는 위에 있는 레이어 단추를 눌러 나타난 레이어 칸에 마우스로 끌어온다.

그림 5-7 사용자 정의 표 작성 대화상자

왼쪽 아래에 있는 '정의'로 요약통계량과 범주 및 합계를 정의할 수 있다.

- **요약통계량**: 이것을 선택하면 '요약통계량' 대화상자가 열린다. 여기서 행 퍼센트, 열 퍼센트 등 통계량을 선택할 수 있다.
- **범주 및 합계**: 이것을 선택하면 '범주 및 합계' 대화상자가 열린다. 여기서 각 범주의 합계를 넣도록 지정할 수 있다.

  아래의 가운데에 있는 '요약통계량'에 대한 위치, 소스, 숨김을 지정할 수 있다.
- **숨김**: 이것을 선택하면 요약통계량 설명을 표시하지 않는다.

오른쪽 아래에 있는 '범주 위치'를 선택하여 범주 설명을 표의 행과 열의 어느 곳에 위치시킬 것인지 지정할 수 있다.

② 제목

제목과 캡션을 달 수 있다.

③ 검정통계량

표에 대한 검정을 실시한다.

- **독립성 검정(카이제곱)**: 행 변수와 열 변수 모두가 범주형 변수인 표에 대해 두 변수의 독립성을 검정하기 위한 카이제곱 검정을 수행한다. 검정의 유의수준(알파)을 지정할 수 있다.
- **열 평균 비교(T 검정)**: 열 변수가 범주형 변수이고 행 변수가 구간·비율척도 변수인 경우에, 두 개의 열 평균이 동일하다고 할 수 있는지 T 검정을 수행한다. '다중비교에 의한 p값 조정(Bonferroni 법)'을 선택하면 다중비교를 할 수 있다. 검정의 유의수준(알파)을 지정할 수 있으며 이 값은 0보다 크고 1보다 작아야 한다.
- **열 비율 비교(Z 검정)**: 열 변수와 행 변수 모두 범주형 변수인 표에 대해 두 개의 열 비율이 동일하다고 할 수 있는지 Z 검정을 수행한다. '다중비교에 의한 p값 조정(Bonferroni법)'을 선택하면 다중비교를 할 수 있다. 검정의 유의수준(알파)을 지정할 수 있으며 이 값은 0보다 크고 1보다 작아야 한다.

④ 옵션

빈 셀에 대한 처리, 구간·비율척도 변수의 결측값 제외 방법과 표 모양을 지정할 수 있다.

6장 다중반응문항의 분석 (MULTIPLE RESPONSE)

01 다중반응문항

한 문항에 두 가지 이상의 반응항목을 선택하도록 구성된 문항을 다중반응문항이라고 한다.

다중반응문항으로 다음과 같은 예를 들어볼 수 있다.

문항 1. 귀하가(혹은 귀하의 가정에서) 다음 중앙 일간지 신문 중 현재 구독하고 있는 신문은 무엇입니까? 있는 대로 모두 고르시오.

① 조선일보 ② 동아일보 ③ 중앙일보
④ 한겨레신문 ⑤ 한국일보

문항 2. 귀하의 배우자를 선택할 때 다음 중 가장 중요하게 생각하는 두 가지를 고르시오.

① 외모 ② 재산 ③ 개인 능력
④ 성격 ⑤ 직장 ⑥ 배우자 집안의 화목

02 다중반응문항의 코딩

다중반응문항을 데이터로 코딩하는 방법에는 이분형과 범주형 두 가지가 있다. 이분형은 각 반응항목을 변수로 하여 '예'(체크됨)와 '아니오'(체크 안 됨)로 데이터를 작성하는 방법이다. 범주형은 문항 2와 같이 선택한 개수가 고정된 경우에 주로 사용한다. 선택한 개수만큼 변수를 만드는데, 두 개의 반응 중 처음 반응내용을 한 변수로 하고 두 번째 반응을 두 번째 변수로 작성하는 방법이다.

예로 들은 위의 두 문항을 가지고 문항 1은 이분형으로, 문항 2는 범주형으로 작성한 경우, 데이터는 다음 형태로 나타난다.

id	문항1_1	문항1_2	문항1_3	문항1_4	문항1_5	문항2_1	문항2_2
1	1	0	0	1	0	3	4
2	0	1	1	0	0	1	6
3	1	0	0	0	0	1	5
4	0	0	1	0	0	4	6
5	0	1	0	0	1	1	2

이 데이터의 코딩 결과를 보면, 첫 번째 사람(id1)은 조선일보(문항1_1)와 한겨레신문(문항1_4)을 현재 구독하고 있고 배우자를 선택할 때 개인능력(문항2_1)과 성격(문항2_2)을 가장 중요시한다. 두 번째 사람(id2)은 동아일보(문항1_2)와 중앙일보(문항1_3)를 구독하고 있으며 배우자의 외모(문항2_1)와 배우자집안의 화목(문항2_2)을 중요시 한다.

03 다중반응문항의 분석

다중반응문항에 대한 통계표를 작성할 경우에는 분석 주메뉴에서 표 메뉴나 다중반응 메뉴를 사용할 수 있다.

표 메뉴에서는 '다중반응변수군' 절차로 다중반응변수군을 정의한 후 '표 작성' 절차를 사용해서 표를 작성할 수 있다. 다중반응 메뉴를 사용해서 빈도분석이나 교차분석을 할 수 있다. 다중반응 메뉴의 '변수군 정의' 절차를 사용해서 다중반응변수군을 정의한 후, 다중반응 메뉴에 있는 빈도분석과 교차분석을 수행한다.

두 메뉴의 내용이 거의 유사하기 때문에 다중반응 메뉴에서의 작업만을 설명하기로 한다.

(1) 다중반응변수군 정의

여기서 사용할 데이터는 **흡연.sav**이다. 이 데이터에는 두 가지 형태의 다중반응문항이 포함되어 있다.

> **문항 2.** 귀하는 직장에서 흡연 제한을 어떻게 하길 희망하십니까? 다음 중 가장 희망하는 방법 두 가지를 고르시오.
> ① 흡연 제한이 없는 것이 좋다.
> ② 흡연 구역을 지정하는 것이 좋다.
> ③ 휴식 시간 외, 지정 장소 외는 금연을 하는 것이 좋다.
> ④ 모든 작업장에서 금연을 하는 것이 좋다.
>
> **문항 6.** 귀하가 귀하나 다른 사람의 흡연으로 인해 애로사항이 있었다면 무엇입니까? 있는 대로 모두 고르시오.
> ① 건강에 해 ② 눈염증 ③ 두통 ④ 기침 ⑤ 코가 막힘, 콧물
> ⑥ 숨이 참 ⑦ 집중이 안됨 ⑧ 냄새

범주형으로 코딩되어 있는 다중반응문항(작업장의 흡연희망상태1과 2: 변수이름 v02_1, v02_2)과 이분형으로 코딩되어 있는 다중반응문항(흡연으로 인한 애로사항: v06_1 ~ v06_8)들이다.

다중반응 메뉴의 '변수군 정의' 절차를 사용해서 다중반응변수군을 정의할 수 있다. 메뉴로부터 다음과 같은 절차를 따르면 [그림 6-1], [그림 6-2]와 같이 **다중반응변수군 정의** 대화상자가 열린다.

분석
　　다중반응
　　　　변수군 정의...

변수목록으로부터 다중반응문항의 변수를 선택해서 '변수군에 포함된 변수' 칸에 넣는다. 이 변수들의 코딩형식을 이분형과 범주형 중에서 선택하고, 이분형인 경우에는 빈도화하는 값을 입력한 후, 다중반응 변수군의 이름과 변수설명을 입력하고 [추가(A)] 를 눌러 '다중반응변수 군' 칸에 넣는다.

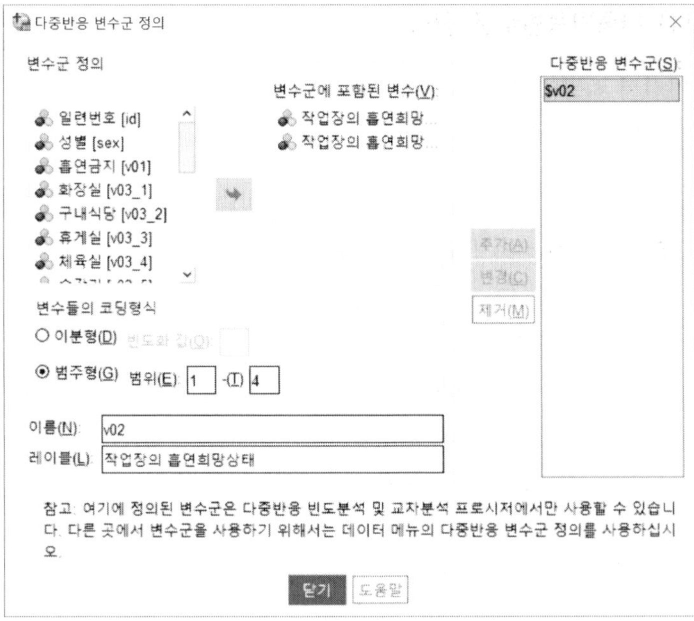

그림 6-1 다중반응 변수군 정의 대화상자(범주형으로 코딩한 경우)

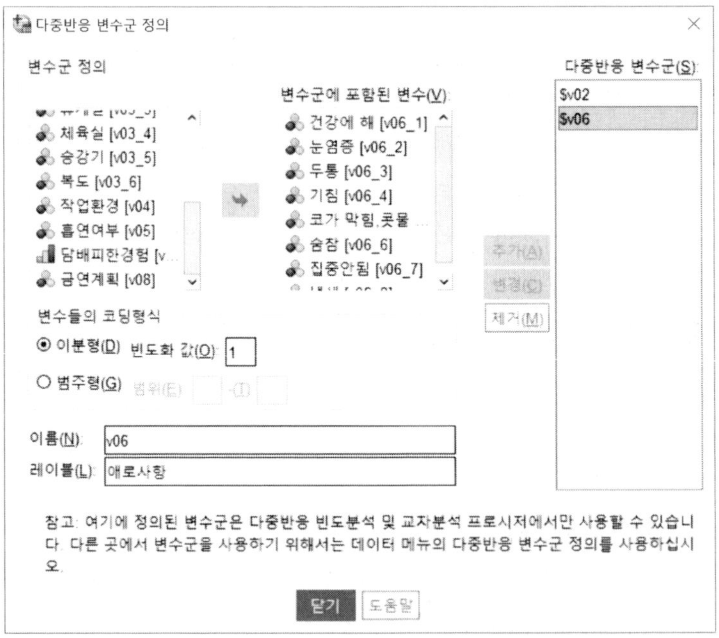

그림 6-2 다중반응 변수군 정의 대화상자(이분형으로 코딩한 경우)

(2) 빈도분석

다중반응변수군 정의를 하면 다중반응 메뉴의 '빈도분석'과 '교차분석' 절차를 사용해서 다중응답 변수들에 대한 빈도분석과 교차분석을 할 수 있게 된다. 메뉴로부터 다음과 같은 절차를 따르면 [그림 6-3]과 같이 **다중반응 빈도분석** 대화상자가 열린다.

분석
　　다중반응
　　　　빈도분석 ...

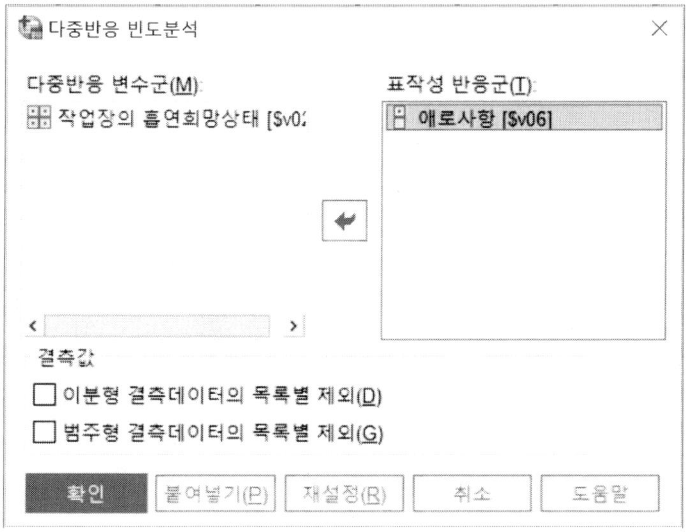

그림 6-3 다중반응 빈도분석 대화상자

[그림 6-3]의 **다중반응 빈도분석** 대화상자에는 '다중반응변수군' 칸에 '다중반응변수군 정의' 절차를 통해 만들어진 다중반응 변수들이 나타나 있다. 이 중 빈도분석을 할 변수를 선택해서 '표작성 반응군' 칸에 넣고  단추를 누르면 빈도분석결과가 출력결과 창에 나타난다.

① 결측값

다중반응 분석에서는 기본적으로 각 다중반응변수에 속해 있는 모든 변수들이 결측값인 케이스만 해당 다중반응변수의 결측값으로 처리한다. 그러나 케이스의 결측값에 대해 다음의 두 가지 옵션을 선택할 수 있다.

- 이분형 결측데이터의 목록별 제외:
  다중반응변수군에 속해 있는 이분형 변수들 중 적어도 하나가 결측값을 가지는 케이스를 결측값으로 처리한다.

• 범주형 결측데이터의 목록별 제외:

다중반응변수군에 속해 있는 범주형 변수들 중 적어도 하나가 결측값을 가지는 케이스를 결측값으로 처리한다.

② 빈도분석결과

케이스 요약

	케이스					
	유효		결측		전체	
	N	퍼센트	N	퍼센트	N	퍼센트
$v02[a]	227	100.0%	0	0.0%	227	100.0%
$v06[b]	103	45.4%	124	54.6%	227	100.0%

a. 범주형 변수 집단

b. 값 1을(를) 가지는 이분형 변수 집단입니다.

$v02 빈도

		반응		
		N	퍼센트	케이스 중 %
작업장의 흡연희망상태[a]	흡연제한없는것 좋음	18	4.9%	7.9%
	흡연구역별도 지정	161	43.4%	70.9%
	휴식시간외, 지정장소외 금연	142	38.3%	62.6%
	작업장전체 금연	50	13.5%	22.0%
전체		371	100.0%	163.4%

a. 범주형 변수 집단

$v06 빈도

		반응		
		N	퍼센트	케이스 중 %
애로사항[a]	건강에 해	60	32.8%	58.3%
	눈염증	6	3.3%	5.8%
	두통	11	6.0%	10.7%
	기침	14	7.7%	13.6%
	코가 막힘,콧물	12	6.6%	11.7%
	숨참	17	9.3%	16.5%
	집중안됨	32	17.5%	31.1%
	냄새	31	16.9%	30.1%
전체		183	100.0%	177.7%

a. 값 1을(를) 가지는 이분형 변수 집단입니다.

그림 6-4 다중반응 빈도분석 출력결과

출력결과에서 케이스 요약을 보면, 작업장의 흡연희망상태를 묻는 문항에 대해 227명 모두가 적어도 한 가지를 응답한 것으로 나타났다. 그러나 애로사항에 대한 문항에는 45.4%인 103명만이 적어도 한 가지를 고른 것으로 나타났다. 빈도분석 표를 보면, '반응 칸'에서 'N'은 다중반응 변수군에 있는 모든 데이터 가운데 해당 범주로 응답한 개수를 나타내고, '퍼센트'는 각 N 값을 N의 합계로 나눈 비율(퍼센트)을 나타낸다. 오른쪽에 있는 '케이스 퍼센트'는 결측값을 제외한 유효 케이스 수로 나눈 비율(퍼센트)를 나타낸다. 즉, 애로사항에 대한 빈도분석결과에서 '건강에 해'라는 범주를 보면, 이 범주를 선택한 사람은 60명이고, 이 수는 전체 선택한 애로사항 183건 중에서 32.8%에 해당된다. 그리고 적어도 한 건이상 애로사항을 선택한 사람 103명 중에서 58.3%의 사람들이 선택한 범주이다. 표본 전체인 227명 중 이 '건강에 해' 애로사항을 경험한 사람들의 비율은 26.4%(=60/227×100)로 계산된다.

(3) 교차분석

메뉴로부터 다음과 같은 절차를 따르면 [그림 6-5]와 같이 **다중반응 교차분석** 대화상자가 열린다.

분석
다중반응
교차분석 ...

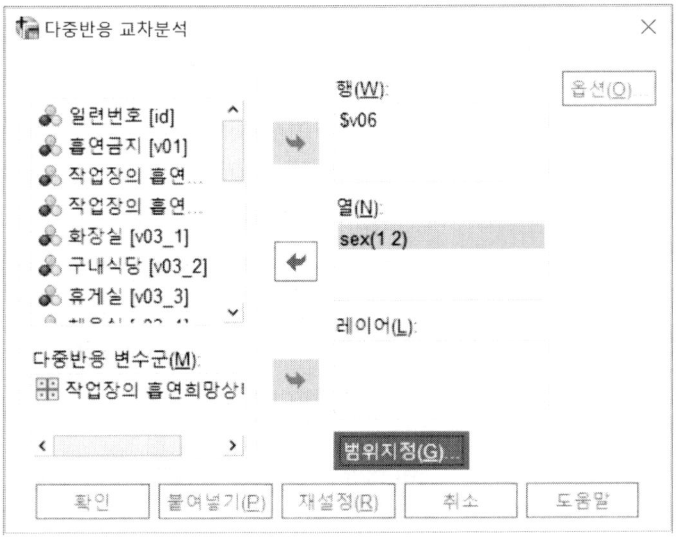

그림 6-5 다중반응 교차분석 대화상자

[그림 6-5]의 **다중반응 교차분석** 대화상자에는 '다중반응변수군' 칸에 '다중반응변수군 정의' 절차를 통해 만들어진 다중반응변수들이 나타나 있다. 왼쪽에 있는 변수목록과 다중반응변수군 중에서 행변수를 '행' 상자에, 열변수를 '열' 상자에, 그리고 삼차원 교차표를 만들 경우에는 레이어 변수를 '레이어' 상자에 선택해서 넣는다(자세한 내용은 제8장 교차분석을 참조). 선택한 범주형 변수의 범위를 지정하기 위해서는 **다중반응 교차분석** 대화상자 아래에 있는 [범위지정(G)...] 단추를 누르면 [그림 6-6]의 범위지정 대화상자가 나타난다. 여기에 범주의 최소값과 최대값을 입력한 후 [계속(C)]을 누른다.

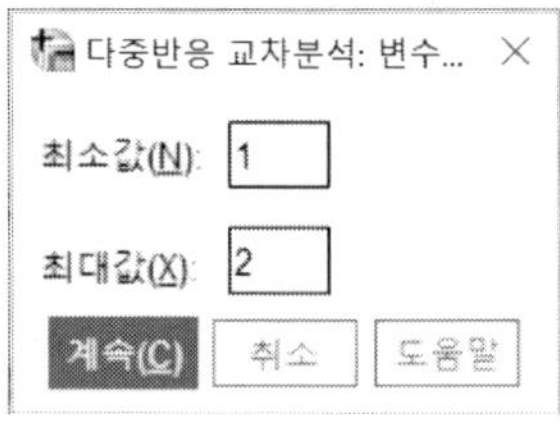

그림 6-6 다중반응 교차분석 범위지정 대화상자

오른쪽에 있는 [옵션(O)...]을 사용해서 셀 퍼센트 등을 선택하고 [확인] 단추를 누르면 교차분석결과가 출력결과 창에 나타난다.

① 옵션

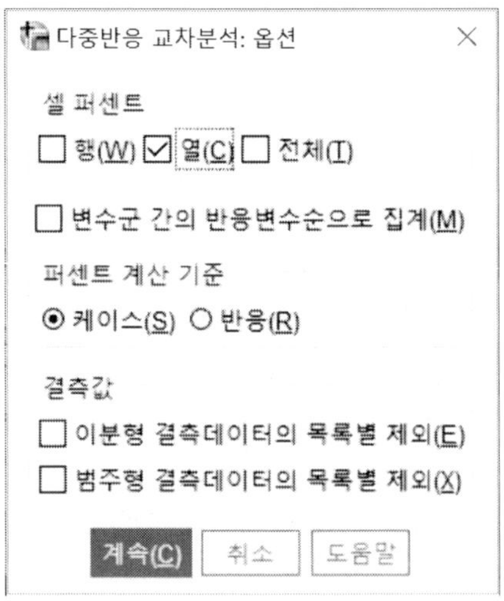

그림 6-7 다중반응 교차분석: 옵션 대화상자

[그림 6-7]의 옵션 창에서는 셀 퍼센트, 퍼센트 계산 시 기준값과 결측값에 대해 지정할 수 있다.

셀 퍼센트

- 행: 행 합계를 100%로 놓을 때의 셀 퍼센트를 출력한다.
- 열: 열 합계를 100%로 놓을 때의 셀 퍼센트를 출력한다.
- 전체: 전체 합계를 100%로 놓을 때의 셀 퍼센트를 출력한다.

퍼센트 계산 기준

- 케이스: 결측값을 제외한 케이스 수에 대한 퍼센트를 출력한다.
- 반응: 응답한 총 데이터 수에 대한 퍼센트를 출력한다.

결측값

다중반응 분석에서는 기본적으로 각 다중반응 변수에 속해 있는 모든 변수들이 결측값인 케이스만 해당 다중반응 변수의 결측값으로 처리한다. 그러나 케이스의 결측값에 대해 다음의 두 가지 옵션을 선택할 수 있다.

- 이분형 결측데이터의 목록별 제외:
  다중반응 변수군에 속해 있는 이분형 변수들 중 적어도 하나가 결측값을 가지는 케이스를 결측값으로 처리한다.
- 범주형 결측데이터의 목록별 제외:
  다중반응 변수군에 속해 있는 범주형 변수들 중 적어도 하나가 결측값을 가지는 케이스를 결측값으로 처리한다.

② 교차분석결과

케이스 요약

	케이스					
	유효		결측		전체	
	N	퍼센트	N	퍼센트	N	퍼센트
$v06*sex	103	45.4%	124	54.6%	227	100.0%

$v06*sex 교차표

			성별		
			남	여	전체
애로사항[a]	건강에 해	빈도	56	4	60
		sex 중 %	58.3%	57.1%	
	눈염증	빈도	4	2	6
		sex 중 %	4.2%	28.6%	
	두통	빈도	11	0	11
		sex 중 %	11.5%	0.0%	
	기침	빈도	14	0	14
		sex 중 %	14.6%	0.0%	
	코가 막힘,콧물	빈도	10	2	12
		sex 중 %	10.4%	28.6%	
	숨참	빈도	16	1	17
		sex 중 %	16.7%	14.3%	
	집중안됨	빈도	31	1	32
		sex 중 %	32.3%	14.3%	
	냄새	빈도	30	1	31
		sex 중 %	31.3%	14.3%	
전체		빈도	96	7	103

퍼센트 및 합계는 반응자수를 기준으로 합니다.

a. 값 1을(를) 가지는 이분형 변수 집단입니다.

그림 6-8 다중반응 교차분석 출력결과

출력결과에서 케이스 요약을 보면, 애로사항에 대한 문항에는 45.4%인 103명만이 적어도 한 가지를 고른 것으로 나타났다. 교차표에서, '건강에 해'라는 범주를 보면, 이 범주를 선택한 남자는 56명이고 여자는 4명으로서 총 60명이 이 범주를 선택했다. 맨 아래줄에 있는 합계를 보면, 남자 중 애로사항을 적어도 한 개 이상 선택한 사람이 96명이고, 여자는 7명으로 총 103명이 적어도 한 개 이상 애로사항을 선택했다. 그러나 셀들의 도수 열 합계는 남자가 172, 여자가 11, 합계는 183으로서 표에 있는 숫자보다 훨씬 큰 숫자이다. 옵션에서 '퍼센트 계산 기준'을 '케이스'로 선택했기 때문에 응답 데이터 합계가 아니라 케이스 합계가 계산된 것이다. '건강의 해' 범주의 두 번째 줄에 있는 'sex 중 %'에 있는 58.3%는 남자 중 적어도 한 개 이상 애로사항을 선택한 96명 중 이 범주를 선택한 56명의 퍼센트가 58.3%임을 나타낸다. 그리고 여자 중 적어도 한 개 이상 애로사항을 선택한 7명 중 '건강에 해'라는 항목을 선택한 4명은 57.1%가 된다는 것을 나타낸다.

7장 비율 통계량(RATIO STATISTICS)

01 목적

두 구간·비율척도 변수의 비에 대한 요약통계량을 계산한다.

비율 통계량은 두 개의 구간·비율척도 변수의 비(ratio)에 대해 다양한 요약통계량을 계산하기 위해서 사용된다. 예를 들어, 다섯 개 국가의 집의 감정가격과 실제 판매가격의 비가 얼마나 차이가 있는지 알아볼 수 있다.

02 사용되는 변수의 척도

두 개의 양의 값을 가지는 구간·비율척도 변수나 순서척도 변수(범주들이 등간격일 때)

사용되는 변수의 척도는 원칙적으로 양의 값만을 가지는 구간·비율척도이어야 한다. 그러나 순서척도이더라도 각 범주들의 간격이 등간격이라고 볼 수 있을 경우이거나 몇 개의 순서척도 변수들의 합으로 된 변수에도 적용할 수 있다.

03 SPSS 비율 통계량의 실행

체격체력.sav 파일에서 두 개의 구간·비율척도 변수, 몸무게와 키의 비를 예로 들어보자. 학년별로 이 변수들의 비가 얼마나 차이가 있는지 여러 가지 기술통계량을 구해 보자.

(1) 비율 통계량 대화상자

비율 통계량을 실행하기 위해 메뉴로부터 다음과 같은 절차를 따른다.

분석
기술통계량
비율 통계량 ...

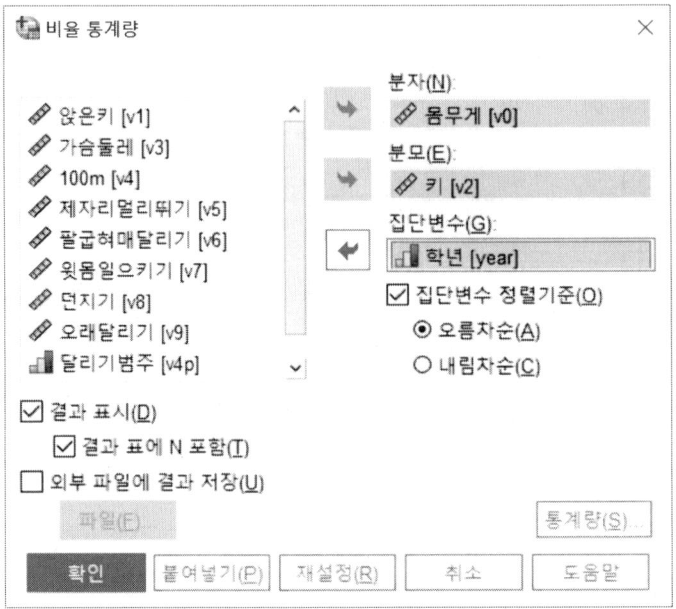

그림 7-1 비율 통계량 대화상자

[그림 7-1]과 같은 **비율 통계량** 대화상자가 열리는데 그림에서 보는 바와 같이 데이터 파일에 있는 숫자변수들이 왼쪽 상자에 나타난다. 비를 계산하기 위해 분자와 분모에 넣을 변수를 선택하는데, '분자' 칸에 '몸무게', '분모' 칸에 '키'를 선택한다.

다음과 같은 선택사항들이 있다.

- 집단변수
  집단별 차이를 알아보고자 할 때는 '집단변수' 칸에 집단을 나타내는 변수를 선택한다. 여기서는 학년을 선택해 보자. '집단변수 정렬기준'은 출력 시 집단을 나타내는 순서를 지정한다.
- 결과 표시
  여기에 체크를 하지 않으면 출력결과 창에 결과가 나타나지 않는다.
- 결과 표에 N 포함
  여기에 체크를 하면 출력결과 표에 데이터 수 N이 출력된다.
- 외부파일에 결과 저장
  출력결과 창에 나타나는 통계량 결과가 파일로 저장된다.

(2) 통계량 대화상자

기본 설정된 통계량은 COD(산포계수), PRB(가격 관련 편향), 가격 관련 차(회귀지수)인데, 보다 많은 통계량을 구하려면 오른쪽 아래에 있는 통계량(S)... 단추를 사용한다. 이 단추를 누르면 [그림 7-2]와 같은 **비율 통계량: 통계량** 대화상자가 나타난다.

그림 7-2 비율 통계량: 통계량 대화상자

통계량들에 대한 설명은 아래 표와 같다.

통계량	내용	추천옵션
중심경향(Central Tendency)	**비값들의 중심을 나타내는 통계량**	
□ 중위수(Median)	크기순으로 놓을 때 중앙에 위치하는 값	○
□ 평균(Mean)	평균	○
□ 가중평균(Weighted mean)	분자의 평균을 분모의 평균으로 나눈 값	
□ PRB에 대한 신뢰구간 및 중심경향측도	중심경향 측도에 대한 신뢰구간	○
산포도(Dispersion)	**비값들의 퍼짐 정도에 대한 통계량이다.**	
□ 평균절대편차(average absolute deviation)	중위수와의 절대편차에 대한 평균	○
□ 산포계수(coefficient of dispersion)	(평균절대편차/중위수)×100%	
□ COV(coefficient of variation)	평균으로 계산한 변동계수. 일반적인 COV	○
□ PRB(price related bias)	가격관련 편향	○

통계량	내용	추천옵션
□ 가격관련차(price-related differential)	평균/가중평균	
□ 표준편차(Std. deviation)	표준편차	○
□ 범위(Range)	최대값과 최소값의 차이	
□ 최소값(Minimum)	최소값	○
□ 최대값(Maximum)	최대값	○
집중지수(Contentration Index)	**다음 범위 내에 있는 비들의 비율을 계산**	
□ 비율간(Ratios Between)	고려하는 비구간의 하한과 상한값을 직접 입력한다.	
□ 중위수 퍼센트 내	0과 100 사이의 한 퍼센트값(A)를 지정하면, 비구간의 하한은 (1−0.01×A)×중위수가 되고, 상한은 (1+0.01×A)×중위수 값이 된다.	

04 분석결과 해석

비율 통계량 대화상자에서 확인 단추를 누르면 SPSS 출력결과 창에 실행결과가 출력된다. [그림 7-3]은 **피벗** 메뉴의 **행과 열 전치** 명령을 사용하여 출력결과의 행과 열을 바꾼 것이다.

[그림 7-3]의 해석

몸무게를 키로 나눈 비(ratio)값에 대한 학년별과 전체 통계량들이 나타나 있다. 비의 전체평균은 .3070이고, 학년별 평균은 .287, .309, .324로서 학년이 높아짐에 따라 비가 높아가는 현상을 보인다. 평균의 신뢰구간을 보면, 1학년과 2학년, 1학년과 3학년의 신뢰구간이 겹치지 않으므로 유의한 차이가 있다고 할 수 있다. 그러나 2학년과 3학년은 유의한 차이가 있다고 할 수 없다. 중위수의 신뢰구간결과에는 '실제 범위'가 있는데, 이것은 actual coverage를 나타낸 것으로서 95% 신뢰구간을 구했지만 실제로 그 이상의 신뢰도를 가지고 있다는 것을 나타낸다.

비 값들의 퍼짐정도를 나타내는 표준편차, 평균절대편차(AAD)와 평균 중심의 COV를 보면 다른 학년에 비해 2학년의 산포가 상대적으로 큰 것을 알 수 있다.

몸무게 / 키에 대한 비율 통계량

		집단 1	집단 2	집단 3	전체
N		117	90	127	334
평균		.287	.309	.324	.307
평균의 95% 신뢰구간	하한	.279	.298	.316	.302
	상한	.295	.320	.332	.312
중위수		.285	.299	.324	.300
중위수의 95% 신뢰구간	하한	.277	.287	.310	.295
	상한	.295	.312	.332	.307
	실제 범위	95.8%	95.5%	96.7%	95.7%
최소값		.198	.220	.235	.198
최대값		.499	.499	.459	.499
표준편차		.043	.052	.046	.049
평균절대편차		.032	.039	.035	.037
변동계수	중심화된 평균	15.0%	16.9%	14.3%	16.1%

중위수의 신뢰구간은 어떠한 분포 가정도 없이 구성됩니다. 실제 범위 수준이 지정한 수준보다 클 수 있습니다. 그 밖의 신뢰구간은 비율에 대한 정규분포를 가정하여 구성됩니다.

그림 7-3 비율 통계량의 출력결과

연습문제

1. 교재의 데이터 중 **체격체력.sav** 파일은 어떤 여자 중학교 학생들의 체격검사와 체력검사 데이터이다. 체격변수들의 비로서, 몸무게/키, 앉은키/키, 가슴둘레/키, 몸무게/가슴둘레가 학년별로 어떠한 차이가 있는지 알아보자.

2. 교재의 데이터 중 **설문지.sav** 파일에서 과목 성적들의 비로서, 국어/수학, 영어/수학을 성별에 따라 비교해 보자.

참고문헌

(1) SPSS (2003). 『SPSS Base User's Guide 12.0』, SPSS Inc.

8장 교차분석(CROSSTABS)

01 목적

두 개의 명목, 순서척도 변수들의 이차원 빈도표 작성과 관련성 분석

교차분석은 명목척도나 순서척도 변수인 두 개의 변수들 간의 관련성(association)을 알아보기 위한 분석으로서 이차원 도수분포표(이원배치표, 교차표, 분할표)를 먼저 작성하고 두 변수 간의 관련성을 분석한다. 예를 몇 가지 들어보자.

① 커피를 좋아하는 것과 흡연 여부가 어떤 상관이 있는가?
② 지역에 따라 밥과 밀가루 음식의 선호에 차이가 있는가?
③ 성별에 따라 A후보자에 대한 지지도가 다른가?

02 사용되는 변수의 척도

두 변수 모두 명목척도나 순서척도

교차분석을 하기 위해서는 변수값의 가지 수가 적어야 한다(대체로 10개 이내). 따라서 교차표를 만들고자 하는 두 개의 변수는 모두 명목척도나 순서척도일 것이다. 그러나 구간·비율척도 변수이더라도 변수값의 가지 수가 몇 개 안되거나 원래 변수값을 코딩변경(recoding)(변환 메뉴의 코딩변경)해서 순서척도로 바꾸면 교차분석을 할 수 있다. 예를 들면, 나이는 원래 구간·비율척도로서 값의 가지 수가 많지만 ① 20세 미만, ② 20~39세, ③ 40~59세, ④ 60세 이상의 네 그룹으로 코딩을 변경하게 되면 순서척도가 된다.

03 원리

예를 들어, employee data.sav 데이터에서 성별에 따라 직종의 분포가 다른가를 알아보려면 성별과 직종이 둘 다 명목척도이므로 교차분석을 실행한다.

(1) 교차표(Crosstabulation: 이차원 도수분포표)

[표 8-1]은 employee data.sav 데이터를 가지고 만든 성별과 직종에 대한 교차표이다.

성별 * 직종구분 교차표

빈도

		직종구분			
		사무직	관리직	경영직	전체
성별	여자	206	0	10	216
	남자	157	27	74	258
전체		363	27	84	474

표 8-1 성별에 따른 직종의 교차표

이 교차표는 '전체' 행을 제외하면 2개의 행(row)과 3개의 열(column)로 구성되어 있고 전체 6(=2×3)개의 셀(cell)을 가지고 있다.

참고 자연과학분야에서는 칸(cell)의 위치를 C_{ij}(i는 행의 순서, j는 열의 순서)로 표기하는 관행에 따라 일반적으로 독립변수를 행(row)에, 종속변수를 열(column)에 놓는다. 그러나 사회과학분야에서는 반대 순서로 사용하는 경향이 있다. 즉, 독립변수를 열에, 종속변수를 행에 놓는다. 이 책에서는 편의상, 독립변수를 교차표의 행에 놓고 종속변수를 열에 놓는 자연과학분야에서의 관행을 따랐다.

(2) 관측빈도와 기대빈도

관측빈도(Observed frequency)는 [표 8-1]의 각 셀에 해당되는 성별과 직종으로 응답한 케이스 수이다. 예를 들어, 직종이 '사무직'인 여자는 206명이고 직종이 '경영직'인 남자는 74명이다.

만약 성별로 직종 분포가 다르지 않다면, 여자 중 몇 명이 경영직이라고 기대할 수 있는가? 이것이 기대빈도(Expected frequency)이다. 이것은 전체 직원 474명 중에서 경영직인 직원이 84명이기 때문에 여자와 남자가 똑같이 84/474 비율로, 즉 여자 216 × 84/474 = 38.3명, 남자 258 × 84/474 = 45.7명으로 기대된다. 따라서 성별로 직종의 분포가 다르지 않다면 관측빈도와 기대빈도는 대부분 비슷할 것이다.

(3) 독립성 검정

통계학 이론에서는 독립성 검정(Test of Independence)과 동질성 검정(Test of Homogeneity)을 구분하고 있으나 여기에서는 독립성 검정으로서 함께 취급하고자 한다. 독립성 검정의 가설은 다음과 같다.

> **귀무가설** H_0 : 두 변수는 서로 독립적이다.
>
> **대립가설** H_1 : 두 변수는 연관성이 있다(혹은 한 변수의 값에 따라 다른 변수 값들의 패턴이 다르다).

위에서 예로 들은 **employee data.sav** 데이터의 경우에는 귀무가설은 'H_0 : 성별과 직종은 독립적이다'이고 대립가설은 'H_1 : 성별과 직종은 연관성이 있다. 즉, 성별로 직종 분포가 다르다'가 된다. 귀무가설이 사실이라면 관측빈도와 기대빈도가 대부분 비슷할 것으로 예측된다. 따라서 대부분의 셀에서 관측빈도와 기대빈도가 상당한 차이를 보이면 우리는 대립가설을 채택하게 되는데 이런 정도를 판정하는 카이제곱 통계량은 다음과 같다.

$$\chi^2 = \sum_{\text{모든 셀}} (f_0 - f_e)^2 / f_e$$

여기서 f_0 : 관측빈도

f_e : 기대빈도

귀무가설이 사실일 때 위와 같이 정의된 카이제곱 통계량은 자유도가 ((행의 수—1)×(열의 수—1))인 카이제곱 분포를 따른다. [그림 8-1]에는 자유도가 1, 5, 10인 세 가지 카이제곱 분포들을 보여주고 있다. [표 8-1]에 대한 카이제곱 통계량 값을 구하면 다음과 같다.

$$\frac{(206-165.4)^2}{165.4} + \frac{(0-12.3)^2}{12.3} + \frac{(10-38.3)^2}{38.3} + \frac{(157-197.6)^2}{197.6} + \frac{(27-14.7)^2}{14.7} + \frac{(74-45.7)^2}{45.7} = 79.277$$

카이제곱 통계량 값이 크면 대립가설을 채택하게 된다. 79.277의 카이제곱 통계량 값이 대립가설을 채택할 수 있도록 큰 값인지 알아보기 위해서는 79.277에 대한 p 값을 구해서 설정한 유의수준과 비교하면 된다. p 값이 유의수준보다 작으면 대립가설을 채택하고, p 값이 유의수준보다 크면 대립가설을 채택하지 못하게 된다. 여기에서 자유도는 $(2-1)\times(3-1)=2$이고 따라서 p 값은 $P[\chi^2(2) \geq 79.277] = 0.000$이다. 유의수준 $\alpha = 0.05$에서 p 값이 유의수준보다 작기 때문에 우리는 대립가설을 채택할 수 있게 된다. 즉, 성별로 직종 분포가 유의하게 다르다고 할 수 있다.

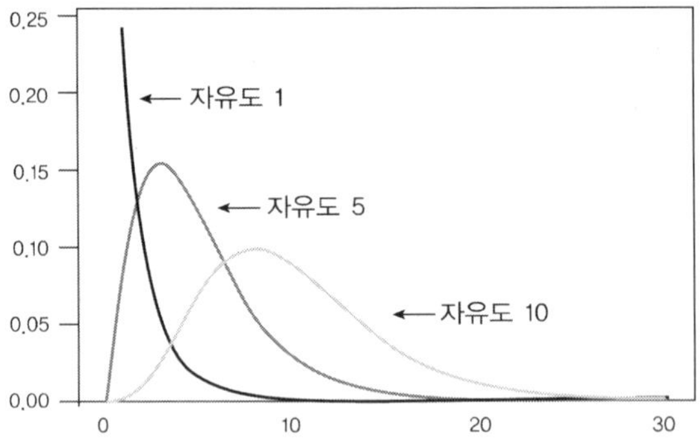

그림 8-1 자유도가 1, 5, 10인 카이제곱 분포

참고 독립성 검정에서 카이제곱 통계량을 사용하기 위해서는 각 셀(cell)의 기대빈도(Expected frequency)가 적어도 1 이상이어야 하고 기대빈도가 5 이하인 셀이 20% 이하이어야 한다. 따라서 기대빈도가 5 이하인 셀이 많은 경우에는 두 개 범주를 묶어서(변환 메뉴의 '코딩변경' 절차 사용) 새로운 변수로 만든 다음에 독립성 검정을 하는 것이 좋다. 기대빈도가 5 이하인 셀이 많은데 카이제곱 통계량을 사용하면 잘못된 결론을 내리기 쉽다. 표본수가 적어서 기대빈도가 5 이하인 셀이 많은 상태로 독립성 검정을 하고자 하는 경우에는 피셔의 정확한 검정을 사용하거나 Monte Carlo 방법에 의한 검정을 하여야 한다.

04 SPSS 교차분석 실행

employee data.sav 데이터에서 성별에 따라 직종의 분포가 다른가를 알아보고자 한다. 여자들은 어떤 직종에 유난히 적을 수 있다. 이런 경우에는 성별과 직종이 모두 명목척도 변수이기 때문에 교차분석을 사용한다.

귀무가설 H_0: 성별에 따라 직종의 분포가 다르지 않다.
대립가설 H_1: 성별에 따라 직종의 분포가 다르다.

교차분석을 실행하기 위해서는 메뉴에서 다음과 같은 절차를 따른다.

분석
기술통계량
교차분석 ...

그러면 [그림 8-2]와 같은 **교차분석** 대화상자가 열린다. 화면의 왼쪽 상자에 있는 변수 목록에서 우측 상자의 행(Row)과 열(Column) 변수들을 하나 이상 지정한 후 [확인] 단추를 누르면 행과 열 변수의 교차표를 출력해 준다. employee data.sav 파일에서 행 변수(독립변수)로 '성별'을, 열 변수(종속변수)로 '직종'을 선택한다. 피셔의 정확한 검정을 하기 위해서는 대화상자 아래에 있는 [정확(X)...] 단추를, 카이제곱 통계량을 구하기 위해서는 [통계량(S)...] 단추를, 셀 퍼센트(행 퍼센트, 열 퍼센트, 전체 퍼센트)를 구하기 위해서는 [셀(E)...] 단추를, 표 형식을 내림차순으로 바꾸기 위해서는 [형식(F)...] 단추를, 조건에 따라 셀 배경을 지정하기 위해서는 [유형(L)...] 단추를, 붓스트랩 방법으로 통계량과 신뢰구간을 구하기 위해서는 [붓스트랩(A)...] 단추를 선택한다.

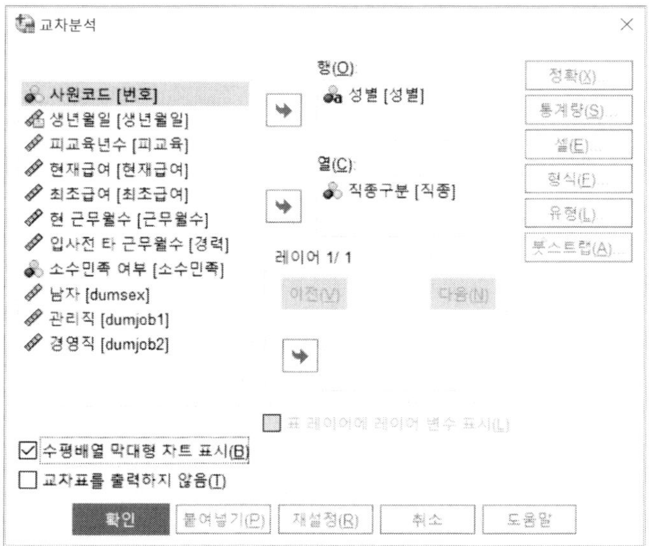

그림 8-2 교차분석 대화상자

(1) 레이어(Layer)

어떤 변수를 통제한 상태에서 두 변수 간의 관련성을 알아보고자 하거나 삼차원 교차표를 생성하고자 할 경우에는 레이어 상자에 통제변수(control variable)를 선택해 놓는다. 예를 들어 남녀 각각에 대해 학력(무학, 초등졸, 중졸, 고졸, 대졸, 그 이상)과 생활 만족도(아주 불만, 불만, 보통, 만족, 매우 만족)간의 관련성을 알아보고자 하면 행 변수는 학력, 열 변수는 생활 만족도가 되고 레이어는 성별(남, 여)이 된다.

(2) 수평배열 막대도표

'수평배열 막대도표 표시'를 선택하면 수평배열 막대도표가 출력된다. 교차표(이차원 도수분포표)를 시각적으로 효과 있게 보여주는 도표이다. 행 변수의 값 위에 열 변수의 막대도표를 나타내 준다.

(3) 정확검정(Exact Test)

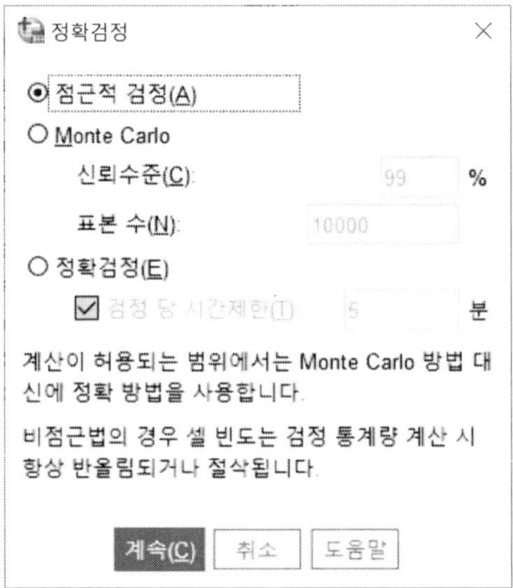

그림 8-3 정확검정 대화상자

대화상자 오른편에 있는 정확(X)... 단추를 누르면 [그림 8-3]과 같은 **정확검정** 대화상자가 나타난다. 데이터 수가 작으면(일반적으로 30개 미만) 셀의 기대 빈도가 5 이하로 되기 쉽다. 이런 경우에는 점근(asymptotic) 통계량(데이터 수가 많을 때 사용되는 통계량)인 카이제곱 통계량을 사용하지 말고 정확검정(Exact Test)이나 Monte Carlo 방법에 의한 검정을 해야 한다. 경우에 따라서 정확 검정은 많은 시간이 소요되어서 제한된

시간에 계산결과를 출력하지 못하므로 데이터 수가 매우 작지 않으면 Monte Carlo 방법을 선택하는 것이 좋다. Monte Carlo 방법에서는 이 데이터와 같은 행 합계와 열 합계를 가지는 커다란 데이터 군을 고려한다. **정확검정** 대화상자에는 다음의 옵션들이 있다.

항목	설명	사용하는 경우
○점근적 검정	카이제곱 검정(기본 설정)	대부분의 셀에서 기대 빈도가 5 이상인 경우
○Monte Carlo	몽트 카를로 방법	점근적 검정의 조건에 맞지 않는 데이터의 경우
신뢰수준	원하는 신뢰수준을 입력한다.	
표본의 수	몽트 카를로 방법에서 반복되는 표본추출의 회수. 기본 설정은 10,000번이다.	
○정확검정	정확한 검정	데이터 수가 아주 작은 경우 (대체로 20개 미만)
□검정당 시간 제한	정확한 검정을 하는 데 걸리는 시간을 제한한다.	

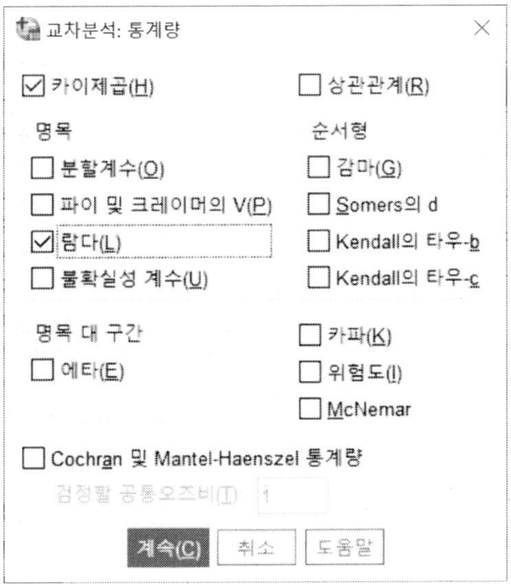

그림 8-4 교차분석: 통계량 대화상자

(4) 교차분석: 통계량(Crosstabs: Statistics)

교차분석 대화상자의 오른편에 있는 [통계량(S)...] 단추를 누르면 [그림 8-4]와 같은 **교차분석: 통계량** 대화상자가 열린다. 독립성 검정을 하기 위해서는 카이제곱 통계량을 선택한다. '카이제곱(Chi-square)'을 선택하면 카이제곱 통계량 이외에 우도비 카이제곱 값과 검정을 위한 p 값이 표시된다. 카이제곱 통계량으로는 단지 두 변수 간에 연관성이 있는지 혹은 없는지만을 말할 수 있고 그 연관성이 얼마나 큰지는 말해주지 않는다. 따라서 독립성 검정의 결과로서 연관성이 있다고 판단되면 연관성의 정도를 알기 위해서 연관성 측도를 구해야 한다. **교차분석: 통계량** 대화상자에는 다양한 연관성 측도를 제공하고 있다. 연관성이 있다고 생각되는 두 변수의 척도에 따라서 해당되는 연관성 측도를 선택하면 된다. 두 변수 모두가 명목척도인 경우에는 '람다(Lambda)', 두 변수 모두가 순서척도 이상인 경우에는 '감마(Gamma)'를 일반적으로 사용한다.

항목	설명	추천항목
□ 카이제곱(Chi-square)	Pearson 카이제곱, 우도비 카이제곱 값을 계산하고 검정한다.	○
□ 상관관계(Correlations)	Pearson 상관계수와 Spearman 상관계수를 제시한다. 두 변수가 모두 구간·비율척도일 때 사용된다.	
명목(Nominal Data)	**두 개의 변수가 모두 명목척도인 경우에 관련성에 대한 측도이다.**	**두 변수가 명목척도인 경우**
□ 분할계수 (Contingency coefficient)	카이제곱을 기초로 하는 연관성 측도, 0과 1 사이의 숫자로서 1에 가까울수록 관련성이 있다.	
□ 파이 및 크레이머의 V (Phi and Cramer's V)	카이제곱을 기초로 하는 연관성 측도, 0과 1 사이의 숫자로서 1에 가까울수록 관련성이 있다.	
□ 람다(Lambda)	종속변수값을 예측하는 데 있어서 독립변수를 사용함으로써 빚어지는 예측오류의 감소비율로서 0과 1 사이의 값이다. 여기서 0은 독립변수가 종속변수를 예측하는 데 전혀 도움이 되지 않은 경우이다.	두 변수가 명목척도인 경우에 선택
□ 불확실성 계수 (Uncertainty coefficient)	한 변수의 값으로부터 얻을 수 있는 다른 변수값에 대한 정보량의 비율	
순서형(Ordinal Data)	**두 변수가 모두 순서척도인 경우에 관련성에 대한 측도이다. -1과 1 사이의 값으로서 0은 연관성이 없음을 나타내고 부호 +(-)는 양(음)의 연관성을 나타낸다. 절대값이 클수록 연관성의 정도가 강함을 나타낸다.**	**두 변수가 순서척도인 경우**
□ 감마(Gamma)	부합쌍(concordant pair)의 개수에서 비부합쌍(disconcordant pair)의 개수를 뺀 값의 비율	두 변수가 순서척도인 경우에 선택
□ Somers의 d	감마의 비대칭 확장	
□ Kendall의 타우-b	상관계수(Correlation coefficient)의 비모수적 측도. 동률을 고려한다.	
□ Kendall의 타우-c	상관계수의 비모수적 측도. 동률을 무시한다.	
명목 대 구간 (Nominal by Interval)	**한 변수는 명목척도, 다른 변수는 구간·비율척도인 경우에 관련성에 대한 측도이다.**	**한 변수는 명목척도, 다른 변수는 구간·비율척도인 경우**
□ 에타(Eta)	두 개의 에타값이 계산된다. 명목척도 변수가 열 변수인 경우와 행 변수인 경우에 대해 계산되어 있다.	명목과 구간·비율척도 변수 간의 교차표 경우에 선택

항목	설명	추천항목
□ 카파(Kappa)	Cohen의 Kappa, 카파계수는 정방행렬 교차표에서만 계산된다.	
□ 위험도(Risk)	상대적인 위험률을 계산(단, 2×2표에서만 계산된다)	
□ McNemar	두 변수가 같은 대상을 '사전', '사후'에 조사한 데이터일 때, 응답의 변화량을 검정하는 비모수적 검정	
□ Cochran 및 Mantel- Haenszel 통계량	레이어(통제)변수가 있고 행과 열변수가 두 개의 범주를 갖는 경우에 독립성 검정을 한다. 상대적 위험도(공통 승산비)를 추정한다.	레이어(통제)변수가 있고 행과 열변수가 두 개의 범주를 갖는 경우

(5) 교차분석: 셀 표시(Crosstabs: Cells Display)

교차분석은 기본적으로 각 셀에 속한 케이스 수를 제시해 준다. 이때 각 셀에 속하는 케이스 수(관측빈도), 두 변수가 연관성이 없다고 가정할 때 기대되는 케이스 수(기대빈도), 케이스 수에 대한 백분 비율(%)(행 퍼센트, 열 퍼센트, 전체 퍼센트), 관측빈도와 기대빈도의 차이(잔차)를 표시하도록 하기 위해서는 **교차분석** 대화상자 아래에 있는 셀(Cell...) 단추를 누른다. 그러면 [그림 8-5]와 같은 **교차분석: 셀 표시** 대화상자가 열린다. 행 변수에 따른 열 변수의 패턴을 알아보기 위해서는 행 퍼센트를 선택하고, 기대빈도와 차이가 많이 나는 셀을 알아보기 위해서는 잔차의 비표준화를 선택한다.

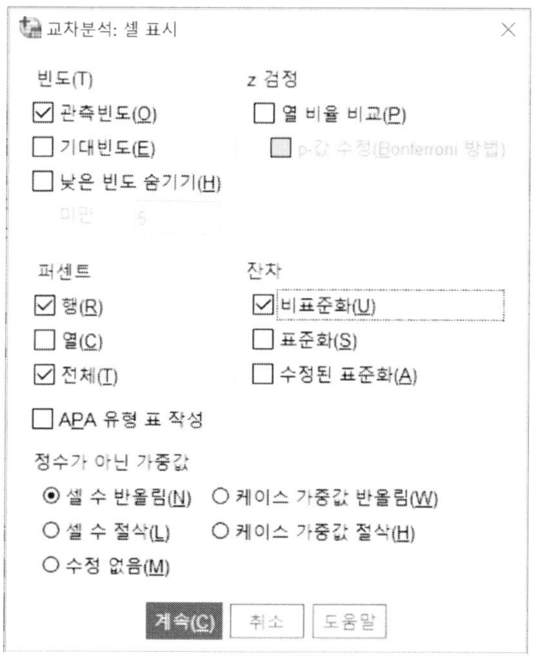

그림 8-5 교차분석: 셀 표시 대화상자

옵션	내용	추천옵션
빈도		
□ 관측빈도(Observed)	데이터에서 각 셀에 속하는 케이스 수(기본 설정)	○
□ 기대빈도(Expected)	두 변수가 연관성이 없다고 가정할 때 각 셀의 기대되는 케이스 수	
퍼센트	**각 셀에 속하는 케이스 수에 대한 백분율(%)**	
□ 행(Row)	각 행 합계(Row total)를 100%로 했을 때 셀 백분율	독립변수가 행 변수일 때 유용하다.
□ 열(Column)	각 열 합계(Column total)를 100%로 했을 때 셀 백분율	독립변수가 열 변수일 때 유용하다.
□ 전체(Total)	데이터의 총 케이스(total)를 100%로 했을 때 셀 백분율	○
Z검정	**열비율의 비교검정**	
▫ 열비율 비교	열비율(퍼센트)들의 유의성 검정. 유의수준 0.05에서 계산되고 아래첨자로 나타남	
잔차	**관측빈도에서 기대빈도를 뺀 값**	
□ 비표준화(Unstandardized)	잔차	○
□ 표준화(Standardized)	Haberman(1978)의 표준화된 잔차	
□ 수정된 표준화 (Adj. standardized)	Haberman(1978)의 수정된 표준화잔차	
정수가 아닌 가중값	**케이스 가중값이 정수가 아닌 경우**	
○셀 수 반올림	셀 빈도를 반올림(기본설정)	○
○셀 수 절삭	셀 빈도를 절삭	
○수정없음	셀 빈도를 그대로 둠	
○케이스 가중값 반올림	케이스 가중값을 반올림한 후 셀 빈도를 계산	
○케이스 가중값 절삭	케이스 가중값을 절삭한 후 셀 빈도를 계산	

(6) 교차분석: 표 형식(Crosstabs: Table Format)

교차분석 대화상자에서 [형식(F)...] 단추를 선택하면 [그림 8-6]과 같은 **교차분석: 표 형식** 대화상자가 열린다. 여기에서는 교차표 내에서 행의 순서를 변경할 수 있다.

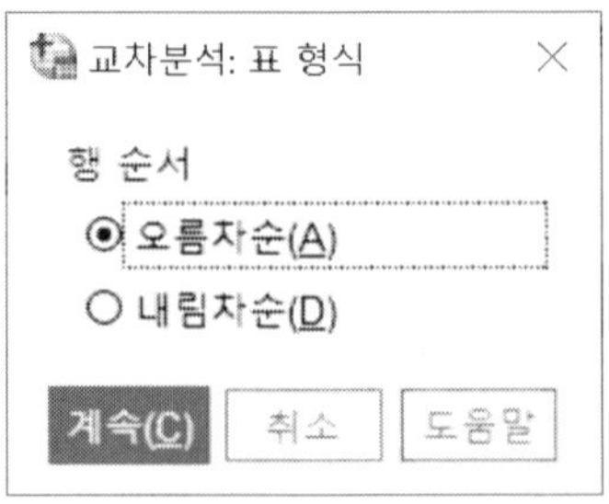

그림 8-6 교차분석: 표 형식 대화상자

옵션	내용	추천옵션
행의 순서(Row Order)	행 변수값들의 순서이다.	
○ 오름차순(Ascending)	행 변수값이 작은 것부터 나타낸다(기본 설정).	○
○ 내림차순(Descending)	행 변수값이 큰 것부터 나타낸다.	

(7) 표 유형 대화상자

교차분석 대화상자에서 [유형(L)...] 단추를 선택하면 **표 유형** 대화상자가 열린다. 여기에서는 조건에 따라 셀 배경을 지정할 수 있다. 카이제곱검정의 유의성 검정에서 유의수준 0.05에서 유의할 때 셀 배경을 노란색으로 지정하고 싶다면 '표' 칸에 카이제곱검정, '값' 칸에 유의성, '차원' 칸에 열, '조건' 칸에 "x <= 0.05", '형식' 칸에 배경(255,255,0)을 셀의 오른편을 눌러서 선택한다.

(8) 붓스트랩 대화상자

교차분석 대화상자에서 [붓스트랩(A)...] 단추를 선택하면 **붓스트랩** 대화상자가 열린다. 교차분석: 통계량에서 람다, Somers의 d와 같은 방향성 측도나 분할계수, 감마, Kendall의 타우와 같은 대칭적 측도들의 옵션을 선택한 경우 이 측도들의 붓스트랩 추정을 얻을 수 있다.

05 교차분석결과 해석

성별 * 직종구분 교차표

			직종구분			
			사무직	관리직	경영직	전체
성별	여자	빈도	206	0	10	216
		성별 중 %	95.4%	0.0%	4.6%	100.0%
		전체 중 %	43.5%	0.0%	2.1%	45.6%
		잔차	40.6	-12.3	-28.3	
	남자	빈도	157	27	74	258
		성별 중 %	60.9%	10.5%	28.7%	100.0%
		전체 중 %	33.1%	5.7%	15.6%	54.4%
		잔차	-40.6	12.3	28.3	
전체		빈도	363	27	84	474
		성별 중 %	76.6%	5.7%	17.7%	100.0%
		전체 중 %	76.6%	5.7%	17.7%	100.0%

카이제곱 검정

	값	자유도	근사 유의확률 (양측검정)
Pearson 카이제곱	79.277[a]	2	<.001
우도비	95.463	2	<.001
유효 케이스 수	474		

a. 0 셀 (0.0%)은(는) 5보다 작은 기대 빈도를 가지는 셀입니다. 최소 기대빈도는 12.30입니다.

방향성 측도

			값	근사 표준오차[a]	근사 T 값[b]	근사 유의확률
명목척도 대 명목척도	람다	대칭적	.150	.054	2.590	.010
		성별 종속	.227	.078	2.590	.010
		직종구분 종속	.000	.000	.[c]	.[c]
	Goodman과 Kruskal 타우	성별 종속	.167	.024		<.001[d]
		직종구분 종속	.123	.021		<.001[d]

a. 영가설을 가정하지 않음.

b. 영가설을 가정하는 점근 표준오차 사용

c. 점근 표준오차가 0이므로 계산할 수 없습니다.

d. 카이제곱 근사값을 기준으로

그림 8-7 교차분석결과 1

[그림 8-7]의 해석

여자 사원 중 206명(95.4%)은 사무직이고 관리직은 없으며 경영직은 10명(4.6%)이다. 남자 사원 중 157명(60.9%)은 사무직이고 관리직은 27명(10.5%), 경영직은 74명(28.7%)이다. 카이제곱 검정결과(p값<0.001)에 의하면 귀무가설이 기각되고 대립가설이 채택되어 성별에 따라 직종의 패턴이 다르다고 할 수 있다. 기대빈도와의 잔차를 보면, 여자는 사무직이 40.6명 많고 남자는 관리직과 경영직이 각각 12.3명, 28.3명 많다. 즉, 여자는 사무직이 많고 남자는 관리직과 경영직이 상대적으로 많다.

성별과 직종 모두 명목척도이기 때문에 연관성의 정도는 람다로 나타낼 수 있는데 직종을 모르는 상태에 비해서 직종을 아는 상태에서 성별을 예측할 때 나타나는 예측오류 감소율(람다)은 0.227이다. 람다값의 근사유의확률(p 값)은 0.010으로서 유의수준 5%보다 작기 때문에 연관성이 유의하게 있다고 할 수 있다.

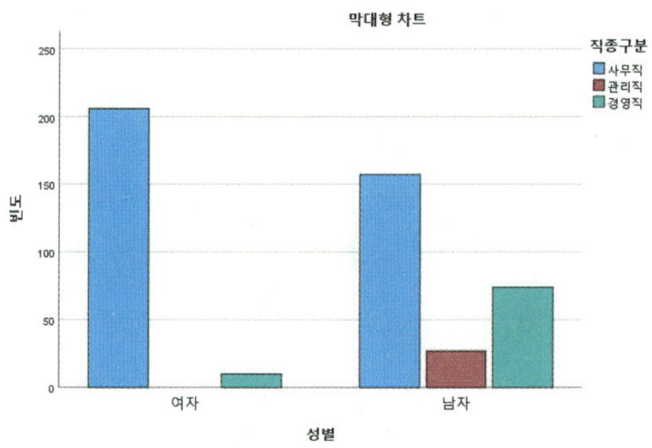

그림 8-8 교차분석결과 2(수평 누적 막대형 차트)

[그림 8-8]의 해석

수평누적 막대도표는 남자와 여자사원의 직종분포를 한눈에 비교할 수 있도록 해준다. 여자는 남자에 비해 사무직이 많고 남자는 관리직과 경영직이 여자보다 많은 것을 알 수 있다.

06 교차분석 보고서 작성

앞 절에서 실행한 교차분석에 대해 결과 보고서를 작성해 보도록 하자. 보고서에는 교차표와 연관성에 대한 통계량(카이제곱 통계량)이 포함되어야 한다.

성별에 따라 직종의 분포가 다른지를 알아보기 위해 교차분석(카이제곱 검정)을 실시하였다. 성별과 직종에 대한 교차표(분할표)와 카이제곱 검정의 결과가 [표 8-2]에 있다.

표 8-2 성별과 직종에 대한 교차표와 카이제곱 검정결과

직종 / 성별	빈도(성별%)				카이제곱 통계량 (유의확률)
	사무직	관리직	경영직	전체	
여자	206(95.4)	0(0)	10(4.6)	216(100)	79.277 (<0.001)
남자	157(60.9)	27(10.5)	74(28.7)	258(100)	
전체	363(76.6)	27(5.7)	84(17.7)	474(100)	

[표 8-2]를 보면, '성별에 따라 직종의 분포가 같다'라는 (귀무)가설에 대한 카이제곱 통계량이 79.277이고 유의확률이 0.001 보다 작은 것을 볼 수 있다. 유의확률값이 일반적인 유의수준인 0.05보다 작기 때문에 유의수준 5%에서 (귀무)가설을 기각하게 된다. 따라서 성별에 따라 직종의 분포가 유의하게 다르다고 할 수 있다. 사무직의 경우, 여자의 95.4%가 사무직인데 반해 남자의 60.9%가 사무직이어서 여자는 남자에 비해 사무직을 많이 하고 있는 것을 볼 수 있다. 경영직은 반대로 남자(28.7%)가 여자(4.6%)에 비해 상대적으로 많은 것을 볼 수 있다.

연습문제

1. stat.sav 데이터에서 성별에 따라 종교의 패턴이 다른지 알아보자(이 경우에는 기대빈도가 5보다 작은 셀이 20%를 초과하므로 정확한 검정을 할 필요가 있다).
2. employee data.sav 데이터에서 소수민족여부에 따라 직종의 분포가 다른지 알아보자.
3. employee data.sav 데이터에서 성별을 통제하고서, 소수민족여부에 따라 직종의 분포가 다른지 알아보자(이 경우에는 성별을 레이어 변수로 하고 소수민족은 행변수, 직종은 열변수로 교차분석을 한다).
4. 교재의 데이터 파일 중 **설문지.sav** 파일은 학생들을 대상으로 설문을 한 데이터이다. 이 데이터에서 다음 내용을 알아보자.
   (1) 성별에 따라 즐기는 음식(food)이 다른가?
   (2) 성별에 따라 여가활용방법(leisure)이 다른가? 다르다면 어떻게 다른가? 이 경우에는 기대빈도가 5보다 작은 셀의 비율이 20%를 넘는다. 따라서 여가활용방법 변수를 다음과 같이 코딩 변경을 한 후 교차분석을 해 보자.

① 구기운동 → ① 운동 ② 독서, 글짓기 ~ ④ 음악 → ② 문학과 예술 ⑤ 영화, 비디오, TV → ③ 영화, 비디오, TV ⑥ 친구와 잡담 ~ ⑦ 기타 → ④ 기타

   (3) 성별에 따라 좋아하는 과목(course)이 다른가? 다르다면 어떻게 다른가?

참고문헌

(1) 김우철 외 8인 (2000). 『일반통계학』(개정판), 영지문화사.
(2) 김동희 외 6인 (1997). 『통계학』, 자유아카데미.
(3) 허명회 (1997). 『통계적 개념 · 방법 · 응용』, 자유아카데미.
(4) 이태림, 김병수, 이용구 (1995). 『범주형 자료분석』, 한국방송통신대학교출판부
(5) 정광모, 최용석 (1999). 『범주형 자료분석』, 자유아카데미.
(6) 박태성, 이승연 (1998). 『범주형 자료분석 개론』, 자유아카데미.

9장 신뢰도분석(RELIABILITY)

01 목적

동일한 개념을 측정하는 여러 항목들에 대한 항목분석과 신뢰도계수 계산

몇 개의 질문을 하나의 개념에 대한 측정도구로서 사용하고자 할 때 그 질문들에 대한 응답들이 동일한 개념을 측정하였기 때문에 비슷하게 나타나야 한다는 것을 전제로 하는 분석이 신뢰도분석(Reliability Analysis)이다. 크론바흐 알파계수(Cronbach's α)와 같은 신뢰도계수를 계산해서 각 변수(질문)에 대한 항목분석(item analysis)과 한 개념에 대한 전체 변수의 신뢰도를 제공한다.

02 사용되는 변수의 척도

순서척도, 구간·비율척도

한 개념을 나타내는 적어도 두 개 이상의 문항(변수)들이 있어야 한다. 이때 변수들은 순서척도(가능하면 5점척도 이상)나 구간·비율척도로 측정되어야 한다.

03 선행 통계분석이나 그래프

요인분석(Factor analysis)

설문지가 한 개념에 대해 여러 문항으로 묻는 형태로 된 경우에는 바로 신뢰도분석을 할 수 있다. 그러나 미리 설정하지 않은 몇 가지 개념에 대해 많은 문항들을 사용해서 묻는 설문지인 경우에는 서로 관련이 있는 문항들을 하나의 요인으로 묶어내는 요인분석을

선행한다. 요인분석의 결과로 만들어지는 요인들의 각각에 대하여 그 요인에 속하는 문항(변수)들을 가지고 신뢰도분석을 할 수 있다.

04 원리

신뢰성(Reliability)이란 동일한 대상에 대해 어떤 측정도구(설문)를 반복하여 적용했을 때, 그때마다 동일한 결과가 나오는지의 여부에 관한 문제이다. 예를 들면, 내가 여러분에게 내 몸무게가 얼마나 되겠는지 추측해보라고 물었다고 하자. 여러분은 나를 주의 깊게 훑어본 후 약 60kg 정도 될 것 같다고 추측했다. 다시 나는 아까와는 다른 옷으로 변장을 하고(변장한 내 모습을 알아차리지 못하게 하고) 내 몸무게를 추측해보라고 했다. 여러분이 내 몸무게를 75kg으로 추측했다고 하자. 이 간단한 예는 여러분에게 사람들의 몸무게를 추측하도록 한 것은 신뢰성 있는 측정도구가 아니었다는 것을 보여준다.

그러나 여러분에게 한 저울을 가지고 몸무게를 재보도록 요구한다면 여러분은 내가 변장하기 전과 변장한 후 두 번 모두 내 몸무게를 아주 비슷하게 말할 것이다. 이것은 그냥 추측하는 것보다 저울을 사용하는 것이 더 신뢰성 있는 측정치를 제공해 준다는 것을 지적해 준다.

우리가 사람들에게 자기 자신에 관한 정보를 제공해 달라고 요구할 때, 조사시점이나 환경에 따라 동일한 사람이 다른 응답을 하는 경우를 볼 수 있다. 이것은 다음과 같은 상황에서 더욱 자주 일어나게 된다. 첫째, 질문이 명확하지 않은 경우이다(예를 들면, 당신은 몇 번이나 교회에 가십니까?). 둘째, 일부 응답자들이 전혀 관심을 가지고 있지 않는 것에 관한 질문을 하는 경우이다(예를 들면, 당신은 러시아와 중국의 현재 관계에 대해 만족하십니까?). 셋째, 여러 가지로 해석할 수 있는 난해한 질문을 하는 경우이다.

우리가 사용하는 측정도구(설문지)가 알아내려고 하는 개념을 얼마나 믿을만하게 측정하는지 알아보는 방법은 여러 가지가 있다. 신뢰성 측정 방법으로는 재측정법(Retest Method), 항목이분할법(Split-Halves Method), 그리고 내적일치도법(Internal Consistency Method)가 있다. 이중 가장 널리 사용되는 방법은 응답자들에게 동일한 개념을 묻는 비슷한 질문들을 해서 응답자들이 비슷하게 대답하였는지를 측정하는 내적일치도법이다.

(1) 크론바흐(Cronbach)의 알파계수

신뢰도계수로서 가장 널리 사용되는 것이 크론바흐의 알파계수이다. 한 개념을 측정하는 N개의 문항에 대한 응답을 X_1, X_2, $\cdots$,X_N이라고 할 때 크론바흐의 알파계수는 다음과 같이 정의된다.

$$\alpha = \frac{N}{N-1}\left\{1 - \frac{X_1\text{의 분산} + X_2\text{의 분산} + \cdots + X_N\text{의 분산}}{(X_1 + X_2 + \cdots + X_N)\text{의 분산}}\right\}$$

이 알파계수는 0과 1사이의 값으로서 1에 가까울수록 문항들에 대한 응답이 서로 유사해서 신뢰성이 높음을 나타낸다. 예를 들어, 다섯 문항이 어떤 한 개념에 대한 질문들이고 각 문항의 표준편차가 1.36, 1.52, 1.32, 1.18, 1.67이고 다섯 문항을 합한 값 $(X_1 + X_2 + X_3 + X_4 + X_5)$의 표준편차가 5.01이라면 알파계수는 다음과 같이 계산된다.

$$\alpha = \frac{5}{4}\left\{1 - \frac{1.36^2 + 1.52^2 + 1.32^2 + 1.18^2 + 1.67^2}{5.01^2}\right\} = 0.75$$

신뢰도 값이 어느 정도여야 괜찮은 것인지에 대한 일률적인 기준은 없다. 그러나 대체로 0.8 이상이면 상당히 신뢰할만한 측정이라고 본다. 신뢰도가 0.6 이상인 경우는 아쉬운 대로 쓸 만하다고 할 수 있고 그 이하의 신뢰도에 대해서는 측정 방식을 개선해야 할 것이다. SPSS에서는 전체 항목의 신뢰도 외에도 각 항목들에 대한 분석을 제공하고 있다. 항목들 중에서 그 항목을 제외시켰을 때의 신뢰도가 전체 신뢰도보다 상당히 증가하는 항목이 존재한다면 그런 항목은 신뢰성이 낮은 항목이므로 제거하는 것이 좋다.

05 SPSS 신뢰도분석의 실행

성격에 대한 설문조사 데이터가 **성격.sav** 파일에 있다. 성격의 세 가지 유형으로서 적극성, 사교성, 독창성을 고려하였다. 이 세 가지 개념을 각각 6, 5, 6개 문항을 사용하여 질문하였고 '(1) 매우 그렇다, (2) 그렇다, (3) 보통이다, (4) 그렇지 않다, (5) 매우 그렇지 않다'의 5점척도로 응답하게 하였다. 그 설문은 다음과 같다.

개념	문항	변수
적극성	나는 어떤 작업을 할 때 꾸준하게 끝까지 해내는 편이다.	u1
	나는 일반적으로 어떤 일에 대하여, 다른 사람들보다 더 열성적인 편이다.	u2
	내가 처리해야 할 일이 있으면 그때그때 즉시 처리하는 편이다.	u3
	나는 대화 도중에 당혹한 상황에 처했을 때 잘 대처하는 편이다.	u4
	나는 의지가 굳은 편이다.	u5
	나는 여러 사람이 관여하는 어떤 계획을 세워 내가 주도적으로 추진하는 것을 좋아한다.	u6
사교성	나는 대체로 다른 사람들과 쉽게 어울리는 편이다.	v1
	나는 처음 만나는 사람이라도 마음이 맞으면 내 자신에 대한 얘기를 솔직하게 털어놓는 편이다.	v2
	나는 내 친구들 중에서 다른 사람들에 대한 소식이나 소문에 밝은 편이다.	v3
	나는 평소에 자신의 감정과 느낌을 자유스럽게 표현하는 편이다.	v4
	나는 다른 사람들이 쉽게 사귈 수 있는 사람이다.	v5
독창성	나는 여럿이 모여 노는 것보다 혼자서 책을 읽거나 사색하는 것을 좋아하는 편이다.	w1
	대부분의 사람들이 일상적으로 처리하는 일을 내가 하게 될 때, 일반적으로 관습을 따라 처리하는 것보다 독창적인 처리방법을 생각해내는 것을 더 좋아한다.	w2
	나의 생활양식은 다른 보통 사람들과는 다르다고 생각한다.	w3
	나는 일반적으로 비판적인 편이다.	w4
	나는 현실보다 이상을 추구하는 편이다.	w5
	나는 남이 간섭하는 것을 싫어한다.	w6

각 개념에 대한 문항들의 신뢰도가 어떠한가 알아보기로 하자. 신뢰도분석(Reliability analysis)을 실시하기 위해서는 메뉴로부터 다음과 같은 절차를 따른다.

분석
　　척도분석
　　　　신뢰도분석 ...

그러면 [그림 9-1]과 같은 **신뢰도분석** 대화상자가 열린다.

(1) 신뢰도분석(Reliability Analysis) 대화상자

수치변수들이 [그림 9-1]의 왼쪽 상자에 나타난다. 여기서 분석하고자 하는 변수를 선택하여 '항목' 상자로 옮긴다. 기본적으로 설정되어 있는 크론바흐의 알파(α)계수를 사용하려면 [확인] 단추를 누른다. 그러나 크론바흐의 알파(α) 이외의 다른 모형을 사용하거나 통계량 값을 얻기 위해서는 대화상자에서 필요한 옵션을 선택한 후 [확인] 단추를 누른다. 신뢰도 모형으로서 크론바흐의 알파(α)외에 반분계수, Guttman, 동형, 절대동형이 있다. 이것은 드롭다운 목록에서 선택할 수 있다.

평가자들 간의 일치도를 구하고자 하는 경우에는 '항목' 상자 아래에 있는 '등급' 상자를 이용하여 Fleiss의 Kappa 값을 구할 수 있다. 다른 평가자들이 측정한 변수들을 왼쪽 상자로부터 선택하여 '등급' 상자에 넣는다. 이때 '항목'에 있는 변수가 동시에 '등급' 변수가 될 수 있다.

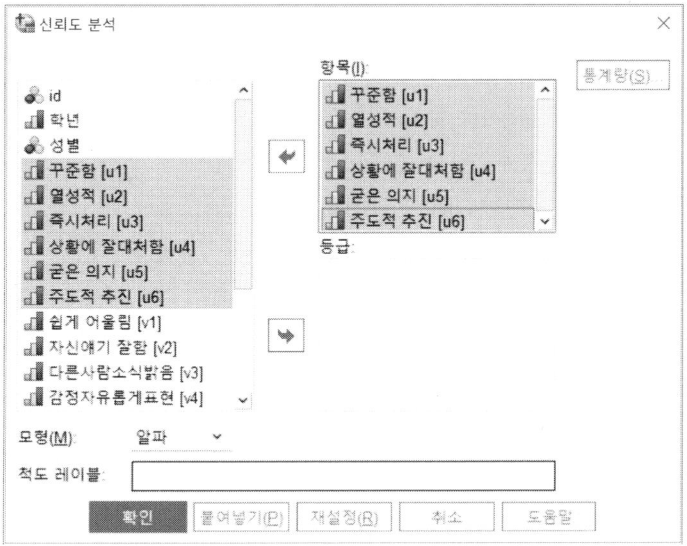

그림 9-1 신뢰도분석 대화상자

항목	설명	추천항목
모형(Model)	**신뢰도 모형으로서 다음 중 하나를 선택할 수 있다.**	
알파(Alpha)	크론바흐(Cronbach)의 알파(기본설정). 이것은 내적일치도(internal consistency)모형으로 평균문항-내 상관관계를 기준으로 한다.	○
반분계수 (Split half)	항목(변수)들을 둘로 나누어서 각 부분에 속하는 변수들의 합간의 상관계수이다.	
Guttman	Guttman(1945)이 제안한 여섯 가지 계수를 산출한다.	
동형(Parallel)	모든 항목들의 분산이 동일하다는 가정하에 모형의 적합도 검정과 신뢰도 추정값을 산출한다.	
절대동형 (Strict parallel)	모든 항목들의 분산뿐만 아니라 평균까지도 동일하다는 가정하에 모형의 적합도 검정과 신뢰도 추정값을 산출한다.	

[그림 9-1]의 아래에 있는 '척도 레이블' 상자에는 선택한 항목들을 나타내는 하나의 개념 이름을 줄 수 있다.

(2) 신뢰도분석: 통계량 대화상자

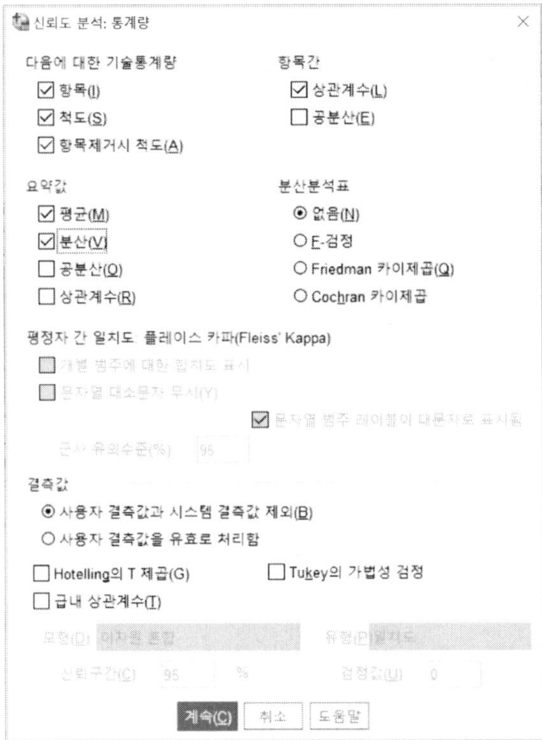

그림 9-2　신뢰도분석: 통계량 대화상자

항목들에 대한 통계량값을 구하기 위해서는 **신뢰도분석** 대화상자의 [통계량(S)...] 단추를 누른다. 그러면 [그림 9-2]와 같은 **신뢰도분석: 통계량** 대화상자가 열린다.

항목	설명	추천항목
다음에 대한 기술통계량 (Descriptive for)	**다음 중 하나 이상을 선택할 수 있다**	
□ 항목	항목에 대한 기술통계량	○
□ 척도(Scale)	항목들의 합에 대한 기술통계량	○
□ 항목제거 시 척도(Scale)	해당 항목을 제외한 항목들의 합계에 대한 기술통계량	○
요약값(Summaries)	**다음 통계량 중 필요한 것들을 선택할 수 있다**	
□ 평균	평균	○
□ 분산	분산	○
□ 공분산	항목들 간의 공분산	

항목	설명	추천항목
□ 상관계수	항목들 간의 상관계수	
항목 간(Inter-item)		
□ 상관계수	항목들 간의 상관계수 행렬	○
□ 공분산	항목들 간의 공분산 행렬	
분산분석표(ANOVA Table)	**각 항목들의 평균이 동일하다는 가정을 검정한다.**	
○ 지정 않음(None)	분산분석표를 산출하지 않는다(기본설정)	○
○ F-검정	분산분석표를 제시하고 F-검정을 한다	
○ Friedman 카이제곱	비모수적인 통계량이다. 순위척도 데이터에서 유용하다. Fridman 카이제곱 통계량과 Kendall의 일치계수를 산출한다.	
○ Cochran 카이제곱	데이터가 두 가지 값(0과 1)만 가지는 경우에 적합하다. Cochran의 Q 통계량을 산출한다.	
□ Hotelling의 T-제곱	모든 항목들의 평균이 동일하다는 가정을 검정하는 Hotelling의 T^2 통계량을 제시한다.	
□ Tukey의 가법성검정 (test of additivity)	가법성을 검정한다. 즉, 항목 간 다중상호작용이 없다는 가설을 검정한다.	
□ 급내 상관계수(intraclass correlation coeff.)	분산분석결과와 급내(intraclass) 상관계수에 대한 신뢰구간, 검정결과를 표시한다.	
모형: 이차원혼합	케이스(사람)효과는 랜덤, 변수효과는 고정.	일반적 모형
이차원변량	케이스(사람)효과와 변수효과가 랜덤인 경우	
일차원변량	케이스(사람)효과만 랜덤으로 고려하는 경우	

여기에 새로운 버전에서 추가된 항목은 다음과 같다.

항목	설명	추천항목
평정자간 일치도: 플레이스 카파 (Fleiss' Kappa)	**Fleiss의 다중 평가자 카파 통계량을 제공한다.**	
□ 개별 범주에 대한 합치도 표시	범주별 합치도 표시	
□ 문자열 대소문자 무시 □ 문자열 범주 레이블이 대소문자로 표시됨	문자열에 대한 대소문자 여부	
결측값	**결측값 처리 방법을 선택할 수 있다.**	
○ 사용자 결측값과 시스템 결측값 제외	사용자 결측값과 시스템 결측값 모두 분석에서 제외시킨다.	
○ 사용자 결측값을 유효로 처리함	사용자 결측값을 분석에 포함시킨다.	

06 신뢰도분석결과 해석

성격.sav 파일에서 적극성을 나타내는 여섯 개 문항, 사교성을 나타내는 다섯 개 문항, 그리고 독창성을 나타내는 여섯 개 문항에 대한 신뢰도분석을 시행한 결과가 각각 [그림 9-3], [그림 9-4]와 [그림 9-5]에 있다.

➜ 신뢰도분석

신뢰도 통계량

Cronbach의 알파	표준화된 항목의 Cronbach의 알파	항목 수
.713	.716	6

항목 통계량

	평균	표준편차	N
꾸준함	2.90	1.096	346
열성적	2.68	1.046	346
즉시처리	2.92	1.060	346
상황에 잘대처함	2.85	1.034	346
굳은 의지	3.03	.969	346
주도적 추진	3.00	1.133	346

항목간 상관행렬

	꾸준함	열성적	즉시처리	상황에 잘대처함	굳은 의지	주도적 추진
꾸준함	1.000	.332	.342	.124	.489	.161
열성적	.332	1.000	.300	.230	.330	.415
즉시처리	.342	.300	1.000	.187	.397	.215
상황에 잘대처함	.124	.230	.187	1.000	.305	.381
굳은 의지	.489	.330	.397	.305	1.000	.225
주도적 추진	.161	.415	.215	.381	.225	1.000

요약 항목 통계량

	평균	최소값	최대값	범위	최대값 / 최소값	분산	항목 수
항목 평균	2.894	2.676	3.029	.353	1.132	.016	6
항목 분산	1.119	.938	1.284	.346	1.368	.014	6

항목 총계 통계량

	항목이 삭제된 경우 척도 평균	항목이 삭제된 경우 척도 분산	수정된 항목-전체 상관계수	제곱 다중 상관계수	항목이 삭제된 경우 Cronbach 알파
꾸준함	14.47	12.064	.430	.292	.679
열성적	14.69	11.868	.496	.274	.658
즉시처리	14.45	12.213	.432	.214	.678
상황에 잘 대처함	14.52	12.778	.364	.200	.698
굳은 의지	14.34	11.974	.541	.352	.647
주도적 추진	14.37	11.972	.419	.261	.683

척도 통계량

평균	분산	표준편차	항목 수
17.36	16.539	4.067	6

그림 9-3 '적극성'에 대한 신뢰도분석 출력결과

[그림 9-3]의 해석

여섯 개 문항 전체에 대한 신뢰도로서 크론바흐 알파 값은 분석결과의 처음에 제시되어 있는데 그 값은 0.713으로 나타났다. 크론바흐 알파 값과 함께 다음 칸에는 분석에 사용한 문항변수들을 모두 표준화한 후 계산한 크론바흐 알파 값이 있다. 분석에 사용한 문항변수들의 숫자 단위가 다를 때는 이 값을 사용하는 것이 좋다.

다음에는 적극성에 대한 여섯 개 문항, '꾸준함', '열성적', '즉시 처리', '상황에 잘 대처함', '굳은 의지'와 '주도적 추진', 각각에 대한 항목 통계량(평균(Mean)과 표준편차(Std Dev))과 항목 간 상관행렬(Correlation Matrix)이 출력되었다.

네 번째, 요약항목 통계량 표에서는 여섯 개 문항의 평균(Item Means)과 표준편차(Item Variances)를 비교하였다. 여섯 개 문항들의 평균에 대해서는, 여섯 개의 평균값이 2.894이고 최소값이 2.676, 최대값은 3.029이며 여섯 개 평균값들의 분산은 0.016이다. 항목 분산들의 통계량을 보면, 항목 분산들은 대체적으로 비슷한 값을 가지고 있는데 그 범위는 0.346이다.

항목 총계 통계량 표에서는 여섯 개 문항 각각에 대해서 그 항목이 없을 경우에 있어서, '다섯 개 문항 합의 평균', '다섯 개 문항 합의 분산', '그 항목과 남은 다섯 개 문항 합과의 Pearson 상관계수', '다중 상관계수 제곱', '크론바흐 알파' 값을 제공한다. 여기에서 '다중 상관계수 제곱'이란, 고려하는 항목을 종속변수로 하고 남은 다섯 개 항목을 독립변수로 하는 다중 회귀분석을 하여 산출되는 R^2값을 말한다. 이 중에서 '크론바흐 알파' 항목을 보면 어느 문항을 제거하더라도 전체 신뢰도 값(0.713)을 증가시키지 못하므로 여섯 개 문항을 모두 사용하는 것이 좋다.

척도 통계량 표에서는 여섯 개 문항들의 합(scale)에 대한 평균과 표준편차를 제시하였다. 여섯 개 문항의 합이나 평균을 사용하는 데 있어서의 신뢰도 계수인 0.713의 크론바흐 알파 값은 매우 만족할 만한 값은 아니지만 0.6보다 크므로 그런대로 쓸 만하다고 하겠다.

신뢰도 통계량

Cronbach의 알파	표준화된 항목의 Cronbach의 알파	항목 수
.689	.700	5

항목 총계 통계량

	항목이 삭제된 경우 척도 평균	항목이 삭제된 경우 척도 분산	수정된 항목-전체 상관계수	제곱 다중 상관계수	항목이 삭제된 경우 Cronbach 알파
쉽게 어울림	11.10	9.324	.572	.453	.598
자신얘기 잘함	10.78	8.968	.346	.146	.691
다른사람소식밝음	10.36	10.183	.321	.108	.686
감정자유롭게표현	10.63	8.494	.512	.263	.607
쉽게사귐	10.86	8.568	.518	.447	.605

[평균, 표준편차, 상관행렬 등 생략]

그림 9-4 '사교성'에 대한 신뢰도분석결과

[그림 9-4]의 해석

[그림 9-4]는 '사교성'에 대한 다섯 개 문항을 신뢰도분석한 출력결과이다. 다섯 개 문항 전체의 신뢰도 계수는 0.689로 나타났다. 이 다섯 개 문항의 신뢰도도 앞의 경우와 마찬가지로 매우 만족할 만한 값은 아니지만 사용하는 데 문제는 없을 정도라고 본다. 항목 총계 통계량 표에서 '크론바흐 알파' 값을 보면 '자신얘기 잘함' 변수가 제거되었을 때 신뢰도계수가 0.002만큼 증가되지만 무시할 만한 차이이므로 다섯 개 문항 전체를 다 사용하여도 좋다고 하겠다.

신뢰도 통계량

Cronbach의 알파	표준화된 항목의 Cronbach의 알파	항목 수
.496	.499	6

항목 총계 통계량

	항목이 삭제된 경우 척도 평균	항목이 삭제된 경우 척도 분산	수정된 항목-전체 상관계수	제곱 다중 상관계수	항목이 삭제된 경우 Cronbach 알파
혼자독서,사색	13.90	10.005	.186	.062	.488
독창적처리	14.74	9.694	.279	.134	.437
다른생활양식	14.37	9.750	.274	.121	.439
비판적임	14.41	9.736	.261	.073	.446
현실보다이상추구	14.38	9.379	.278	.091	.437
간섭싫어함	15.30	10.322	.243	.064	.456

[평균, 표준편차, 상관행렬 등 생략]

그림 9-5 '독창성'에 대한 신뢰도분석결과

[그림 9-5]의 해석

[그림 9-5]는 '독창성'에 대한 여섯 개 문항을 신뢰도 분석한 출력결과이다. 다섯 개 문항 전체의 신뢰도 계수는 0.496으로 나타났다. 이 신뢰도 계수는 0.6보다 작으므로 신뢰도면에서 사용하는 데 문제가 있다고 본다. 또한 항목 총계 통계량 표에서 '크론바흐 알파' 값을 보면 어떤 변수를 제거해서 신뢰도계수를 증가시키지 못한다는 것을 알 수 있다. 따라서 앞의 여섯 개 문항은 같은 개념에 대한 측정이라고 할 수 없거나, 항목의 질문 방법에 문제가 있는 것으로 판단된다.

07 신뢰도분석 보고서 작성

앞 절에서 실행한 신뢰도분석에 대해 결과 보고서를 작성해 보도록 하자. 보고서에는 각 개념(문항들의 묶음)에 대한 크론바흐 알파값이 포함되어야 한다.

본 연구에서 사용한 설문조사 데이터의 신뢰도를 알기 위해 신뢰도분석을 실시하였다. 신뢰도 측정을 위한 문항으로서 적극성을 나타내는 여섯 개 문항과 사교성을 나타내는 다섯 개 문항이 사용되었다. [표 9-1]은 이 문항들을 가지고 신뢰도분석을 한 결과이다.

표 9-1 신뢰도분석결과

개념	설문지 문항	문항수	크론바흐 알파
적극성	문항 11~16	6	0.713
사교성	문항 17~21	5	0.689

[표 9-1]을 보면, 신뢰도를 나타내는 크론바흐 알파값이 각각 0.713과 0.689로 나타났다. 따라서 본 연구에서 사용한 데이터는 신뢰할 만하다고 할 수 있다. 이후 이 데이터를 사용하여 얻어지는 가설에 대한 분석결과 역시 신뢰할 수 있다고 볼 수 있다.

연습문제

1. 교재의 데이터 파일 중 **휴대전화.sav** 파일은 대학생들을 대상으로 하여 휴대전화에 관한 설문조사를 하여 얻은 데이터이다. 이 데이터에서 변수 사교성1부터 사교성6까지는 사교성에 관한 항목이다. 이 항목들을 가지고 설문조사의 신뢰 정도를 알아보자.

참고문헌

(1) 허명회 (1997). 『통계적 개념·방법·응용』, 자유아카데미.

(2) 김동희 외 6인 (1997). 『통계학』, 자유아카데미.

(3) 정충영, 최이규 (1997). 『SPSSWIN을 이용한 통계분석』, 무역경영사.

(4) 허명회 (1999). 『사회과학을 위한 통계적 방법』, 자유아카데미.

(5) Edward G. Carmines & Richard A. Zeller (1979). 『Reliability and Validity Assessment』, Sage Publications.

10장 상관분석(CORRELATIONS)

01 목적

두 개의 구간·비율척도 변수 간의 이변량상관계수나 편상관계수를 구한다

상관분석은 서로 관련된다고 예측되는 두 개의 구간·비율척도 변수들에 대해 선형적으로 얼마나 연관성이 있는지 알아보는 분석이다. 한 변수가 증가할 때 다른 변수도 증가하는 경향이 있는 경우에는 두 변수가 양의 상관관계에 있다고 말하고, 한 변수가 증가할 때 다른 변수는 감소하는 경향이 있는 경우에는 두 변수가 음의 상관관계에 있다고 말한다. 이러한 분석을 통하여 상관관계의 정도를 나타내는 상관계수를 구할 수 있다.

02 사용되는 변수의 척도

두 개의 구간·비율척도 변수, 순서척도 변수(범주들이 등간격일 때)

사용되는 변수의 척도는 원칙적으로 구간·비율척도이어야 한다. 그러나 순서척도이더라도 각 범주들의 간격이 등간격이라고 볼 수 있거나, 몇 개의 순서척도 변수들의 합으로 만들어진 변수에는 이 분석을 적용할 수 있다.

03 원리

(1) 산점도(Scatter plot)

두 변수 X와 Y의 각 케이스 값 $(x_1, y_1), (x_2, y_2), \cdots (x_n, y_n)$을 [그림 10-1]과 같이 X, Y 좌표 위에 점으로 표시한 그림을 말한다. 상관계수를 구하기 전에 두 변수 X와 Y의 산점도를 그려보는 것이 좋다. 상관계수는 두 변수 간에 직선관계의 관련성이 있을

것이라고 예측되는 경우에만 구할 필요가 있으므로, 두 변수의 관계가 곡선관계이거나 선형이 아닌 다른 함수 형태의 관계인 경우에는 상관계수의 의미가 없어진다. SPSS 메뉴에서 산점도는

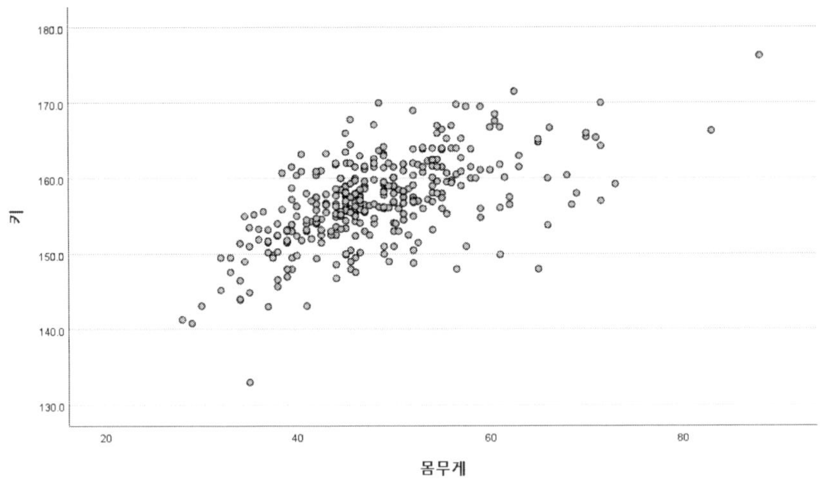

그림 10-1 산점도

그래프
산점도/점도표 ...

을 선택하여 그릴 수 있다. 만약 두 변수 간의 관계가 로그함수나 지수함수관계라면 변수를 로그함수나 지수함수로 변환해서 선형관계로 만든 다음 상관분석을 하는 것이 좋다.

(2) 이변량 상관계수(Bivariate Correlation Coefficient)

두 변수 간에 존재하는 선형적 관련성의 정도를 −1과 1 사이의 수치로 나타낸다. 두 변수 간의 관계가 음의 상관관계인 경우에는 상관계수가 음수로 나타나고 양의 상관관계인 경우에는 상관계수가 양수로 나타난다. 상관계수는 두 변수 사이의 관련성 중에서 직선관계 정도만을 나타낸다. 따라서 두 변수 사이에 이차함수 관계의 관련성이 존재하면 상관계수는 0에 가까운 값으로 계산되어서 관련이 없는 것으로 나타난다. 산점도에 따른 상관계수 값이 [그림 10-2]에 있다.

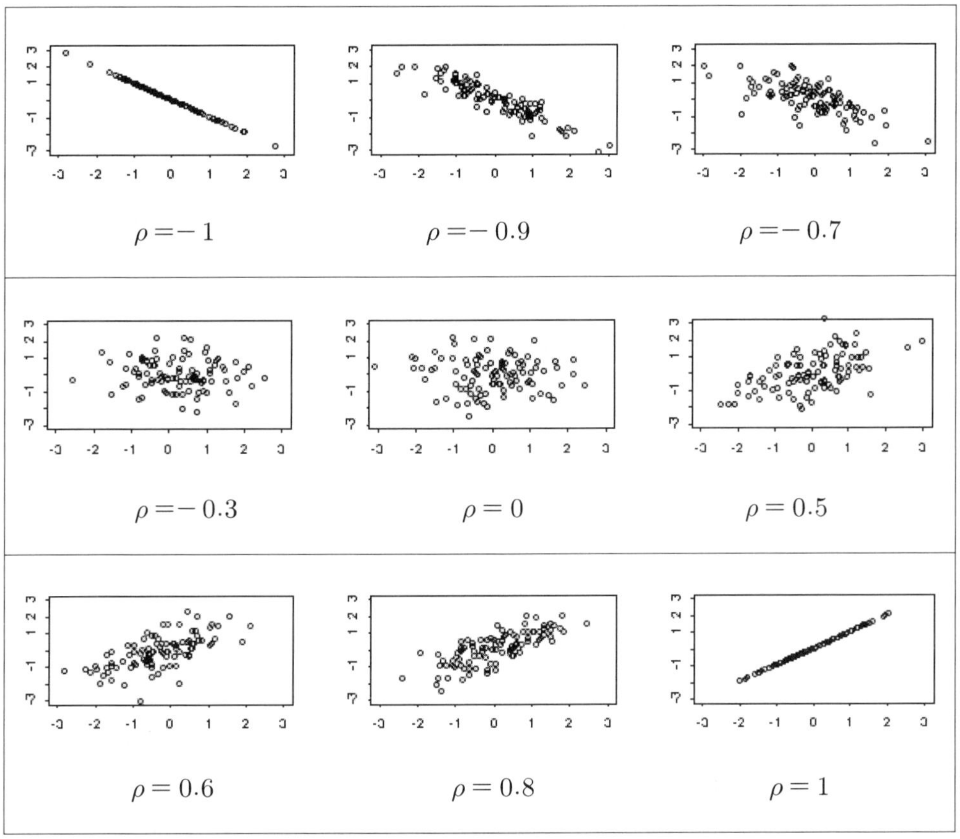

그림 10-2 상관계수에 따른 산점도

상관계수에는 Pearson의 상관계수와 Spearman의 순위상관계수가 있다.

(3) Pearson의 상관계수

일반적으로 말하는 상관계수이다.

(가) 조건

대표본(케이스 수≥30)이거나 각 변수의 모집단분포가 정규분포인 경우

케이스 수가 많거나(일반적으로 30개 이상을 많다고 하지만, 변수의 분포가 심하게 한쪽으로 치우쳤다면 50개 이상 필요하다), 각 변수의 모집단 분포가 정규분포에 가깝다고 판단되는 경우에 Pearson 상관계수를 사용한다. 케이스 수가 작은데 모집단의 분포로서 정규분포가 의심스러우면 Pearson 상관계수 대신에 Spearman의 순위상관계수를 사용해야 한다.

(나) Pearson의 상관계수 r

두 변수 X와 Y의 상관계수는 두 변수의 각 케이스의 값이 $(x_1, y_1), (x_2, y_2), \cdots, (x_n, y_n)$일 때 다음과 같이 계산된다.

$$r = \frac{S_{xy}}{S_x \cdot S_y}, \quad S_{xy} = X\text{와 } Y\text{의 공분산} = \frac{\sum (x_i - \overline{x})(y_i - \overline{y})}{n-1}$$

$$S_x = X \text{의 표준편차} = \sqrt{\frac{\sum (x_i - \overline{x})^2}{n-1}}$$

$$S_y = Y \text{의 표준편차} = \sqrt{\frac{\sum (y_i - \overline{y})^2}{n-1}}$$

(다) 유의성 검정(Significance test)

표본상관계수 r을 가지고 모집단 상관계수 ρ에 대한 가설검정을 할 수 있다.

귀무가설		$H_0 : \rho = 0$ (모집단에서는 상관관계가 없다.)
대립가설	(양쪽검정)	$H_1 : \rho \neq 0$ (모집단에서는 상관관계가 있다.)
	(한쪽검정)	$H_1 : \rho > 0$ (모집단에서는 양의 상관관계가 있다.)
	혹은	$H_1 : \rho < 0$ (모집단에서는 음의 상관관계가 있다.)

가설에 대한 검정은 자유도 $(n-2)$의 T 통계량을 사용한다.

$$T = \frac{r}{\sqrt{\frac{1-r^2}{n-2}}}$$

이 통계량을 가지고 양쪽검정에 대한 p값이 출력결과에 표시되는데 p값이 특정한 유의수준(일반적으로 $\alpha = 0.05$)보다 작으면 양쪽검정에 대한 귀무가설을 기각하여 '모집단에서 두 변수 간의 상관관계가 있다'라고 결론을 내리게 된다. 한쪽검정(한쪽 대립가설에 대한 검정)을 할 경우에 유의확률(p값)은 양쪽검정에 대한 p값의 1/2로 계산된다.

(4) Spearman의 순위상관계수

(가) 사용하는 경우

소표본(케이스수<30)인데 변수의 모집단분포로서 정규분포가 의심스러운 경우

모집단의 분포가 대칭분포가 아니거나 대칭분포이지만 꼬리가 두터운 분포(상대적으로 아주 큰 값이나 작은 값이 1% 이상 존재하는 경우)인 경우에 사용한다. Pearson 상관계수는 정규분포 가정을 하는 상관분석이지만 Spearman의 순위상관계수는 정규분포 가정을 필요로 하지 않는 비모수적인 상관분석이다.

(나) Spearman 순위상관계수

순위상관계수는 두 변수 X와 Y의 각 케이스 값이 $(x_1,y_1),(x_2,y_2),\cdots,(x_n,y_n)$일 때 아래와 같이 계산된다. 순위상관계수는 피어슨의 상관계수와 계산식의 형태는 같지만 데이터의 실제 값 대신에 순위(rank)를 가지고 상관계수를 계산한다.

$r_i = x_1,\cdots,x_n$에서 x_i의 순위, $R = (r_1, r_2,\cdots,r_n)$

$s_i = y_1,\cdots,y_n$에서 y_i의 순위, $S = (s_1, s_2,\cdots,s_n)$ 라고 할 때,

$$r_s = \frac{S_{rs}}{S_r \cdot S_s}$$

$S_{rs} = R$과 S의 공분산

$S_r = R$의 표준편차

$S_s = S$의 표준편차

(다) 유의성 검정(Significance test)

표본순위상관계수 r_s를 가지고 모집단의 상관계수 ρ에 대한 검정을 하는 과정은 Pearson의 상관계수 경우와 거의 같다. 다만, 여기에서는 T통계량을 사용하지 않고 비모수적 검정을 한다.

(5) Kendall의 타우(tau)

Spearman의 순위상관계수와 더불어 두 변수 사이의 연관성의 정도를 나타내는 비모수적 척도이다. 두 변수 X와 Y의 각 케이스 값이 $(x_1,y_1),(x_2,y_2),\cdots,(x_n,y_n)$일 때 Kendall의 타우(tau)는 다음과 같이 계산된다.

모든 $i < j$에 대해

$$P = (x_i - x_j)(y_i - y_j) > 0 \text{인 쌍의 개수}$$
$$Q = (x_i - x_j)(y_i - y_j) < 0 \text{인 쌍의 개수}$$

Kendall 통계량$= \dfrac{P-Q}{P+Q}$

(6) 편상관계수(Partial Correlation Coefficient)

두 변수 간의 관련성에 영향을 미치는 다른 변수를 통제하고 순수한 두 변수 간의 상관계수를 구한다. 예를 들어, 초등학교 전체 학생에 있어서 언어능력과 수리능력 간에 선형관계가 있는지 알아보고자 한다. 그런데 학년이 높아질수록(연령이 높을수록) 언어능력도 향상되고 수리능력도 향상된다고 생각되기 때문에, 연령의 효과를 제거하고 순수한 언어능력과 수리능력 간의 관련성을 조사하기 위해서는 연령변수를 통제하는 편상관계수를 구해야 한다. 연령변수(V3)를 통제한 언어능력(V1)과 수리능력(V2) 간의 편상관계수는 다음 수식을 이용하여 구할 수 있다.

$$r_{12.3} = \frac{r_{12} - r_{13}r_{23}}{\sqrt{1-r_{13}^2}\sqrt{1-r_{23}^2}}, \quad r_{ij} = \text{변수 Vi와 변수 Vj 간의 이변량상관계수}$$

04 보조통계분석이나 그래프

산점도(Scatter plot)

상관계수를 구하기 전에 두 변수 간에 선형관계가 존재하는지 산점도를 그려서 살펴볼 필요가 있다. 산점도에서 두 변수의 관계가 선형이 아닌 다른 형태의 관계가 있다고 판단되면, 변수들에 대해 적절한 변환을 취해서 선형관계를 만들거나 다른 분석(회귀분석 등)을 사용하여 관련성을 조사해야 한다.

05 SPSS 이변량 상관분석 실행

여자 중학교 학생들의 체격검사와 체력검사 데이터인 **체격체력.sav** 파일에서 체격변수들(몸무게, 앉은키, 키, 가슴둘레) 간에 관련 정도는 어떠한지 알아보기로 하자.

체격체력.sav 파일에 있는 변수는 다음과 같다.

변수설명		변수이름
체격변수	몸무게 앉은키 키 가슴둘레	v0 v1 v2 v3
체력변수	100m 제자리멀리뛰기 팔굽혀매달리기 윗몸일으키기 던지기 오래달리기	v4 v5 v6 v7 v8 v9
학년		year

네 가지 체격변수가 모두 구간·비율척도 변수이기 때문에 체격변수들 간의 관련성을 알아보기 위해서는 이변량 상관분석을 생각해 볼 수 있다.

(1) 산점도

먼저 두 변수들 간의 관계가 선형관계인지 알아보기 위해서 산점도를 그려본다. 네 개의 변수에서 두 개씩 선택하여 별도의 그래프에 산점도를 나타낼 수 있지만 한꺼번에 행렬형태로 나타낼 수도 있다. 그래프 메뉴에서 '산점도/점도표...'를 선택하면 산점도/점도표 대화상자가 [그림 10-3]과 같이 나타나는데 여기에서 행렬 산점도를 선택하고 [정의]를 누른다. 그러면 [그림 10-4]와 같은 **산점도 행렬** 대화상자가 열리고 4개의 변수를 목록에서 선택하여 '행렬변수' 칸에 넣고 확인을 누르면 네 변수에 대한 행렬형태의 산점도가 출력된다. 산점도에서 특별히 곡선관계가 나타나지 않으므로 이변량 상관분석으로서 두 변수 간의 관련성 정도를 알아보는 것이 타당하다고 할 수 있겠다.

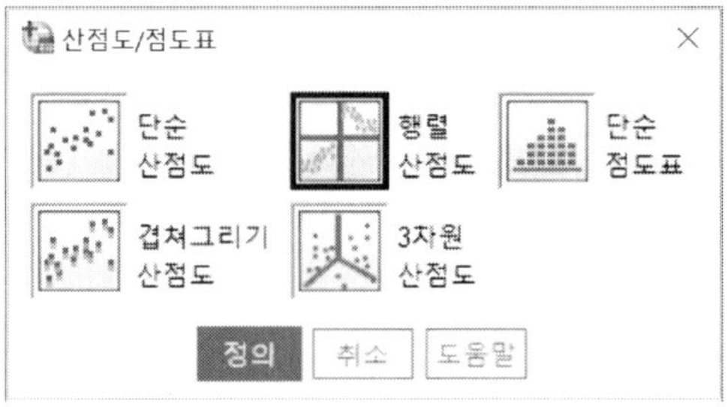

그림 10-3 산점도/점도표 대화상자

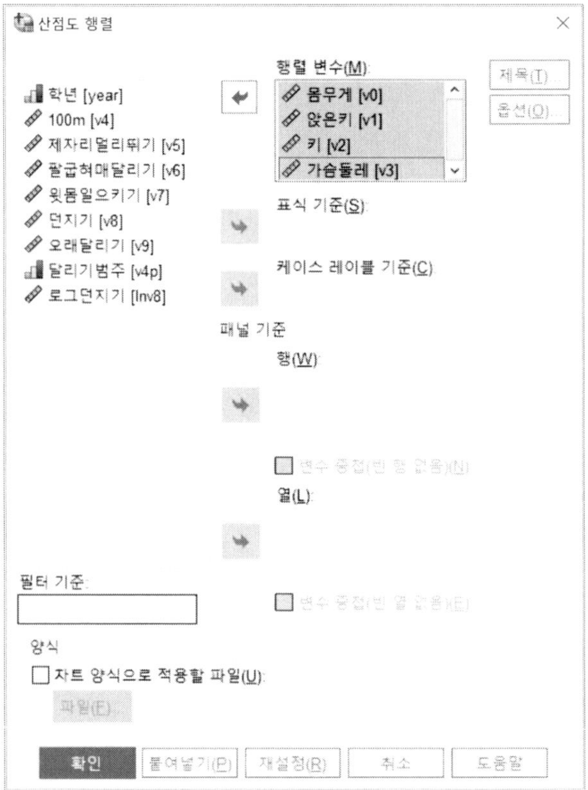

그림 10-4 산점도 행렬 대화상자

(2) 정규성의 검토

모수적 방법(Pearson의 상관계수)과 비모수적 방법(Spearman의 순위상관계수 혹은 Kendall의 타우)중에서 어느 측도를 사용할 것인가를 결정하기 위하여, Pearson의 상관계수를 사용하는 경우의 가정(assumption)인 정규성에 대해 검토해야 한다. 케이스 수가 작은 경우(일반적으로 30개보다 작은 경우)에는 각 변수의 모집단분포를 정규분포로 보아도 무방하다는 근거를 말해야 한다. 그러나 **체격체력**.sav 데이터와 같이 케이스 수가 많은 경우에는 모집단에 대한 정규성 검토를 할 필요가 없다. 케이스 수가 작은 경우의 정규성에 대한 검토 방법은 2부 1장 5절에 있다.

(3) 이변량 상관분석

이변량 상관분석을 실행하기 위해서는 메뉴로부터 다음과 같은 절차를 따른다.

분석
상관분석
이변량 상관...

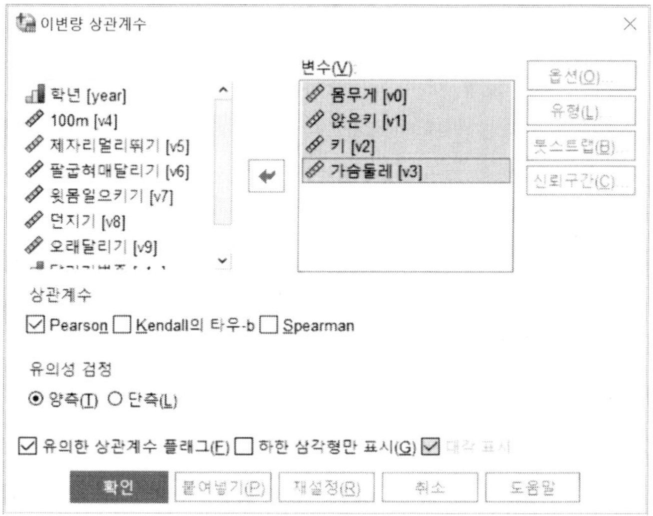

그림 10-5 이변량 상관계수 대화상자

[그림 10-5]와 같이 **이변량 상관계수** 대화상자가 열리는데 왼쪽상자에는 데이터에 있는 수치변수들의 목록이 있다. 네 개의 체격변수(v0, v1, v2, v3)를 선택하고 확인 단추를 누르면 네 개의 체격변수들에 대한 상관계수 행렬이 출력된다. 대화상자에 있는 선택항목과 항목에 대한 설명, 추천항목은 아래와 같다.

항목	설명	추천항목
상관계수	**다음 중 하나 이상을 선택할 수 있다.**	
□ Pearson	피어슨 상관계수 행렬을 출력한다. (기본설정)	대표본이거나 각 변수의 모집단분포가 정규분포인 경우
□ Kendall의 타우-b	켄달의 타우값을 출력한다.	소표본이고 모집단분포로서 정규분포가 의심스러운 경우
□ Spearman	스피어만의 순위상관계수를 출력한다.	소표본이고 모집단분포로서 정규분포가 의심스러운 경우

항목	설명	추천항목
유의성 검정	**다음 중 하나를 선택한다.**	
○양쪽	양측검정을 한다 $H_1 : \rho \neq o$(기본설정)	○
○단측	단측검정을 한다 $H_1 : \rho > o$	
□유의한 상관 계수 플래그	(기본설정) 유의수준 0.05에서 유의하면 하나의 별표(*)로, 유의수준 0.01에서 유의하면 두 개의 별표(**)로 나타낸다.	○
□하한 삼각형만 표시	상관행렬은 대각선을 중심으로 대칭이므로 하한 삼각형만 보이고자 할 때 사용한다.	
□대각 표시	행렬의 대각선상에 '–' 표시를 한다. 선택하지 않으면 대각선 칸이 사라진다.	○

그러나 변수들에 대한 통계량을 구하거나 결측값을 제외시키는 방법을 지정하고자 하면 대화상자의 오른쪽 아래에 있는 [옵션(O)...] 단추를 누른다. **이변량 상관계수: 옵션** 대화상자에는 다음과 같은 항목들이 있다.

항목	설명	추천옵션
통계량	**다음을 선택할 수 있다.**	
□평균과 표준편차	평균과 표준편차를 출력한다.	
□교차곱편차와 공분산	두변수간의 교차곱편차 $\sum(x_i - \bar{x})(y_i - \bar{y})$ 와 공분산을 출력한다.	
결측값	**다음 중 하나를 선택한다.**	
○대응별 결측값 제외	(기본설정)상관계수를 구하는 두 변수에 대해 양쪽 모두 결측값이 없는 케이스를 계산에 포함시킨다.	○
○목록별 결측값 제외	대화상자에서 선택한 모든 변수에 대해 결측값이 없는 케이스를 계산에 포함시킨다.	

(4) 유형 대화상자

이변량 상관계수 대화상자에서 [유형(L)...] 단추를 선택하면 표 **유형** 대화상자가 열린다. 여기에서는 조건에 따라 셀 배경을 지정할 수 있다. 상관관계 표에서 유의성 검정결과가 유의수준 0.05에서 유의할 때 셀 배경을 노란색으로 표시하고 싶다면, '표' 칸에 상관관계, '값' 칸에 유의성, '차원' 칸에 모두, '조건' 칸에 "x <= 0.05", '형식' 칸에 배경(255,255,0)을 넣으면 된다. 각 셀의 오른편을 누르면 선택 목록이 나타난다.

(5) 붓스트랩 대화상자

붓스트랩 추정을 하기 위해서는 이변량 상관계수 대화상자에서 [붓스트랩(A)...] 단추를 선택한다. 그러면 **붓스트랩** 대화상자가 열리는데 맨 위에 있는 '붓스트랩 수행'을 클릭하게 되면 붓스트랩 추정치가 출력된다. 출력결과에서 다음 붓스트랩 추정 및 유의성 검정 결과가 나타난다.

① 기술 통계 표에서 평균과 표준편차의 붓스트랩 추정

② 상관계수 표에서 상관계수의 붓스트랩 추정 및 유의성 검정

(6) 신뢰구간 대화상자

상관계수에 대한 신뢰구간을 구하기 위해서는 이변량 상관계수 대화상자에서 [신뢰구간(C)...] 단추를 선택한다. 그러면 이변량 상관계수: **신뢰구간** 대화상자가 열리는데 대화상자에는 다음과 같은 항목들이 있다.

항목	설명	추천옵션
신뢰구간	**다음을 선택할 수 있다.**	
□ 이변량 상관계수 모수의 신뢰구간 추정	선택한 상관계수의 신뢰구간을 출력한다. 아래의 네모칸에 신뢰수준을 입력한다. 기본값은 95%이다.	○
Pearson 상관 □ 편향 조정 적용	Pearson을 선택한 경우 사용한다. 편향 조정을 적용하려면 네모칸에 체크한다.	
Spearman 상관	**Spearman을 선택한 경우 사용 가능하다. 다음 제안자의 분산 추정방법 중 하나를 선택한다.**	
○ Fieller, Hartley 및 Pearson	(기본설정)	○
○ Bonett 및 Wright		
○ Caruso 및 Cliff		

06 이변량 상관분석결과 해석

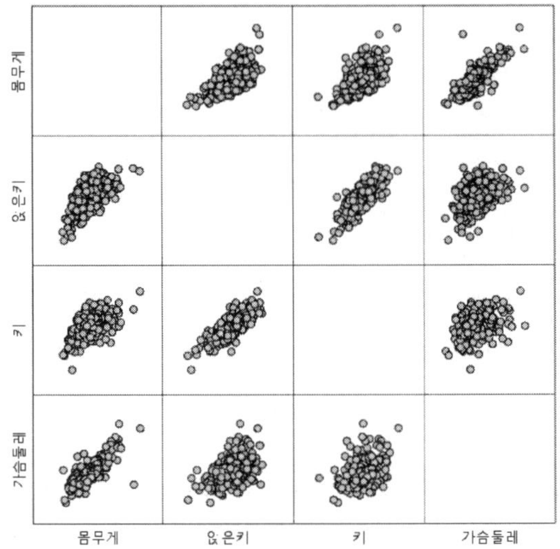

상관관계

		몸무게	앉은키	키	가슴둘레
몸무게	Pearson 상관	1	.626**	.604**	.808**
	유의확률 (양측)		<.001	<.001	<.001
	N	334	334	334	333
앉은키	Pearson 상관	.626**	1	.809**	.431**
	유의확률 (양측)	<.001		<.001	<.001
	N	334	334	334	333
키	Pearson 상관	.604**	.809**	1	.358**
	유의확률 (양측)	<.001	<.001		<.001
	N	334	334	334	333
가슴둘레	Pearson 상관	.808**	.431**	.358**	1
	유의확률 (양측)	<.001	<.001	<.001	
	N	333	333	333	333

**. 상관관계가 0.01 수준에서 유의합니다(양측).

그림 10-6 산점도 행렬과 이변량 상관분석결과

[그림 10-6]의 해석

체격체력.sav 데이터를 가지고 산점도 그래프와 이변량 상관분석을 실행시켜서 얻은 출력결과는 [그림 10-6]에 있다. 산점도 행렬도표를 보면 네 가지 체격변수는 서로 선형관계가 있다는 것을 알 수 있다. 네 가지 체격변수 중에서 몸무게와 가슴둘레, 앉은키와 키 간에 양의 관련성이 크게 존재하는 것을 볼 수 있다. 상관계수 행렬표에는 두 변수 간의 상관계수와 양쪽 유의확률(p값), 케이스 수(N)가 나타나 있다. 우선, 유의확률(p값) 결과를 보면, 이 데이터의 모집단에서 모든 체격변수 간에 선형 관련성이 존재한다고 결론내릴 수 있다. 만약 대립가설을 '두 체격변수 간에 양의 상관관계가 존재한다'라고 설정했다면 이런 한쪽검정에 대한 유의확률은 양쪽 유의확률의 절반이 된다. 이제 상관계수의 크기를 보면, 앉은키와 키의 상관계수는 0.809이고 몸무게와 가슴둘레의 상관계수는 0.808로서 매우 높은 상관관계를 보인다. 몸무게와 앉은키의 상관계수는 0.626, 몸무게와 키는 0.604로 어느 정도 상관이 높다고 할 수 있으며, 앉은키와 가슴둘레는 0.431, 키와 가슴둘레는 0.358로 적은 상관성을 보인다. 대응별로 결측값을 제외하였기 때문에 케이스 수가 다르게 나타나 있는 것을 볼 수 있다.

만약 신뢰구간 단추를 사용하여 신뢰구간을 선택하였다면 가능한 모든 두 변수에 대해 상관계수, 상관계수의 양측유의확률(p값)과 상관계수의 95% 신뢰구간이 출력된다. 예를 들어, 몸무게와 앉은키에 대한 결과를 보면, Pearson 상관계수는 0.626이고 양측 유의확률은 0.001보다 작은 값으로 매우 유의한 선형 상관이 있다. 95% 신뢰구간은 (0.556, 0.687)이므로 모집단 상관계수는 0.556과 0.687 사이에 있을 것이라고 95% 확신할 수 있다.

07 SPSS 편상관분석의 실행

연령(학년)에 따라 관련성이 달라질 수 있다고 추측되기 때문에 연령(학년)을 통제하고서 네 개의 체격변수 간에 상관계수를 구해 보기로 하자. 편상관계수를 구하기 위해서는 메뉴로부터 다음과 같은 절차를 따른다.

분석
　　상관분석
　　　　편상관 ...

[그림 10-7]의 **편상관계수** 대화상자는 **이변량 상관계수** 대화상자와 거의 같다. 다만, 통제할 변수를 변수목록에서 선택하여 '제어변수' 칸에 넣는 점이 다르다. 대화상자의 맨 아래에 있는 '관측 유의수준 표시'를 선택한 상태로 [확인] 단추를 누르면 사각행렬

형태의 편상관계수 행렬과 함께 계수 각각에 대한 케이스 수와 p값을 제시해 준다. '관측 유의수준 표시'를 선택하지 않으면 편상관계수가 유의한 경우에 별표를 제시한다. 유의수준 0.05에서 유의하면 하나의 별표(*)로, 유의수준 0.01에서 유의하면 두 개의 별표(**)로 나타난다. 대화상자에서 이외의 항목에 대한 설명은 **이변량 상관계수** 대화상자에서와 같다.

그림 10-7 편상관계수 대화상자

08 편상관분석결과 해석

상관관계

대조변수			몸무게	앉은키	키	가슴둘레
학년	몸무게	상관관계	1.000	.553	.535	.797
		유의확률(양측)	.	<.001	<.001	<.001
		자유도	0	330	330	330
	앉은키	상관관계	.553	1.000	.765	.371
		유의확률(양측)	<.001	.	<.001	<.001
		자유도	330	0	330	330
	키	상관관계	.535	.765	1.000	.293
		유의확률(양측)	<.001	<.001	.	<.001
		자유도	330	330	0	330
	가슴둘레	상관관계	.797	.371	.293	1.000
		유의확률(양측)	<.001	<.001	<.001	.
		자유도	330	330	330	0

그림 10-8 편상관분석의 출력결과

[그림 10-8]의 해석

편상관분석을 실행시키면 [그림 10-8]와 같은 출력결과를 얻을 수 있다. 연령(학년)을 통제시킨 후의 네 개의 체격변수 간의 상관계수가 나타나 있다. 유의확률(p값)은 연령(학년)을 통제하더라도 모집단에서 네 개의 변수 간의 선형 관련성이 존재하고 있음을 보여준다. 연령을 통제시킨 상황에서는 모든 상관계수가 약간 낮게 나타났다. 그러나 연령을 통제시키기 전과 마찬가지로, 상대적으로 선형 관련성이 큰 항목은 몸무게와 가슴둘레, 앉은키와 키로 나타났다. 편상관계수는 각각 0.797과 0.765이다.

09 상관분석 보고서 작성

5절에서 실행한 상관분석에 대해 결과 보고서를 작성해 보도록 하자. 보고서에는 상관계수와 상관계수의 유의성에 대한 내용이 포함되어야 한다.

중학생의 체격을 나타내는 몸무게, 앉은키, 키와 가슴둘레 간의 선형 관련성을 알아보기 위해 피어슨의 상관계수를 구해 보았다. [표 10-1]은 이들 체격변수들 간의 피어슨 상관계수와 유의확률을 나타낸 것이다.

표 10-1 피어슨 상관계수(유의확률)

	몸무게	앉은키	키	가슴둘레
몸무게		.626** (〈.001)	.604** (〈.001)	.808** (〈.001)
앉은키			.809** (〈.001)	.431** (〈.001)
키				.358** (〈.001)

(주) *와 **는 각각 유의수준 0.05와 유의수준 0.01에서 유의함을 나타냄.

[표 10-1]에는 네 가지 체격변수들을 두 개씩 살펴볼 때, 두 개 변수 간에 선형 관련성이 있는지를 알아보는 검정의 유의확률이 괄호 안에 있다. 이 유의확률은 모두 0.001보다 작으므로 유의수준 0.01에서 모두 선형 관련성이 있는 것을 알 수 있다. 즉, 네 가지 체격변수들 간에 선형 관련성이 유의하게 존재한다. 선형 관련성의 정도를 상관계수로 살펴보면, 몸무게와 가슴둘레 그리고 키와 앉은키의 상관계수가 0.80으로서 양의 선형 관련성이 매우 높다. 즉, 몸무게가 높은 사람은 가슴둘레도 높은 경향이 있고, 키가 큰

사람이 앉은키도 높은 경향이 상당히 뚜렷하게 있다. 몸무게와 앉은키, 몸무게와 키의 관계도 어느 정도 높은 양의 상관관계를 가지는 것을 볼 수 있다. 몸무게가 높은 사람은 앉은키와 키도 상대적으로 높은 경향이 있다. 가슴둘레와 앉은키, 가슴둘레와 키 역시 유의한 양의 상관관계를 가지고 있다. 그러나 그 관련성은 크지 않은 것으로 나타났다.

연습문제

1. 교재의 데이터 파일 중 **설문지.sav** 데이터에서 국어, 수학, 영어 점수 간의 상관관계를 알아보자.
2. 1번의 상관관계를 성별로 나누어서 살펴보자.
3. **employee data.sav** 파일에서 현재급여와 나머지 구간·비율척도 변수들 간의 상관계수를 구하고 관련성을 설명해 보자.
4. **employee data.sav** 파일에서 다음 작업을 하고 결과를 비교·해석해 보자.
   (1) 현재급여와 최초급여의 차이를 새로운 변수(변수이름을 diff라 하자)로 만든다.
   (2) 새로운 변수 diff와 피교육년수, 근무월수 간의 상관계수를 구해 보자.
   (3) 이번에는 최초급여를 통제한 상태에서 새로운 변수(diff)와 피교육년수, 근무월수 간의 편상관계수를 구해 보자.
5. **stat.sav** 파일에서 아버지 키(fatherh)와 본인 키(myheight) 간의 상관계수를 구해 보자(이 경우에는 표본 수가 작기 때문에 먼저 두 변수 각각에 대해 정규성의 검토를 한 다음, 정규성을 만족하면 피어슨의 상관계수를, 정규성을 만족하지 않으면 비모수 상관계수를 사용한다).

참고문헌

(1) 김우철 외 8인 (2000). 『일반통계학』(개정판), 영지문화사.
(2) 허명회 (1997). 『통계적 개념 · 방법 · 응용』, 자유아카데미.
(3) 김동희 외 6인 (1997). 『통계학』, 자유아카데미.
(4) 김기영, 문권순, 전명식 (1992). 『SAS 상관분석』, 자유아카데미.

11장 선형회귀분석(REGRESSION)

01 목적

한 개 이상의 설명(독립)변수를 가지고 목적(종속)변수에 대한 선형회귀모형을 만든다

회귀분석(Regression Analysis)은 여러 개의 변수들 간의 관계를 함수식으로 모형화하기 위한 분석으로서 한 개의 목적(종속)변수를 한 개 이상의 설명(독립)변수들의 선형 함수식으로 표현한다.

회귀분석을 통하여 다음과 같은 작업을 한다.

① 종속변수와 독립변수(들)을 사용하여 회귀모형을 설정한다.
② 설정한 회귀모형 내에 있는 회귀계수(들)을 추정하여 회귀식을 도출한다.
③ 추정된 모형의 타당성을 검토한다.
④ 추정된 모형으로 종속변수값을 예측하는 데 사용한다.

02 사용되는 변수의 척도

**독립변수와 종속변수 모두 구간·비율척도이어야 하지만,
더미 변수 형태로 바꾼 범주형 변수는 독립변수로 사용가능**

사용되는 변수의 척도는 독립변수와 종속변수 모두 원칙적으로 구간·비율척도이어야 한다. 그러나 순서척도이더라도 각 범주들의 간격이 등간격이라고 볼 수 있는 경우나 몇 개의 순서척도 변수들의 합으로 된 변수에도 적용할 수 있다. 또한 독립변수로서 범주형 변수를 사용할 수 있는데 이 경우에는 반드시 더미(dummy)변수 형태로 바꾸어서 사용해야 한다.

03 원리

(1) 회귀모형의 설정

회귀모형(Regression Model)이란 여러 개의 변수들 간의 관계를 나타내는 모형으로서 하나의 목적(종속)변수 Y를 그 목적변수를 설명한다고 생각되는 설명(독립)변수(들) $X_1, \cdots, X_k$의 함수식으로 표현하는 통계적 모형이다. 회귀모형에는 선형회귀모형(Linear Regression Model)과 비선형회귀모형(Nonlinear Regression Model)이 있는데 Y가 설명변수들의 선형함수식으로 표현되는 모형을 선형회귀모형이라고 하고, 설명변수들의 비선형함수식(다항함수, 지수함수, 로그함수 등)으로 표현되는 모형을 비선형회귀모형이라고 한다. 또한 선형회귀모형에는 설명변수가 하나인 단순선형회귀모형(Simple Linear Regression Model)과 설명변수가 여러 개 있는 다중회귀모형(Multiple Linear Regression Model)이 있다.

(가) 단순선형회귀모형(Simple Linear Regression Model)

하나의 목적변수에 대한 회귀모형을 만들 때 그 목적변수를 설명하는 독립변수로서 한 변수만을 고려하는 선형회귀모형을 단순선형회귀모형이라고 한다. 종속변수를 Y로 독립변수를 X로 표기할 때 단순선형회귀모형은 다음과 같이 표현된다.

$$Y = \beta_0 + \beta_1 X + \epsilon, \qquad \epsilon \sim N(0, \sigma^2)$$

여기서 ϵ은 오차항으로서 평균이 0이고 분산이 σ^2인 정규분포를 따른다고 가정된다. 이 회귀모형에서 β_0와 β_1은 데이터로부터 추정해야 하는 값이다. β_0는 회귀선이 Y축과 만나는 접점(intercept)을 나타내고, β_1은 회귀선의 기울기(slope)로서 독립변수 X가 한 단위 증가할 때 종속변수 Y값의 변동량을 나타낸다.

예를 들어 사람의 체격 중에서 체중에 대한 모형을 세워보자. 일반적으로 키가 큰 사람의 체중은 키가 작은 사람보다 더 많이 나가고, 또한 가슴둘레가 클수록 체중은 더 나갈 것이다. 체중과 상관관계가 가장 높을 것이라고 생각되는 키를 독립변수 X로 하고 목적변수인 체중을 Y로 놓으면 위와 같은 단순회귀모형을 세울 수 있다.

(나) 다중회귀모형(Multiple Regression Model)

종속변수를 설명하는 독립변수들이 두 개 이상 있는 경우에 여러 개의 독립변수들을 동시에 고려하는 선형회귀모형을 다중회귀모형이라고 한다. 종속변수를 Y로, k개의 독립변수들을 $X_1, \cdots, X_k$로 표기할 때 다중회귀모형은 다음과 같이 표현된다.

$$Y = \beta_0 + \beta_1 X_1 + \cdots + \beta_k X_k + \epsilon, \qquad \epsilon \sim N(0, \sigma^2)$$

여기서 ϵ은 오차항으로서 평균이 0이고 분산이 σ^2인 정규분포를 따른다고 가정된다. 이 회귀모형에서 $\beta_0, \beta_1, \cdots, \beta_k$를 회귀계수(Regression Coefficient)라고 하며 이 값들은 데이터로부터 추정된다. β_i는 독립변수 X_i가 한 단위 증가할 때 종속변수 Y값의 변동량을 나타낸다.

예를 들어, 키와 가슴둘레 두 개의 독립변수를 사용하여 체중에 대한 모형을 세울 수 있다. 체중을 Y, 키를 X_1, 가슴둘레를 X_2로 나타내면 다음과 같은 회귀모형이 된다.

$$Y = \beta_0 + \beta_1 X_1 + \beta_2 X_2 + \epsilon, \qquad \epsilon \sim N(0, \sigma^2)$$

(2) 회귀계수의 추정

설정한 선형회귀모형에 있는 회귀계수 $\beta_0, \beta_1, \cdots, \beta_k$는 최소제곱법(Least Squares Method)에 의하여 추정된다. $(Y, X_1, \cdots, X_k)$ 변수들에 대한 랜덤표본의 데이터 n개를 각각 $(y_1, x_{11}, \cdots, x_{1k})$, $(y_2, x_{21}, \cdots, x_{2k}), \cdots$, $(y_n, x_{n1}, \cdots, x_{nk})$로 나타내면, 최소제곱법은 오차제곱합

$$SSE \equiv \sum_{i=1}^{n} \epsilon_i^2 \equiv \sum_{i=1}^{n} (y_i - \beta_0 - \beta_1 x_{i1} - \cdots - \beta_k x_{ik})^2$$

을 최소화하는 방법으로 $\beta_0, \beta_1, \cdots, \beta_k$를 추정하는 방법이다.

추정된 회귀계수를 각각 $b_0, b_1, \cdots, b_k$로 나타내면 데이터에 의해 추정된 추정회귀식은 다음과 같이 표현된다.

$$\widehat{Y} = b_0 + b_1 X_1 + \cdots + b_k X_k$$

추정된 회귀식은 회귀모형의 타당성이 입증되면 독립변수값들을 가지고 종속변수 값을 예측하는 데 사용된다.

(3) 회귀모형의 타당성에 대한 검정

(가) 모형 전체에 대한 적합성 검정

회귀모형은 적어도 하나의 독립변수가 종속변수에 선형적인 영향을 준다는 가정하에서 만들어졌기 때문에 추정된 회귀모형이 의미가 있기 위해서는 다음 가설에 대한 검정에서 유의한 결론이 나와야 한다.

귀무가설 H_0 : $\beta_1 = \beta_2 = \cdots = \beta_k = 0$

(모든 독립변수들이 종속변수에 영향을 주지 않는다.)

대립가설 H_1 : 적어도 하나의 $\beta_i \neq 0, i = 1, \cdots, k$

(적어도 하나의 독립변수가 종속변수에 영향을 준다.)

위 가설에 대한 검정은 다음과 같은 분산분석(Analysis of Variance)표를 구해서 실시된다.

분산분석표

변동요인	자유도	제곱합	평균제곱합	F
회귀	k	SSR	MSR=SSR/k	F=MSR/MSE
잔차	$n-1-k$	SSE	MSE=SSE/$(n-1-k)$	
총합	$n-1$	SST		

여기서 $SSR = \sum_{i=1}^{n}(\hat{y_i} - \bar{y})^2$, $SSE = \sum_{i=1}^{n}(y_i - \hat{y_i})^2$, $SST = \sum_{i=1}^{n}(y_i - \bar{y})^2$

분산분석표는 검정을 위한 통계량인 F값을 구하기 위한 과정을 표로 나타낸 것이다. 검정통계량 F는 귀무가설이 참이라면 자유도 $(k,\ n-1-k)$인 F분포를 따른다. SPSS에서는 F값의 다음 칸에 F값에 대한 유의확률($p-$값)을 계산해준다. 이 $p-$값이 유의수준(일반적으로 0.05)보다 작게 되면 우리는 대립가설을 받아들여서 회귀모형이 유의하다고 결론을 내린다.

(나) 회귀계수에 대한 검정

설정한 회귀모형에 대한 검정에서 유의하다는 결론이 내려지면 추정된 회귀식은 종속변수 Y값을 추측하는 데 사용될 수 있다. 그러나 이것은 모형에 있는 모든 독립변수가 종속변수에 영향을 준다는 것을 말하지는 않는다. 사용된 여러 개의 독립변수 중에서 오직 한 개의 변수만이 종속변수에 영향을 주더라도 회귀모형이 유의하다는 결론이 나올 수 있기 때문이다. 따라서 설정한 회귀모형에서 각각의 독립변수들이 과연 종속변수에 영향을 주는지 알아보기 위하여 검정을 할 필요가 있다. 이것을 각 회귀계수에 대한 검정이라고 하고 가설과 검정통계량은 아래와 같다.

귀무가설 H_0 : $\beta_i = 0$ (독립변수 X_i가 종속변수 Y에 영향을 주지 않는다)

대립가설 H_1 : $\beta_i \neq 0$ (독립변수 X_i가 종속변수 Y에 영향을 준다)

검정통계량 $T = \dfrac{b_i}{b_i\text{의 표준오차}}$, $b_i = \beta_i$의 추정값

k개의 가설 H_0 : $\beta_i = 0$ 각각에 대하여 검정통계량 T는 자유도가 $(n-1-k)$인 T분포를 따른다. T분포를 이용하여 T값에 대한 유의확률($p-$값)을 계산할 수 있게 되고, $p-$값이 유의수준(일반적으로 0.05)보다 작을 때 우리는 대립가설을 채택하게 된다. 즉, $p-$값이 유의수준보다 작을 때 독립변수 X_i가 종속변수 Y에 영향을 준다는 결론을 내리게 된다. 회귀계수의 검정에서 통계적으로 유의하지 않다고 판명된 독립변수는 모형에서 제거하고 다시 회귀분석을 실시하는 것이 좋다. 만약 종속변수와 상관이 높은 독립변수인데도 불구하고 그런 결과가 나타났다면 독립변수들 간의 다중 공선성(multicollinearity)을 의심해 볼 수 있다.

(4) 변수의 선택(Variable Selection)

이론적인 배경이나 사전 경험이 있는 경우에는 모형에 포함시킬 독립변수들의 선택이 비교적 용이하다. 그러나 일반적으로 종속변수를 설명해주는 독립변수들을 정확하게 선택하는 것은 매우 어렵다. 따라서 종속변수를 설명한다고 생각되는 모든 가능한 독립변수들을 파악해서 회귀모형에 포함시킬 수도 있다. 그런데 이런 많은 독립변수들을 모형에 포함시켜 분석하는 것은 다음 몇 가지 이유로 문제가 된다.

① 모형내의 변수의 값을 측정하고 유지하는 데 많은 시간과 돈이 들어간다.

② 독립변수들 사이에서는 정보가 중복되기 쉬워서 종속변수에 대한 변수들의 영향력을 알기 어렵게 된다.

③ 일반적으로 복잡한 모형보다는 간편한 모형을 선호한다.
④ 독립변수들 사이에 상관계수가 높은 경우에는 다중공선성(multicollinearity)의 문제가 나타나서 회귀모형이 아주 불안정해진다.

따라서 많은 독립변수 중에서 종속변수에 큰 영향을 주는 변수만을 선택하여 모형에 포함시키고 종속변수에 별 영향을 주지 않는 변수는 제거할 필요가 있다. 이것을 변수선택(variable selection) 작업이라고 한다.

SPSS에서 제공하는 변수선택의 방법에는 다음 네 가지가 있다.

① 모두 입력방법
② 전진 선택법
③ 후진 제거법
④ 단계별 회귀방법

모든 변수를 회귀모형에 포함시키고자 할 때는 모두 입력방법을 사용한다. 종속변수에 큰 영향을 주는 독립변수들만을 선택하여 모형에 포함시키고자 할 경우에는 전진 선택법, 후진 제거법, 단계별 회귀방법 중에서 한 가지를 선택하는데 그 중에서 단계별 회귀방법을 가장 많이 사용한다.

(가) 전진 선택법(forward selection)

종속변수에 영향을 줄 것으로 생각되는 k개의 독립변수들 중에서 가장 크게 영향을 준다고 판단되는 변수부터 하나씩 선택한다. 더 이상 중요한 변수가 없다고 판단될 때 변수의 선택을 중단하는 방법이다.

(나) 후진 제거법(backward elimination)

독립변수를 하나씩 선택하는 전진 선택법과는 반대로, 후진 제거법은 종속변수에 영향을 주리라고 생각되는 k개의 독립변수들 중에서 가장 작게 영향을 준다고 판단되는 변수부터 하나씩 제거하여 나간다. 더 이상 중요하지 않은 변수가 없다고 판단될 때 변수의 제거를 중단하는 방법이다.

(다) 단계별 회귀방법(stepwise regression)

전진 선택법에서는 일단 선택된 독립변수는 새로운 독립변수가 추가될 때 그 중요도가 상실되더라도 제거될 수 없다. 이 점을 개선하기 위하여 전진 선택법에 후진 제거법을 가미한 방법이 단계별 회귀방법이다. 매 단계에서 새로운 변수가 선택되면 이전에 선택된 모든 변수들에 대하여 중요성이 상실되어 제거될 수 있는지 검토하는 방법이다. 더 이상 중요한 변수가 없다고 판단될 때 변수의 선택을 중단한다.

(5) 결정계수, 다중상관계수, 베타계수

(가) 결정계수(Coefficient of Determination)

결정계수 R^2은 종속변수 Y의 총변동량 중에서 독립변수들에 의해 설명되는 Y의 변동량의 비율로서 정의되는데 그 공식은 아래와 같다.

$$R^2 = \frac{SSR}{SST}, \quad SSR = \sum_{i=1}^{n} (\hat{y_i} - \overline{y})^2, \quad SST = \sum_{i=1}^{n} (y_i - \overline{y})^2$$

따라서 R^2은 회귀모형에 있는 독립변수들이 Y값을 얼마나 잘 설명해 주는가에 대한 척도로 사용된다. R^2값이 1에 가까울수록 독립변수들의 설명력이 좋음을 나타내고, 0에 가까우면 설명력이 떨어지는 것을 나타낸다. 자연과학분야에서는 0.8 이상의 높은 R^2값을 가지는 실험 데이터를 종종 볼 수 있으나, 사회과학분야에서는 0.3 이상의 R^2값을 가지는 데이터도 많지 않다.

R^2통계량에 대한 검정방법은 없다. 따라서 모형의 적합성에 대해 R^2값으로 설명하려는 것은 위험하다. R^2값으로는 독립변수들의 설명력으로만 해석하고, 모형의 적합성에 대해서는 앞에서 언급한 분산분석표에 의한 F검정으로 검정하는 것이 좋다.

(나) 다중상관계수(Multiple Correlation Coefficient)

다중상관계수란 종속변수 Y와 추정된 회귀식에 의해 계산된 Y의 추정값 $\hat{Y}$의 피어슨 상관계수를 말한다. 이것은 결정계수의 양의 제곱근으로 계산된다. 1에 가까운 높은 다중상관계수는 추정된 회귀식으로서 종속변수값을 잘(적은 오차로) 추측할 수 있음을 의미한다.

(다) 베타계수(Beta Coefficient)

각 독립변수들이 종속변수에 주는 영향력을 비교하기 위하여 회귀계수를 직접 비교하는 것은 위험하다. 이것은 회귀계수의 크기가 독립변수들의 측정단위에 의해 크게 영향을 받기 때문이다. 예를 들어, 종속변수 체중에 영향을 주는 독립변수로서 키를 고려했을 때를 생각해 보자. 키 데이터를 인치(inch) 단위로 만든 경우의 회귀계수 b'는 cm 단위로 만든 경우의 회귀계수 b의 2.5배(1인치=약 2.5cm이므로)가 된다. 이런 이유로 독립변수들의 영향력을 비교하기 위해서는 측정단위에 관계없는 회귀계수가 필요하다. 모형에 있는 모든 독립변수와 종속변수들에 대해 평균 0, 분산을 1로 만드는 표준화 변환을 한 후에 회귀모형을 추정하면 이때의 회귀계수를 표준화 회귀계수 혹은 베타계수라고 한다. 이 베타계수는 측정단위와 무관한 회귀계수로서 독립변수들이 서로 관련성이 낮을 경우에 상대적인 중요도를 나타낸다. 그러나 독립변수들 간에 상관관계가 있을 경우에
는 여전히 상대적인 중요도를 설명하는 데 위험이 있다. 회귀계수 b_i와 표준화 회귀계수(베타계수) b_i^* 간의 관계는 다음과 같다.

$$b_i = b_i^* \left(\frac{s_y}{s_i} \right), \quad i = 1, 2, \cdots, k,$$

여기서, s_y: 종속변수 Y의 표준편차, s_i: 독립변수 X_i의 표준편차

(6) 가정에 대한 검토

회귀분석을 적용하기 위해서는 다음과 같은 가정이 충족되어야 한다.

$$\epsilon_i \sim N(0,\ \sigma^2), i = 1, 2, \cdots, n, \quad \epsilon_i \text{들은 서로 독립}$$

만약 가정이 만족되지 않으면 분석결과가 정확하지 않을 수 있고, 경우에 따라서는 전혀 다른 방향의 결론이 도출되기도 한다. 위의 가정들이 충족되는지 검토하기 위하여 ϵ_i의 추정치인 잔차 $e_i = y_i - \hat{y_i}$를 사용한다. 잔차를 가지고 가정을 검토하는 분석을 잔차분석이라고 한다. 잔차분석에서는 첫째, 오차항이 정규분포를 따르는지 검토하고, 둘째, 오차항의 분산 σ^2이 독립변수와 종속변수값에 관계없이 일정한지 검토하고, 셋째, 오차항들 간에 자기상관(autocorrelation)이 없는지를 검토한다.

또한 회귀분석에서는 독립변수들간에 상관관계가 높으면 분석과정에서 계산되는 수치들이 심각하게 부정확해지는 다중공선성(milticollinearity) 문제가 발생한다. 따라서 회귀모형에 있는 독립변수들 간에 다중공선성이 존재하는지 검토해 보아야 한다.

자기상관 관계가 존재하는지에 대한 검정법으로는 더빈-왓슨(Durbin-Watson) 검정이 널리 알려져 있다. 인접하는 오차항들 ϵ_i와 ϵ_{i-1} 간에 자기상관이 존재하는지 알아보는 검정법으로서 검정통계량 d는 다음과 같이 계산된다.

$$d = \frac{\sum_{i=2}^{n}(e_i - e_{i-1})^2}{\sum_{i=1}^{n} e_i^2} \qquad e_i : i\text{번째 잔차}$$

d 통계량은 0에서 4까지의 값을 가지는데 자기상관이 없다면 2에 가까운 d값을 낸다. d의 값이 2 이하이면 양의 자기상관 관계를, 2를 넘으면 음의 자기상관 관계를 갖고 있음을 의미한다.

(7) 명목·순서척도의 독립변수를 사용하는 경우

회귀분석에서 독립변수들은 원칙적으로 구간·비율척도 변수이어야 한다. 그러나 성별(남, 여)이나 사회계층(상류층, 중류층, 하류층)과 같은 명목척도나 순서척도 변수들을 독립변수로 사용하고자 할 경우가 가끔 있다. 이런 범주형 변수들을 독립변수로 넣고자 할 때에는 범주형 변수들을 먼저 더미(dummy)변수(혹은 가변수)로 변환해 주어야 한다. 한 개의 범주형 변수를 나타내는 더미변수의 개수는 범주의 개수에 의존하는데 최대 (범주값의 가지수 − 1)개까지 만들 수 있다. 각 범주에 대한 더미변수는 그 범주값의 존재여부에 따라 '1'과 '0'의 두 가지 값을 가지는 변수이다. 예를 들어, 세 가지 범주(①상류층, ②중류층, ③하류층)를 가지는 사회계층을 더미변수로 만들어 보자. 범주값의 가지수는 세 개이므로 두 개의 더미변수를 만들 수 있고, 더미변수 1은 상류층여부를 나타내는 변수로서 상류층이면 '1'을, 아니면 '0'의 수값을 가지는 변수이고, 더미변수 2는 중류층 여부를 나타내는 다른 변수로서 중류층이면 '1'을, 중류층이 아니면 '0'의 수값을 가지는 변수이다. 이런 더미변수는 SPSS 메뉴에서 변환 메뉴의 '변수계산'이나 '코딩변경'의 명령어를 사용하여 만든다. 범주값의 가지수가 많거나 사용할 범주형 변수가 여러 개인 경우에는 명령문 창을 이용해서 프로그램을 만들고 일괄 처리하는 것이 좋다. 다음은 사회계층(class)을 두 개의 더미변수 dum1과 dum2로 변환하는 명령문 창의 프로그램이다.

```
IF (class = 1) dum1 = 1.
IF (class = 2) dum1 = 0.
IF (class = 3) dum1 = 0.
IF (class = 1) dum2 = 0.
IF (class = 2) dum2 = 1.
IF (class = 3) dum2 = 0.
```

04 SPSS 회귀분석 실행

employee data.sav 데이터에서 현재급여를 목적(종속)변수로 하여 회귀모형을 만들어 보자. 현재급여에 영향을 미치는 독립변수로서 구간·비율척도인 피교육(년), 최초급여, 근무월수(개월), 경력(개월) 변수와 명목척도인 성별, 직종, 소수민족 변수를 고려해 보자.

(1) 더미변수

회귀모형에서 명목이나 순서척도 변수를 독립변수로 넣고자 할 경우에는 그 변수를 반드시 더미변수(가변수) 형태로 변환해서 사용해야 한다. 여기에서는 성별, 직종, 소수민족의 범주형 변수를 독립변수로 사용하고자 하기 때문에 고려할 세 가지 범주형 변수들이 더미변수 형태로 되어 있는지 살펴보고 만약 더미변수 형태가 아니라면 더미변수로 변환시켜야 하겠다. 세 변수 중에서 소수민족은 범주값이 0(아니오)과 1(예)로 되어 있어서 범주값 1(예)에 대한 더미변수 형태로 이미 갖춰져 있다. 그러나 성별과 직종은 1과 0의 값만 가지는 더미변수 형태로 되어 있지 않기 때문에 더미변수로 변환시킬 필요가 있다. 성별의 범주는 두 가지이므로 한 개의 더미변수(dumsex라 하자)를 만들 수 있고, 직종의 범주는 세 가지이므로 두 개의 더미변수(dumjob1와 dumjob2라 하자)를 만들 수 있다. 더미변수는 1과 0의 값을 가지는 변수로서 각 범주를 구별하여 나타낼 수 있도록 만들면 된다. 여기에서 dumsex 변수를 여자인 케이스는 0의 값을, 남자인 케이스는 1의 값을 가지도록 만들자. 또한 dumjob1 변수는 관리직인 케이스는 1의 값을, 관리직이 아닌 케이스는 0의 값을 가지도록 만들고, dumjob2 변수는 경영직인 케이스는 1의 값을, 경영직인 아닌 케이스는 0의 값을 가지도록 만들자. SPSS에서 이런 더미변수를 만드는 방법은 여러 가지가 있다.

(가) 변환 메뉴의 코딩변경을 이용

변환
　　다른 변수로 코딩변경...

그림 11-1 다른 변수로 코딩변경: 기존값 및 새로운 값 대화상자

메뉴에서 위와 같은 명령어를 선택하면 **새로운 변수로 코딩변경** 대화상자가 나타난다. 변수목록에서 성별을 선택하고 '출력변수' 칸에 'dumsex'를 입력한 후 [변경(H)] 단추를 누른다. [기존값 및 새로운 값(O)] 단추를 눌러서 **새로운 변수로 코딩변경: 기존값 및 새로운 값** 대화상자를 열고 [그림 11-1]과 같이 기존값과 새로운 값을 대응시킨 다음 [계속(C)] 단추를 누르고 주 대화상자에서 [확인] 단추를 눌러 실행시키면 'dumsex' 변수가 생성된다. 같은 방법으로 변수 목록에서 직종을 선택하여 'dumjob1' 변수를 생성하고 다시 직종변수에 대하여 다른 더미변수 'dumjob2' 변수를 생성한다.

(나) 변환 메뉴의 변수계산을 이용

변환
　　변수계산...

메뉴에서 위의 명령어를 선택하면 **변수계산** 대화상자가 나타난다. '대상변수' 칸에 'dumsex'를 입력하고 '숫자표현식' 칸에 0을 입력한 다음 [조건(I)] 단추를 누른다. [그림 11-2]의 **변수계산: 케이스 조건** 대화상자에서 '조건을 만족하는 케이스 포함'을 선택하고 네모 상자안에 조건식, 성별 ='f'을 입력한다. [계속(C)] 단추를 눌러서

그림 11-2 변수 계산: 케이스 조건

주 대화상자로 돌아온 다음 [확인] 단추를 눌러서 실행시키면 여자인 케이스에 0의 값이 있는 'dumsex' 변수가 생성된다. 다시 메뉴에서 위 명령어를 선택하여 **변수계산** 대화상자가 나타나면 '숫자표현식' 칸에 0을 1의 값으로 바꾸고 [조건(I)...] 단추를 누른다. **변수계산: 케이스 조건** 대화상자에서 네모상자 안에 있는 조건식, 성별 ='f'를 성별 ='m'으로 바꾼 다음 [계속(C)] 단추를 누르고 주 대화상자에서 [확인] 단추를 눌러 실행시키면 'dumsex' 변수의 남자 케이스에 1의 값이 들어가게 된다. 같은 방법으로 'dumjob1' 변수와 'dumjob2' 변수를 생성시킬 수 있다.

(다) 명령문 창에서 프로그램을 입력하고 실행시키는 방법

범주형 독립변수가 여러 개 있거나 범주의 개수가 많은 범주형 독립변수가 있는 경우에 (나)와 같은 작업으로 더미변수를 만든다면 같은 절차를 여러 번 계속 반복해야 하는 번거로움이 있고 시간이 많이 걸리게 된다. 이런 경우에는 Syntax 창을 열어서 비슷한 명령어 프로그램을 입력하고 한꺼번에 실행시키는 것이 편리하다. 먼저 (나)의 처음 절차를 밟는다. 즉, 변환 메뉴에서 변수계산...을 선택하여 **변수계산** 대화상자가 나타나면 '대상변수' 칸에 'dumsex'를 입력하고 '숫자표현식' 칸에 0을 입력한다. [조건(I)...] 단추를 눌러 **변수계산: 케이스조건** 대화상자를 열어서 '다음 조건을 만족하는 케이스 포함'을 선택하고 네모상자 안에 조건식, 성별='f'을 입력한다. [계속(C)] 단추를 누르고 주 대화상자로 돌아온다. 여기서 [붙여넣기(P)] 단추를 누르면 명령문 창이 나타나고 창에는 지금까지 한 작업에 대한 SPSS 명령어들이 있다. 편집 메뉴의 복사와 붙여넣기를 이용하여 남자인 케이스에 1의 값을 입력하는 작업과 직종변수에 대해 'dumjob1' 변수와 'dumjob2' 변수를 만드는 작업에 대한 명령어를 [그림 11-3]과 같이 만들고 실행 메뉴의 모두를 선택하여 실행시키면 한꺼번에 세 개의 더미변수가 만들어진다.

(라) 더미변수에 변수정의하기

새로 만든 더미변수, dumsex, dumjob1와 dumjob2 변수들에 대한 디폴트 변수정의를 그대로 두어도 되지만 소수점을 없애고 변수설명을 붙이면 출력결과를 해석하는 데 편리하다.

데이터 편집기의 '변수 보기' 시트를 열어서 세 변수에 대해 '소수점 이하 자리'를 '0'으로 변경한다. dumsex, dumjob1, dumjob2 변수의 '설명'으로 각각 '남자', '관리직', '경영직'을 입력한다.

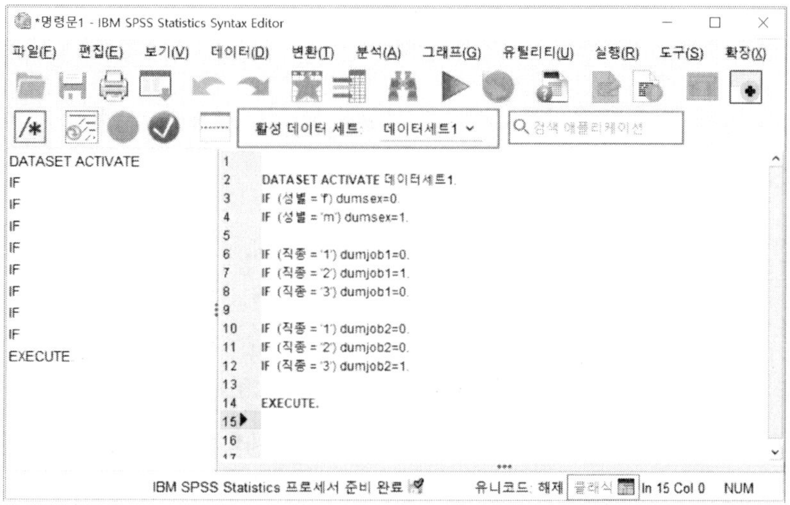

그림 11-3 명령문 창

(마) 변환 메뉴의 더미변수 작성을 이용

명목척도나 순서척도 변수를 더미변수로 변환시키기 위해 변환 메뉴의 더미변수 작성 명령어를 사용할 수 있다.

변환
　　더미변수 작성...

메뉴에서 위의 명령어를 선택하면 더미변수 작성 대화상자가 나타난다. '다음에 대한 더미변수 작성' 칸에는 변수목록으로부터 더미변수로 작성할 변수를 선택하여 입력한다. [그림 11-4]와 같이 주효과 더미변수 항목 아래 '루트이름' 칸에 더미변수 이름으로 사용할 이름을 입력하고 확인 단추를 누르면 변수의 각 범주에 대해 하나씩 더미변수들이 생성된다.

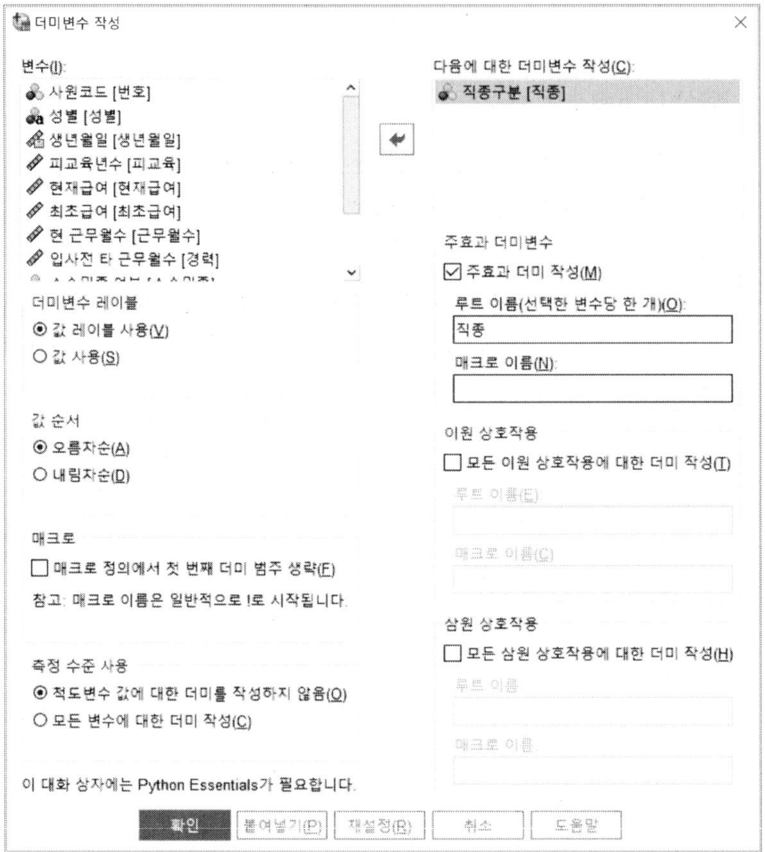

그림 11-4 더미변수 작성 대화상자

성별변수의 경우에는 두 개의 더미변수, 직종변수의 경우에는 세 개의 더미변수가 생성된다. 더미변수 이름은 '루트이름' 칸에 입력한 이름에 _1, _2, _3 등으로 붙는다. 또한 더미변수의 레이블은 변수값 레이블이 그대로 사용된다. 회귀분석에서 각 변수에 대해 독립변수로 사용할 수 있는 더미변수의 개수는 최대 (범주개수-1) 이다. 즉, 성별변수는 1개, 직종변수는 최대 2개의 더미변수를 사용할 수 있으므로 더미변수 작성 메뉴로 생성한 더미변수 중 한 개는 제외하고 나머지만을 독립변수로 사용한다.

(2) 선형회귀분석 대화상자

선형회귀분석을 실행하기 위해서는 메뉴로부터 다음과 같은 절차를 따른다. 그러면 [그림 11-5]와 같은 **선형 회귀** 대화상자가 열린다.

분석

회귀분석

선형 ...

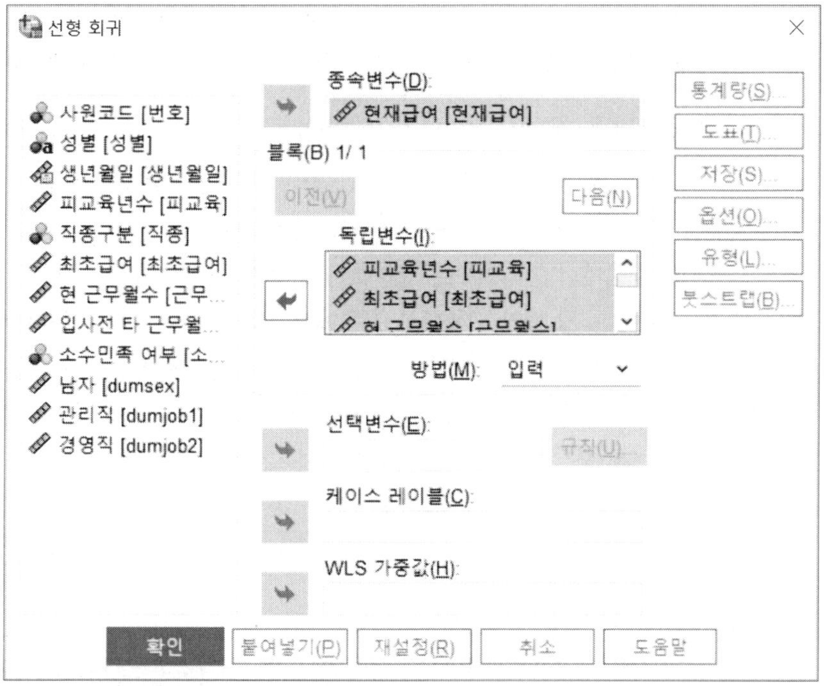

그림 11-5 선형 회귀 대화상자

왼쪽 상자에 있는 변수목록에서 변수들을 선택하여 '종속변수', '독립변수', '선택변수', '케이스 레이블' 칸에 넣는다. '종속변수' 칸에는 현재급여를, '독립변수' 칸에는 우리가 고려하는 모든 독립변수(피교육, 최초급여, 근무월수, 경력, 소수민족과 새로 만든 dumsex, dumjob1, dumjob2)를 넣는다.

- 선택변수

  만약 어떤 변수의 특정한 값을 가지는(혹은 특정한 값을 가지지 않는) 케이스에 대해서만 회귀분석을 실행하고자 하면 이 변수를 '선택변수' 칸에 넣고 규칙(U)... 단추를 눌러서 그 규칙을 정의한다. **규칙설정** 대화상자에서 특정한 값을 가지는 케이스에 대해 회귀분석을 할 경우에는 드롭다운 목록에서 '같음'을 선택하고 '값' 칸에 특정한

값을 입력하며, 특정한 값을 가지지 않는 케이스에 대해 회귀분석을 할 경우에는 드롭다운 목록에서 '같지 않음'을 선택하고 '값' 칸에 특정한 값을 입력한다.

- 케이스 레이블

  도표에서 점에 해당하는 케이스에 대해 설명을 붙이고자 할 때, 케이스 레이블을 나타내는 변수를 선택하여 입력한다.

- WLS 가중값

  케이스에 가중값을 부여해서 가중최소제곱방법을 사용하는 회귀분석을 하고자 할 경우에는 가중값을 가지는 변수를 변수목록으로부터 선택하여 입력한다.

선형 회귀 대화상자에서 종속변수와 독립변수를 선택하고 [확인] 단추를 누르면 기본설정으로 되어 있는 '입력'(모두 입력 방법)의 변수선택방법을 사용해서 8개의 독립변수 모두를 회귀모형에 넣고서 회귀분석을 시행한다.

독립변수 중에서 종속변수에 영향력이 큰 변수들만을 가지고 간단한 회귀모형을 만들고자 할 경우에는 '방법'의 드롭다운 목록에서 '입력'이 아닌 세 가지(단계선택, 후진, 전진) 변수선택방법 중에서 한 가지를 선택한다. 이런 변수선택방법을 변수들의 블록을 만들어서 다르게 지정할 수 있다. 한 블록은 '입력' 방법으로, 두 번째 블록은 '단계선택' 방법으로 하고, 세 번째 블록은 '제거' 방법을 사용할 수 있다. 독립변수(들)을 입력하고 바로 위에 있는 [다음(N)] 단추를 누르면 블록이 만들어진다. 새로운 독립변수(들)을 입력하고 [다음(N)] 단추를 선택하면 두 번째 블록이 만들어진다. 이와 같은 작업으로 여러 개의 블록을 만들 수 있다.

방법(Method)	설명	추천항목
입력(Enter)	(기본설정)블록 내의 모든 변수가 모형 내에 포함된다.	모든 변수를 포함시키고자 하는 경우
단계선택(Stepwise)	가장 중요한 변수부터 하나씩 선택하되 단계별로 중요하지 않게 된 변수를 제거한다.	○
제거(Remove)	블록 내의 모든 변수가 모형에서 제외된다.	
후진(Backward)	(후진 제거법) 블록 내의 변수 중에서 가장 중요하지 않은 변수부터 하나씩 제거한다.	
전진(Forward)	(전진 선택법) 블록 내의 변수 중에서 가장 중요한 변수부터 하나씩 선택한다.	

선형 회귀 대화상자 오른편에는 [통계량(S)...], [도표(T)...], [저장(S)...], [옵션(O)...], [유형(L)]과 [붓스트랩(B)]의 여섯 가지 선택단추가 있다.

(3) 통계량 대화상자

다음 통계량값을 얻기 위해서는 통계량(S)... 단추를 선택하여 필요한 옵션의 상자에 체크한다.

- 회귀계수의 신뢰구간과 공분산행렬
- 독립변수를 추가하므로써 초래되는 R^2 변화량
- 변수들의 기술통계, 부분상관 및 편상관계수
- 공선성 진단
- 잔차에 대한 Durbin-Watson 자기상관분석, 케이스별 진단

통계량(S)... 단추를 선택하면 [그림 11-6]과 같이 **선형 회귀: 통계량** 대화상자가 열린다. 각 옵션에 대한 설명은 아래와 같다.

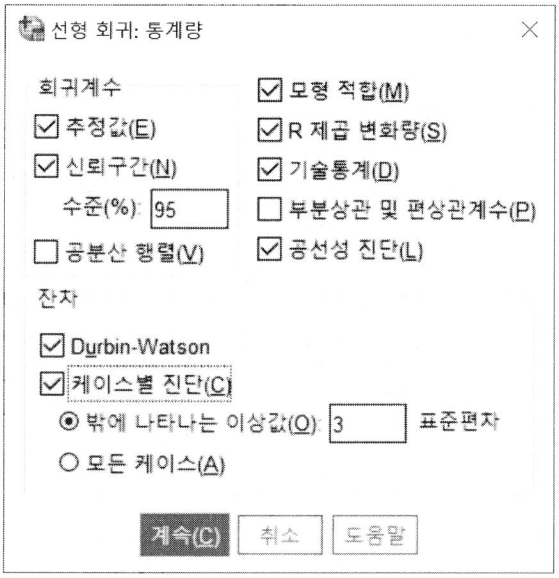

그림 11-6 선형 회귀: 통계량 대화상자

항목	설명	추천항목
회귀계수 (Regression coefficients)	**회귀계수에 대한 다음 옵션 중 하나 이상을 선택할 수 있다.**	
□ 추정값(Estimate)	(기본설정) 추정된 회귀계수값, 베타계수, 회귀계수의 검정(t통계량과 유의확률)	○
□ 신뢰구간 (Confidence Intervals)	추정된 회귀계수에 대한 95% 신뢰구간	○
□ 공분산행렬 (Covariance matrix)	추정된 회귀계수에 대한 분산-공분산 행렬과 상관계수행렬	

항목	설명	추천항목
□ 모형적합(Model fit)	(기본설정)모형전체에 대한 적합성검정, 분산분석표와 R 제곱	○
□ R제곱 변화량(R^2 change)	변수선택에 따른 R 제곱 변화량	○
□ 기술통계(Descriptives)	각 변수에 대한 기술통계량(평균, 표준편차, 상관계수)	○
□ 부분상관 및 편상관계수 (Partial correlation)	다른 변수들의 통제 상태에서 계산된 상관계수	
□ 공선성 진단 (Collinearity diagnostics)	공선성을 진단하는 통계량, 분산팽창요인(VIF) 공차한계, 고유근의 값, 상태지수, 분산비율 등을 나타내 준다.	○
잔차(Residuals)	**잔차에 대한 다음의 옵션 중 하나 이상을 선택할 수 있다.**	
□ Durbin–Watson	자기상관이 존재하는지를 검정하는 통계량	○
□ 케이스별 진단	다음 두 가지 옵션 중 하나를 선택할 수 있다.	○
○밖으로 나타나는 이상값	(기본설정) 이상점을 지정하기 위한 표준편차의 배수를 □안에 입력하고 절대값이 □ ×표준편차를 초과하는 케이스에 대해 예측값과 잔차를 표시해 준다.	○
○전체 케이스	모든 케이스에 대해 예측값과 잔차를 표시해준다.	

(4) 도표 대화상자

독립변수들과 종속변수, 잔차들에 대한 산점도를 그리기 위해서는 [도표(T)...] 단추를 선택한다. [그림 11-7]의 **선형 회귀: 도표** 대화상자에는 왼쪽 상자 안에 변수들의 목록이 나타나 있다. 변수들의 목록은 아래와 같다.

변수	설명
DEPENDNT	종속변수 $y_i, i=1,\cdots,n$
*ZPRED	표준화된 $\hat{y_i}(=y_i$들의 추정값)
*ZRESID	표준화된 잔차$(=y_i-\hat{y_i})$
*DRESID	삭제잔차 $y_i-\hat{y}_{(i)}$, $\hat{y}_{(i)}$는 i번째 케이스를 제외하고 추정한 값
*ADJPRED	수정한 $\hat{y_i}$
*SRESID	스튜던트화된 잔차(잔차/잔차의 표준오차)
*SDRESID	스튜던트화된 삭제잔차

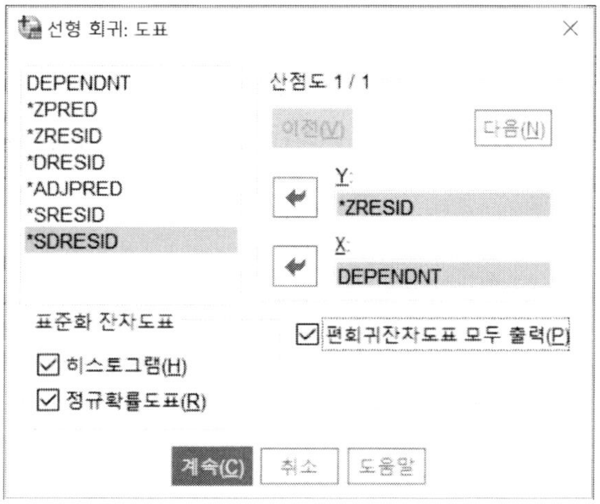

그림 11-7 선형 회귀: 도표 대화상자

왼쪽 상자에 있는 종속변수와 여러 가지 잔차 변수들로부터 Y축 변수와 X축 변수를 선택한다. 여러 개의 도표를 그리고자 하면 위쪽에 있는 다음(N) 단추를 누른 다음 다른 도표에 대한 Y축 변수와 X축 변수를 선택하여 입력한다. 잔차의 히스토그램과 정규확률도표를 그릴 수 있고 각 독립변수와 종속변수에 대한 편회귀잔차도표도 그릴 수 있다. 종속변수 Y와 독립변수 X_1에 대한 편회귀잔차도표는 다음의 과정으로 그린다.

① Y에 대해 나머지 독립변수$(X_2, \cdots, X_k)$를 가지고 회귀분석을 해서 잔차 R_Y를 계산한다.

② X_1에 대해 나머지 독립변수$(X_2, \cdots, X_k)$를 가지고 회귀분석을 해서 잔차 R_X를 계산한다.

③ R_Y와 R_X를 가지고 도표를 그린다.

항목	설명	추천항목
	변수목록으로부터 도표를 그릴 Y축 변수와 X축 변수를 선택한다.	
Y :	Y축 변수	*ZRESID :
X :	X축 변수	DEPENDNT
표준화잔차도표	**표준화된 잔차에 대해 다음 도표를 하나 이상 선택할 수 있다.**	
□ 히스토그램	히스토그램을 그린다.	○
□ 정규확률도표	정규확률도표(P-P 도표)를 그린다.	○
□ 편회귀잔차도표 모두 출력	모든 독립변수에 대해 종속변수와의 편회귀잔차도표를 그린다.	

(5) 저장 대화상자

새로운 변수들로서 예측치, 잔차, 또는 관련 통계량 값을 저장하기 위해서는 주 대화상자에서 저장(S)... 단추를 선택한다. 그러면 [그림 11-8]과 같은 **선형 회귀: 저장** 대화상자가 열린다.

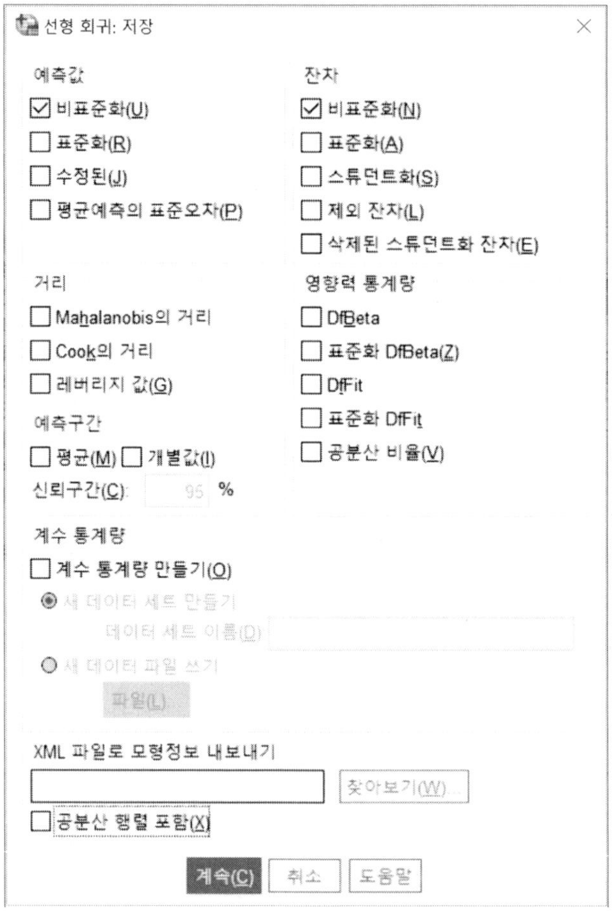

그림 11-8 선형 회귀: 저장 대화상자

항목	설명	추천항목
예측값(Predicted Values)	종속변수 y_i의 예측값 $\hat{y}_i$에 대하여 다음 중 하나 이상을 선택할 수 있다.	
□ 비표준화(Unstandardized)	$\hat{y}_i$	○
□ 표준화(Standardized)	표준화된 $\hat{y}_i$	
□ 수정된(Adjusted)	수정된 $\hat{y}_i$	

항목	설명	추천항목
□ 평균예측 표준오차 (S.E. of Mean Prediction)	$\hat{y}_i$의 표준오차	
거리(Distance)	**이상점(극단값)을 찾아내는 거리로서**	
□ Mahalanobis의 거리	독립변수의 한 케이스 값이 모든 케이스 평균과 얼마나 다른지에 대한 측도. 값이 크면 하나 이상의 독립변수에서 극단값을 가지는 케이스이다.	
□ Cook의 거리	특정 케이스를 제외하고 회귀분석한 후 잔차가 얼마나 바뀌는가에 대한 측도. 값이 크면 그 케이스를 제외할 경우 회귀계수가 많이 바뀌는 것을 나타낸다.	
□ 레버리지 값 (Leverage values)	회귀모형의 적합에 미치는 한 케이스의 영향력. 레버리지 값은 0(영향을 미치지 않음)부터 (n−1)/n까지의 값을 가진다.	
예측구간(Prediction Intervals)	**다음 통계량에 대한 예측구간**	
□ 평균(Mean)	평균 예측값	
□ 개별값(Individual)	관측오차를 고려한 개별 예측값	
신뢰구간 (Confidence Intervals)	예측구간을 계산할 때 사용하는 신뢰수준 값을 □ 안에 입력한다.	
잔차(Residuals)	**잔차에 대한 다음 통계량 중 하나 이상을 선택할 수 있다.**	
□ 비표준화(Unstandardized)	잔차 $e_i = y_i - \hat{y}_i$	○
□ 표준화(Standardized)	표준화된 잔차 $e_i / \sqrt{MSE}$	
□ 스튜던트화(Studentized)	스튜던트화된 잔차 e_i / e_i의 표준오차	
□ 제외 잔차(Deleted)	$y_i - \hat{y}_{(i)}$, $\hat{y}_{(i)} = i$번째 케이스를 제외한 추정값	
□ 삭제된 스튜던트화 잔차 (Studentized deleted)	스튜던트화된 삭제된 잔차	
영향력 통계량 (Influence statistics)	**케이스의 영향력에 대한 통계량으로서 다음 중 하나 이상을 선택할 수 있다.**	
□ DFBETA	특정한 케이스가 제외될 때 발생하는 베타계수의 변화량	
□ 표준화 DFBETA	표준화된 DFBETA	
□ DFFIT	특정한 케이스가 제외될 때 발생하는 예측값의 변화량	
□ 표준화 DFFIT	표준화된 DFFIT	
□ 공분산 비율	특정한 케이스가 제외될 때 공분산 행렬과 제외되지 않을 때의 공분산 행렬의 비	
계수 통계량		
□ 계수 통계량 만들기	지정한 파일에 회귀계수를 저장한다.	
XML 파일에 모형정보 내보내기	**지정한 파일에 모형정보를 내보낸다.**	

(6) 옵션 대화상자

변수선택방법의 각 단계에서 검정하는 데 사용하는 통계량이 F 통계량이다. 검정의 임계값을 바꾸고자 하거나, 회귀모형에서 상수항을 제외시키고자 할 때, 또는 결측값을 평균값으로 대체하고자 할 때는 [옵션(O)] 단추를 선택한다. 그러면 [그림 11-9]과 같은 **선형 회귀: 옵션** 대화상자가 열린다.

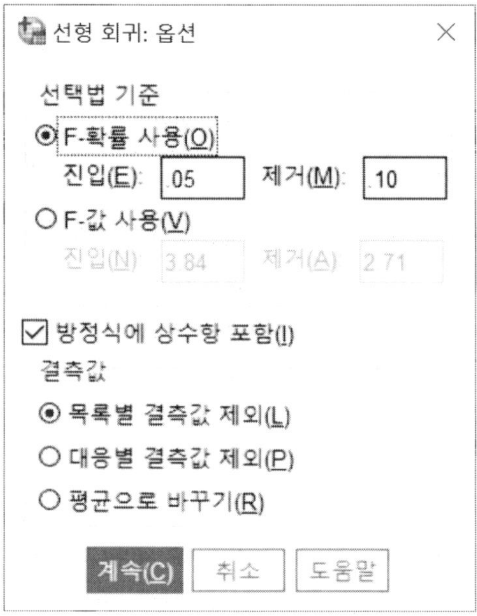

그림 11-9 선형 회귀: 옵션 대화상자

옵션	설명	추천옵션
선택기준	**F 통계량에 대한 선택기준으로서 다음 중 하나를 선택할 수 있다.**	
○F-확률 사용	(기본설정) 변수 진입에 대한 유의수준과 변수제거에 대한 유의수준을 입력한다. 기본설정은 진입에는 0.05, 제거에는 0.10이다.	○
○F-값 사용	변수 진입에 대한 F-값과 변수제거에 대한 F-값을 입력한다. 기본설정은 진입에는 3.84, 제거에는 2.71이다.	
□방정식에 상수항 포함	(기본설정)회귀모형에 상수항을 포함시킨다. 모형에 상수항을 포함시키지 않으려면 이 항목의 체크표시를 제거한다.	○
결측값(Missing values)	**다음 중 하나를 선택할 수 있다.**	
○목록별 결측값 제외	(기본설정)모형에 고려되는 모든 변수에 대해 결측값이 없는 케이스만을 가지고 분석한다.	○
○대응별 결측값 제외	상관계수와 같은 특정 통계량을 구할 때 고려되는 두 개의 변수에 결측값이 없는 케이스는 모두 분석에 포함시킨다.	
○평균으로 바꾸기	결측값을 변수 평균값으로 대체해서 분석에 포함시킨다.	

(7) 유형 대화상자

선형 회귀 대화상자에서 [유형(L)...] 단추를 선택하면 표 **유형** 대화상자가 열린다. 여기에서는 조건에 따라 셀 배경을 지정할 수 있다. 모든 표에서 유의성 검정결과가 유의수준 0.05에서 유의할 때 셀 배경을 노란색으로 표시하고 싶다면, '표' 칸에 모든 적용 가능 표, '값' 칸에 유의성, '차원' 칸에 모두, '조건' 칸에 "x <= 0.05", '형식' 칸에 배경(255,255,0)을 넣으면 된다. 각 셀의 오른편을 누르면 선택 목록이 나타난다.

(8) 붓스트랩 대화상자

붓스트랩 추정을 하기 위해서는 **선형 회귀** 대화상자에서 [붓스트랩(B)...] 단추를 선택한다. 그러면 **붓스트랩** 대화상자가 열리는데 맨 위에 있는 '붓스트랩 수행'을 클릭하게 되면 붓스트랩 추정치가 출력된다. 출력결과에서 다음 붓스트랩 추정 및 유의성 검정 결과가 나타난다.

① 기술 통계 표에서 평균과 표준편차의 붓스트랩 추정
② 모형 요약 표에서 Durbin-Watson 통계량의 붓스트랩 추정
③ 계수 표에서 회귀계수 B의 붓스트랩 추정 및 유의성 검정
④ 상관계수 표에서 상관계수의 붓스트랩 추정
⑤ 잔차통계량 표에서 평균과 표준편차의 붓스트랩 추정

05 분석결과 해석

employee data.sav 파일에 있는 데이터를 가지고 선형회귀분석을 실행시켜서 얻은 출력결과는 [그림 11-10]에서 [그림 11-15]까지에 있다. 종속변수는 현재급여이고 독립변수로는 네 개의 구간·비율척도 변수와 네 개의 더미변수를 고려하였으며 변수선택방법으로는 단계별 회귀방법을 사용하였다

선형회귀분석

기술통계량

	평균	표준화 편차	N
현재급여	$34,419.57	$17,075.661	474
피교육년수	13.49	2.885	474
최초급여	$17,016.09	$7,870.638	474
현 근무월수	81.11	10.061	474
입사전 타 근무월수	95.86	104.586	474
소수민족 여부	.22	.414	474
남자	.54	.499	474
관리직	.06	.232	474
경영직	.18	.382	474

상관계수

		현재급여	피교육년수	최초급여	현 근무월수	입사전 타 근무월수	소수민족 여부	남자	관리직	경영직
Pearson 상관	현재급여	1.000	.661	.880	.084	-.097	-.177	.450	-.050	.804
	피교육년수	.661	1.000	.633	.047	-.252	-.133	.356	-.282	.605
	최초급여	.880	.633	1.000	-.020	.045	-.158	.457	-.061	.782
	현 근무월수	.084	.047	-.020	1.000	.003	.050	.066	.011	.002
	입사전 타 근무월수	-.097	-.252	.045	.003	1.000	.145	.165	.476	-.081
	소수민족 여부	-.177	-.133	-.158	.050	.145	1.000	.076	.156	-.193
	남자	.450	.356	.457	.066	.165	.076	1.000	.225	.314
	관리직	-.050	-.282	-.061	.011	.476	.156	.225	1.000	-.114
	경영직	.804	.605	.782	.002	-.081	-.193	.314	-.114	1.000
유의확률 (단측)	현재급여	.	<.001	<.001	.034	.017	<.001	<.001	.138	<.001
	피교육년수	.000	.	.000	.152	.000	.002	.000	.000	.000
	최초급여	.000	.000	.	.334	.163	.000	.000	.094	.000
	현 근무월수	.034	.152	.334	.	.474	.141	.074	.406	.482
	입사전 타 근무월수	.017	.000	.163	.474	.	.001	.000	.000	.039
	소수민족 여부	.000	.002	.000	.141	.001	.	.050	.000	.000
	남자	.000	.000	.000	.074	.000	.050	.	.000	.000
	관리직	.138	.000	.094	.406	.000	.000	.000	.	.006
	경영직	.000	.000	.000	.482	.039	.000	.000	.006	.
N	현재급여	474	474	474	474	474	474	474	474	474
	피교육년수	474	474	474	474	474	474	474	474	474
	최초급여	474	474	474	474	474	474	474	474	474
	현 근무월수	474	474	474	474	474	474	474	474	474
	입사전 타 근무월수	474	474	474	474	474	474	474	474	474
	소수민족 여부	474	474	474	474	474	474	474	474	474
	남자	474	474	474	474	474	474	474	474	474
	관리직	474	474	474	474	474	474	474	474	474
	경영직	474	474	474	474	474	474	474	474	474

그림 11-10 회귀분석 출력결과(기술통계)

[그림 11-10]의 해석

각 변수에 대한 기술통계량 값이 출력되어 있다. 회귀모형에서 고려하고 있는 종속변수 현재급여와 8개의 독립변수들에 대한 474 케이스의 평균과 표준편차가 나타나 있다. 상관계수를 보면 종속변수 현재급여와 상관이 높은 독립변수는 최초급여, 직종에서 경영직 범주, 피교육년수, 성별을 나타내는 남자 순이다. 독립변수들 간에 존재하는 관련성을 보면, 최초급여와 경영직 범주, 최초급여와 피교육년수 간에 상관관계가 상대적으로 높은 것을 알 수 있다.

입력/제거된 변수[a]

모형	입력된 변수	제거된 변수	방법
1	최초급여	.	단계선택 (기준: 입력에 대한 F의 확률 <= .050, 제거에 대한 F의 확률 >= .100).
2	경영직	.	단계선택 (기준: 입력에 대한 F의 확률 <= .050, 제거에 대한 F의 확률 >= .100).
3	입사전 타 근무월수	.	단계선택 (기준: 입력에 대한 F의 확률 <= .050, 제거에 대한 F의 확률 >= .100).
4	현 근무월수	.	단계선택 (기준: 입력에 대한 F의 확률 <= .050, 제거에 대한 F의 확률 >= .100).
5	관리직	.	단계선택 (기준: 입력에 대한 F의 확률 <= .050, 제거에 대한 F의 확률 >= .100).
6	피교육년수	.	단계선택 (기준: 입력에 대한 F의 확률 <= .050, 제거에 대한 F의 확률 >= .100).
7	남자	.	단계선택 (기준: 입력에 대한 F의 확률 <= .050, 제거에 대한 F의 확률 >= .100).

a. 종속변수: 현재급여

모형 요약[h]

					통계량 변화량					
모형	R	R 제곱	수정된 R 제곱	추정값의 표준오차	R 제곱 변화량	F 변화량	자유도1	자유도2	유의확률 F 변화량	Durbin-Watson
1	.880[a]	.775	.774	$8,115.356	.775	1622.118	1	472	<.001	
2	.900[b]	.809	.809	$7,471.464	.035	85.860	1	471	<.001	
3	.906[c]	.820	.819	$7,262.589	.011	28.482	1	470	<.001	
4	.911[d]	.830	.828	$7,076.391	.009	26.059	1	469	<.001	
5	.914[e]	.836	.835	$6,945.562	.007	18.835	1	468	<.001	
6	.917[f]	.841	.839	$6,850.294	.005	14.108	1	467	<.001	
7	.918[g]	.843	.841	$6,813.575	.002	6.047	1	466	.014	1.843

a. 예측자: (상수), 최초급여
b. 예측자: (상수), 최초급여, 경영직
c. 예측자: (상수), 최초급여, 경영직, 입사전 타 근무월수
d. 예측자: (상수), 최초급여, 경영직, 입사전 타 근무월수, 현 근무월수
e. 예측자: (상수), 최초급여, 경영직, 입사전 타 근무월수, 현 근무월수, 관리직
f. 예측자: (상수), 최초급여, 경영직, 입사전 타 근무월수, 현 근무월수, 관리직, 피교육년수
g. 예측자: (상수), 최초급여, 경영직, 입사전 타 근무월수, 현 근무월수, 관리직, 피교육년수, 남자
h. 종속변수: 현재급여

그림 11-11 회귀분석 출력결과(모형요약)

[그림 11-11]의 해석

일곱 가지 선형회귀모형이 제시되었다. 단계선택의 기준에서 입력하는 경우와 제거하는 경우에 유의수준을 각각 0.05와 0.10으로 하였는데, 최초급여가 가장 먼저 모형에 입력되었다. 최초급여만을 가지는 회귀모형은 이미 R^2값이 0.775나 되어 종속변수를 충분히 잘 설명하는 것으로 보인다. 2단계에서 경영직 범주변수가 입력되었고, 3단계에서 입사전 타 근무월수가, 4단계에서 근무월수가, 5단계에서 관리직 범주변수가, 6단계에서 피교육년수가, 7단계에서 성별(남자)변수가 입력되었다. 단계별 회귀방법의 변수선택 방법을 사용하면 중간 단계에서 제거되는 변수가 나타날 수 있는데 여기에서는 입력된 변수가 제거되지 않았다. 각 단계에서 계산된 F값의 변화량은 단계가 높아갈수록 점점

작아지는 것을 볼 수 있다. 그러나 F 변화량의 유의확률을 보면 7번째 모형에서도 그 변화량이 유의하다는 것을 알 수 있다. 자기상관이 있는지를 말해주는 Durbin-Watson 통계량 값은 1.843으로 나타났다. 이 값은 2에 가까우므로 자기상관이 존재하지 않는 것으로 판단된다.

ANOVA[a]

모형		제곱합	자유도	평균제곱	F	유의확률
1	회귀	1.068E+11	1	1.068E+11	1622.118	<.001[b]
	잔차	31085446686	472	65858997.217		
	전체	1.379E+11	473			
2	회귀	1.116E+11	2	55811984914	999.807	<.001[c]
	잔차	26292525608	471	55822771.991		
	전체	1.379E+11	473			
3	회귀	1.131E+11	3	37708749917	714.923	<.001[d]
	잔차	24790245686	470	52745203.587		
	전체	1.379E+11	473			
4	회귀	1.144E+11	4	28607793841	571.295	<.001[e]
	잔차	23485320074	469	50075309.326		
	전체	1.379E+11	473			
5	회귀	1.153E+11	5	23067957664	478.183	<.001[f]
	잔차	22576707115	468	48240827.170		
	전체	1.379E+11	473			
6	회귀	1.160E+11	6	19333634766	411.998	<.001[g]
	잔차	21914686838	467	46926524.278		
	전체	1.379E+11	473			
7	회귀	1.163E+11	7	16611790992	357.821	<.001[h]
	잔차	21633958494	466	46424803.636		
	전체	1.379E+11	473			

a. 종속변수: 현재급여
b. 예측자: (상수), 최초급여
c. 예측자: (상수), 최초급여, 경영직
d. 예측자: (상수), 최초급여, 경영직, 입사전 타 근무월수
e. 예측자: (상수), 최초급여, 경영직, 입사전 타 근무월수, 현 근무월수
f. 예측자: (상수), 최초급여, 경영직, 입사전 타 근무월수, 현 근무월수, 관리직
g. 예측자: (상수), 최초급여, 경영직, 입사전 타 근무월수, 현 근무월수, 관리직, 피교육년수
h. 예측자: (상수), 최초급여, 경영직, 입사전 타 근무월수, 현 근무월수, 관리직, 피교육년수, 남자

그림 11-12 회귀분석 출력결과(분산분석)

[그림 11-12]의 해석

일곱 가지 모형의 각각에 대해 모형에 대한 적합도 검정을 위한 분산분석표가 제시되었다. 독립변수 한 개(최초급여)를 가지는 모형 1의 유의확률은 <0.001으로서 모형이 적합한(fit) 것으로 나타났다. 독립변수가 하나씩 추가되어 만들어지는 7개의 모형 모두

〈0.001의 유의확률값을 가지며 따라서 데이터에 적합하다고 할 수 있다. 이런 경우에는 사용자가 모형 1에서 모형 7 중에 어느 것을 선택하더라도 무방하다. 되도록 간단한 모형을 사용하고자 하면 모형 1이나 모형 2를 선택하고, R^2 변화량에 있어서 상대적으로 많은 변화가 있는 모형 4를 선택할 수도 있다.

계수[a]

모형		비표준화 계수		표준화 계수			B에 대한 95.0% 신뢰구간		공선성 통계량	
		B	표준화 오류	베타	t	유의확률	하한	상한	공차	VIF
1	(상수)	1928.206	888.680		2.170	.031	181.947	3674.464		
	최초급여	1.909	.047	.880	40.276	<.001	1.816	2.003	1.000	1.000
2	(상수)	8186.380	1060.920		7.716	<.001	6101.659	10271.102		
	최초급여	1.403	.070	.647	20.044	<.001	1.265	1.540	.389	2.570
	경영직	13350.989	1440.851	.299	9.266	<.001	10519.698	16182.280	.389	2.570
3	(상수)	9007.862	1042.685		8.639	<.001	6958.961	11056.762		
	최초급여	1.467	.069	.676	21.235	<.001	1.331	1.603	.377	2.651
	경영직	11930.782	1425.627	.267	8.369	<.001	9129.391	14732.174	.375	2.663
	입사전 타 근무월수	-17.363	3.253	-.106	-5.337	<.001	-23.755	-10.970	.963	1.038
4	(상수)	-4546.756	2842.980		-1.599	.110	-10133.313	1039.800		
	최초급여	1.479	.067	.682	21.961	<.001	1.347	1.611	.377	2.654
	경영직	11722.686	1389.675	.262	8.436	<.001	8991.926	14453.445	.375	2.665
	입사전 타 근무월수	-17.513	3.170	-.107	-5.524	<.001	-23.742	-11.284	.963	1.038
	현 근무월수	165.196	32.361	.097	5.105	<.001	101.606	228.785	.999	1.001
5	(상수)	-4360.761	2790.748		-1.563	.119	-9844.709	1123.187		
	최초급여	1.491	.066	.687	22.534	<.001	1.361	1.621	.376	2.659
	경영직	11844.917	1364.273	.265	8.682	<.001	9164.058	14525.776	.375	2.667
	입사전 타 근무월수	-24.718	3.527	-.151	-7.009	<.001	-31.648	-17.788	.750	1.334
	현 근무월수	163.876	31.764	.097	5.159	<.001	101.459	226.294	.999	1.001
	관리직	6823.174	1572.188	.093	4.340	<.001	3733.754	9912.595	.767	1.305
6	(상수)	-9942.366	3128.006		-3.178	.002	-16089.076	-3795.656		
	최초급여	1.388	.071	.640	19.601	<.001	1.249	1.527	.319	3.130
	경영직	10957.607	1366.141	.245	8.021	<.001	8273.063	13642.151	.364	2.749
	입사전 타 근무월수	-21.611	3.575	-.132	-6.044	<.001	-28.637	-14.585	.710	1.409
	현 근무월수	154.005	31.438	.091	4.899	<.001	92.227	215.783	.992	1.008
	관리직	7845.795	1574.344	.107	4.984	<.001	4752.120	10939.470	.744	1.345
	피교육년수	588.444	156.667	.099	3.756	<.001	280.584	896.305	.486	2.059
7	(상수)	-8455.586	3169.443		-2.668	.008	-14683.757	-2227.415		
	최초급여	1.341	.073	.618	18.397	<.001	1.198	1.485	.298	3.355
	경영직	11255.523	1364.208	.252	8.251	<.001	8574.762	13936.284	.361	2.771
	입사전 타 근무월수	-22.283	3.567	-.136	-6.248	<.001	-29.292	-15.274	.705	1.418
	현 근무월수	148.615	31.346	.088	4.741	<.001	87.017	210.213	.987	1.013
	관리직	6736.872	1629.546	.092	4.134	<.001	3534.705	9939.040	.687	1.456
	피교육년수	499.308	159.988	.084	3.121	.002	184.921	813.696	.461	2.170
	남자	1870.063	760.481	.055	2.459	.014	375.667	3364.459	.683	1.465

a. 종속변수: 현재급여

제외된 변수[a]

모형		베타 입력	t	유의확률	편상관계수	공선성 통계량		
						공차	VIF	최소공차
1	피교육년수	.172[b]	6.356	<.001	.281	.599	1.669	.599
	현 근무월수	.102[b]	4.750	<.001	.214	1.000	1.000	1.000
	입사전 타 근무월수	-.137[b]	-6.558	<.001	-.289	.998	1.002	.998
	소수민족 여부	-.040[b]	-1.794	.073	-.082	.975	1.025	.975
	남자	.061[b]	2.482	.013	.114	.791	1.264	.791
	관리직	.003[b]	.145	.884	.007	.996	1.004	.996
	경영직	.299[b]	9.266	<.001	.393	.389	2.570	.389
2	피교육년수	.124[c]	4.741	<.001	.214	.568	1.761	.349
	현 근무월수	.096[c]	4.902	<.001	.221	.999	1.001	.389
	입사전 타 근무월수	-.106[c]	-5.337	<.001	-.239	.963	1.038	.375
	소수민족 여부	-.019[c]	-.905	.366	-.042	.963	1.039	.384
	남자	.077[c]	3.453	<.001	.157	.787	1.271	.339
	관리직	.023[c]	1.158	.247	.053	.985	1.015	.385
3	피교육년수	.087[d]	3.195	.001	.146	.504	1.984	.321
	현 근무월수	.097[d]	5.105	<.001	.229	.999	1.001	.375
	소수민족 여부	-.004[d]	-.207	.836	-.010	.945	1.058	.373
	남자	.097[d]	4.454	<.001	.201	.769	1.301	.335
	관리직	.094[d]	4.274	<.001	.194	.767	1.305	.375
4	피교육년수	.077[e]	2.866	.004	.131	.501	1.997	.320
	소수민족 여부	-.009[e]	-.466	.641	-.022	.943	1.061	.372
	남자	.088[e]	4.122	<.001	.187	.763	1.311	.334
	관리직	.093[e]	4.340	<.001	.197	.767	1.305	.375
5	피교육년수	.099[f]	3.756	<.001	.171	.486	2.059	.319
	소수민족 여부	-.016[f]	-.842	.400	-.039	.936	1.068	.372
	남자	.070[f]	3.221	.001	.147	.720	1.389	.329
6	소수민족 여부	-.019[g]	-1.009	.314	-.047	.934	1.070	.319
	남자	.055[g]	2.459	.014	.113	.683	1.465	.298
7	소수민족 여부	-.025[h]	-1.313	.190	-.061	.921	1.085	.296

a. 종속변수: 현재급여
b. 모형내의 예측자: (상수), 최초급여
c. 모형내의 예측자: (상수), 최초급여, 경영직
d. 모형내의 예측자: (상수), 최초급여, 경영직, 입사전 타 근무월수
e. 모형내의 예측자: (상수), 최초급여, 경영직, 입사전 타 근무월수, 현 근무월수
f. 모형내의 예측자: (상수), 최초급여, 경영직, 입사전 타 근무월수, 현 근무월수, 관리직
g. 모형내의 예측자: (상수), 최초급여, 경영직, 입사전 타 근무월수, 현 근무월수, 관리직, 피교육년수
h. 모형내의 예측자: (상수), 최초급여, 경영직, 입사전 타 근무월수, 현 근무월수, 관리직, 피교육년수, 남자

그림 11-13 회귀분석 출력결과(회귀계수)

[그림 11-13]의 해석

[그림 11-13]에는 일곱 개 모형의 각각에 대해서 회귀계수(비표준화 계수)와 베타계수(표준화 계수), 회귀계수에 대한 t 통계량값과 유의확률, 회귀계수에 대한 95% 신뢰구간, 그리고 공선성 통계량인 공차한계와 VIF값이 제시되어 있다. 비표준화 회귀계수를 가지고 추정 회귀식을 표현할 수 있다. 예를 들어, 회귀모형 2의 추정회귀식은 $\hat{Y} = 8186.380 + 1.403 \times$최초급여$+ 13350.989 \times$경영직 범주이다. 독립변수들 간에 상관관계가 높지 않다면 베타계수로 독립변수들의 상대적인 영향력을 평가할 수 있다. 모형 4에서 베타계수로 본 독립변수들의 상대적인 영향력은 최초급여가 가장 크고 다음은 경

영직 범주, 입사전 타 근무월수, 현 근무월수 순이다. 모형 4에서 최초급여의 참 회귀계수 β_1에 대한 95% 신뢰구간은 (1.347, 1.611)이다. 모형 1부터 모형 7까지의 모든 모형에서 상수항을 제외한 모든 회귀계수의 T 통계량에 대한 유의확률이 0.05보다 작은 것으로 나타났다. 따라서 모든 모형에서 각 독립변수는 종속변수에 유의하게 영향을 미친다고 할 수 있다. 공선성 여부를 알기 위한 공선성 통계량을 보자. 공차한계(tolerance)는 $(1-r_i^2)$ (여기서 r_i는 i번째 독립변수와 나머지 독립변수와의 다중상관계수이다)이고, 분산팽창요인 VIF는 공차한계의 역수 $(1-r_i^2)^{-1}$로 계산된다. 따라서 공차한계가 작거나(< 0.1) VIF가 크면(>10) 공선성이 존재한다고 할 수 있다. 모든 모형에서 유난히 작은 공차한계나 월등하게 큰 VIF가 보이지 않으므로 공선성의 문제는 존재하지 않는다고 할 수 있다.

공선성 진단[a]

				분산비율							
모형	차원	고유값	상태지수	(상수)	최초급여	경영직	입사전 타 근무월수	현 근무월수	관리직	피교육년수	남자
1	1	1.908	1.000	.05	.05						
	2	.092	4.548	.95	.95						
2	1	2.358	1.000	.02	.01	.03					
	2	.602	1.980	.05	.00	.36					
	3	.040	7.710	.93	.99	.61					
3	1	2.822	1.000	.01	.01	.02	.04				
	2	.813	1.863	.01	.00	.23	.21				
	3	.325	2.947	.10	.01	.14	.74				
	4	.039	8.455	.88	.98	.61	.01				
4	1	3.702	1.000	.00	.00	.01	.02	.00			
	2	.842	2.096	.00	.00	.26	.13	.00			
	3	.399	3.046	.00	.00	.08	.83	.01			
	4	.050	8.636	.02	.94	.63	.02	.04			
	5	.007	22.671	.98	.06	.03	.00	.95			
5	1	3.803	1.000	.00	.00	.01	.02	.00	.01		
	2	1.177	1.797	.00	.00	.07	.05	.00	.34		
	3	.656	2.408	.00	.00	.25	.00	.00	.28		
	4	.307	3.521	.00	.00	.02	.91	.00	.37		
	5	.050	8.759	.02	.94	.63	.02	.04	.00		
	6	.007	22.982	.98	.05	.03	.00	.95	.00		
6	1	4.727	1.000	.00	.00	.00	.01	.00	.00	.00	
	2	1.198	1.986	.00	.00	.05	.06	.00	.34	.00	
	3	.680	2.636	.00	.00	.27	.00	.00	.21	.00	
	4	.321	3.837	.00	.00	.01	.84	.00	.42	.00	
	5	.050	9.764	.01	.80	.61	.02	.04	.00	.00	
	6	.017	16.662	.01	.19	.01	.06	.22	.02	.84	
	7	.007	26.922	.98	.00	.05	.01	.74	.00	.15	
7	1	5.409	1.000	.00	.00	.00	.01	.00	.00	.00	.01
	2	1.199	2.124	.00	.00	.05	.05	.00	.31	.00	.00
	3	.697	2.786	.00	.00	.23	.00	.00	.17	.00	.02
	4	.341	3.982	.00	.00	.06	.63	.00	.12	.00	.26
	5	.285	4.358	.00	.00	.03	.21	.00	.34	.00	.57
	6	.046	10.868	.01	.85	.56	.02	.04	.01	.00	.08
	7	.017	17.993	.01	.13	.01	.06	.24	.03	.81	.02
	8	.006	29.285	.98	.01	.06	.02	.72	.01	.18	.03

a. 종속변수: 현재급여

그림 11-14 회귀분석 출력결과(공선성 진단)

[그림 11-14]의 해석

고유값(Eigenvalue)과 상태지수(Conditional Index), 고유값에 대한 분산비율(Variance Proportion)을 가지고 공선성 진단을 할 수 있다. 독립변수들 간에 공선성이 존재하면 어떤 고유값이 다른 것들보다 현저하게 큰 값을 가지게 된다. i번째 상태지수는 [최대고유값/i번째 고유값]$^{0.5}$으로 계산된다. 따라서 상태지수가 현저하게 크면 공선성이 의심된다. 상수항을 포함하여 각 회귀계수의 분산은 각 고유값에 배분된다. 동일한 고유값에 두 개 이상의 계수에 대한 분산비율이 높다면 이들 간에는 공선성이 일어날 위험이 있다. 위 결과에서는 최초급여와 경영직 범주가 같은 고유값에 대해서 분산비율이 상대적으로 높다. 그러나 최초급여에 비해 경영직 범주의 분산비율은 30% 정도 작기 때문에 두 변수들 간에 관련성은 다소 있는 편이지만 공선성을 걱정할 정도는 아니라고 본다.

케이스별 진단[a]

케이스 번호	표준화 잔차	현재급여	예측값	잔차
18	6.067	$103,750	$62,415.08	$41,334.917
32	3.598	$110,625	$86,110.32	$24,514.678
103	3.504	$97,000	$73,125.96	$23,874.045
106	3.600	$91,250	$66,724.48	$24,525.518
205	-3.363	$66,750	$89,665.41	-$22,915.412
218	6.831	$80,000	$33,459.03	$46,540.969
274	4.468	$83,750	$53,306.30	$30,443.698
446	3.116	$100,000	$78,768.48	$21,231.518
454	3.712	$90,625	$65,332.68	$25,292.324

a. 종속변수: 현재급여

잔차 통계량[a]

	최소값	최대값	평균	표준화 편차	N
예측값	$12,514.44	$131,270.13	$34,419.57	$15,679.300	474
잔차	-$22,915.412	$46,540.969	$0.000	$6,762.969	474
표준화 예측값	-1.397	6.177	.000	1.000	474
표준화 잔차	-3.363	6.831	.000	.993	474

a. 종속변수: 현재급여

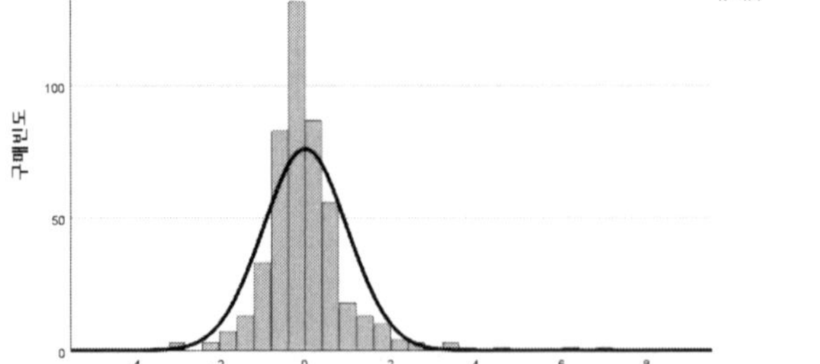

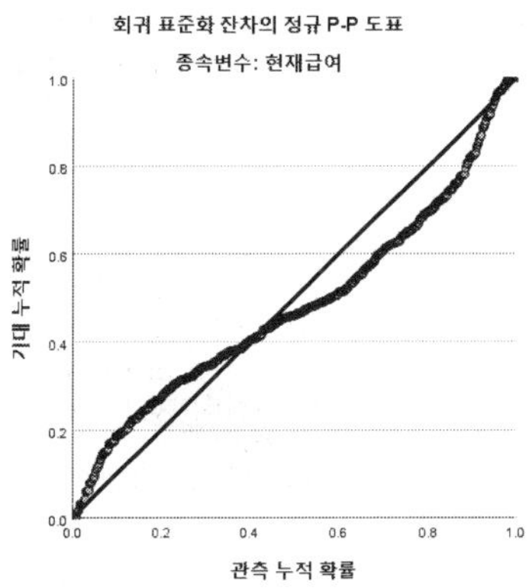
회귀 표준화 잔차의 정규 P-P 도표
종속변수: 현재급여
기대 누적 확률
관측 누적 확률
0.0
0.2
0.4
0.6
0.8
1.0

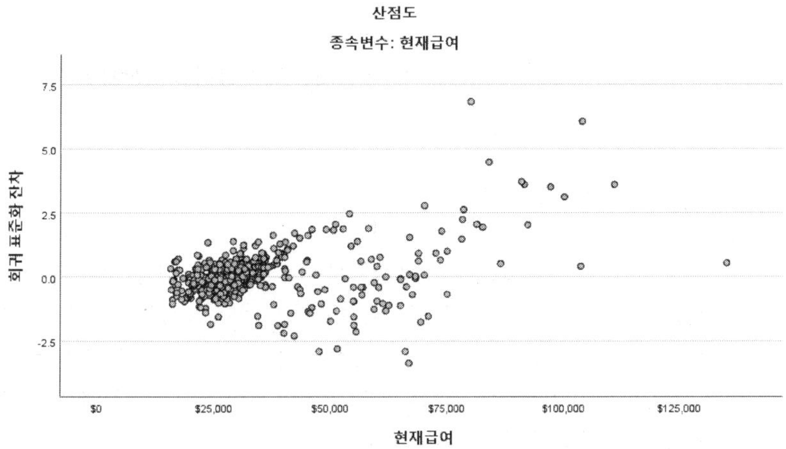
산점도
종속변수: 현재급여
회귀 표준화 잔차
7.5
5.0
2.5
0.0
-2.5
$0
$25,000
$50,000
$75,000
$100,000
$125,000
현재급여

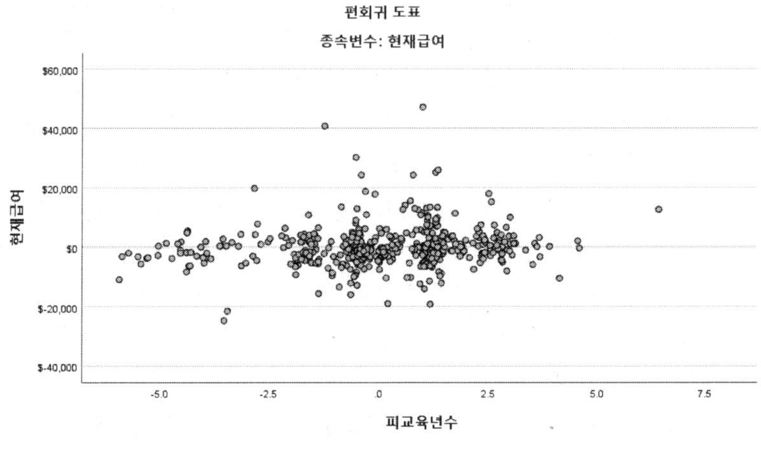
편회귀 도표
종속변수: 현재급여
현재급여
$60,000
$40,000
$20,000
$0
$-20,000
$-40,000
-5.0
-2.5
.0
2.5
5.0
7.5
피교육년수

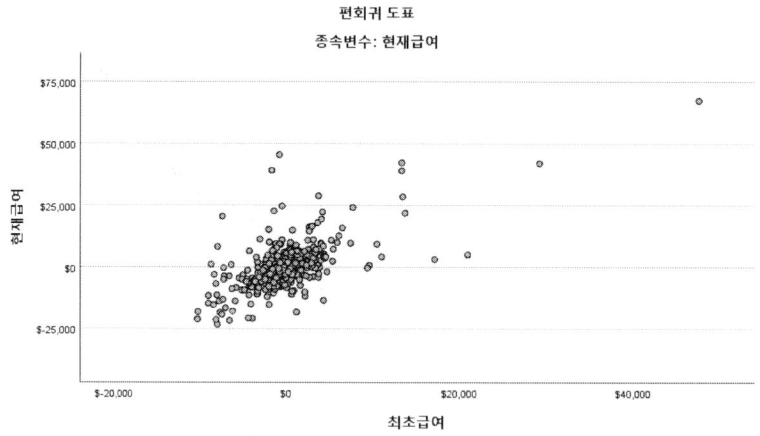

그림 11-15 회귀분석 출력결과(잔차분석)

[그림 11-15]의 해석

케이스별 진단 출력결과에는 표준화잔차의 절대값이 3을 넘는 케이스가 나열되어 있다. 아홉 개의 케이스가 현재급여와 회귀모형에 의한 예측값의 차이가 많이 나는 것으로 나타났다. 그 중에서도 18번째와 218번째 케이스는 모형예측값에 비해 월등하게(여섯 배의 표준편차만큼) 많은 급여를 받고 있다. 잔차통계량 도표에는 예측값과 잔차에 대한 기술통계량 값을 나타내주고 있다.

다음에 출력되어 있는 도표는 잔차의 분포가 정규분포를 근사적으로 따르는지 알아볼 수 있는 표준화잔차의 히스토그램과 정규확률도표이다. 히스토그램 위에는 잔차 데이터의 평균과 표준편차를 가지는 정규분포의 확률곡선이 표시되어 있어서 히스토그램이 정규분포와 얼마나 가까운지 살펴보기 쉽다. 히스토그램과 정규확률도표로 보아 정규분포보다 중심값에 더 많이 집중되어 있는 것으로 보인다.

다음에 있는 산점도는 표준화잔차를 종속변수에 대해 그려본 것이다. 만약 도표의 점들이 어떤 경향을 뚜렷하게 보여준다면 우리는 데이터의 랜덤성이 결여되었거나 중요한 독립변수를 고려하지 않은 것으로 해석할 수 있다. 현재 출력결과 도표에는 높은 급여를 받고 있는 몇 케이스의 이상점을 볼 수 있는데 이 점들을 제외하면 뚜렷한 경향은 없는 것으로 보인다.

편회귀도표에서는 다른 독립변수들을 통제하는 상황에서도 최초급여가 현재급여의 상당한 부분을 설명할 수 있는 것으로 나타났다. 다음으로는 경영직 범주가 현재급여를 어느 정도 설명해주는 것으로 보인다. 그러나 피교육년수를 포함한 다른 독립변수는 그 변수가 아닌 다른 변수들을 통제하는 상황에서는 종속변수에 큰 영향을 주지 못하는 것으로 보인다.

06 회귀분석 보고서 작성

앞 절에서 실행한 회귀분석에 대해 결과 보고서를 작성해 보도록 하자. 보고서에는 추정된 회귀식, 회귀모형의 유의성, 회귀계수의 유의성과 잔차분석에 대한 내용이 포함되어야 한다.

현재급여에 대한 모형을 개발하고자 회귀분석을 실시하였다. 현재급여에 영향을 미친다고 생각되는 피교육년수, 최초급여, 현 근무월수, 입사전 경력, 소수민족여부, 성별, 직종 변수를 독립변수로 고려하였다. 독립변수들 간에 관련성이 있다고 판단되기 때문에 단계적 회귀분석 방법을 통하여 중요한 변수들을 선택하였고, 직종과 같은 질적변수는 범주를 나타내는 더미변수로 변환해서 분석을 실시하였다.

분석결과 현재급여에 대한 추정모형을 [표 11-1]에 기술하였다.

표 11-1 현재급여에 대한 추정된 회귀모형

변수	b	표준오차(s.e.)	베타	t	유의확률
상수	−8455.59	3169.44		−2.668	.008
최초급여	1.34	.073	.618	18.397	〈.001
경영직 범주	11255.52	1364.21	.252	8.251	〈.001
입사전 타 근무월수	−22.28	3.57	−.136	−6.248	〈.001
현 근무월수	148.62	31.35	.088	4.741	〈.001
관리직 범주	6736.87	1629.55	.092	4.134	〈.001
피교육년수	499.31	159.99	.084	3.121	.002
성별(남자)	1870.06	760.48	.055	2.459	.014

[표 11-1]에서 모든 회귀계수들은 유의확률이 0.05보다 작으므로 유의수준 5%에서 유의하다. 베타계수로 본 독립변수들의 상대적인 영향력은 최초급여가 가장 크고 다음이 경영직 범주, 입사전 타 근무월수이다. 입사전 타 근무월수는 음의 방향으로 영향을 미치는 것으로 나타났다.

추정된 회귀모형의 적합도에 대한 F 통계량은 357.821(유의확률 〈.001)로서 매우 유의하고, R^2은 0.843으로 설명력이 좋은 것으로 나타났다.

또한 모형에 대한 잔차분석을 한 결과 이 모형이 적절한 것으로 나타났다.

연습문제

1. **employee data.sav** 파일에서 다음 작업을 하고 결과를 비교·해석해 보자.
   (1) 현재 급여를 종속변수로 하고, 피교육년수, 최초급여, 근무월수, 경력, 성별, 직종과 소수민족 변수 모두를 독립변수로 하여 회귀모형을 만들어 보자.
   (2) (1)에 있는 독립변수 중에서 후진제거법으로 변수를 선택하여 회귀모형을 만들어 보자.
   (3) (1)에 있는 독립변수 중에서 전진선택법으로 변수를 선택하여 회귀모형을 만들어 보자.
2. 교재의 데이터 파일 중 **체격체력.sav** 데이터에서 몸무게에 대한 모형을 만들어 보자. 즉, 몸무게를 종속변수로 하고 나머지 변수 중에서 설명력이 있다고 생각되는 변수들을 독립변수로 하여 회귀분석을 해보자.

참고문헌

(1) 김우철 외 8인 (2000). 『일반통계학』(개정판), 영지문화사.
(2) 허명회 (1997). 『통계적 개념·방법·응용』, 자유아카데미.
(3) 허명회, 서혜선 (1993). 『SAS 회귀분석』(개정판), 자유아카데미.
(4) 서혜선 외 5인 (1999). 『SPSS를 활용한 회귀분석』, 자유아카데미.
(5) 강명욱 외 3인 (1996). 『회귀분석-모형개발과 진단』, 율곡출판사.
(6) Douglas C. Montgomery & Elizabeth A. Peck (1982). 『Introduction to Linear Regression Analysis』, Wiley & Sons.
(7) David A. Belsley, Edwin Kuh & Roy E. Welsch (1980). 『Regression Diagnostics』, Wiley & Sons.

12장 T 검정(T-TEST)

T 검정이란 두 개의 평균을 비교하는 분석이다. 디스켓에 있는 **설문지.sav** 데이터 파일에서 T 검정이 적용될 수 있는 몇 가지 예를 들어보면 다음과 같다.

예 1 국어, 수학, 영어 각각의 (평균)점수는 성별에 따라 차이가 있는가?

예 2 국어, 수학, 영어 각각의 (평균)점수에 있어서 공부 집중이 잘 되는 학생 집단과 집중이 잘 안 되는 학생 집단 간에 차이가 있는가?

예 3 학생들의 국어와 영어 점수, 수학과 영어 점수를 각각 비교해 볼 때 차이가 있는가?

위에 제시한 세 가지 질문들은 모두 두 개의 평균을 비교하는 문제이다. 그러나 자세히 살펴보면 (예 3)은 (예 1)과 (예 2)와는 다른 형태의 질문임을 알 수 있을 것이다. (예 1)과 (예 2)에서는 성별(남, 여)과 공부 집중 정도(잘됨, 안됨) 변수에 의해 케이스가 다른 두 집단으로 구분되고 이 두 집단의 국어, 수학, 영어 평균 점수를 비교한다. 이때 두 집단에서는 겹치는 케이스가 있을 수 없기 때문에 두 집단의 케이스를 서로 독립인 두 개의 표본이라고 하고 두 집단의 평균을 비교하기 위해서는 독립표본 T 검정을 한다.

(예 3)은 각 케이스에 대해 같은 성질의 두 변수값(예: 국어와 영어 점수)이 있는 경우로서 두 변수의 평균값을 비교하는 질문이다. 이 경우에 케이스 전체의 국어 점수와 영어 점수는 상관관계가 어느 정도 존재하기 때문에 서로 독립인 두 집단이라고 말할 수 없다. 따라서 평균을 비교하기 위하여 독립표본 T 검정을 사용할 수 없게 된다. 이와 같이 각 케이스에 대해 측정된 두 변수의 평균을 비교하기 위해서는 대응표본 T 검정을 해야 한다.

제1절 독립표본 *T* 검정

01 목적

두 집단의 평균 비교

케이스가 다른 두 집단의 모집단 평균을 비교하기 위한 검정이다. 각 집단의 케이스 수가 많은 경우(대표본, 일반적으로 30 이상)에는 모집단의 분포에 관계없이 사용할 수 있지만, 케이스 수가 작은 경우에는 모집단이 정규분포를 따른다는 가정을 만족하는 데이터이어야 한다.

02 사용되는 변수의 척도

집단 변수는 명목·순서척도이고, 검정변수는 구간·비율척도

(예 1)에서 국어, 수학, 영어 점수와 같이 평균을 비교하고자 하는 목적(검정)변수는 구간·비율척도이어야 한다. 그리고 성별과 같이 집단을 나누기 위한 집단변수는 명목척도나 순서척도로 되어 있어야 한다. 독립표본 T 검정은 두 집단의 평균을 비교하는 분석이기 때문에 집단변수는 보통 두 개의 범주를 가지는 변수이다. 그러나 세 개 이상의 범주를 가지는 변수를 사용할 수 있는데 이 경우에는 세 개 이상의 범주 중에서 비교하고자 하는 두 개의 범주만을 선택하여 분석한다. 또한 SPSS에서는 구간·비율척도 변수에 대해서도 집단변수로 사용할 수 있도록 하고 있다. 이 경우에는 분리점을 사용해서 두 집단으로 분리한다.

03 원리

(1) 독립표본 T 검정에서 모집단과 표본

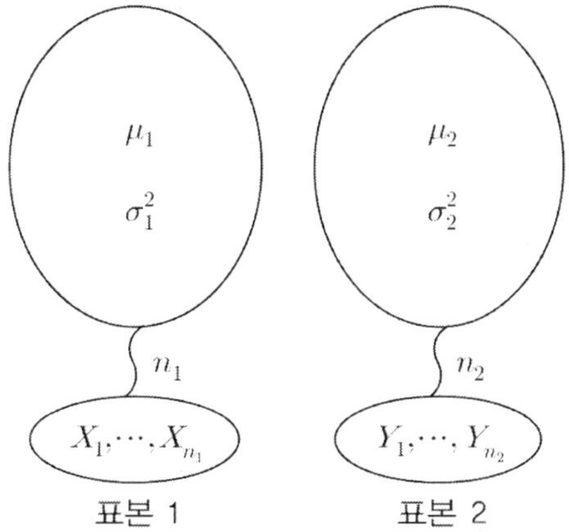

그림 12-1 독립표본 T 검정의 모집단과 표본

독립표본 T 검정을 하는 상황은 [그림 12-1]과 같이 두 집단의 케이스(표본)가 알고자 하는 두 모집단의 랜덤표본인 경우이다. 두 모집단을 모집단 1과 모집단 2로 놓으면, (예 1)에서 모집단 1은 우리나라에 있는 고등학교 1학년 전체 남학생의 집단이고 모집단 2는 고등학교 1학년 전체 여학생의 집단이라고 할 수 있다. 즉, 모집단은 가지고 있는 데이터(표본)가 뽑혀져 나온 대상 전체를 말한다.

모집단 1에서 검정변수의 참 평균을 μ_1, 분산을 σ_1^2이라고 하고, 모집단 2에서 검정변수의 참 평균을 μ_2, 분산을 σ_2^2이라고 하자. 우리가 가지고 있는 두 집단의 케이스는 표본 1($X_1, \cdots, X_{n_1}$)과 표본 2($Y_1, \cdots, Y_{n_2}$)가 된다. 이 상황에서 우리가 비교하고자 하는 것은 모집단 1의 평균 μ_1과 모집단 2의 평균 μ_2이다.

(2) 독립표본 T 검정의 가정

독립표본 T 검정을 하기 위해서는 다음 가정(assumption)이 필요하게 된다.

두 모집단의 분포는 각각 정규분포를 따른다

(가) 각 집단의 케이스가 많지 않은 경우(소표본인 경우)

각 집단에 속하는 케이스(표본)수가 작은 경우에는 반드시 모집단의 정규성을 검토해야 한다. 모집단의 정규성을 검토하는 방법은 2부 1장 5절에 있다. 정규성의 가정을 만족시키지 못한다고 생각되는 데이터에 대해서는 독립표본 T 검정을 사용할 수 없고 비모수적 검정방법인 맨-휘트니의 두 표본 검정방법을 사용해야 올바른 결론을 내릴 수 있다.

(나) 각 집단의 케이스가 많은 경우(대표본인 경우)

각 집단에 속하는 케이스(표본) 수가 많은 경우에는 정규분포의 가정을 필요로 하지 않는다. 이것은 대표본에서는 표본의 평균이 모집단의 분포에 관계없이 근사적으로 정규분포를 따르기 때문이다.

(3) 독립표본 T 검정

(가) 가설

독립표본 T 검정의 가설은 다음과 같다.

귀무가설 H_0: $\mu_1 = \mu_2$ (두 모집단의 평균은 같다.)

대립가설 H_1: (유형1) $\mu_1 > \mu_2$ (모집단 1의 평균이 모집단 2의 평균보다 크다)

(유형2) $\mu_1 < \mu_2$ (모집단 2의 평균이 모집단 1의 평균보다 크다)

(유형3) $\mu_1 \neq \mu_2$ (모집단 1의 평균이 모집단 2의 평균과 다르다)

대립가설에 사용할 수 있는 유형은 세 가지가 있다. 세 가지의 유형 중에서 원하는 유형 한 가지를 선택하면 된다. (유형 1)과 (유형 2)의 대립가설을 단측(one-sided) 대립가설이라고 하고, (유형 3)의 대립가설을 양측(two-sided) 대립가설이라고 한다. 양측가설에 비해 단측가설은 같은 데이터를 가지고 유의성을 발견하기 쉽기 때문에 어느 한쪽이 다른 쪽보다 클 것이라고 추측되는 경우에는 단측가설을 사용하는 것이 좋다.

(나) 검정통계량

대표본이거나 정규성의 가정을 충족시키는 소표본 데이터인 경우에 독립표본 T 검정의 검정통계량은 다음과 같다. 검정통계량은, 두 모집단의 분산 σ_1^2과 σ_2^2을 모르기는 하지만 ① 같다고 가정할 수 있는 경우와 ② 같다고 가정할 수 없는 경우에 따라 다르다.

① $\sigma_1^2 = \sigma_2^2$ (두 모집단의 분산이 같은 경우)

$$T = \frac{\overline{X} - \overline{Y}}{s_p \sqrt{\frac{1}{n_1} + \frac{1}{n_2}}}$$

n_1=표본 1의 케이스 수, n_2=표본 2의 케이스 수
$\overline{X}$=표본 1의 평균, $\overline{Y}$=표본 2의 평균
s_p=표본 1과 표본 2의 공통표준편차

(T는 자유도$(n_1 + n_2 - 2)$의 t분포를 따른다.)

② $\sigma_1^2 \neq \sigma_2^2$ (두 모집단의 분산이 다른 경우)

s_1^2=표본 1의 표본분산
s_2^2=표본 2의 표본분산

$$T = \frac{\overline{X} - \overline{Y}}{\sqrt{\frac{s_1^2}{n_1} + \frac{s_2^2}{n_2}}}, \quad \nu = \frac{\left(\frac{s_1^2}{n_1} + \frac{s_2^2}{n_2}\right)^2}{\left(\frac{s_1^2}{n_1}\right)^2 / (n_1 - 1) + \left(\frac{s_2^2}{n_2}\right)^2 / (n_2 - 1)}$$

(T는 근사적으로 자유도 ν의 t분포를 따른다.).

두 집단의 표본데이터를 가지고 두 모집단의 분산이 같다고 할 수 있는지 알아보기 위해서는 분산의 동질성(homogeneity of variance)을 검정해야 한다. SPSS에서는 분산의 동질성 검정으로서 Levene의 등분산 검정을 하고 F 통계량 값과 유의확률을 결과로 나타내 준다. 이 등분산 검정의 가설은 다음과 같다.

Levene의 등분산 검정

귀무가설 H_0 : $\sigma_1^2 = \sigma_2^2$ (두 모집단의 분산은 같다.)

대립가설 H_1 : $\sigma_1^2 \neq \sigma_2^2$ (두 모집단의 분산은 다르다.)

SPSS에서는 각 검정에서 검정통계량 값과 양쪽 유의확률(p-값)을 제시해 준다. 양쪽 유의확률은 양측 대립가설일 때의 유의확률이다. 단측 유의확률은 양쪽 유의확률의 1/2로 계산된다. 유의확률이 유의수준(일반적으로 0.05)보다 작을 때 우리는 귀무가설 H_0를 기각하고 대립가설을 채택하게 된다.

04 SPSS 독립표본 T 검정의 실행

설문지.sav 데이터를 가지고 (예 1)의 질문, 즉 세 가지 점수(국어, 수학, 영어)가 각각 성별에 따라 차이가 있는지 알아보기로 하자.

(1) 표본의 크기 n_1과 n_2

먼저 설문지.sav 데이터에서 성별에 따른 두 집단의 케이스 수를 보면 남학생의 수(n_1)는 41명이고 여학생의 수(n_2)는 59명이었다. 따라서 소표본이 아니기 때문에 정규성의 가정을 검토하지 않아도 되겠다.

(2) 독립표본 T 검정

독립표본 T 검정을 실행하기 위해서는 메뉴로부터 다음과 같은 절차를 따른다. 그러면 [그림 12-2]와 같은 **독립표본 T 검정** 대화상자가 열린다.

분석
평균 및 비율 비교
독립표본 T 검정...

왼쪽 상자에서 검정할 변수를 하나 이상 선택하여 '검정변수' 상자에 입력한다. 여기서 검정할 변수는 korean, math와 english의 세 가지 시험점수 변수이다. 다음으로 성별을 나타내는 sex 변수를 선택하여 '집단변수' 칸에 입력한다. 그리고 [집단 정의(D)] 단추를 누르면 [그림 12-3]과 같은 **집단정의** 대화상자가 열린다. 지정값 사용에서 집단1에 sex 변수의 남자 범주값인 1을 입력하고 집단 2에 여자 범주값 2를 입력하고 [계속(C)] 단추를 누른다.

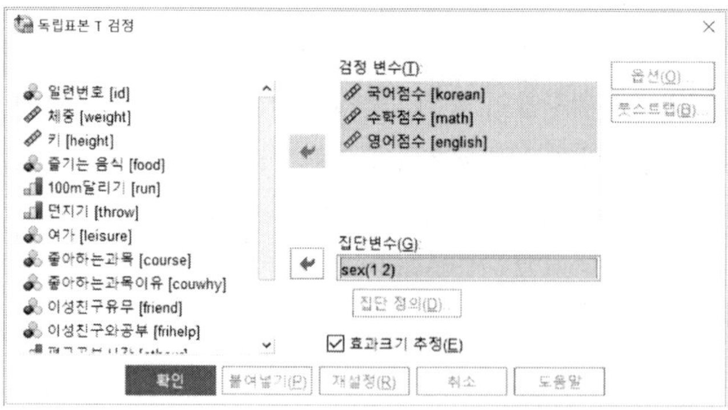

그림 12-2 독립표본 T 검정 대화상자

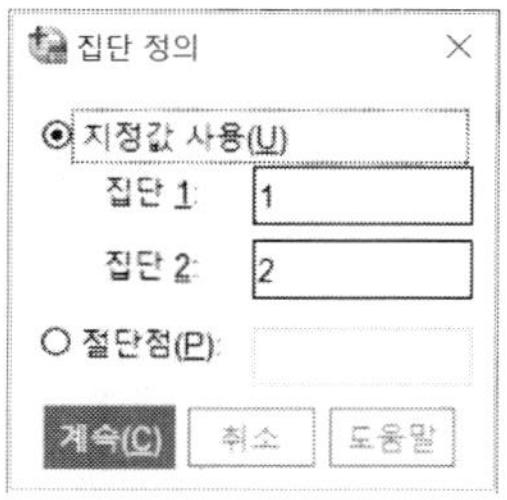

그림 12-3 집단 정의 대화상자

항목	설명	추천항목
	다음 중 하나를 선택한다.	
○지정값 사용 (Use specified values)	(기본설정) 케이스를 두 집단으로 분리하기 위하여 집단변수의 두 범주값을 '집단 1'과 '집단 2' 상자 안에 입력한다.	○
○분리점 (Cut point)	집단변수의 특정한 값(분리점)을 기준으로 하여 이 값 이상의 집단과 이 값 미만의 집단으로 분리한다.	집단변수가 구간·비율척도인 경우

맨 아래에는 '□ 효과 크기 추정' 이 체크되어 있다. 이것은 집단변수의 두 범주 간 (여기서는 성별)에 검정변수의 평균 차이가 있는지에 대해 독립표본 T 검정을 해서 차이가 있다는 결론이 나온 경우에 사용한다. 차이가 있으면 그 차이가 얼마나 되는지를 효과 크기라고 한다. 이것은 평균 차이를 세 가지 방법(Cohen's d, Hedges 수정, Glass 델타)에 의한 표준화값(standardizer)으로 나눈 값이다. 일반적으로 이 효과 크기 값이 0.2보다 작으면 작은 크기, 0.5면 중간크기, 0.8 이상이면 큰 효과라고 해석한다. 또한 효과크기는 t 통계량 값과 연관이 있는데 대략 효과크기는 $t/\sqrt{n}$ 이 된다.

(3) 독립표본 T 검정 옵션

두 모평균 차이에 대한 신뢰구간의 신뢰수준을 바꾸거나 결측값의 처리를 바꾸기 위해서는 **독립표본 T 검정** 대화상자에서 [옵션(O)] 단추를 선택한다. 그러면 [그림 12-4]와 같은 **독립표본 T 검정: 옵션** 대화상자가 열린다. 여기서 신뢰수준의 기본설정인 95%를 90%나 99%로 바꿀 수 있다. 결측값에 대한 기본설정에서는 두 개의 변수(검정변수와 집단변수)에 결측값이 없는 케이스는 모두 분석에 포함시키도록 하고 있기 때문에 여러 개의 검정변수가 있는 경우에는 검정변수에 따라 유효한 케이스 수가 다를 수 있다. 만약 여러 개의 검정변수와 집단변수 중에서 하나라도 결측값이 있는 케이스를 모두 분석에서 제외시키고자 한다면 '목록별 결측값 제외'를 선택한다. 그러면 여러 가지 검정변수에 대한 분석에서 유효한 케이스 수가 모두 동일하게 된다.

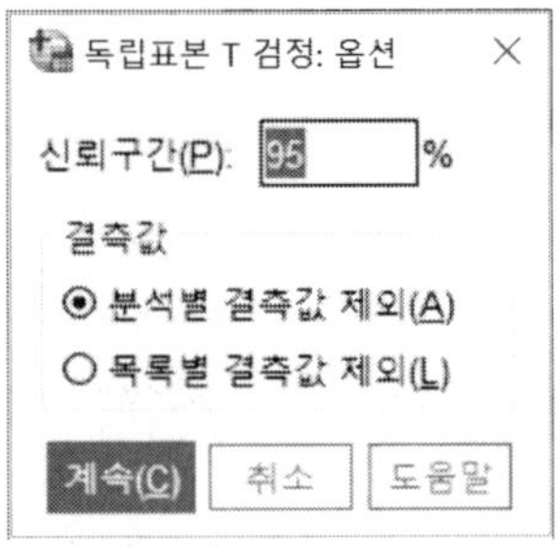

그림 12-4 독립표본 T 검정: 옵션 대화상자

항목	설명	추천항목
신뢰구간 퍼센트 (Confidence Interval)	기본설정은 95%이다. 이것을 90%나 99%로 바꾸고자 하면 상자안에 원하는 신뢰수준을 입력한다.	○
결측값(Missing values)	**다음 중 하나를 선택한다.**	
○분석별 결측값 제외	(기본설정)분석에서 사용하는 두 개의 변수(검정변수와 집단변수)에 결측값이 있는 케이스를 분석에서 제외시킨다.	○
○목록별 결측값 제외	검정변수목록에 있는 모든 변수와 집단변수 중에서 적어도 하나의 결측값이 있는 케이스는 분석에서 제외된다.	

(4) 붓스트랩

붓스트랩 추정을 하기 위해서는 독립표본 T 검정 대화상자에서 [붓스트랩(B)] 단추를 선택한다. 그러면 붓스트랩 대화상자가 열리는데 맨 위에 있는 '붓스트랩 수행'을 클릭하게 되면 붓스트랩 추정치가 출력된다. 출력결과에서 다음 붓스트랩 추정 및 유의성 검정 결과가 나타난다. 누르면 대화상자가 나타난다.

① 집단 통계량 표에서 평균과 표준편차의 붓스트랩 추정

② 독립표본 검정 표에서 평균차이에 대한 붓스트랩 추정 및 유의성 검정

05 분석결과 해석

국어, 수학과 영어점수가 각각 성별에 따라 차이가 있는지를 알아보기 위해서 독립표본 T 검정을 실행시켜서 얻은 출력결과가 [그림 12-5]에 있다.

집단통계량

	성별	N	평균	표준편차	평균의 표준오차
국어점수	남자	41	57.83	22.690	3.544
	여자	59	69.59	18.073	2.353
수학점수	남자	41	55.39	27.082	4.230
	여자	59	58.88	26.066	3.394
영어점수	남자	41	47.61	28.072	4.384
	여자	59	49.71	24.007	3.125

독립표본 검정

		Levene의 등분산 검정		평균의 동일성에 대한 T 검정							
						유의확률				차이의 95% 신뢰구간	
		F	유의확률	t	자유도	단측 확률	양측 확률	평균차이	표준오차 차이	하한	상한
국어점수	등분산을 가정함	3.012	.086	-2.881	98	.002	.005	-11.764	4.084	-19.868	-3.660
	등분산을 가정하지 않음			-2.766	73.228	.004	.007	-11.764	4.254	-20.241	-3.287
수학점수	등분산을 가정함	.135	.715	-.648	98	.259	.518	-3.491	5.385	-14.178	7.195
	등분산을 가정하지 않음			-.644	84.054	.261	.521	-3.491	5.423	-14.275	7.292
영어점수	등분산을 가정함	2.455	.120	-.402	98	.344	.689	-2.102	5.234	-12.489	8.285
	등분산을 가정하지 않음			-.390	77.231	.349	.697	-2.102	5.384	-12.823	8.619

독립표본 효과크기

		Standardizer[a]	포인트 추정값	95% 신뢰구간	
				하한	상한
국어점수	Cohen's d	20.086	-.586	-.991	-.177
	Hedges 수정	20.241	-.581	-.983	-.176
	Glass 델타	18.073	-.651	-1.064	-.233
수학점수	Cohen's d	26.486	-.132	-.530	.267
	Hedges 수정	26.691	-.131	-.526	.265
	Glass 델타	26.066	-.134	-.533	.266
영어점수	Cohen's d	25.744	-.082	-.480	.317
	Hedges 수정	25.943	-.081	-.476	.315
	Glass 델타	24.007	-.088	-.486	.312

a. 효과크기를 추정하는 데 사용되는 분모입니다.
Cohen's d는 통합 표준편차를 사용합니다.
Hedges 수정은 통합 표준편차와 수정 요인을 사용합니다.
Glass 델타는 대조집단의 표본 표준편차를 사용합니다.

그림 12-5 독립표본 T 검정 출력결과

[그림 12-5]의 해석

집단통계량을 보면, 국어점수의 남학생과 여학생의 평균은 각각 57.83과 69.59로서 여학생이 12점이나 높다. 수학점수의 남학생과 여학생의 평균은 각각 55.39와 58.88로서 여학생이 3.5점 정도 높다. 또한 영어점수의 남학생과 여학생의 평균은 각각 47.61과 49.71로서 여학생이 2점 정도 높다. 국어점수는 차이가 많이 나지만 수학과 영어점수에서의 차이는 상대적으로 작다.

국어점수의 독립표본 검정결과를 보자. 먼저 Levene의 등분산 검정의 F통계량 값은 3.012이고 이 값의 유의확률(p값)은 0.086으로 나타났다. 이 값은 유의수준을 5%로 할 때 유의수준보다 큰 값이므로 귀무가설 $H_0 :\ \sigma_1^2 = \sigma_2^2$(두 모집단의 분산은 같다)를 기각할 수 없게 된다. 따라서 변수이름 '국어점수' 다음에 있는 '등분산이 가정됨'과 '등분산이 가정되지 않음' 중에서 '등분산이 가정됨' 줄을 선택하여 T 검정결과를 읽으면 된다. 우리나라 고등학교 1학년 전체 남학생과 여학생의 평균 국어성적 차이 $\mu_1 - \mu_2$에 대한 T 통계량 값은 −2.881이고 자유도는 98이다. T 통계량의 양쪽 유의확률은 0.005이므로 1%의 유의수준에서도 귀무가설 H_0: $\mu_1 = \mu_2$(두 모집단의 평균은 같다)를 기각(reject)하고 대립가설 $H_1\ : \mu_1 \neq \mu_2$(두 모집단의 평균은 다르다)를 채택하게 된다. 즉, 전체 고등학교 1학년 남학생과 여학생의 국어성적은 차이가 난다는 결론을 내릴 수 있다. 만약 단측 대립가설 $H_1 : \mu_1 < \mu_2$(남학생의 평균 성적은 여학생보다 낮다)를 세운다면 이때 유의확률은 양쪽 유의확률의 절반인 0.0025이다. $\mu_1 - \mu_2$에 대한 추정값으로서 데이터 평균들의 차이 $(\overline{X} - \overline{Y})$값은 −11.76이고 이 통계량의 표준오차는 4.08로 나타났다. $\mu_1 - \mu_2$에 대한 95% 신뢰구간은 (−19.87, −3.66)이다(여기서 표준오차는 $s_p \sqrt{1/n_1 + 1/n_2}$로 계산된다).

수학점수에서는 Levene의 등분산 검정의 유의확률이 0.715로 나타나서 등분산의 귀무가설을 채택한다. '등분산으로 가정됨' 줄에서 T 통계량 값은 −0.648이고 T 통계량에 대한 유의확률은 0.518로 나타나서 귀무가설 H_0: $\mu_1 = \mu_2$(두 모집단의 평균이 같다)를 기각할 수 없게 된다. 즉, 전체 남학생과 여학생의 수학점수는 차이가 있다고 할 수 없다.

또한 영어점수에서는 Levene의 등분산 검정의 유의확률이 0.120으로 나타나서 등분산의 귀무가설을 채택한다. '등분산으로 가정됨' 줄에서 T 통계량 값은 −0.402이고 T 통계량에 대한 유의확률은 0.689로 나타나서 귀무가설 H_0: $\mu_1 = \mu_2$(두 모집단의 평균이 같다)를 기각할 수 없게 된다. 즉, 전체 남학생과 여학생의 영어점수는 차이가 있다고 할 수 없다.

독립표본 효과크기 표에서 95% 신뢰구간을 보면, 국어점수만 하한과 상한 모두 음수이므로 국어점수는 남자가 여자에 비해 평균성적이 유의하게 낮다고 말할 수 있다. 그 효과는 Cohen'd 표준화 분모값을 사용할 경우 -0.586으로 추정된다. 국어점수의 남학생과 여학생 차이는 중간정도의 크기라고 할 수 있다. (일반적으로 효과크기가 0.2보다 작으면 작은 크기, 0.5면 중간크기, 0.8보다 크면 큰 효과라고 해석한다)

06 독립표본 T 검정 보고서 작성

앞에서 실행한 독립표본 T 검정에 대해 결과 보고서를 작성해 보도록 하자. 보고서에는 기술통계량, T 검정통계량과 유의성 검정결과가 포함되어야 한다.

학생의 성별에 따라 세 가지 주요과목 성적(국어, 수학, 영어)이 유의하게 차이가 나는지를 알기 위해 독립표본 T 검정을 실시하였다. 성별에 따른 성적의 기술통계량과 T 검정의 결과는 [표 12-1]에 있다.

표 12-1 성별에 따른 국어, 수학과 영어 성적의 기술통계량과 T 검정결과

점수	성별	N	기술통계량		T 검정		
			평균	표준편차	t	(양쪽) 유의확률	차이의 95% 신뢰구간
국어점수	남자	41	57.83	22.69	−2.881**	.005	(−19.87, −3.66)
	여자	59	69.59	18.07			
수학점수	남자	41	55.39	27.08	−0.648	.518	(−14.18, 7.20)
	여자	59	58.88	26.07			
영어점수	남자	41	47.61	28.07	−0.402	.689	(−12.49, 8.29)
	여자	59	49.71	24.01			

(주) **는 유의수준 0.01에서 유의함을 나타냄.

[표 12-1]에서 T 검정의 (양쪽)유의확률을 보면, 성별로 유의하게 평균점수 차이가 있는 것은 오직 국어점수인 것을 볼 수 있다. 국어점수의 기술통계량을 보면 여학생이 남학생보다 평균 국어점수가 높다. 95% 신뢰수준에서 여학생이 남학생보다 국어평균점수가 작게는 3.66점, 많게는 19.87점까지 높다고 할 수 있다.

참고 위에서 연구자의 가설은 양쪽대립가설(남학생과 여학생의 국어성적 평균이 다르다)이었다. 따라서 T 검정의 양쪽유의확률에 의해 유의성을 말하였다. 그러나 만약 연구자의 가설이 '여학생의 국어성적평균이 남학생에 비해 높다'라는 단측 대립가설이라면 다음과 같이 보고서를 작성한다.

[표 12-1]을 보면, 국어점수에 대한 T 검정의 (단측)유의확률은 0.003이다. 따라서 유의수준 5%에서 여학생의 국어점수평균은 남학생에 비해 유의하게 높다고 할 수 있다. 95% 신뢰수준에서 여학생이 남학생보다 국어평균점수가 작게는 3.66점, 많게는 19.87점까지 높다.

제2절 대응표본 T 검정

01 목적

대응되는 두 변수의 평균 비교

각 케이스에 대해 두 개의 변수를 측정한 상황에서 두 변수의 모집단 평균을 비교하기 위한 검정이다. 이 경우에는 두 변수의 데이터에 상관관계가 존재하기 때문에 평균을 비교하기 위해서 독립표본 T 검정을 사용할 수 없다. 케이스 수가 많은 경우(대표본, 일반적으로 30이상)에는 모집단의 분포에 관계없이 사용할 수 있지만, 케이스 수가 작은 경우에는 두 변수 값의 차이들의 모집단이 정규분포를 따른다는 가정을 만족하는 데이터이어야 한다.

02 사용되는 변수의 척도

대응되는 두 변수 모두 구간·비율척도

(예3)에서 국어와 영어점수, 수학과 영어점수와 같이 대응되는 두 변수는 모두 구간·비율척도이어야 한다. 그러나 몇 개의 순서척도 변수들의 합으로 된 변수에도 적용할 수 있다.

03 원리

(1) 대응표본 T 검정에서 모집단과 표본

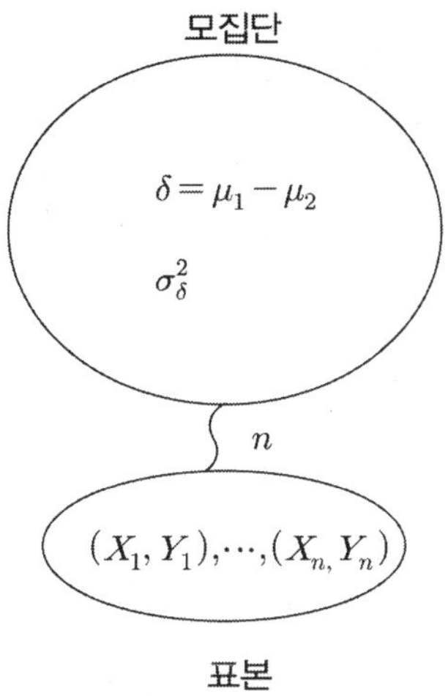

그림 12-6 대응표본 T 검정에서 모집단과 표본

대응표본 T 검정의 상황은 [그림 12-6]과 같이 표본으로 뽑힌 케이스에 대해 같은 성질의 두 변수 데이터를 얻은 것으로 나타내진다. 이와 같이 각 케이스에 대해 두 변수값((예3)에서 국어와 영어점수)이 있는 경우에는 두 변수의 표본들 간에는 일정한 상관관계가 존재하기 때문에 독립표본 T 검정을 사용할 수 없다.

(2) 대응표본 T 검정의 가정

대응표본 T 검정을 하기 위해서는 다음 가정(assumption)이 필요하게 된다.

대응변수 차이에 대한 모집단의 분포는 정규분포를 따른다.

대응표본 T 검정에서는 두 변수의 평균을 비교하기 위해서 대응이 되는 변수값들의 차이를 사용한다.

(가) 케이스 수가 작은 경우(소표본인 경우)

분석에 포함되는 케이스 수가 작은 경우에는 반드시 대응 변수 차이에 대한 정규성의 가정을 할 수 있어야 대응표본 T 검정을 할 수 있다. 따라서 대응표본 T 검정을 하기 전에 두 변수에 대한 데이터 값 차이($D_i = X_i - Y_i$)를 가지고 정규성을 검토해야 한다. 정규성을 검토하는 방법은 2부 1장 5절에 있다. 만약 정규성의 가정을 만족시키지 못한다고 생각되는 데이터에 대해서는 대응표본 T 검정을 사용할 수 없고 비모수적 대응 2-표본 검정방법인 윌콕슨(Wilcoxon) 검정이나 부호(sign)검정을 사용해야 올바른 결론을 내릴 수 있다.

(나) 케이스 수가 큰 경우(대표본인 경우)

분석에 포함되는 케이스가 많은 경우에는 정규분포의 가정이 필요 없게 된다. 이것은 대표본에서 표본평균이 모집단의 분포에 관계없이 근사적으로 정규분포를 따르기 때문이다.

(3) 대응표본 T 검정

(가) 가설

대응표본 T 검정에서는 대응이 되는 변수값들의 차이를 사용한다. 이 차이들에 대한 T 통계량을 만들어서 검정하는데, 대응표본 T 검정의 가설은 독립표본 T 검정의 가설과 같이 다음과 같은 형태로 표현된다.

귀무가설 H_0: $\mu_1 = \mu_2$ (두 변수의 평균은 같다)

대립가설 H_1: (유형 1) $\mu_1 > \mu_2$ (변수 1의 평균이 변수 2의 평균보다 크다)

(유형 2) $\mu_1 < \mu_2$ (변수 2의 평균이 변수 1의 평균보다 크다)

(유형 3) $\mu_1 \neq \mu_2$ (변수 1의 평균이 변수 2의 평균과 다르다)

앞에서와 마찬가지로, (유형 3)의 양측가설보다 (유형 1)이나 (유형 2)의 단측가설에서 유의성을 발견하기 쉽다. 따라서 어느 한 변수의 평균이 다른 변수보다 클 것이라고 추측되는 경우에는 단측가설을 사용하는 것이 좋다.

(나) 검정통계량

대표본이거나 정규성의 가정을 충족시키는 소표본인 경우에 대응표본 T 검정의 검정통계량은 다음과 같다.

대응표본 T 검정의 검정통계량

$$T = \frac{\overline{D}}{\frac{s_D}{\sqrt{n}}}, \qquad \begin{aligned} &D_i = X_i - Y_i, i = 1, \cdots, n \\ &\overline{D} = D_i\text{의 평균} \\ &s_D = D_i\text{의 표준편차} \end{aligned}$$

위의 T 통계량은 귀무가설이 참일 때 자유도가 $(n-1)$인 t분포를 따른다. SPSS에서는 이 분포를 사용하여 T 통계량과 T 통계량에 대한 신뢰구간, 양측 유의확률(p-값)을 계산해 준다. 양측 유의확률은 양측 대립가설인 경우의 유의확률인데, 단측 대립가설인 경우의 유의확률은 양측 유의확률의 $1/2$로 간단하게 계산된다. p-값이 유의수준(일반적으로 0.05)보다 작을 때 우리는 귀무가설을 기각하고 대립가설을 채택한다.

04 SPSS 대응표본 T 검정의 실행

설문지 데이터를 가지고 (예 3)의 질문, 국어와 영어점수, 수학과 영어점수를 각각 비교해 볼 때 차이가 있는지 알아보기로 하자.

(1) 표본크기 n

설문지의 데이터에서 케이스 수(n)는 100이다. 이것은 대표본이기 때문에 정규성의 검토 없이 대응표본 T 검정을 할 수 있다.

(2) 대응표본 T 검정

대응표본 T 검정을 실행하기 위해서는 메뉴로부터 다음과 같은 절차를 따른다. 그러면 [그림 12-7]과 같은 **대응표본 T 검정** 대화상자가 열린다.

분석
　　평균 및 비율 비교
　　　　대응표본 T 검정...

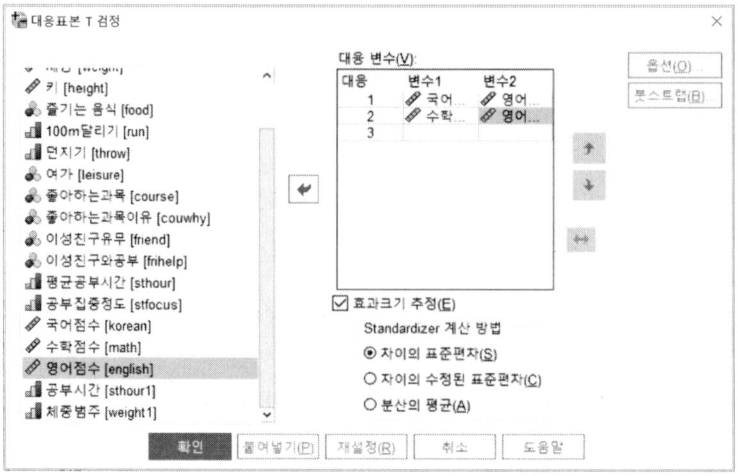

그림 12-7 대응표본 T 검정 대화상자

왼쪽 상자에서 비교할 두 개의 변수를 선택한다. 먼저 선택한 변수가 '대응 변수' 칸의 변수 1이 되고 두 번째 선택한 변수는 변수 2가 된다. 선택한 두 변수를 오른쪽 상자로 이동시키기 위해서 [➡] 단추를 누른다. 그러면 '대응변수' 상자에 두 변수가 대응이 되어서 입력된다. 비교할 다른 대응변수가 있으면 위와 같은 과정으로 '대응변수' 상자에 입력한다. 우리의 데이터에서 국어와 영어점수를 비교하기 위하여 왼쪽 상자에 있는 변수목록으로부터 korean(국어점수)와 english(영어점수)를 선택하고 [➡] 단추를 누른다. 또한 수학과 영어점수를 비교하기 위하여 math(수학점수)과 english(영어점수)를 선택하고 [➡] 단추를 누른다. 그러면 '대응변수' 상자 안에 두 개의 비교할 변수 쌍들이 표시된다. 대화상자에서 '대응변수' 상자 아래에는 '□ 효과 크기 추정' 을 선택할 수 있도록 되어 있다. 표준화(Standardizer)하기 위한 분모를 계산하는 방법으로서 세 가지(차이의 표준편차, 차이의 수정된 표준편차, 분산의 평균)를 제시하고 있는데 '차이의 표준편차'가 기본설정으로 되어 있다.

(3) 대응표본 T 검정 옵션

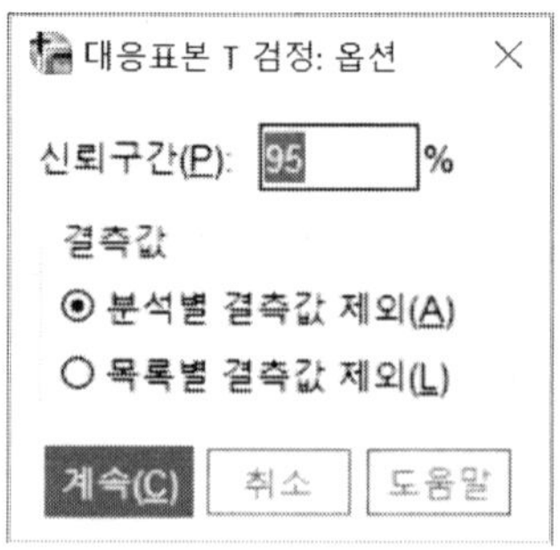

그림 12-8 대응표본 T 검정: 옵션 대화상자

두 모평균 차이에 대한 신뢰구간의 신뢰수준을 바꾸거나 결측값의 처리를 바꾸기 위해서는 **대응표본 T 검정** 대화상자에서 [옵션(O)...] 단추를 선택한다. 그러면 [그림 12-8]과 같은 **대응표본 T 검정: 옵션** 대화상자가 열린다. 여기서 신뢰수준의 기본설정인 95%를 90%나 99%로 바꿀 수 있다. 결측값에 대한 기본설정에서는 변수 쌍에 결측값이 없는 케이스는 모두 분석에 포함시키도록 하고 있다. 따라서 여러 개의 대응 변수 쌍을 분석하는 경우에 유효한 케이스 수가 변수 쌍에 따라 다를 수 있다. 만약 대응변수 목록에 있는 모든 변수들 중에서 하나라도 결측값이 있는 케이스를 모두 분석에서 제외시키고자 한다면 (그러면 모든 변수 쌍에서 유효한 케이스 수가 동일하게 됨) '목록별 결측값 제외'를 선택한다.

옵션	설명	추천옵션
신뢰구간 퍼센트 (Confidence Interval)	기본설정은 95%이다. 이것을 90%나 99%로 바꾸고자 하면 상자 안에 원하는 신뢰수준을 입력한다.	○
결측값(Missing values)	**다음 중 하나를 선택한다.**	
○분석별 결측값 제외	(기본설정)분석에서 사용하는 한 변수 쌍에 결측값이 있는 케이스를 분석에서 제외시킨다.	○
○목록별 결측값 제외	대응변수목록에 있는 모든 변수 중에서 적어도 하나의 결측값이 있는 케이스는 모두 분석에서 제외된다.	

(4) 붓스트랩

붓스트랩 추정을 하기 위해서는 대응표본 T 검정 대화상자에서 [붓스트랩(B)...] 단추를 선택한다. 그러면 **붓스트랩** 대화상자가 열리는데 맨 위에 있는 '붓스트랩 수행'을 클릭하게 되면 붓스트랩 추정치가 출력된다. 출력결과에서 다음 붓스트랩 추정 및 유의성 검정 결과가 나타난다.

① 통계량 표에서 평균과 표준편차의 붓스트랩 추정
② 상관계수 표에서 상관계수의 붓스트랩 추정
③ 대응표본 검정 표에서 평균차이에 대한 붓스트랩 추정 및 유의성 검정

05 분석결과 해석

대응표본 T 검정을 실행시켜서 얻은 출력결과가 [그림 12-9]에 제시되어 있다.

대응표본 통계량

		평균	N	표준편차	평균의 표준오차
대응 1	국어점수	64.77	100	20.813	2.081
	영어점수	48.85	100	25.634	2.563
대응 2	수학점수	57.45	100	26.408	2.641
	영어점수	48.85	100	25.634	2.563

대응표본 상관계수

		N	상관관계	유의확률	
				단측 확률	양측 확률
대응 1	국어점수 & 영어점수	100	.688	<.001	<.001
대응 2	수학점수 & 영어점수	100	.750	<.001	<.001

대응표본 검정

		대응차					t	자유도	유의확률	
		평균	표준편차	평균의 표준오차	차이의 95% 신뢰구간					
					하한	상한			단측 확률	양측 확률
대응 1	국어점수 - 영어점수	15.920	18.862	1.886	12.177	19.663	8.440	99	<.001	<.001
대응 2	수학점수 - 영어점수	8.600	18.414	1.841	4.946	12.254	4.670	99	<.001	<.001

대응표본 효과크기

			Standardizer[a]	포인트 추정값	95% 신뢰구간	
					하한	상한
대응 1	국어점수 - 영어점수	Cohen's d	18.862	.844	.614	1.071
		Hedges 수정	19.007	.838	.609	1.063
대응 2	수학점수 - 영어점수	Cohen's d	18.414	.467	.259	.672
		Hedges 수정	18.555	.463	.258	.667

a. 효과크기를 추정하는 데 사용되는 분모입니다.
Cohen's d는 평균차이의 표본 표준편차를 사용합니다.
Hedges 수정은 평균차이의 표본 표준편차와 수정 요인을 사용합니다.

그림 12-9 대응표본 T 검정 출력결과

[그림 12-9]의 해석

대응 1에서는 국어와 영어점수의 쌍을 고려하여 두 점수의 평균을 비교하였고, 대응 2에서는 수학과 영어점수의 쌍을 고려하였다.

대응표본 통계량을 보면, 국어와 영어점수의 평균은 각각 64.77과 48.85로서 국어점수의 평균이 16점 정도 높고, 수학과 영어점수의 평균은 각각 57.45와 48.85로서 수학이 8.6점 높다.

대응표본 상관계수 표에는 국어와 영어점수의 피어슨 상관계수가 0.688이고 수학과 영어점수의 상관계수는 0.750으로 유의성(유의확률<0.001)이 높은 것으로 나타났다. 즉,

대응변수들 간에는 상당히 높은 양의 선형 관련성이 존재한다고 해석된다. 이런 경우에 독립표본 T 검정을 사용하면 오차분산을 실제보다 상당히 큰 값으로 추정하게 되어서 검정력이 무척 떨어진다. 만약 대응변수들 간의 상관계수가 아주 작아서 유의확률이 5%를 초과하면 다시 독립표본 T 검정을 하는 것이 좋다.

대응표본 검정결과를 살펴보자. 각 케이스에서 계산한 국어와 영어점수 차이 D_i(국어점수 - 영어점수)에 대한 통계량 값이 제시되어 있다. 고등학교 1학년 전체 학생들의 국어와 영어점수의 평균 차이 $\delta = \mu_1 - \mu_2$의 추정량은 D_i의 평균 15.920이고 표준편차(s_D)는 18.86, 표준오차($s_D/\sqrt{n}$)는 1.89로 나타났다. δ의 95% 신뢰구간은 (12.18, 19.66)이다. T 통계량 값은 8.4400이고, 자유도 99의 T 분포에 의한 T 통계량 값의 양쪽 유의확률은 0.001 보다 작은 것으로 나타났다. 이것은 유의수준 1%에서도 귀무가설 H_0: $\mu_1 = \mu_2$(두 변수의 평균은 같다)를 기각하고 대립가설 H_1: $\mu_1 \neq \mu_2$(두 변수의 평균은 다르다)를 채택할 수 있게 한다. 즉, 국어와 영어점수는 유의하게 차이가 있다. 단측 대립가설 H_1: $\mu_1 > \mu_2$(국어점수의 평균은 영어점수의 평균보다 크다)에 대한 단측 유의확률은 양쪽 유의확률의 1/2이다. 따라서 단측가설에 대해서도 대립가설을 채택하게 되어 국어점수의 평균이 영어보다 높다는 결론을 내린다.

두 번째 대응변수, 수학과 영어점수에서는 고등학교 1학년 전체 학생들의 수학과 영어점수의 차이에 대해 다음과 같이 나타났다. 추정값은 8.60, 95% 신뢰구간은 (4.95, 12.25), T 통계량 값은 4.670, 그리고 T 통계량 값의 양쪽 유의확률은 0.001보다 작은 것으로 나타났다. 이것은 유의수준 1%에서도 귀무가설 H_0: $\mu_1 = \mu_2$(두 변수의 평균은 같다)를 기각하고 대립가설 H_1: $\mu_1 \neq \mu_2$(두 변수의 평균은 다르다)을 채택할 수 있게 한다. 따라서 수학과 영어점수는 유의하게 차이가 있다고 결론 내린다. 단측 대립가설 H_1: $\mu_1 > \mu_2$(수학점수의 평균은 영어점수의 평균보다 크다)에 대해서도 단측 유의확률이 0.001보다 작은 값이므로 대립가설을 받아들여서 수학점수가 영어보다 높다고 결론을 내린다.

맨 아래의 대응표본 효과크기에 대한 표를 보자. Cohen's d를 표준화 분모값으로 사용한 경우에 국어점수와 영어점수 차이의 효과크기는 0.844이고, 수학점수와 영어점수 차이의 효과크기는 0.467로 나타났다. 따라서 국어점수와 영어점수 차이는 크고 수학점수와 영어점수 차이는 중간정도의 크기라고 할 수 있다.

06 대응표본 *T* 검정 보고서 작성

앞에서 실행한 대응표본 *T* 검정에 대해 결과 보고서를 작성해 보도록 하자. 보고서에는 기술통계량, T 검정통계량과 유의성 검정결과가 포함되어야 한다.

영어의 평균점수가 국어와 수학에 비해 유의하게 차이가 있는지를 알아보고자 대응표본 *T* 검정을 실시하였다. [표 12-2]에는 국어와 수학을 영어와 비교한 대응표본 *T* 검정의 결과를 나타내었다.

표 12-2 국어, 영어, 수학 점수에 대한 대응표본 T 검정결과

대응쌍	점수	기술통계량		대응 차이에 대한 *T* 검정결과		
		평균	표준편차	*t*	(양쪽) 유의확률	차이의 95% 신뢰구간
1	국어	64.77	20.81	8.440**	<.001	(12.18, 19.66)
	영어	48.85	25.63			
2	수학	57.45	26.41	4.670**	<.001	(4.95, 12.25)
	영어	48.85	25.63			

(주) **는 유의수준 0.01에서 유의함을 나타냄.

[표 12-2]에서 첫 번째 대응쌍은 국어와 영어 평균점수를 비교하고, 두 번째 대응쌍은 수학과 영어 평균점수를 비교한 것이다. 두 가지 대응쌍이 모두 유의확률 0.001보다 작은 값이므로, 국어와 영어 그리고 수학과 영어의 평균점수는 둘 다 유의하게 차이가 있다고 할 수 있다. 95% 신뢰수준에서 국어는 영어에 비해 평균점수가 작게는 12점, 많게는 20점 정도 높다고 할 수 있고, 수학은 영어에 비해 평균점수가 작게는 5점, 많게는 12점 정도 높다고 할 수 있다.

참고 위에서 연구자의 가설은 양쪽대립가설(국어와 영어의 평균점수가 다르다)이었다. 따라서 *T* 검정의 양쪽유의확률에 의해 유의성을 말하였다. 그러나 만약 연구자의 가설이 '국어의 평균점수가 영어에 비해 높다'라는 단측대립가설이라면 다음과 같이 보고서를 작성한다.

[표 12-2]를 보면, 국어점수와 영어점수(첫 번째 대응쌍)에 대한 대응 *T* 검정의 (단측)유의확률은 양쪽 유의확률의 절반이므로 0.001 보다 작다. 따라서 유의수준 5%에서 국어점수평균은 영어에 비해 유의하게 높다고 할 수 있다. 95% 신뢰수준에서 국어는 영어에 비해 평균점수가 작게는 12점, 많게는 20점 정도 높다고 할 수 있다.

제3절 실험데이터에 대한 *T* 검정

데이터는 크게 관찰(observation)과 실험(experimentation)에 의하여 얻어진다. 설문조사 같은 관찰에 의한 수집방법에서는 관찰되는 대상에 아무런 조작을 가하지 않고 데이터를 수집한다. 그러나 실험에 의한 수집방법에서는 실험자가 실험대상을 통제하여 실험변수가 아닌 외적변수들의 영향을 최소화시킬 수 있다. 따라서 변수들간의 인과관계나 변수의 효과를 엄격하게 알아보고자 할 경우에는 실험방법에 의하여 데이터를 수집하는 것이 좋다.

실험을 할 경우에는, 실험 목적에 맞는 데이터를 얻기 위해서 적절한 실험계획을 세워야 한다. 실험계획법은 원래 농업에서 수확량을 증가시키는 재배방법과 관련하여 발전되었다. 이런 연유로, 실험계획에서는 비교하는 집단을 나누기 위한 집단변수의 범주를 처리(treatment) 혹은 수준(level)이라고 한다.

01 독립표본 *T* 검정

(1) 데이터와 실험방법

다음의 실험 예제(김우철 외 8인, 2000)를 사용해 보기로 하자.

음식물을 통한 질산칼륨의 과다 섭취가 성장을 저해하는 증거가 있는지를 알아보기 위하여 16마리의 쥐를 대상으로 실험을 하기로 하였다.

이런 목적을 위해 다음과 같은 실험방법을 사용할 수 있다.

① 실험을 시작하기 전에 16마리의 쥐의 체중을 조사한다.
② 16마리의 쥐 중에서 9마리를 랜덤으로 선택하여 2000ppm의 질산칼륨을 섭취하게 하고, 나머지 7마리는 일상적인 식사를 하게 한다.
③ 일정기간 후에 모든 쥐의 체중을 조사한다.
④ 체중 증가율을 계산한다.

$$\text{체중 증가율} = \frac{\text{실험 후 체중} - \text{실험 전 체중}}{\text{실험 전 체중}} \times 100\%$$

이 실험에서는 아홉 마리와 일곱 마리로 구성되어 있는 두 집단의 쥐에게 두 가지 처리(질산칼륨 섭취, 규정식 섭취)를 하였다. 두 집단으로 나누는 방법에서 한 집단에 속할 아홉 마리를 랜덤으로 선택하는(따라서 나머지 일곱 마리 역시 랜덤하게 선택되는) 실험계획(완전랜덤계획법)을 사용하였다.

위의 실험으로 다음과 같은 체중 증가율의 데이터를 얻었다고 하자.

질산칼륨 섭취군	12.7	19.3	20.5	10.5	14.0	10.8	16.6	14.0	17.2
규정식 섭취군	18.2	32.9	10.0	14.3	16.2	27.6	15.7		

(2) SPSS 데이터 형태

두 처리에 의한 반응치(체중 증가율)의 평균이 차이가 나는지 알아보기 위해서는 독립표본 T 검정을 한다. 앞의 데이터를 가지고 SPSS에서 독립표본 T 검정을 하려면 [그림 12-10]과 같이 변수를 집단변수와 검정변수 형태로 입력해야 한다.

	처리	체중증가
1	1	12.7
2	1	19.3
3	1	20.5
4	1	10.5
5	1	14.0
6	1	10.8
7	1	16.6
8	1	14.0
9	1	17.2
10	2	18.2
11	2	32.9
12	2	10.0
13	2	14.3
14	2	16.2
15	2	27.6
16	2	15.7

그림 12-10 SPSS 데이터 형태

SPSS 데이터 편집기의 '변수 보기' 시트에서 '처리' 변수의 '소수점 이하 자리'를 '0'으로 변경하고, '값'에 대한 설명으로 각각 '질산칼륨'과 '규정식'을 기입하도록 하자.

(3) 독립표본 *T* 검정의 실행과 결과해석

질산칼륨.sav 데이터를 가지고 두 처리에 의한 반응치의 평균이 차이가 나는지 알아보자.

(가) 표본의 크기와 정규성의 검토

두 집단의 케이스 수는 각각 9와 7로서 매우 작다. 따라서 정규성 검정을 실행한다. 메뉴로부터 다음과 같은 절차를 따르면 [그림 12-11]과 같은 **데이터 탐색** 대화상자가 열린다.

분석
기술통계량
데이터 탐색 ...

그림 12-11 데이터 탐색 대화상자

[그림 12-11]과 같이 '종속변수'에 '체중증가' 변수를, '요인'에 '처리' 변수를 넣고, '출력'에서 '도표'를 선택하여 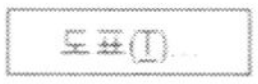 단추로 **데이터 탐색: 도표** 대화상자를 연다.

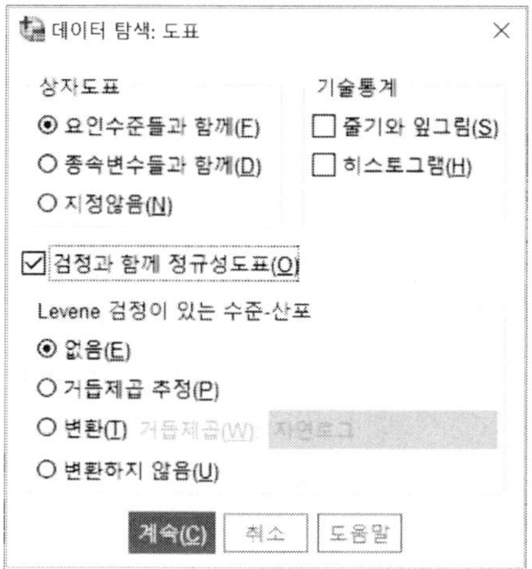

그림 12-12 데이터 탐색: 도표 대화상자

[그림 12-12]와 같이 '검정과 함께 정규성 도표'를 선택한다. 그러면 집단별로 Komogorov-Smirnove의 정규성 검정결과와 함께 정규 Q-Q 도표, 기울기 없는 정규 Q-Q 도표가 출력된다. [그림 12-13]은 출력결과의 일부분이다.

데이터 탐색

처리

정규성 검정

	처리	Kolmogorov-Smirnov[a] 통계	자유도	CTT 유의확률	Shapiro-Wilk 통계	자유도	CTT 유의확률
체중증가	질산칼륨	.173	9	.200*	.945	9	.633
	규정식	.267	7	.141	.894	7	.297

*. 이것은 참 유의성의 하한입니다.

a. Lilliefors 유의확률 수정

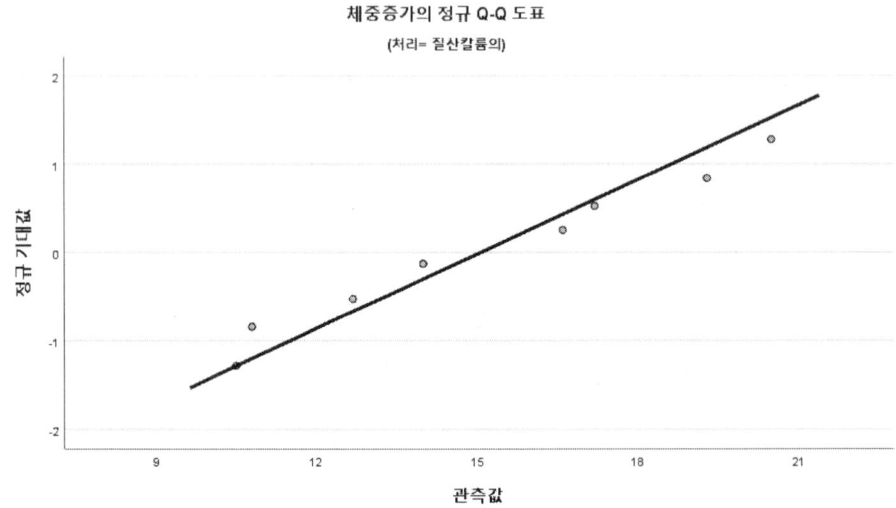

그림 12-13 데이터 탐색에 의한 정규성 검정 출력결과

[그림 12-13]의 해석

두 처리집단의 Komogorov-Smirnov 정규성 검정에서 유의확률의 하한값이 각각 0.200, 0.141로 나타났다. 이것은 통상 유의수준 0.05보다 크기 때문에 귀무가설 '모집단의 분포는 정규분포를 따른다'를 기각할 수 없다. 즉, 두 집단 모두 정규분포를 따른다고 가정할 수 있다. 정규 Q-Q 도표를 보면, 점들이 직선으로부터 약간 벗어나 있는 듯 보이지만 정규분포의 가정에 무리가 없는 것으로 판단된다.

(나) 독립표본 T검정의 실행과 결과 해석

1절에 있는 실행절차에 따라 독립표본 T 검정을 실행시킨다. **독립표본 T 검정** 대화상자에서 '검정변수'와 '집단변수'를 각각 '체중증가'와 '처리'로 설정하고 **집단정의** 대화상자에서 집단 1과 2에 각각 '1'과 '2'를 입력하여 실행시키면 [그림 12-14]와 같은 출력결과를 얻게 된다.

집단통계량

	처리	N	평균	표준편차	평균의 표준오차
체중증가	질산칼륨	9	15.067	3.5581	1.1860
	규정식	7	19.271	8.0531	3.0438

독립표본 검정

		Levene의 등분산 검정		평균의 동일성에 대한 T 검정							
						유의확률				차이의 95% 신뢰구간	
		F	유의확률	t	자유도	단측 확률	양측 확률	평균차이	표준오차 차이	하한	상한
체중증가	등분산을 가정함	4.446	.053	-1.410	14	.090	.180	-4.2048	2.9826	-10.6019	2.1923
	등분산을 가정하지 않음			-1.287	7.825	.117	.235	-4.2048	3.2667	-11.7672	3.3577

독립표본 효과크기

		Standardizer[a]	포인트 추정값	95% 신뢰구간 하한	95% 신뢰구간 상한
체중증가	Cohen's d	5.9185	-.710	-1.720	.323
	Hedges 수정	6.2610	-.672	-1.626	.305
	Glass 델타	8.0531	-.522	-1.532	.526

a. 효과크기를 추정하는 데 사용되는 분모입니다.
Cohen's d는 통합 표준편차를 사용합니다.
Hedges 수정은 통합 표준편차와 수정 요인을 사용합니다.
Glass 델타는 대조집단의 표본 표준편차를 사용합니다.

그림 12-14 독립표본 T 검정 출력결과

[그림 12-14]의 해석

먼저, 집단통계량을 보면 규정식을 섭취한 집단의 체중 증가율이 높은 것 같이 보인다. 그러나 규정식 집단의 표준오차가 크기 때문에 두 집단의 평균 차이를 발견할 수 없음을 알 수 있다.

Levene의 등분산 검정의 F 통계량 값은 4.446이고 이 값의 유의확률은 0.053으로 나타났다. 이 값은 통상 유의수준 0.05보다 크기 때문에 등분산 가설을 채택한다.

여기에서 T 검정의 귀무가설과 대립가설은 다음과 같이 표현된다.

μ_1 =질산칼륨을 섭취할 경우의 모집단 평균 체중증가율,

μ_2 =규정식을 섭취할 경우의 모집단 평균 체중증가율이라고 할 때,

귀무가설	$H_0: \mu_1 = \mu_2$ (두 처리에 대한 평균 체중증가율은 같다)
양측대립가설	$H_1: \mu_1 \neq \mu_2$ (두 처리에 대한 평균 체중증가율은 다르다),
	혹은
단측대립가설	$H_1: \mu_1 < \mu_2$ (질산칼륨이 체중 증가율을 감소시킨다)

'등분산이 가정됨' 줄을 선택하여 t값과 그 유의확률을 읽으면 각각 −1.410과 0.180이고 이것은 유의수준 5%에서 양측대립가설 '질산칼륨 섭취군과 규정식 섭취군 간에 평균 체중 증가율이 다르다'를 채택할 수 없도록 한다. 단측 대립가설 '질산칼륨이 체중 증가율을 감소시킨다(질산칼륨 섭취군의 체중증가율이 규정식 섭취군 보다 작다)'를 세웠을 경우에도 t값의 단측 유의확률이 0.090이므로 대립가설을 받아들일 수 없다. 즉, 이 실험으로 질산칼륨의 섭취가 체중증가율을 감소시킨다는 뚜렷한 증거를 발견할 수 없다. 여기서는 t 검정에서 유의한 결과가 나오지 않았기 때문에 효과크기 표를 해석할 필요가 없다.

참고 관찰에 의해 데이터를 수집하였을 경우에는 *T* 검정에 의해 단지 '평균의 차이가 있다'라는 결론만 낼 수 있다. 그러나 실험에 의한 데이터에서는 '평균의 차이가 있다'라는 결론뿐만 아니라 '영향을 미친다'라는 결론을 내릴 수 있게 된다. 즉, '질산칼륨 섭취군의 평균 체중증가율이 규정식 섭취군 보다 작다'라는 결론이 나게 되면 이것은 질산칼륨이 체중증가율을 감소시키는 방향으로 영향을 미친다고 할 수 있다.

02 대응표본 *T* 검정

(1) 데이터와 실험방법

다음의 실험 예제(김우철 외 8인, 2000)를 사용해 보기로 하자.

두 종류의 진통제에 대해 복용 후 숙면할 수 있는 정도를 비교하려고 한다.

이러한 실험에 참여하기로 한 환자들의 제반 건강상태에 상당한 차이가 있기 때문에 이들 중 여섯 명을 랜덤으로 선택하고 각 환자들에게 두 종류의 진통제를 각각 1회씩 복용하게 하는 실험을 하였다. 실험방법은 다음과 같다.

① 복용 순서에 따라 효과가 달라질 수 있음을 감안하여, 각 환자에 대해 동전을 던져서 진통제의 복용 순서를 결정한다. 즉, 환자별로 앞면이 나오면 진통제 A를 먼저 복용하고 뒷면이 나오면 진통제 B를 먼저 복용하도록 한다.
② 숙면시간을 측정한다.
③ 일정기간 후에 복용하지 않은 다른 진통제를 복용하도록 한다.
④ 숙면시간을 측정한다.

이 실험에서는 여섯 명의 환자들 모두에게 두 가지 처리(진통제 A 복용과 진통제 B 복용)를 하였다. 진통제의 적용대상인 환자들의 이질성 때문에 동일한 환자에게 두 진통제를 랜덤한 순서로 적용시켜(랜덤완전블록계획법) 실험의 효과를 높이도록 하였다.

위의 실험으로 다음과 같은 숙면시간의 데이터를 얻었다고 하자.

환자	1	2	3	4	5	6
진통제 A	4.8	4.0	5.8	4.9	5.3	7.4
진통제 B	4.0	4.2	5.2	4.9	5.6	7.1

(2) SPSS 데이터 형태

위와 같은 실험방법으로 두 진통제의 반응치(숙면시간) 평균을 비교하기 위해서는 대응표본 T 검정을 한다. 앞의 데이터를 가지고 SPSS에서 대응표본 T 검정을 하려면 [그림 12-15]와 같이 변수를 두 개의 변수(진통제a와 진통제b) 형태로 입력해야 한다.

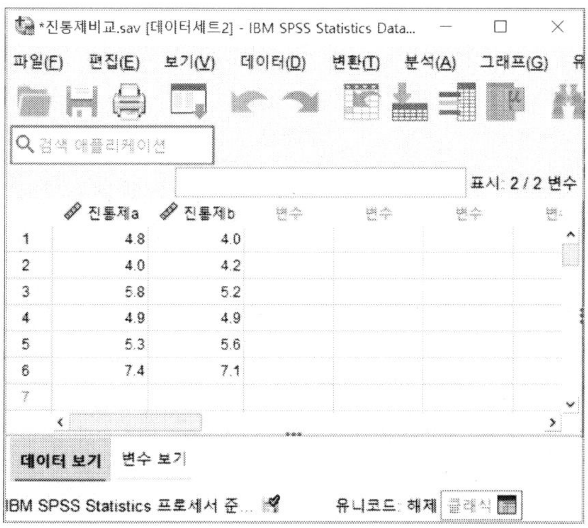

그림 12-15 SPSS 데이터 입력 형태

(3) 대응표본 T 검정의 실행과 결과 해석

진통제 비교.sav 데이터를 가지고 두 진통제의 반응치 평균을 비교해 보자.

(가) 표본의 크기와 정규성의 검토

케이스 수가 겨우 6으로 매우 작다. 따라서 정규성 검정이 필요하다.

먼저, 데이터 편집기에서 변환 메뉴의 변수계산을 선택하여 [그림 12-16]과 같이 두 진통제에 대한 숙면시간의 차이(진통제 A −진통제 B)를 변수로 만들자. 그 변수이름을 'diff'로 두고서 'diff' 변수에 대해 정규성 검정을 실행한다(정규성 검정 절차에 대한 자세한 내용은 '실험 데이터의 독립표본 T 검정'의 실행 부분을 참조한다).

분석 메뉴의 데이터 탐색을 선택하여 **데이터 탐색** 대화상자가 열리면 '종속변수'에 'diff' 변수를 넣고 '출력'에서 '도표'를 선택한 다음 [도표(T)] 단추를 누른다. '검정과 함께 정규성 도표'를 선택하면 Komogorov-Smirnov의 정규성 검정결과와 함께 정규 Q-Q 도표, 기울기 없는 정규 Q-Q 도표가 출력된다. [그림 12-17]은 출력결과의 일부분이다.

그림 12-16 'diff' 변수 만들기

정규성 검정

	Kolmogorov-Smirnov[a]			Shapiro-Wilk		
	통계	자유도	CTT 유의확률	통계	자유도	CTT 유의확률
diff	.174	6	.200*	.937	6	.636

*. 이것은 참 유의성의 하한입니다.

a. Lilliefors 유의확률 수정

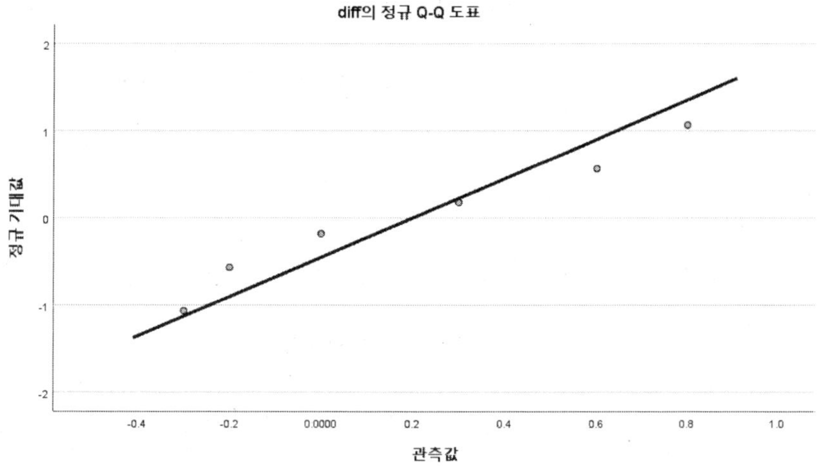

그림 12-17 데이터 탐색에 의한 정규성 검정 출력결과

[그림 12-17]의 해석

두 진통제의 반응치 차이인 'diff' 변수에 대한 Komogorov–Smirnov 정규성 검정에서 유의확률의 하한값이 0.200으로 나타났다. 이것은 통상 유의수준 0.05보다 크기 때문에 귀무가설 '모집단의 분포는 정규분포를 따른다'를 기각할 수 없다. 즉, 두 집단 모두 정규분포를 따른다고 가정할 수 있다. 정규 Q–Q 도표를 보면, 점들이 직선으로부터 약간 벗어나 있는 듯 보이지만 정규분포의 가정에 무리가 없는 것으로 판단된다.

(나) 대응표본 T검정의 실행과 결과 해석

2절에 있는 실행절차에 따라 대응표본 T 검정을 실행시킨다. **대응표본 T 검정** 대화상자에서 진통제 a와 진통제 b를 선택하여 실행시키면 [그림 12–18]과 같은 출력결과를 얻게 된다.

대응표본 통계량

		평균	N	표준편차	평균의 표준오차
대응 1	진통제a	5.367	6	1.1605	.4738
	진통제b	5.167	6	1.1219	.4580

대응표본 상관계수

		N	상관관계	유의확률 단측 확률	유의확률 양측 확률
대응 1	진통제a & 진통제b	6	.925	.004	.008

대응표본 검정

		대응차 평균	대응차 표준편차	대응차 평균의 표준오차	대응차 차이의 95% 신뢰구간 하한	대응차 차이의 95% 신뢰구간 상한	t	자유도	유의확률 단측 확률	유의확률 양측 확률
대응 1	진통제a - 진통제b	.2000	.4427	.1807	-.2646	.6646	1.107	5	.159	.319

대응표본 효과크기

			Standardizer[a]	포인트 추정값	95% 신뢰구간 하한	95% 신뢰구간 상한
대응 1	진통제a - 진통제b	Cohen's d	.4427	.452	-.413	1.278
		Hedges 수정	.5266	.380	-.347	1.074

a. 효과크기를 추정하는 데 사용되는 분모입니다.
Cohen's d는 평균차이의 표본 표준편차를 사용합니다.
Hedges 수정은 평균차이의 표본 표준편차와 수정 요인을 사용합니다.

그림 12-18 대응표본 T 검정 출력결과

[그림 12-18]의 해석

먼저, 여섯 명의 환자들에 대한 반응치의 상관계수는 0.925(유의확률 〈0.001)로서 매우 높게 나타났다. 이 상관계수결과로 보아 대응표본 T 검정을 사용하는 실험방법을 채택한 것이 무척 현명한 것으로 판단된다. 대응표본 방법은 두 반응치의 상관계수가 높은 경우에 오차를 많이 줄여주기 때문에 보다 의미 있는 검정결과를 얻게 해준다.

차이 D_i의 평균은 0.20이고 표준편차는 0.443이다. 두 진통제를 모든 가능한 환자들에게 복용시켰을 경우에 있어서 평균 숙면시간의 차이 $\delta = \mu_1 - \mu_2$에 대한 95% 신뢰구간은 (−0.265, 0.665)이고, t 통계량은 1.107(유의확률 0.319)로 나타났다. 따라서 귀무가설 '두 진통제의 평균 숙면시간은 차이가 없다'를 기각할 수 없게 된다. 단측 대립가설 '진통제 A가 진통제 B보다 숙면시간이 길다'를 세웠을 경우에도 t 값의 단측 유의확률이 0.159 이므로 대립가설을 받아들일 수 없다.

여기에서 T 검정의 귀무가설과 대립가설은 다음과 같이 표현된다.

μ_1 =진통제 A에 의한 평균 숙면시간,

μ_2 =진통제 B에 의한 평균 숙면시간이라고 할 때,

귀무가설 H_0: $\mu_1 = \mu_2$ (두 진통제에 의한 평균 숙면시간은 차이가 없다)
양측대립가설 H_1: $\mu_1 \neq \mu_2$ (두 진통제에 의한 평균 숙면시간은 차이가 있다),
혹은
단측대립가설 H_1: $\mu_1 > \mu_2$ (진통제 A가 진통제 B보다 숙면시간이 길다)

여기서는 t 검정에서 유의한 결과가 나오지 않았기 때문에 효과크기 표를 해석할 필요가 없다.

연습문제

1. **stat.sav** 데이터에서 성별에 따라 키의 평균이 얼마나 다른지 검정해 보자.
2. **employee data.sav** 데이터에서 성별에 따라 현재급여가 다른지 검정해 보자.
3. 2번의 작업을 직종별(사무직, 경영직)로 나누어서 성별에 따른 급여차이가 있는지 검정해 보자.
4. 교재의 데이터 파일 중 **설문지.sav** 데이터에서 공부집중정도(stfocus) 변수의 '집중잘됨' 그룹과 '집중안됨' 그룹 간 성적의 차이가 있는지 알아보자.
5. 교재의 데이터 파일 중 **휴대전화.sav** 데이터에서 성별 간 하루 평균 보내는 문자메세지 회수의 차이가 있는지 알아보자.
6. 교재의 데이터 파일 중 **의학.sav**는 세 집단(대조군, 실험군1, 실험군2)에 대한 처리 전(prew), 처리 1주 후(wk1w), 처리 3주 후(wk3w) 측정값의 데이터이다. 각 집단별로, 처리 1주 후에 비해 처리 3주 후에 유의한 차이가 나타났는지 알아보자.

참고문헌

(1) 김우철 외 8인 (2000). 『일반통계학』(개정판), 영지문화사.
(2) 허명회 (1997). 『통계적 개념·방법·응용』, 자유아카데미.
(3) 김동희 외 6인 (1997). 『통계학』, 자유아카데미.
(4) 김우철 외 7인 (1984). 『현대통계학』(제3개정판), 영지문화사.
(5) 허명회 (1996). 『비교연구를 위한 통계적 방법론』, 자유아카데미.

13장 분산분석(ANOVA)

앞 장의 T 검정은 두 개의 평균을 비교하는 분석이었다. 이 장에서는 이를 확장하여 세 개 이상의 평균을 비교하는 데 사용하는 분산분석(Analysis of Variance)방법을 다룬다. 분산분석을 사용하는 몇 가지 예를 들면 아래와 같다.

예1 사회계층(상·중·하)에 따라 생활만족도(구간·비율척도)에 있어서 차이가 있는가?

예2 세 가지 교수법에 따라 시험성적에 차이가 있는가?

예3 세 가지 제조업체에 따라 자동차의 수명이 다른가?

예4 직종을 통제한 상태에서 학력에 따라 직무만족도가 다른가?

예5 비료종류(세 가지)와 재배방법(두 가지)에 따라 수확량의 차이가 있는가?

예6 세미나 방식의 수업과 강의 방식의 수업을 비교하고자 할 때 학년에 따라 교육효과의 차이가 있는가?

분산분석 방법은 실험계획(Experimental Design)에 의해 얻은 데이터를 분석하기 위하여 주로 사용한다. 데이터는 크게 관찰(observation)과 실험(experimentation)에 의하여 얻어진다. 설문조사 같은 관찰에 의한 수집방법에서는 관찰되는 대상에 아무런 조작을 가하지 않고 데이터를 수집한다. 그러나 실험에 의한 수집방법에서는 실험자가 실험대상을 통제하여 실험변수가 아닌 외적변수들의 영향을 최소화시킬 수 있다. 따라서 변수들 간의 인과관계나 변수의 효과를 엄격하게 알아보고자 할 경우에는 실험에 의하여 데이터를 수집하는 것이 좋다. 실험계획법은 원래 농업에서 수확량을 증가시키는 재배방법과 관련하여 발전되었다. 이런 연유로 실험계획에서는 비교하는 집단을 나누기 위한 집단변수의 범주를 처리(treatment)라고 하고, 집단변수를 요인(factor)이라고 한다. 실험계획법의 종류는 여러 가지가 있는데, 그 종류에 따라서 분산분석 방법이 다르다. 몇 가지 대표적인 실험계획법은 [표 13-1]과 같다.

표 13-1 실험계획법의 종류

실험계획법	비고
완전랜덤계획법(Completely Randomized Design)	1개 요인
랜덤완전블록계획법(Randomized Complete Block Design)	2개 요인, 상호작용무시
랜덤균형불완전계획법(Randomized Blanced Incomplete Block Design)	
랜덤부분균형불완전계획법(Randomized Patially Blanced Incomplete Block Design)	
요인계획법(Factorial Design)	2개 이상의 요인, 상호작용고려
라틴계획법(Latin Square Design)	3개 요인
둥지계획법(Nested Design)	
분할계획법(Split-Plot Design)	
반복측정계획법(Repeated Measures Design)	

이 장에서는 여러 실험계획법 중에서 완전랜덤계획법과 요인계획법에 따른 분산분석 방법(각각 일원배치 분산분석, 일변량 일반선형모형)만을 다룬다.

제1절 일원배치 분산분석(One-Way ANOVA)

01 목적

세 개 이상의 집단들에 대한 평균을 비교
실험계획법(완전랜덤계획법)에서는, 한 요인의 종속변수에 대한 효과를 파악

독립표본 T 검정은 케이스가 다른 두 집단의 평균을 비교하는 데 사용되었다. 이를 확장하여 케이스가 다른 세 개 이상의 집단들에 대한 평균을 비교하기 위해서는 일원배치 분산분석 방법을 사용한다. 또한 일원배치 분산분석으로 한 요인이 종속변수에 영향을 주는지 알아볼 수 있다. 이 경우에는 다른 외적변수들이 통제된 상태에서 데이터를 수집하여야 한다. 완전랜덤계획법으로 수집한 실험데이터에서는 고려하는 요인 이외의 다른 요인이 통제되었기 때문에 한 요인의 종속변수에 대한 효과를 알아볼 수 있다. 분산분석의 사용 예에서 (예 1)—(예 3)은 일원배치 분산분석으로 알아볼 수 있다.

02 사용되는 변수의 척도

종속변수는 구간·비율척도이고 요인변수는 명목이나 순서척도

평균을 비교하고자 하는 목적(종속)변수는 구간·비율척도이어야 한다. 그리고 집단을 나누기 위한 요인변수는 명목척도나 순서척도로 되어 있어야 한다. (예1)과 (예2)에서 종속변수는 각각 생활만족도와 시험성적인데 이것은 구간·비율척도로 된 변수이어야 한다. 태도를 물어보는 조사(예: 생활만족도)는 종종 5점 척도로 된 여러 개의 문항으로 질문을 한 후 이 항목들의 합이나 평균값으로 지표를 만든다. (예1)과 (예2)에서 요인변수는 각각 사회계층과 세 가지 교수법 변수이다.

03 원리

(1) 일원배치 분산분석에서 모집단과 표본

일원배치 분산분석은 [그림 13-1]과 같이 k개의 모집단으로부터 독립적으로 표본을 추출하여 모평균을 비교하는 상황에서 사용된다.

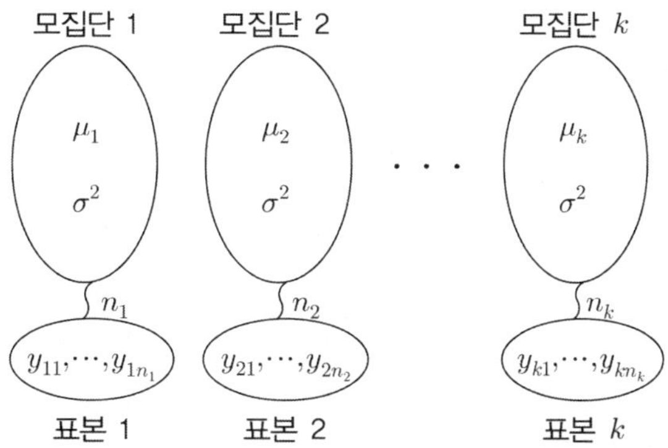

그림 13-1 일원배치 분산분석에서 모집단과 표본

예를 들어, 어떤 생산업체에서 작업시간대에 따라 생산량이 다른지를 알고 싶다고 하자. 이를 위하여 작업시간대를 오전, 오후, 야간과 새벽으로 구분한 후 각 시간대에서 네 개의 표본을 추출하였다. 그 결과가 [표 13-2]와 같다고 하자.

표 13-2 작업시간대에 따른 생산량 데이터

요인수준	데이터	평균
오전	75 70 66 69	70
오후	78 68 72 74	73
야간	55 60 64 65	61
새벽	67 71 79 71	72
		총평균 69

이 예에서 요인은 작업시간대이고, 모집단 1, 2, 3, 4는 각각 오전, 오후, 야간, 새벽 작업시간대의 무한히 많은 생산량 데이터이다. 우리는 각 작업시간대에서 뽑은 4개씩의 표본값으로 모집단 평균들이 같은지를 검정하려고 한다. 이때 모집단 i $(i=1,2,3,4)$의 분포는 평균이 μ_i이고 공통분산이 σ^2인 정규분포를 따른다고 가정한다.

(2) 완전랜덤계획법(Completely Randomized Design)

완전랜덤계획법이란 실험대상 전체에 실험순서 또는 처리배치(treatment assignment)를 완전히 랜덤으로 정하는 실험계획법을 말한다.

예를 들어, 30명의 학생을 대상으로 세 가지 교수법(교수법 1, 교수법 2, 교수법 3)을 비교하려고 한다. 완전랜덤계획법으로 실험을 하는 한 방법은 다음과 같다.

① 30명의 학생들에 대해 일련번호(1−30)를 붙인다.
② 1번 카드 10장, 2번 카드 10장, 3번 카드 10장을 잘 섞어서 주머니에 넣고 한 장씩 뽑아나간다.
③ 30명 각각의 학생들은 자신이 뽑은 카드의 숫자 집단(1, 2, 3)에 할당된다.
④ 집단 1은 교수법 1로 강의하고 집단 2는 교수법 2로, 집단 3은 교수법 3으로 강의한다.
⑤ 일정기간이 지난 후에 30명의 학생들에게 교수법의 효과를 평가하기 위한 소정의 시험을 치른다.

이렇게 실험하여 얻은 시험성적 데이터는 일원배치 분산분석에 의해 분석된다.

(3) 가정의 검토

일원배치 분산분석을 하기 위해서는 다음의 가정이 필요하다.

요인의 각 수준에서 데이터의 모집단은 동일한 분산을 가지는 정규분포를 따른다.

즉, 정규성의 가정과 등분산의 가정이다. 분산분석을 실행하기 전에 이 가정들이 만족되는지 먼저 검토해야 한다.

(가) 정규성의 가정 검토

요인의 각 수준에서 표본 케이스가 많을 경우(일반적으로 30 이상)에는 정규성의 검토 없이 분산분석을 할 수 있다. 그러나 한 수준이라도 표본수가 작은 경우에는 정규성의 검토가 반드시 필요하다. 모집단의 정규성을 검토하는 방법은 2부 1장 5절에 있다.

정규성의 가정을 만족하지 못하는 데이터에 대해서는 일원배치 분산분석 대신에 비모수적 검정방법인 크루스칼-왈리스(Kruskal-Wallis) 검정방법을 사용해야 올바른 결론을 내릴 수 있다.

(나) 등분산의 가정 검토

분산의 동질성을 검토하기 위하여 SPSS에서는 일원배치 분산분석의 옵션으로 Levene의 등분산 검정을 제공한다. 등분산 검정의 가설은 다음과 같다.

> **Levene의 등분산 검정**
>
> **귀무가설** H_0: $\sigma_1^2 = \sigma_2^2 = \cdots = \sigma_k^2$ (k개의 모집단의 분산은 같다.)
>
> **대립가설** H_1: 적어도 하나의 σ_i^2는 다르다.

검정에서 귀무가설을 기각하게 되면 그 데이터를 가지고 일원배치 분산분석을 할 수 없게 된다. 일원배치 분산분석을 하려면 먼저 데이터에 대해 적당한 변환을 해서 등분산 가정을 만족하도록 해야 한다. SPSS에서는 등분산 가정을 만족하지 못하는 경우에 일원배치 분산분석 대신 사용할 수 있는 두 가지 검정(Welch 검정과 Browin-Forsythe 검정)을 옵션 대화상자에서 제공한다.

(4) 일원배치 분산분석(One-Way Analysis of Variance)

[표 13-2]에서 보았듯이 일원배치 데이터의 일반적인 구조는 [표 13-3]과 같다.

표 13-3 일원배치 데이터의 구조

요인수준	데이터	표본수	평균
A_1	y_{11} y_{12} $\cdots$ y_{1n_1}	n_1	$\overline{y_1}$
A_2	y_{21} y_{22} $\cdots$ y_{2n_2}	n_2	$\overline{y_2}$
$\vdots$	$\vdots$		$\vdots$
A_k	y_{k1} y_{k2} $\cdots$ y_{kn_k}	n_k	$\overline{y_k}$
		총평균	$\overline{y}$

일원배치의 데이터 y_{ij}에 대한 구조식은 다음과 같다.

> $y_{ij} = \mu_i + \epsilon_{ij}$, $i = 1,2,\cdots,k$ (k는 A요인의 수준 개수)
> $j = 1,2,\cdots,n_i$ (n_i는 A의 i번째 수준에서의 표본 케이스 수)

여기서 μ_i는 요인 A의 i번째 수준의 평균이고, ϵ_{ij}는 오차항으로서 서로 독립이고 평균이 0, 분산이 σ^2인 정규분포를 따른다고 가정한다. A요인의 수준간에 평균의 차이가 있는지 검정하기 위한 가설은 다음과 같다.

> **귀무가설** H_0: $\mu_1 = \mu_2 = \cdots = \mu_k$ (모든 수준의 평균은 차이가 없다)
> **대립가설** H_1: 적어도 하나의 μ_i는 다르다. (적어도 하나의 수준 평균은 다르다)

이러한 가설을 검정하기 위한 검정통계량은 종속변수 y의 총변량(SSTO)을 A요인의 수준(집단) 간의 변동(SSA)과 수준(집단) 내의 변동(SSE)으로 다음과 같이 분해하여 얻어진다.

$$SSTO = SSA + SSE,$$

$$\text{여기서 } SSTO = \sum_i \sum_j (y_{ij} - \overline{y})^2,$$

$$SSA = \sum_i n_i (\overline{y_i} - \overline{y})^2,$$

$$SSE = \sum_i \sum_j (y_{ij} - \overline{y_i})^2.$$

n을 총표본의 수라고 할 때, 일원배치 분산분석표는 [표 13-4]와 같다.

표 13-4 일원배치 분산분석표

변동요인	제곱합(SS)	자유도	평균제곱	F
집단간	SSA	$k-1$	MSA=SSA/($k-1$)	F=MSA/MSE
집단내	SSE	$n-k$	MSE=SSE/($n-k$)	
합계	SSTO	$n-1$		

분산분석표는 F 검정통계량을 계산하기 위한 과정을 표로 나타낸 것이다. F 통계량은 귀무가설이 참일 때 분자의 자유도 $k-1$, 분모의 자유도 $n-k$인 F분포를 따른다. SPSS에서는 이 분포를 이용하여 F 통계량의 유의확률(p값)을 제시해 준다. p값이 유의수준(일반적으로 0.05)보다 작으면 우리는 H_0를 기각하게 되고 따라서 A요인의 수준에

따라 평균차이가 있다고 결론을 내린다. 데이터가 완전랜덤계획법에 의한 실험 데이터라면, 우리는 단순히 평균들의 차이가 있다고 결론 내리는 데 그치지 않고 A 요인이 종속변수에 영향을 미친다(혹은 효과가 있다)고 결론을 내리게 된다. 이것은 다른 변인을 통제할 수 있었기 때문에 가능하다.

[표 13-2]에 있는 작업시간대에 따른 생산량의 데이터에 대한 분산분석표는 아래와 같다. F 통계량의 유의확률이 0.009이므로 유의수준 $\alpha = 0.01$ 에서도 귀무가설을 기각하고 대립가설을 채택할 수 있다. 즉, 작업시간대에 따른 생산량의 차이가 있다고 결론 내린다.

변동요인	제곱합	자유도	평균제곱	F
집단간	360	3	120.0	6.21
집단내	232	12	19.3	
합계	592	15		

(5) 다중비교(Multiple Comparison)

분산분석에서 k개 수준의 평균이 동일하다는 귀무가설이 기각되었다고 가정하자. 그러면 최소한 한 쌍의 μ_i는 서로 다르다는 결론이 내려진다. 이때, 일반적으로는 이러한 결론으로 분석을 끝내지 않고 어느 μ_i가 서로 차이가 있는지를 알아본다. 이것을 다중비교라 한다.

[표 13-2]의 데이터에서 작업시간대에 따라 생산량 차이가 난다는 분산분석 결과가 나왔기 때문에 과연 어떤 시간대에서 생산량의 차이가 나는지 검정할 필요가 있다. SPSS에서 제공하는 다중비교 방법은 여러 가지가 있다. 그 중에서 가장 간단한 방법은 최소유의차(LSD; least significant difference)방법이다. 이 방법은 두 수준 간의 차이가 있는지 알기 위해 독립표본 T 검정을 거듭하는 것이다. 요인 A의 수준 s와 수준 t의 평균을 비교하기 위한 통계량은 다음과 같다.

귀무가설 H_0 : $\mu_s = \mu_t$에 대한 검정

검정통계량: $T = \dfrac{\overline{y_s} - \overline{y_t}}{\sqrt{MSE(\dfrac{1}{n_s} + \dfrac{1}{n_t})}}$

검정통계량 T는 귀무가설이 참일 때 자유도$(n-k)$인 t 분포를 따른다. [표 13-2]의 데이터에 대해 LSD 검정을 해보았더니 μ_1과 μ_3, μ_2와 μ_3, μ_3와 μ_4만이 차이가 있었다. 즉, μ_3가 다른 평균과 차이가 있다는 결론이 나온다. 각 작업시간대의 표본평균으로 보아 야간의 생산량이 다른 작업시간대에 비해 작다고 판단된다.

04 SPSS 일원배치 분산분석의 실행

체격체력.sav 데이터에서 여자 중학생의 키와 가슴둘레가 학년에 따라 유의하게 차이가 나는지 알아보자.

(1) 표본의 크기

먼저 **체격체력**.sav 데이터에서 학년별 케이스를 보면 1학년이 117명(n_1)이고 2학년이 90명(n_2), 3학년이 127명(n_3)이다. 이것은 대표본이기 때문에 정규성의 가정을 검토하지 않아도 된다.

(2) 일원배치 분산분석

일원배치 분산분석을 실행하기 위해서는 메뉴로부터 다음과 같은 절차를 따른다. 그러면 [그림 13-2]와 같은 **일원배치 분산분석** 대화상자가 열린다.

분석
평균 및 비율 비교
일원배치 분산분석 ...

그림 13-2 일원배치 분산분석 대화상자

데이터 파일에 있는 변수들의 목록이 왼쪽상자에 나타난다. 검정할 종속변수를 하나 이상 선택하고 집단을 나누는 요인(집단)변수를 선택한다. 기본적으로 설정된 분산분석표에 의한 일원배치 분산분석결과만을 얻기 위해서는 [확인] 단추를 선택한다. 그러나 수준평균 μ_i들을 비교하거나 기술통계량, 분산의 동질성 검정을 위해서는 대화상자 아래에 있는 [대비(N)...], [사후분석(H)...], [옵션(O)...] 단추를 선택한다. 이 대화상자의 아래에는 '□전체 검정에 대한 효과크기 추정'이 있고 기본설정으로 체크되어 있다.

(3) 대비(Contrasts)

분산분석표에 의한 F 검정방법은 요인의 수준들 전체에 대한 분석이다. 때때로 수준 전체에 대한 분석뿐 아니라 수준 평균들 간에 특정한 관계가 존재하는지 알고자 할 때가 있다. 수준 평균들 간의 특정한 관계를 다음과 같이 평균들에 대한 선형조합형태로 나타낸 것을 대비라고 한다.

대비

$$L = c_1\mu_1 + c_2\mu_2 + \cdots + c_k\mu_k$$

$$\text{여기서 } \sum c_i = 0$$

이런 대비는 데이터를 얻기 전에(사전에) 미리 계획되어진다는 점에서 다음에 설명할 사후분석과 다르다.

예를 들어, 4개 수준이 있는 경우에 $\mu_1 = \mu_2$를 검정하고자 대비를 만들어 보면 대비 계수들의 합이 0이 되어야 하므로 대비의 계수는 $c_1 = 1,\ c_2 = -1,\ c_3 = c_4 = 0$가 되고, $\mu_1 = (\mu_2 + \mu_3)/2$을 검정하기 위한 대비의 계수는 $c_1 = -1,\ c_2 = 0.5, c_3 = 0.5,\ c_4 = 0$로 놓을 수 있다.

일원배치 분산분석 대화상자에서 [대비(N)...] 단추를 선택하면 [그림 13-3]과 같은 **일원배치 분산분석: 대비** 대화상자가 열린다.

그림 13-3 일원배치 분산분석: 대비 대화상자

수준 평균들 간에 선형(linear)이나 이차함수(quadratic), 삼차함수(cubic) 등의 추세가 있을 것이라고 추측되면 대화상자에서 '다항식(polynomial)'을 선택한다. 다항식의 차수를 선택하면 그 차수까지의 다항식의 직교대비에 대해 검정된다. 만약 3차를 선택하였다면 수준 평균들간의 선형추세 효과, 이차 함수 효과, 삼차 함수 효과에 대한 F 검정결과가 분산분석표에 추가되어 제시된다.

다항식이 아닌 대비에 대해서는 '계수' 칸에 c_1부터 차례로 입력하고 [추가(A)] 단추를 누른다.

각 대비에 대한 검정은 집단간 제곱합이 자유도 1을 갖는 대비에 의한 제곱합으로 성분 분할해서 이루어진다. 그 결과는 분산분석표에서 집단간 변동요인 아래에 제시된다.

항목	설명	추천항목
□ 다항식 (Polynomial)	집단간 제곱합을 다항 추세 성분으로 분할한다. 다항식을 선택한 후 모형화할 다항식의 최고차수를 □ 안에 지정한다. 지정할 수 있는 차수는 5이다.	요인이 순서척도 이상인 경우 ○
계수(Coefficients)	요인의 각 수준 평균에 대해 계수 값을 입력하고 [추가(A)] 단추를 누른다. 입력하는 계수의 수는 수준의 개수와 일치해야 한다. 두 개 이상의 대비가 있는 경우에는 '계수' 위의 [다음(N)] 단추를 누르고 새로운 대비의 계수를 입력한다.	
□ 대비에 대한 효과크기 추정	대비에 대해 효과크기를 추정한다.	
○ 모든 집단의 통합 표준편차를 Standardizer로 사용		기본설정
○ 대비에 관련된 집단의 통합 표준편차를 Standardizer로 사용		

(4) 사후분석(Post Hoc)

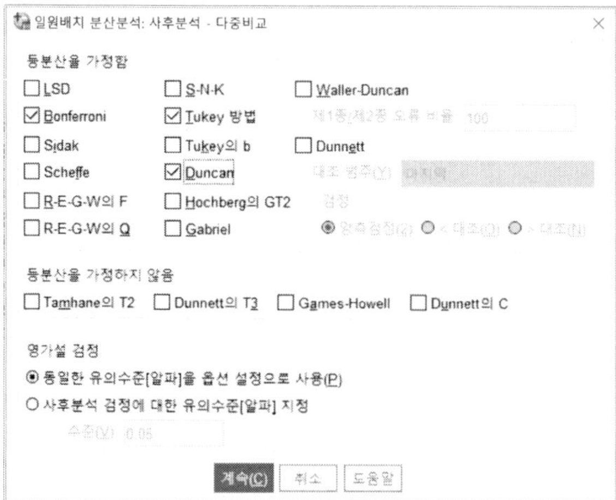

그림 13-4 일원배치 분산분석: 사후분석 대화상자

분산분석표에서 F 통계량의 유의확률이 유의수준(일반적으로 0.05)보다 작으면 귀무가설을 기각하고 대립가설 '적어도 하나의 평균은 다른 것과 다르다'를 채택하게 된다. 이때 유의한 차이를 갖는 수준(집단)이 어느 것인가를 알기 위해서는 사후분석인 다중비교(Multiple Comparison)가 필요하다. **일원배치 분산분석** 대화상자에서 [사후분석(H)...] 단추를 선택하면 [그림 13-4]와 같이 **일원배치 분산분석: 사후분석-다중비교** 대화상자가 열린다.

항목	설명	추천항목
등분산을 가정함	**각 수준의 분산이 같다는 가정하에서 다음중 하나 이상을 선택할 수 있다.**	
□ LSD	모든 두 집단 간 비교를 위해 독립표본 T 검정을 사용한다. 전체오차비율을 제어하지 못한다.	
□ Bonferroni	모든 두 집단 간 비교를 위해 독립표본 T 검정을 사용하지만 각 검정에 대한 오차비율을 조정해서 전체 오차비율을 제어한다.	○
□ Sidak	모든 두 집단 간 비교를 위해 독립표본 T 검정을 사용하지만 전체 오차비율을 제어하기 위해서 Bonferroni보다 더 엄격한 한계를 제공한다.	
□ Scheffe	다른 검정에 비해 보수적인 방법이다. 두 평균차이에 대한 유의성을 발견하기가 상대적으로 어렵다.	
□ R-E-G-W의 F	F 검정을 기준으로 하는 Ryan-Einot-Gabriel-Welsch의 다중단계 감소 절차	
□ R-E-G-W의 Q	스튜던트화 범위 Q를 기준으로 하는 Ryan-Einot-Gabriel-Welsch의 다중단계 감소 절차	
□ S-N-K	스튜던트화 범위 Q를 사용하여 모든 두 집단 간 비교를 한다. 단계별 절차 사용	
□ Tukey	Tukey의 정직 유의차 검정(Honestly Singnificant Difference). 전체 오차비율을 제어한다.	○
□ Tukey의 b	스튜던트화 범위 Q를 사용하여 모든 두 집단 간 비교를 한다. 기준값은 Tukey 검정과 S-N-K 검정에서 해당값의 평균이 된다.	
□ Duncan	S-N-K와 같이 비교 단계별 순서를 통해 비교를 수행하지만 검정집합에 대한 오차비율을 제어한다.	○
□ Hochberg의 GT2	Tukey의 정직 유의차 검정과 비슷하다. 스튜던트화 최대계수를 사용한다.	
□ Gabriel	스튜던트화 최대계수를 사용하며 Hochberg의 GT2보다 강력한 검정. 집단에 따라 케이스가 다를 때 자유롭게 수행된다.	
□ Waller-Duncan	T 통계량을 기준으로 하는 검정으로서 Bayesian 접근법을 사용한다.	
□ Dunnett	통제집단의 평균에 대해 다른 집단 평균을 비교하는 다중비교 T 검정	
등분산을 가정하지 않음	**각 수준의 분산이 같다는 가정 없이 다중비교를 한다. 다음 중 하나 이상을 선택할 수 있다.**	
□ Tamhane의 T2	T 검정을 기준으로 한 보수적 비교방법	
□ Dunnett의 T3	스튜던트화 최대계수를 사용하는 비교방법	
□ Games-Howell	경우에 따라 자유롭게 수행되는 비교방법	
□ Dunnett의 C	스튜던트화 범위를 기준으로 한 비교방법	
유의수준	**검정할 때 사용하는 유의수준이다. 기본설정은 0.05이나 다른 값으로 바꾸고자 하면 □ 안에 입력한다.**	

항목	설명	추천항목
영가설 검정	사후분석 영가설을 검정할 때 사용하는 유의수준	
○ 동일한 유의수준[알파]을 옵션 설정으로 사용		기본설정
○ 사후분석 검정에 대한 유의수준[알파] 지정		

SPSS에서는 다양한 다중비교 방법들을 제공하고 있다. 다중비교 방법에 따라 결과가 다를 수 있는데, 이 중에서 목적에 맞는 비교 방법을 한 개나 두 개 정도 선택하면 된다.

두 개의 수준 간 비교에 대한 검정의 오차비율을 개별 오차비율(individual error rate)이라 하고 모든 가능한 두 수준 간의 비교에서 범하는 오차비율을 전체 오차비율(family error rate)이라고 한다. 다중비교 방법으로서 가장 오래된 LSD 방법은 전체 오차비율을 유의수준(일반적으로 0.05)으로 통제하지 못한다. LSD와 비슷하지만 전체 오차비율을 통제하는 다중비교 방법은 Bonferroni 방법이다. 또한 T 검정 대신 스튜던트화 범위(studentized range)라 불리우는 Q의 분포를 사용하는 Tukey의 방법도 전체 오차비율을 통제하는 다중비교 방법이다. Duncan 방법은 다중범위 검정(Multiple Range Test)으로서 인접하는 두 평균 간의 비교, 인접하는 세 평균에서 양끝 값의 비교, 인접하는 k개 평균에서 양끝 값의 비교를 단계별로 수행한다.

(5) 옵션(Options)

기술통계량을 구하거나, 분산의 동질성 검정, 결측값에 대한 옵션을 선택하기 위해서는 **일원배치 분산분석** 대화상자에서 옵션(O)... 단추를 선택한다. 그러면 [그림 13-5]와 같이 **일원배치 분산분석: 옵션** 대화상자가 나타난다.

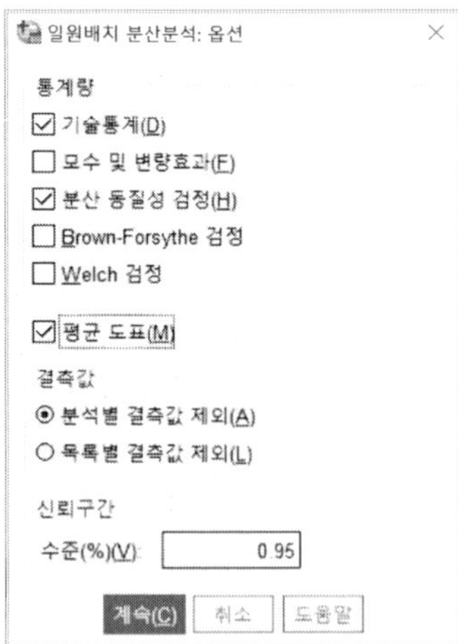

그림 13-5 일원배치 분산분석: 옵션 대화상자

옵션	설명	추천옵션
통계량	**다음 중 하나 이상을 선택할 수 있다.**	
□ 기술통계	각 집단에 대한 기술통계량(케이스 수, 평균, 표준편차, 표준오차, 최소값, 최대값, 95% 신뢰구간)을 표시한다.	○
□ 모수 및 변량효과	모수(고정)효과나 변량효과 모형에 대한 표준편차, 표준오차와 95%신뢰구간을 제시한다. 변량효과 모형에서는 요인수준 간 분산을 제시한다.	
□ 분산 동질성 검정 (Homogeneity of variance)	Levene의 등분산 검정을 한다.	○
□ Brown–Forsythe	Brown–Forsythe 통계량을 사용해서 집단평균이 동일한지를 검정한다. 등분산이 가정되지 않을 때 F 통계량보다 선호된다.	등분산이 가정되지 않을때
□ Welch	Welch 통계량을 사용해서 집단평균이 동일한지를 검정한다. 등분산이 가정되지 않을 때 F 통계량보다 선호된다.	등분산이 가정되지 않을때 ○
□ 평균 도표	**각 집단의 평균에 대한 도표를 출력한다.**	○
결측값 (Missing Values)	결측값에 대한 다음 옵션 중 하나를 선택한다.	
○분석별 결측값 제외	(기본설정) 한 분석에서 사용하는 두 개의 변수, 종속변수와 요인변수 중에 결측값이 있으면 분석에서 제외시킨다.	○
○목록별 결측값 제외	종속변수 목록에 있는 모든 종속변수와 요인변수 중에 하나라도 결측값이 있는 케이스는 분석에서 제외된다.	
신뢰구간	신뢰구간 수준을 입력한다. 일반적으로 0.95를 입력한다.	

(6) 붓스트랩

붓스트랩 추정을 하기 위해서는 일원배치 분산분석 대화상자에서 [붓스트랩(B)...] 단추를 선택한다. 그러면 **붓스트랩** 대화상자가 열리는데 맨 위에 있는 '붓스트랩 수행'을 클릭하게 되면 붓스트랩 추정치가 출력된다. 출력결과에서 다음 붓스트랩 추정 및 유의성 검정 결과가 나타난다.

① 기술통계량 표에서 평균과 표준편차의 붓스트랩 추정

② 다중비교 표에서 평균 차의 붓스트랩 추정

③ 대비 검정 표에서 대비 값에 대한 붓스트랩 추정 및 유의성 검정

05 분석결과 해석

여자 중학생의 키와 가슴둘레가 학년에 따라 차이가 있는지 알아보기 위해서 일원배치 분산분석을 실행시켜서 얻은 출력결과가 [그림 13-6]부터 [그림 13-8]에 있다.

기술통계

		N	평균	표준편차	표준오차	평균의 95% 신뢰구간 하한	상한	최소값	최대값
키	1	117	153.878	5.8675	.5425	152.803	154.952	133.0	170.0
	2	90	157.778	5.2732	.5558	156.673	158.882	145.2	176.2
	3	127	159.496	4.6032	.4085	158.688	160.304	148.0	171.5
	전체	334	157.065	5.7795	.3162	156.443	157.687	133.0	176.2
가슴둘레	1	116	75.883	5.1753	.4805	74.931	76.835	61.0	88.0
	2	90	77.396	6.6788	.7040	75.997	78.794	66.0	102.0
	3	127	79.340	6.2818	.5574	78.237	80.443	66.5	104.5
	전체	333	77.610	6.1977	.3396	76.942	78.278	61.0	104.5

분산의 동질성 검정

		Levene 통계량	df1	df2	CTT 유의확률
키	평균을 기준으로 합니다.	1.759	2	331	.174
	중위수를 기준으로 합니다.	1.721	2	331	.180
	자유도를 수정한 상태에서 중위수를 기준으로 합니다.	1.721	2	308.007	.181
	절삭평균을 기준으로 합니다.	1.738	2	331	.177
가슴둘레	평균을 기준으로 합니다.	1.442	2	330	.238
	중위수를 기준으로 합니다.	.564	2	330	.570
	자유도를 수정한 상태에서 중위수를 기준으로 합니다.	.564	2	282.841	.570
	절삭평균을 기준으로 합니다.	1.023	2	330	.360

ANOVA

				제곱합	자유도	평균제곱	F	CTT 유의확률
키	집단-간	(결합됨)		1984.834	2	992.417	35.947	<.001
		선형 항	가중되지 않은	1922.239	1	1922.239	69.627	<.001
			가중됨	1906.631	1	1906.631	69.061	<.001
			편차	78.203	1	78.203	2.833	.093
		2차항	가중되지 않은	78.203	1	78.203	2.833	.093
			가중됨	78.203	1	78.203	2.833	.093
	집단-내			9138.186	331	27.608		
	전체			11123.020	333			
가슴둘레	집단-간	(결합됨)		730.376	2	365.188	10.024	<.001
		선형 항	가중되지 않은	724.694	1	724.694	19.892	<.001
			가중됨	727.317	1	727.317	19.964	<.001
			편차	3.060	1	3.060	.084	.772
		2차항	가중되지 않은	3.060	1	3.060	.084	.772
			가중됨	3.060	1	3.060	.084	.772
	집단-내			12022.109	330	36.431		
	전체			12752.485	332			

ANOVA 효과 크기[a]

		포인트 추정값	95% 신뢰구간 하한	95% 신뢰구간 상한
키	에타 제곱	.178	.107	.248
	엡실런 제곱	.173	.102	.243
	오메가 제곱 고정 효과	.173	.102	.243
	오메가 제곱 변량효과	.095	.054	.138
가슴둘레	에타 제곱	.057	.016	.109
	엡실런 제곱	.052	.010	.103
	오메가 제곱 고정 효과	.051	.010	.103
	오메가 제곱 변량효과	.026	.005	.054

a. 에타 제곱 및 엡실런 제곱은 고정 효과 모델을 기반으로 추정됩니다.

그림 13-6 일원배치 분산분석 출력결과 1

[그림 13-6]의 해석

옵션 대화상자에서 기술통계를 선택하였기 때문에 학년(집단)별로 종속변수(키와 가슴둘레)에 대한 기술통계량이 출력되었다. 키와 가슴둘레는 학년이 올라감에 따라 대체로 증가하는 것처럼 보인다. 키에 대한 표준편차는 학년이 올라감에 따라 감소하고, 가슴둘레에 대한 표준편차는 2학년이 다른 학년에 비해 약간 크게 나타났다.

다음의 표는 **옵션** 대화상자에서 선택한 Levene의 등분산 검정에 대한 출력결과이다. '평균을 기준으로 합니다' 줄을 읽어보면, 키와 가슴둘레의 유의확률이 모두 0.05보다 크기 때문에 귀무가설, '각 집단의 분산은 모두 같다'가 채택된다. 이와 같이 등분산의 가정이 만족되므로, 학년별로 키와 가슴둘레의 차이가 있는지 알기 위해 일원배치 분산분석을 사용할 수 있게 되었다. (여기에서 유의확률이 CTT 유의확률로 표시되었는데 CTT 없는 유의확률로 읽으면 된다. 영문버전에는 CTT가 붙어 있지 않은 상태로 출력된다)

키와 가슴둘레에 대한 분산분석표가 제시되었다. 만약 **일원배치 분산분석: 대비** 대화상자에서 '다항식'을 선택하지 않았다면 분산분석표에는 '집단-간', '집단-내' 와 '합계'의 세 줄만 출력될 것이다. 이것이 일반적인 분산분석표이다. 변수가 범주들의 선형이나 이차항 패턴을 가지는 경우에 '다항식'을 선택하게 되는데 이 때 출력된 분산분석표에는 집단-간 이름 아래에 '선형항'과 '이차항' 등이 추가되어 있다. 각 항목에 다시 케이스 수에 따라 가중되지 않음과 가중됨의 두 가지로 제시되었다. 케이스 수가 집단마다 다를 경우에는 '가중되지 않음'과 '가중됨' 줄의 결과가 다르게 나타나는데 보통 '가중됨' 줄을 읽는다.

먼저 키에 대한 분산분석표 결과를 보자. 집단-간에 대한 유의확률이 〈.001로 매우 유의하다. 선형항의 '가중됨' 줄에 있는 유의확률이 〈.001인 것으로 보아 학년이 증가함에 따라 키도 선형으로 증가하는 것을 알 수 있다. 그러나 이차항의 유의확률은 0.930이므로 유의수준 5%에서 학년별 키의 평균들에는 이차 함수 추세가 없다고 본다.

가슴둘레에 대한 분산분석표에서도 키와 유사한 결론을 내릴 수 있다. 집단-간의 유의확률이 <0.001로 매우 유의하다. 집단-간 제곱합 730.376 중에서 '선형항'의 제곱합이 727.317이다. 이것은 집단-간 변동의 대부분이 학년의 선형성에 의한 것임을 말한다.

키와 가슴둘에에 대해 효과크기 추정값이 출력되어 있다. 에타 제곱에 의한 추정값은 키가 0.178이고 가슴둘레가 0.057이다.

다중비교

종속변수		(I) 학년	(J) 학년	평균차이(I-J)	표준오차	CTT 유의확률	95% 신뢰구간 하한	95% 신뢰구간 상한
키	Tukey HSD	1	2	-3.9000*	.7367	<.001	-5.634	-2.166
			3	-5.6183*	.6733	<.001	-7.203	-4.033
		2	1	3.9000*	.7367	<.001	2.166	5.634
			3	-1.7183*	.7240	.048	-3.423	-.014
		3	1	5.6183*	.6733	<.001	4.033	7.203
			2	1.7183*	.7240	.048	.014	3.423
	Bonferroni	1	2	-3.9000*	.7367	<.001	-5.673	-2.127
			3	-5.6183*	.6733	<.001	-7.238	-3.998
		2	1	3.9000*	.7367	<.001	2.127	5.673
			3	-1.7183	.7240	.055	-3.460	.024
		3	1	5.6183*	.6733	<.001	3.998	7.238
			2	1.7183	.7240	.055	-.024	3.460
가슴둘레	Tukey HSD	1	2	-1.5128	.8478	.176	-3.509	.483
			3	-3.4574*	.7752	<.001	-5.282	-1.632
		2	1	1.5128	.8478	.176	-.483	3.509
			3	-1.9446	.8316	.052	-3.903	.013
		3	1	3.4574*	.7752	<.001	1.632	5.282
			2	1.9446	.8316	.052	-.013	3.903
	Bonferroni	1	2	-1.5128	.8478	.226	-3.553	.527
			3	-3.4574*	.7752	<.001	-5.323	-1.592
		2	1	1.5128	.8478	.226	-.527	3.553
			3	-1.9446	.8316	.060	-3.946	.057
		3	1	3.4574*	.7752	<.001	1.592	5.323
			2	1.9446	.8316	.060	-.057	3.946

*. 평균차이는 0.05 수준에서 유의합니다.

키

	학년	N	유의수준 = 0.05에 대한 부분집합 1	2	3
Tukey HSD[a,b]	1	117	153.878		
	2	90		157.778	
	3	127			159.496
	CTT 유의확률		1.000	1.000	1.000
Duncan[a,b]	1	117	153.878		
	2	90		157.778	
	3	127			159.496
	CTT 유의확률		1.000	1.000	1.000

동질적 부분집합에 있는 집단에 대한 평균이 표시됩니다.

a. 조화평균 표본크기 108.964을(를) 사용합니다.

b. 집단 크기가 동일하지 않습니다. 집단 크기의 조화평균이 사용됩니다. I 유형 오차 수준은 보장되지 않습니다.

가슴둘레

	학년	N	유의수준 = 0.05에 대한 부분집합 1	2
Tukey HSD[a,b]	1	116	75.883	
	2	90	77.396	
	3	127		79.340
	CTT 유의확률		.156	1.000
Duncan[a,b]	1	116	75.883	
	2	90	77.396	
	3	127		79.340
	CTT 유의확률		.066	1.000

동질적 부분집합에 있는 집단에 대한 평균이 표시됩니다.

a. 조화평균 표본크기 108.673을(를) 사용합니다.

b. 집단 크기가 동일하지 않습니다. 집단 크기의 조화평균이 사용됩니다. I 유형 오차 수준은 보장되지 않습니다.

그림 13-7 일원배치 분산분석 출력결과 2

[그림 13-7]의 해석

사후분석인 다중비교결과이다. 앞의 표는 Bonferroni 방법으로 가능한 모든 두 집단간 평균 비교를 하고 있다. 키에 대한 결과를 보면 1학년과 2학년의 평균 차이는 −3.90이고 검정의 유의확률이 〈0.001이므로 차이가 있음을 말해준다. 두 평균차이 값에 표시된 별표는 유의수준 0.05에서 유의한 차이임을 나타낸다. 2학년과 3학년의 키는 유의한 차이를 보이지 않는다. 가슴둘레의 경우에는 1학년과 3학년만이 유의한 차이를 보이고 있다. 다음에 나오는 표에서는 Tukey의 HSD(정직유의차)의 다중범위 검정에 의해 유의한 차이가 없는 집단을 동일 집단군으로 묶은 결과를 보여주고 있다. 키와 가슴둘레에 대한 Tukey 결과는 Bonferroni 결과와는 약간 다르다. 키는 학년별로 모두 유의한 차이가 있어서 동일 집단으로 묶이지 않았다. 가슴둘레의 경우에는 1학년과 2학년이 동일집단으로 묶였지만 3학년은 나머지 두 학년과 유의한 차이가 있는 것으로 나타났다.

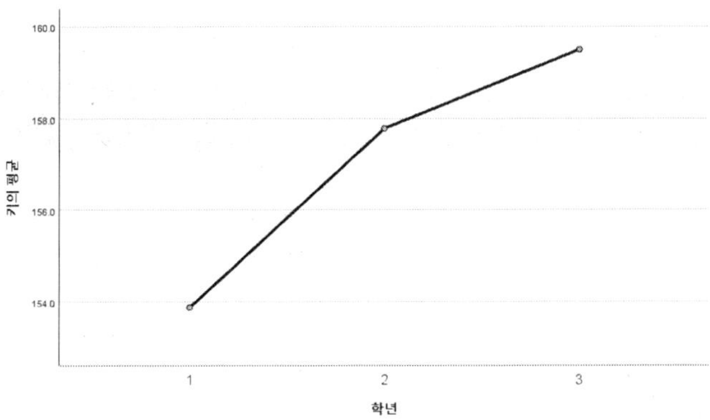

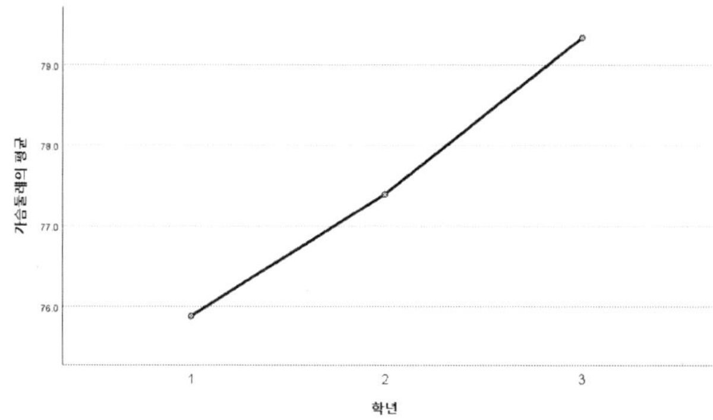

그림 13-8 일원배치 분산분석 출력결과 3

[그림 13-8]의 해석

일원배치 분산분석: 옵션 대화상자에서 '평균 도표'를 선택했기 때문에 출력된 도표이다. 도표를 보면, 키와 가슴둘레는 학년에 따라 선형적으로 증가하는 것을 알 수 있다.

06 일원배치 분산분석 보고서 작성

앞에서 실행한 일원배치 분산분석에 대해 결과 보고서를 작성해 보도록 하자. 보고서에는 기술통계량, F 검정통계량과 유의성 검정, 그리고 다중비교검정결과가 포함되어야 한다.

여자 중학생의 키와 가슴둘레가 학년에 따라 유의한 차이가 있는지를 알아보기 위해 일원배치 분산분석(One-way ANOVA)을 실시하였다. [표 13-5]에는 학년에 따른 키와 가슴둘레의 분산분석결과를 나타내었다.

표 13-5 학년에 따른 키와 가슴둘레의 분산분석결과

변수	학년	N	평균	표준편차	F 통계량 (유의확률)
키	1	117	153.9^{A}	5.87	35.947 (<.001)
	2	90	157.8^{B}	5.27	
	3	127	159.5^{C}	4.60	
가슴둘레	1	116	75.9^{A}	5.18	10.024 (<.001)
	2	90	77.4^{A}	6.68	
	3	127	79.3^{B}	6.28	

(주) A < B < C: Tukey의 다중비교검정결과임.

[표 13-5]에서 F 통계량의 유의확률이 모두 〈0.001이므로, 키와 가슴둘레는 모두 학년에 따라 유의하게 차이가 있는 것을 알 수 있다. 평균 열에 나타낸 Tukey의 다중비교검정 결과를 보면, 평균키는 1학년보다 2학년이 유의하게 크고, 2학년보다 3학년이 유의하게 크다고 할 수 있다. 평균 가슴둘레를 보면, 1학년과 2학년은 유의한 차이가 없으나 2학년에 비해 3학년은 유의하게 차이(높게)를 보였다.

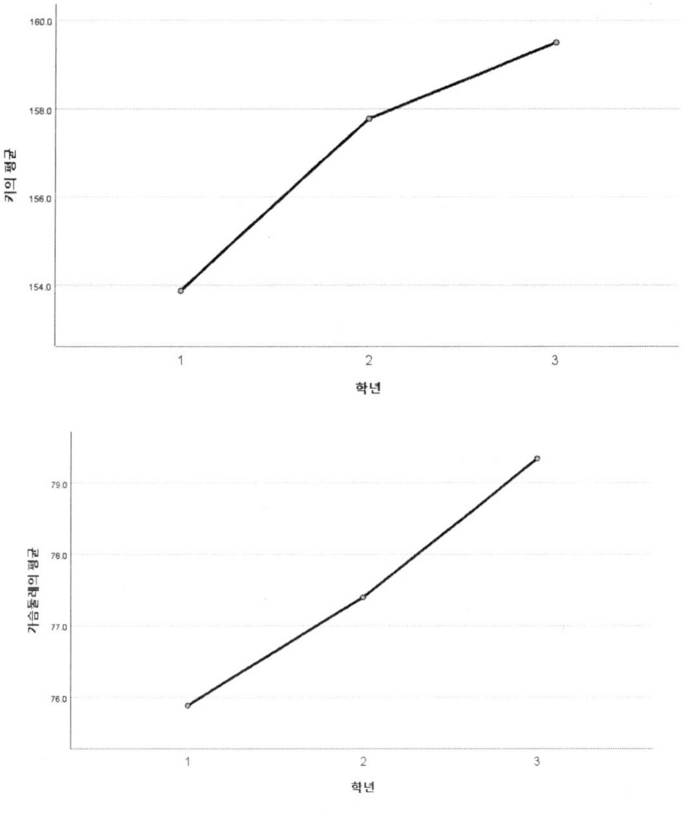

그림 13-9 학년에 따른 키와 가슴둘레의 도표

[그림 13-9]를 보면, 키와 가슴둘레는 학년에 따라 선형적(선형성에 대한 F 통계량은 각각 69.06과 19.96이고 유의확률은 각각 〈.001과 〈.001임)으로 증가하는 것을 뚜렷하게 볼 수 있다.

제2절 일변량 일반선형모형(GLM Univariate Model)

01 목적

두 개 이상의 요인에 의한 집단들의 평균 비교 실험계획법(요인실험)에서는
각 요인의 종속변수에 대한 효과와 두 요인 이상의 상호작용효과를 파악

일원배치 분산분석은 요인이 한 개일 때 수준(집단) 평균들을 비교하는 방법이었다. 그러나 현실적으로 많은 연구에서는 종속변수에 영향을 주는 요인이 두 개 이상 존재하는 경우가 많다.

분산분석의 예들 중에서 (예 4)에서 (예 6)까지가 여기에 해당된다. (예 4)에서는 학력(제1요인)에 따라 직무만족도가 다른지 알아보는데, 직종(제2요인)에 따라 다른 정도의 차이가 있을 것으로 생각되어 직종을 통제하고자 한 예이다. (예 5)에서는 종속변수인 수확량에 영향을 미치는 요인변수로 비료종류와 재배방법의 두 가지를 생각했다. (예 6)에서는 세미나 방식의 수업과 강의 방식의 수업(제1요인)을 비교하는데 학년을 제2요인으로 고려하였다.

두 개 이상의 요인들이 있는 경우의 분산분석을 통하여 각 요인들의 평균 비교(요인실험에서는 효과 파악)와 두 요인 이상의 결합평균 비교(요인실험에서는 상호작용효과 파악)를 할 수 있다.

02 사용되는 변수의 척도

종속변수는 구간·비율척도이고 모든 요인변수는 명목이나 순서척도

평균을 비교하고자 하는 목적(종속)변수는 구간·비율척도이어야 한다. 그리고 집단을 나누기 위한 요인변수 모두는 명목척도나 순서척도로 되어 있어야 한다. (예 4)에서 (예 6)에 있는 종속변수는 각각 직무만족도, 수확량과 수업효과에 대한 측정값이다. (예 4)에서 요인변수는 학력과 직종이고, (예 5)에서는 세 수준을 갖는 비료종류와 두 수준을 갖는 재배방법이다. (예 6)에서 요인변수는 두 수준을 갖는 수업방식(세미나 방식, 강의 방식)과 네 수준의 학년이다.

03 원리

(1) 두 개의 요인들이 있는 경우 분산분석에서의 모집단과 표본

두 개 요인이 있는 경우의 분산분석은 [그림 13-10]과 같이 (a×b)개의 모집단으로부터 독립적으로 표본을 추출하여 모평균을 비교하는 상황에서 사용되어진다.

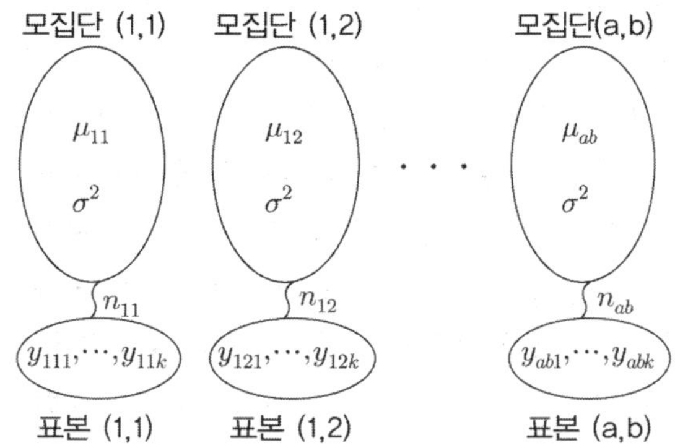

그림 13-10 두 개 요인이 있는 경우의 분산분석에서 모집단과 표본

예를 들어 (예 6)의 실험 사례를 보기로 하자. 두 개의 요인이 있다. 요인1은 강의방식(세미나, 강의)이고 요인2는 학년(1학년, 2학년, 3학년, 4학년)이다. 각 요인의 수준 조합당 네 학급씩 배당되었으며, 결과는 학급당 통과(pass)판정을 받은 학생수라고 하자(학급당 총 인원수는 25명으로 동일함).

표 13-6 학년에 따른 수업방식의 비교를 위한 실험 데이터

	B_1 : 1학년	B_2 : 2학년	B_3 : 3학년	B_4 : 4학년
A_1 : 세미나	5, 4, 5, 2 $\bar{y}_{11} = 4.00$	5, 5, 1, 2 $\bar{y}_{12} = 3.25$	10, 18, 8, 6 $\bar{y}_{13} = 10.5$	12, 20, 8, 8 $\bar{y}_{14} = 12.00$
A_2 : 강의	0, 9, 3, 3 $\bar{y}_{21} = 3.75$	6, 4, 5, 4 $\bar{y}_{22} = 4.75$	7, 3, 3, 5 $\bar{y}_{23} = 4.5$	7, 4, 4, 5 $\bar{y}_{24} = 5.00$

이 예에서 셀(i,j)에 있는 네 개의 표본값에 대한 모집단(i,j)은 B_j학년의 가능한 모든 학급에서 A_i 수업방식으로 수업했을 때 학급당 통과 판정을 받은 학생수의 데이터이다. 이때 모집단(i,j)의 분포는 평균이 μ_{ij}이고 공통분산이 σ^2인 정규분포를 따른다고 가정한다.

(2) 요인실험계획법(Factorial Design)

두 가지 이상의 요인들에 대한 수준들의 모든 조합에 실험대상을 완전히 랜덤으로 배정하는 실험이다.

예를 들어, 30명의 학생을 대상으로 세 가지 교수법(교수법 1, 교수법 2, 교수법 3)과 두 가지 교재(교재 1, 교재 2)의 효과를 알아보려고 한다. 요인실험(factorial experiment)을 하는 한 방법은 다음과 같다.

① 30명의 학생들에 대해 일련번호(1-30)을 붙인다.
② (교수법 1, 교재 1), (교수법 1, 교재 2), (교수법 2, 교재 1), (교수법 2, 교재 2), (교수법 3, 교재 1), (교수법 3, 교재 2)의 여섯 가지 글자가 쓰인 카드를 각각 다섯 장씩 만든 다음 잘 섞어서 주머니에 넣고 한 장씩 뽑아나간다.
③ 일련번호 1의 학생은 첫 번째 뽑은 카드의 내용에 해당하는 처리(집단)에 할당되고, …, 일련번호 0의 학생은 30번째 뽑은 카드의 내용에 해당하는 처리에 할당된다.
④ 집단(i,j)에게 교수법 i로 교재 j를 사용해서 강의한다.
⑤ 일정기간이 지난 후에 30명의 학생들에게 교수법 및 교재의 효과를 평가하기 위한 소정의 시험을 치른다.

이렇게 실험해서 얻은 시험성적 데이터는 2요인 분산분석에 의해 분석된다. 이 분석에서 우리는 다음 세 가지 질문에 대한 결론을 얻을 수 있다.

(a) 세 가지 교수법의 효과가 다른가?
(b) 두 가지 교재의 효과가 다른가?
(c) 교수법과 교재의 상호작용(interaction) 효과가 있는가?

(3) 단순요인 분산분석(Simple Factorial ANOVA)

요인이 두 개 이상 있는 경우의 분산분석 방법이지만, 여기에서는 편의상 두 요인에 대한 분산분석을 다루기로 하자.

(가) 2 요인 분산분석의 데이터 구조와 모형

[표 13-6]에서 보았듯이 요인이 두 개 있는 경우 실험 데이터의 일반적인 구조는 [표 13-7]과 같다. 셀(i,j)의 데이터 수는 다를 수 있지만, 편의상 셀(i,j)의 데이터 수가 동일하게 n개 있다고 하자. 셀에 따라 데이터 수가 다른 데이터를 불균형 데이터(unbalanced data)라고 하는데, 이 경우에는 분석 시 약간의 주의를 필요로 한다. 불균형 데이터에 대해서는 나중에 다루기로 하겠다.

표 13-7 2 요인 실험데이터의 구조

요인1 \ 요인2	B_1	$\cdots$	B_b	평균
A_1	$y_{111},\cdots,y_{11n}$		$y_{1b1},\cdots,y_{1bn}$	$\overline{y}_{1\cdot}$
$\vdots$		$\cdots$		
A_a	$y_{a11},\cdots,y_{a1n}$		$y_{ab1},\cdots,y_{abn}$	$\overline{y}_{a\cdot}$
평균	$\overline{y}_{\cdot 1}$		$\overline{y}_{\cdot b}$	총평균 $\overline{y}$

요인이 두 개 있는 실험데이터 y_{ijk}에 대한 구조식은 다음과 같다.

$$\begin{aligned} y_{ijk} &= \mu_{ij} + \epsilon_{ijk} \\ &= \mu + \alpha_i + \beta_j + (\alpha\beta)_{ij} + \epsilon_{ijk}, \quad i = 1,2,\cdots,a(a\text{는 } A\text{요인의 수준 개수}) \\ &\qquad\qquad\qquad\qquad\qquad\quad j = 1,2,\cdots,b(b\text{는 } B\text{요인의 수준 개수}) \\ &\qquad\qquad\qquad\qquad\qquad\quad k = 1,2,\cdots,n(n\text{는 셀안의 표본케이스 수}) \end{aligned}$$

여기서 μ_{ij}는 셀(i,j)의 모평균이다. 이것은 전체평균 μ와 요인 A의 수준 i 효과인 α_i, 요인 B의 수준 j 효과인 β_j, 요인 A와 요인 B의 상호작용을 나타내는 모수$(\alpha\beta)_{ij}$의 합으로 표현된다. ϵ_{ijk}는 집단 내 개체변동을 나타내는 오차항이다. 오차항은 평균이 0이고 공통분산이 σ^2인 정규분포를 따른다고 가정한다.

(나) 분산분석표

분산분석표는 종속변수 y의 총변동(SSTO)을 요인 A의 수준변동(SSA), 요인 B의 수준변동(SSB)과 요인 A, B의 상호작용에 의한 변동(SSAB), 집단내의 개체 변동(SSE)으로 다음과 같이 분해해서 만들어진다.

$$SSTO = SSA + SSB + SSAB + SSE,$$

여기서 $SSTO = \sum_i \sum_j \sum_k (y_{ijk} - \overline{y})^2,$

$$SSA = bn\sum_i (\overline{y}_{i\cdot} - \overline{y})^2,$$

$$SSB = an\sum_j (\overline{y}_{\cdot j} - \overline{y})^2,$$

$SSAB = n\sum_i \sum_j (\overline{y}_{ij} - \overline{y}_{i\cdot} - \overline{y}_{\cdot j} + \overline{y})^2$, $\overline{y}_{ij}$는 셀(i,j)의 평균

$$SSE = \sum_i \sum_j \sum_k (y_{ijk} - \overline{y}_{ij})^2.$$

요인이 두 개인 경우 분산분석표는 [표 13-8]과 같다.

표 13-8 2 요인 분산분석표

변동요인	제곱합	자유도	평균제곱	F
요인 A	SSA	$a-1$	MSA=SSA/$a-1$	F_A=MSA/MSE
요인 B	SSB	$b-1$	MSB=SSB/$b-1$	F_B=MSB/MSE
요인 A와 B의 상호작용	SSAB	$(a-1)(b-1)$	MSAB=SSAB/$(a-1)(b-1)$	F_{AB}=MSAB/MSE
잔차	SSE	$ab(n-1)$	MSE=SSE/$ab(n-1)$	
전체	SSTO	$abn-1$		

[표 13-6]에 있는 학년에 따른 수업방식 비교실험 데이터를 가지고 분산분석표를 작성하면 아래와 같다.

변동요인	제곱합	자유도	평균제곱	F	유의확률
수업방식	69.031	1	69.031	6.366	0.019
학년	136.094	3	45.365	4.183	0.016
수업방식과 학년의 상호작용	105.594	3	35.198	3.246	0.040
잔차	260.250	24	10.844		
전체	570.096	31			

(다) 요인 A의 수준평균들에 대한 검정

요인 A의 수준평균들에 차이가 있는지 알아보기 위한 검정의 가설은 다음과 같다.

H_0: $\alpha_1 = \alpha_2 = \cdots = \alpha_a = 0$

H_1: 적어도 하나의 α_i는 0이 아니다.

분산분석표에서 이 검정은 F_A 통계량을 사용한다. F_A 통계량의 유의확률이 유의수준(일반적으로 0.05)보다 작으면 대립가설 '요인 A의 수준평균은 차이가 있다'를 채택하게 된다. 요인실험계획법에 의해 수집된 데이터인 경우에는 '요인 A는 종속변수에 영향을 준다'라고 결론을 내린다. [표 13-6]에 있는 수업방식 비교실험 데이터의 F_A 통계량은 6.366이고 유의확률은 0.019이므로 우리는 유의수준 5%에서 귀무가설을 기각할 수 있다. 세미나 방식 수업과 강의 방식 수업의 효과는 차이가 있다고 결론을 내린다.

(라) 요인 B의 수준평균들에 대한 검정

요인 B의 수준평균들에 차이가 있는지 알아보기 위한 검정의 가설은 다음과 같다.

> H_0: $\beta_1 = \beta_2 = \cdots = \beta_b = 0$
> H_1: 적어도 하나의 β_j는 0이 아니다.

분산분석표에서 이 가설은 F_B 통계량을 사용하여 검정한다. F_B 통계량의 유의확률이 유의수준(일반적으로 0.05)보다 작을 때 대립가설 '요인 B의 수준평균은 차이가 있다'를 채택하게 된다. 수업방식 비교실험 데이터의 학년 요인에 대한 F_B 통계량은 4.183이고 유의확률은 0.016인 것으로 나타났다. 따라서 유의수준 5%에서 학년에 따라 통과 판정 받은 학생수의 평균에 차이가 있다고 할 수 있다.

(마) 요인 A와 요인 B의 상호작용에 대한 검정

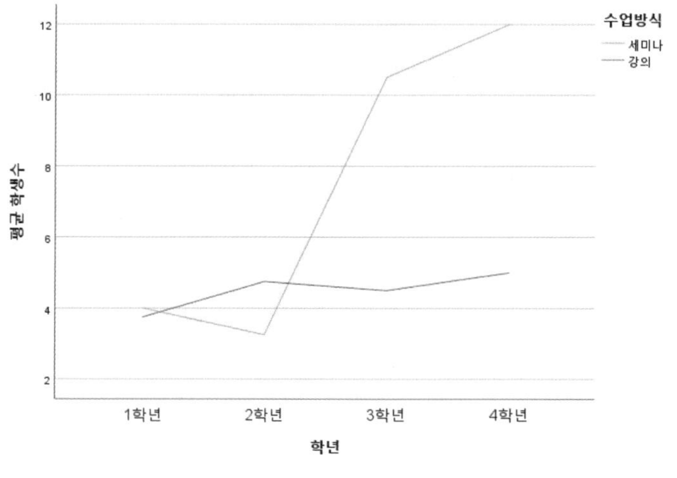

그림 13-11 요인 A와 요인 B의 상호작용 그래프

요인 A의 효과가 요인 B의 수준에 따라 다르게 나타날 때(혹은, 요인 B의 효과가 요인 A의 수준에 따라 다르게 나타날 때), 두 요인 간에 상호작용(interaction)이 있다고 말한다. 수업방식 비교실험 데이터에 대해 요인 A의 수준에서 요인 B의 효과를 알기 위하여 요인 B의 수준을 횡축으로 하여 y의 평균값을 나타낸 그림이 [그림 13-11]에 있다.

참고 [그림 13-11]과 같은 그래프는 다음에서 설명할 실행 절차 중 해당옵션을 선택해서 얻을 수 있지만, 별도로 이런 그래프를 그리기 위해서는 다음과 같이 한다.

① 그래프 메뉴에서 선형 차트를 선택한다.

② 선형 차트 대화상자에서 '다중'을 선택하고 [정의] 를 누른다.

③ [그림 13-12]와 같은 다중 선차트 정의 대화상자에서 '선표시'의 '기타 통계량'을 선택하고 왼쪽상자로부터 종속변수를 선택한다.

④ '범주축'에 도표의 x축에 놓을 요인변수를 선택한다.

⑤ '선 기준변수'에 도표의 선을 나타내는 다른 요인변수를 선택한다.

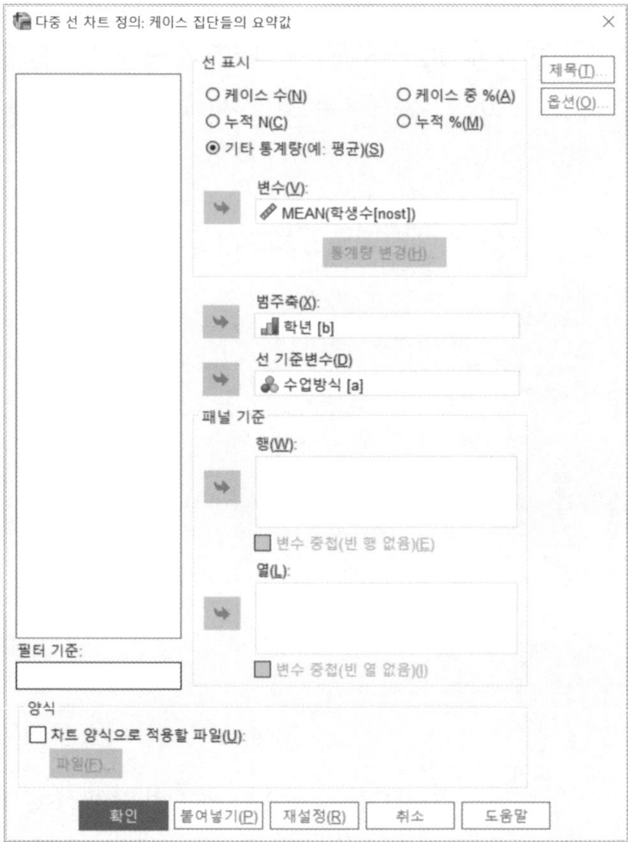

그림 13-12 다중 선도표 정의 대화상자

요인 A와 요인 B의 상호작용(교호작용이라고도 한다) 효과가 있는지 알아보기 위한 검정의 가설은 다음과 같다.

H_0: $(\alpha\beta)_{11} = (\alpha\beta)_{12} = \cdots = (\alpha\beta)_{ab} = 0$

H_1: 적어도 하나의 $(\alpha\beta)_{ij}$는 0이 아니다.

분산분석표에서 이 가설은 F_{AB} 통계량을 사용하여 검정한다. F_{AB} 통계량의 유의확률이 유의수준(일반적으로 0.05)보다 작을 때 대립가설 '요인 A와 요인 B의 상호작용 효과가 있다'를 채택하게 된다.

[그림 13-11]에서 세미나 방식 수업의 학년별 평균 변화와 강의 방식 수업의 학년별 평균 변화는 상당히 다른 것을 볼 수 있다. 또한 세미나 수업의 효과가 3학년과 4학년에서 두드러짐을 볼 수 있다. 수업방식 비교실험 데이터의 F_{AB} 통계량 값은 3.246이고 유의확률은 0.040이므로 수업방식과 학년의 상호작용이 존재한다는 결론을 내린다.

(4) 불균형 데이터(unbalanced data)

요인들의 수준 조합당 표본케이스 수가 같지 않은 데이터를 불균형 데이터라고 한다. 이 경우에는 균형 데이터(balanced data)와는 다르게 각 요인에 의한 변동들이 서로 독립적이지 못하다. 따라서 변동요인의 제곱합이 계산되는 방법에 따라 다른 값으로 나타난다. SPSS에서는 계산하는 세 가지 방법 중에서 한 가지를 선택하도록 하고 있다. 균형 데이터의 경우에는 이 세 가지 방법에 대한 결과가 모두 같다.

(가) 제 I 유형(Type I SS)

계층접근법(Hierarchical Method)이라고도 한다. 모형에 나타나는 효과들의 순서대로 평가된다. 가장 먼저, 어떤 통제 없이 요인 A의 제곱합이 계산되고, 다음에는 요인 A를 통제한 상태에서 요인 B의 제곱합이 계산되는 방식으로 앞에 이미 고려한 변동요인을 통제한 상태에서 새로운 변동요인의 제곱합이 계산되어 나간다.

(나) 제 II 유형(Type II SS)

실험접근법(Experimental Method)이라고도 한다. 유일접근법과 계층접근법을 혼합한 접근법이다. 각 요인의 주효과, 2원 상호작용, 3원 상호작용 등은 계층적으로 평가된다. 그러나 각 계층 내에서는 각 효과가 유일접근법으로 평가된다. 한 요인의 주효과는 다른 요인의 주효과만을 통제한 상태에서 계산된다. 마찬가지로 2원 상호작용내, 3원 상호작용내 등에서도 유일접근법으로 효과를 평가한다. 어느 2원 상호작용의 제곱합을 계산할 때는 다른 모든 2원 상호작용을 통제한 상태에서 계산된다.

(다) 제 III 유형(Type III SS)

유일접근법(Unique Method)이라고도 한다. 각 요인의 제곱합은 다른 요인들의 효과와 상호작용효과를 모두 통제하고서 계산된다. 따라서 이 방법에 의한 검정은 다른 요인들이나 상호작용이 종속변수를 설명하는 부분을 제외한 나머지 중에서 해당 요인이 여전히 종속변수에 대한 설명력이 있는지에 대한 검정이 된다.

(라) 제 IV 유형(Type IV SS)

결측값이 없는 경우에는 제 III 유형과 같다. 단지, 결측값이 있는 경우에는 제 III 유형은 직교성질을 갖는 반면에 제 IV 유형은 균형성질을 갖도록 조정한 것이다.

04 SPSS 일변량 일반선형모형 중 단순요인 분산분석의 실행

체격체력.sav 데이터에서 여자 중학생의 체력 중에서 던지기가 학년과 운동성향(잘 뛰는 정도를 나타내는 세 수준의 요인)에 따라 평균차이가 있는지 알아보자.

먼저, 운동성향 변수를 만들기 위해 구간·비율척도로 된 달리기 변수값을 ① 높음(18초 미만) ② 보통(18~19.5초 미만) ③ 낮음(19.5초 이상)의 세 수준을 갖는 순서척도 변수로 변경을 하자. 이것은 변환 메뉴의 코딩변경을 선택한 다음 새로운 변수로 ...를 선택하여 바꿀 수 있다.

(1) 요인이 두 개 이상인 경우 분산분석

분산분석을 실행하기 위해서는 메뉴로부터 다음과 같은 절차를 따르른다. 그러면 [그림 13-13]과 같은 **일변량 분석** 대화상자가 열린다.

분석

일반선형모형

일변량 ...

그림 13-13 일변량 분석 대화상자

데이터 파일에 있는 변수들의 목록이 왼쪽 상자에 나타난다. 검정할 종속변수를 선택하여 '종속변수' 상자에 입력하고 집단을 나누는 요인(집단)변수를 두 개 이상 선택하여 '고정요인' 상자에 입력한다.

- 요인은 수준(level)을 택하는 방법에 따라 고정요인과 변량요인으로 분류할 수 있다.
  ① **고정요인(fixed factor)**: 수준이 기술적으로 정해진 것이며 각 수준이 의미를 가지고 있다.
  ② **변량요인(random factor)**: 수준의 선택이 랜덤으로 이루어지며 각 수준이 기술적인 의미를 가지고 있지 않다.

  통제할 공변량이 있으면 변수를 선택하여 '공변량' 칸에 입력한다.

- 공변량(Covariate)
  고려하는 요인변수 외에 종속변수에 영향을 미치는 구간·비율척도 변수가 있는 경우에 이 구간·비율척도 변수를 공변량이라고 한다. 이런 공변량을 모형에 포함시키면 공변량의 효과와 공변량의 효과를 통제한 상황에서 요인(집단)변수 효과를 검정할 수 있다.

예를 들어, 30명의 여성을 대상으로 세 가지 다이어트(diet) 방법의 효과를 알기 위하여 완전랜덤계획법으로 실험했다고 하자. 이때 종속변수는 다이어트 과정 후에 체중감소량(초기 체중–과정 후 체중)이고 요인은 세 가지 다이어트 방법이다. 그런데 일반적으로 초기체중이 큰 사람은 다이어트 방법에 관계없이 체중감소량이 클 것이고 초기체중이 작은 사람은 다이어트 방법에 관계없이 상대적으로 체중감소량이 작을 것이다. 즉, 초기체중이 종속변수(체중감소량)에 영향을 줄 것이라고 생각된다. 따라서 초기체중을 공변량으로 하여 먼저 통제한 다음에 요인의 효과를 계산하는 것이 연구 목적에 더욱 합당하게 된다.

- 각 케이스에 가중값을 줄 경우에는 가중값 변수를 선택해서 'WLS 가중값' 상자에 입력한다.

일변량 대화상자의 오른쪽에는 [모형(M)...], [대비(N)...], [도표(T)...], [사후분석(H)...], [EM 평균...], [저장(S)...], [옵션(O)...] 과 [붓스트랩(B)...] 단추가 있다. 각 단추의 기본 설정은 다음과 같다.

단추	기본 설정
모형...	완전요인모형. 모형에는 절편과 모든 주효과, 모든 상호작용효과가 포함된다. 제곱합으로 가장 일반적인 제 III유형이 계산된다.
대비...	지정않음.
도표...	없음
사후분석...	없음
저장...	저장하지 않음
옵션...	평균이나 기술통계량을 출력하지 않고 모형적합성에 대한 진단을 하지 않음.
붓스트랩...	붓스트랩 수행하지 않음

기본설정을 변경하지 않고 완전요인모형으로 분산분석결과만을 보고자 하는 경우에는 [확인] 단추를 누른다. 그러나 기본설정을 변경할 필요가 있는 경우에는 해당하는 단추를 눌러서 변경한다.

(2) 일변량: 모형 대화상자

그림 13-14 일변량: 모형 대화상자

일반선형모형(General linear model)을 설정하는 데 있어서 모든 주효과와 모든 상호작용효과를 포함하는 완전요인모형으로 하지 않고 일부 효과만을 포함시키고자 하면 **일변량** 대화상자에서 [모형(M)] 단추를 누른다. 그러면 [그림13-13]과 같은 **일변량: 모형** 대화상자가 열린다. 여기에서 '항 설정'이나 '사용자 정의 항 작성'를 선택하고 모형에 포함시키고자 하는 주효과와 상호작용 등의 항을 '모형' 상자에 입력한다. 제곱합을 계산하는 방법에는 4가지 유형이 있는데 제 III유형이 가장 일반적으로 사용된다. 제 III유형 이외의 유형을 선택할 경우에는 목록 단추를 눌러서 해당하는 유형을 선택한다.

불균형 데이터(unbalanced data)인 경우에는 제곱합을 계산하는 유형에 따라 각 변동요인의 효과가 다르게 나타난다. 다른 요인의 효과를 모두 통제한 상태에서 어떤 요인의 순수한 효과를 알아보기 위해서는 기본설정으로 되어있는 제 III유형을 사용한다. 각 요인의 주효과는 다른 요인의 주효과를 통제한 상태에서 계산하고, 2원 상호작용 효과는 주효과와 다른 2원 상호작용효과를 통제한 상태에서 계산해 나가는 방식이 제 II유형이다. 그리고 각 효과가 모형에 있는 순서대로 통제되어 나가는 방식이 제 I유형이다.

항목	설명	추천항목
모형설정(Specify Model)	**다음 중에서 하나를 선택한다.**	
○완전요인모형	(기본설정) 모형에는 절편, 모든 공변량과 주효과, 모든 상호작용효과가 포함된다.	○
○항 설정	선택하면 아래의 모든 상자가 반전된다. 모형에 포함시키고자 하는 항들을 선택하고 정의할 수 있다. 요인, 공변량과 요인 간의 상호작용효과등을 포함시킬 수 있다.	요인이 세 개 이상인 경우 ○
○사용자 정의 항 작성	모형에 포함시키고자 하는 항들을 작성할 수 있다. 아래에 있는 단추들을 사용하여 '항 설정' 상자에 요인이나 상호작용 항을 작성하여 추가 단추로 모형에 넣는다.	
요인 및 공변량	**사용자 정의에서 선택할 수 있는 요인(F)과 공변량(C)이 나타난다.**	
항설정	요인 및 공변량에서 선택한 요인과 공변량에 대해 다음 목록에서 하나를 선택하여 항을 정의한다.	
상호작용	선택한 요인과 공변량의 최대 상호작용 항	
주효과	선택한 요인과 공변량의 주효과 항	
모든 2원배치	선택한 요인과 공변량의 가능한 모든 2원 상호작용	
모든 3원배치	선택한 요인과 공변량의 가능한 모든 3원 상호작용	
모든 4원배치	선택한 요인과 공변량의 가능한 모든 4원 상호작용	
모든 5원배치	선택한 요인과 공변량의 가능한 모든 5원 상호작용	
제곱합 (Sum of Squares)	**다음 제곱합의 네 가지 계산방법 중에서 하나를 선택한다.**	
제I유형(Type I SS)	계층접근법이라고도 한다. 모형에 나타나는 효과들의 순서대로 평가된다. 한 요인의 제곱합은 모형에서 전에 열거된 요인과 상호작용을 통제한 상태에서 계산된다.	
제II유형(Type II SS)	실험접근법이라고도 한다. 각 요인의 주효과, 2원 상호작용, 3원상호작용 등은 순서대로 평가된다. 그러나 어느 하나의 주효과는 다른 주효과만을 통제한 상태에서 평가된다.	
제III유형(Type III SS)	(기본설정)유일접근법이라도 한다. 각 요인의 제곱합은 다른 모든 요인과 상호작용을 통제하고서 계산된다. 즉, 다른 요인에 의해 설명되는 부분을 제외하고서 해당 요인만의 유일한 설명력을 나타낸다. 편제곱합(partial sum of squares)이다.	○
제IV유형(Type IV SS)	결측값이 없는 경우에는 제III유형과 같다. 단지, 결측값이 있는 경우에는 제III유형은 직교성질을 갖는 반면에 제IV유형은 균형성질을 갖도록 조정한다.	
□ 모형에 절편 포함	**(기본설정) 일반선형모형에 절편을 나타내는 상수항을 포함시킨다.**	○

(3) 일변량: 대비 대화상자

분산분석표에서 F 검정방법은 요인의 수준 전체에 대한 분석이다. 때때로 우리는 일부 수준평균들 간에 특정한 관계가 존재하는지 알고자 할 때가 있다. 수준 평균들 간의 특정한 관계를 대비(Contrast)라고 하는데 이런 대비에 대한 검정을 하고자 하면 **일변량** 대화상자의 두 번째 단추인 [대비(N)...] 단추를 누른다. 그러면 [그림 13-15]와 같은 **일변량: 대비** 대화상자가 열린다. 여기에서 각 요인을 선택하고 '대비 변경'의 대비유형과 참조 범주를 선택한 후 [계속(C)] 를 누른다.

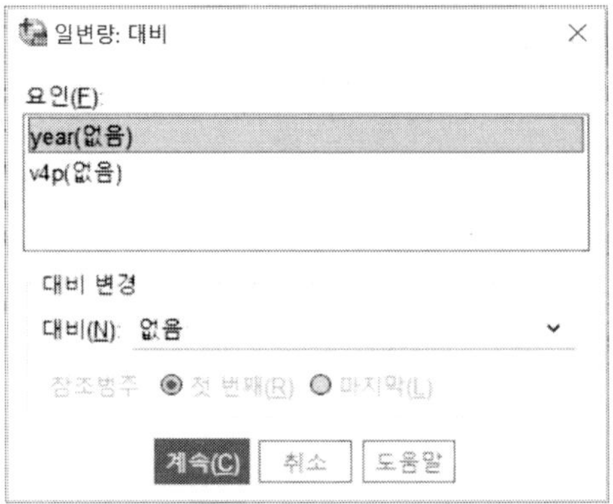

그림 13-15 일변량: 대비 대화상자

항목	설명	추천항목
요인(Factors)	**대비를 지정할 수 있는 요인의 목록이다. 대비를 지정할 요인을 선택한다.**	
대비변경		
대비	대비의 다음 유형 중에서 하나를 선택한다.	
없음	(기본설정) 지정하지 않는다.	
편차(Deviation)	요인의 각 범주효과를 전체효과와 비교한다. 참조범주로 정의하는 범주효과는 제외한다.	
단순(Simple)	요인의 각 범주효과를 참조범주 효과와 비교한다.	통제 집단(범주)이 있는 경우 ○
차이(Difference)	요인의 각 범주효과는 이전 범주효과와 비교된다. 역 Helmert 대비라 불린다.	
Helmert	요인의 각 범주효과는 후속 범주효과와 비교된다.	
반복(Repeated)	요인의 각 범주효과는 이전 범주효과와 비교된다. (인접한 범주효과 비교)	
다항(polynomial)	요인들의 선형효과, 이차, 삼차 효과들을 검정하기 위한 대비이다.	요인이 순서척도인 경우 ○
참조 범주	비교의 기준이 되거나 제외되는 범주를 지정한다.	
○마지막	(기본설정)	○
○첫 번째		

(4) 일변량: 프로파일 도표 대화상자

프로파일 도표란 주효과와 상호작용효과에 대한 선도표로서 각 요인의 수준효과와 요인 간의 상호작용을 알아보기 위한 도표이다. 각 요인의 수준에서 종속변수의 평균값을 선으로 연결한 것이다. 두 요인의 선도표에서 선의 패턴이 상당히 다른 것은 상호작용이 존재하는 것을 나타내고 선의 패턴이 비슷한 것은 상호작용이 없음을 나타낸다. 프로파일 도표를 출력시키기 위해서는 **일변량** 대화상자에서 도표(T)... 단추를 누른다. 그러면 [그림 13-16]과 같은 **일변량: 프로파일 도표** 대화상자가 열린다. 여기에서 요인목록으로부터 수평축 변수, 선구분 변수와 도표구분 변수를 선택한 후 추가(A) 단추를 누른다. 이 대화상자에서는 '차트유형'으로 선형차트나 막대형차트를 선택할 수 있다. 또한 차트위에 오차막대를 나타낼 수 있다. 오차를 나타내는 방법으로는 95% 신뢰구간이나 두 배의 표준오차 중 하나를 선택할 수 있다.

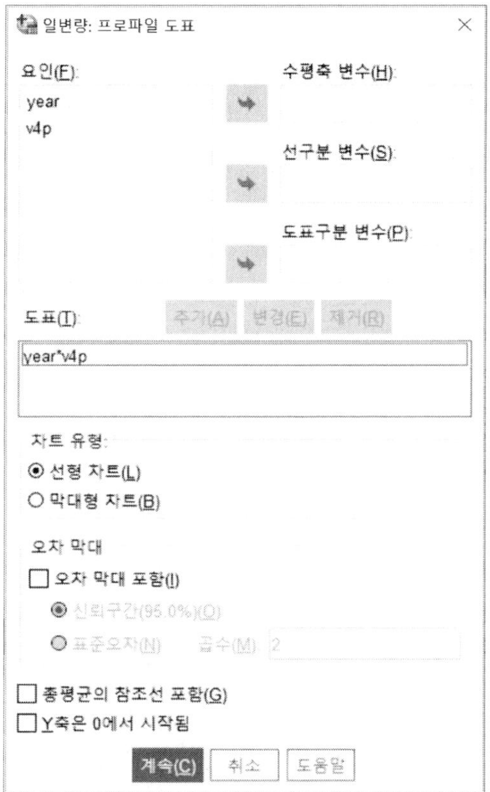

그림 13-16 일변량: 프로파일 도표 대화상자

항목	설명	추천항목
요인	**요인의 목록이다.**	
수평축 변수	프로파일 도표의 수평축에 놓을 요인변수를 선택한다.	○
선구분 변수	선도표의 선들을 나타내는 요인변수를 선택한다.	2 요인 상호작용의 경우 ○
도표구분 변수	3원 상호작용의 경우 세 번째 요인변수이다. 이 요인의 각 범주에 대해 도표가 작성된다.	3 요인 상호작용의 경우 ○
도표	도표를 추가하거나 바꾸거나 제거한다. 해당하는 단추를 누른다.	○
차트 유형	**다음 두 가지 차트 중 하나를 선택한다.**	
○선형 차트	선도표를 그린다.	기본설정
○막대형 차트	막대도표를 그린다.	
오차 막대		
□오차 막대 포함	도표에 오차막대를 포함시킨다.	○
○신뢰구간(95.0%)		기본설정
○표준오차	기본설정은 표준오차*2 이다	
□총평균의 참조선 포함	종속변수의 총평균값을 참조선으로 포함시킨다.	
□Y축은 0에서 시작됨	도표에서 수직축값을 0부터 시작한다.	

(5) 일변량: 관측평균의 사후분석 다중비교 대화상자

분산분석표에서 F 통계량의 유의확률이 유의수준(일반적으로 0.05)보다 작으면 '적어도 한 수준(집단)의 평균은 다른 수준(집단)과 다르다'라는 대립가설을 채택하게 된다. 이때 유의한 차이를 갖는 수준(집단)이 어느 것인가를 알기 위해서는 사후분석인 다중비교(Multiple Comparison)가 필요하다. **일변량** 대화상자에서 사후분석(H) 단추를 선택하면 [그림13-16]과 같이 **일변량: 관측평균의 사후분석 다중비교** 대화상자가 열린다.

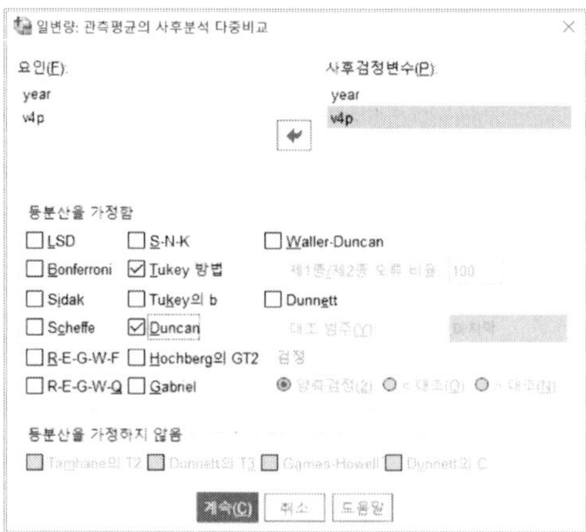

그림 13-17 일변량: 관측평균의 사후분석 다중비교 대화상자

SPSS에서는 다양한 다중비교 방법들을 제공하고 있다. 다중비교 방법에 따라 결과가 다를 수 있는데, 이 중에서 목적에 맞는 비교 방법을 한 개나 두 개 정도 선택하면 된다.

두 개의 수준 간 비교에 대한 검정의 오차비율을 개별 오차비율(individual error rate)이라 하고 모든 가능한 두 수준 간의 비교에서 범하는 오차비율을 전체 오차비율(family error rate)이라고 한다. 다중비교 방법으로서 가장 오래된 LSD 방법은 전체 오차비율을 유의수준(일반적으로 0.05)으로 통제하지 못한다. LSD와 비슷하지만 전체 오차비율을 통제하는 다중비교방법은 Bonferroni 방법이다. 또한 T 검정 대신 스튜던트화 범위(studentized range)라 불리우는 Q의 분포를 사용하는 Tukey의 방법도 전체 오차비율을 통제하는 다중비교 방법이다. Duncan 방법은 다중범위 검정(Multiple Range Test)으로서 인접하는 두 평균 간의 비교, 인접하는 세 평균에서 양끝 값의 비교, 인접하는 k개 평균에서 양끝 값의 비교를 단계별로 수행한다.

항목	설명	추천항목
요인(Factors)분석	요인의 목록	
사후검정변수	목록으로부터 다중비교를 할 변수를 선택한다.	○
등분산을 가정함	**각 수준의 분산이 같다는 가정하에서 다음중 하나 이상을 선택할 수 있다.**	
□ LSD	모든 두 집단간 비교를 위해 독립표본 T 검정을 사용한다. 전체오차비율을 제어하지 못한다.	
□ Bonferroni	모든 두 집단간 비교를 위해 독립표본 T 검정을 사용하지만 각 검정에 대한 오차비율을 조정해서 전체 오차비율을 제어한다.	○
□ Sidak	모든 두 집단간 비교를 위해 독립표본 T 검정을 사용하지만 전체 오차비율을 제어하기 위해서 Bonferroni보다 더 엄격한 한계를 제공한다.	
□ Scheffe	다른 검정에 비해 보수적인 방법이다. 두 평균차이에 대한 유의성을 발견하기가 상대적으로 어렵다.	
□ R-E-G-W의 F	F 검정을 기준으로 하는 Ryan-Einot-Gabriel-Welsch의 다중단계 감소 절차	
□ R-E-G-W의 Q	스튜던트화 범위 Q를 기준으로 하는 Ryan-Einot-Gabriel-Welsch의 다중단계 감소 절차	
□ S-N-K	스튜던트화 범위 Q를 사용하여 모든 두 집단 간 비교를 한다. 단계별 절차 사용.	
□ Tukey방법	Tukey의 정직 유의차 검정(Honestly Singnificant Difference). 전체 오차비율을 제어한다.	○
□ Tukey의 b	스튜던트화 범위 Q를 사용하여 모든 두 집단 간 비교를 한다. 기준값은 Tukey 검정과 S-N-K 검정에서 해당값의 평균이 된다.	
□ Duncan	S-N-K와 같이 비교 단계별 순서를 통해 비교를 수행하지만 검정집합에 대한 오차비율을 제어한다.	○
□ Hochberg의 GT2	Tukey의 정직 유의차 검정과 비슷하다. 스튜던트화 최대계수를 사용한다.	
□ Gabriel	스튜던트화 최대계수를 사용하며 Hochberg의 GT2보다 강력한 검정. 집단에 따라 케이스가 다를 때 자유롭게 수행된다.	
□ Waller-Duncan	T통계량을 기준으로 하는 검정으로서 Bayesian 접근법을 사용한다.	

항목	설명	추천항목
☐ Dunnett	통제집단의 평균에 대해 다른 집단 평균을 비교하는 다중비교 *T* 검정.	
등분산을 가정하지 않음	**각 수준의 분산이 같다는 가정 없이 다중비교를 한다. 다음 중 하나 이상을 선택할 수 있다.**	
☐ Tamhane의 T2	*T* 검정을 기준으로 한 보수적 비교방법	
☐ Dunnett의 T3	스튜던트화 최대계수를 사용하는 비교방법	
☐ Games-Howell	경우에 따라 자유롭게 수행되는 비교방법	
☐ Dunnett의 C	스튜던트화 범위를 기준으로 한 비교방법	

(6) 일변량: 추정주변평균 대화상자

각 요인과 요인 간 상호작용에 대한 종속변수의 추정된 주변평균을 출력시키고자 할 경우에는 **일변량** 대화상자에서 EM 평균 단추를 선택한다. 그러면 [그림 13-18]과 같은 **일변량: 추정주변평균** 대화상자가 열린다.

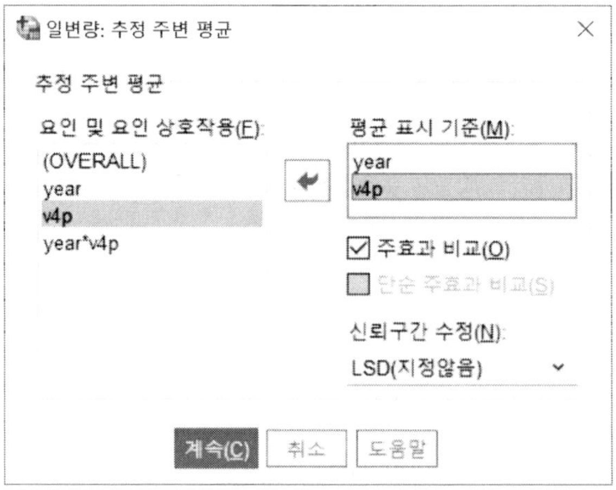

그림 13-18 일변량: 추정 주변 평균 대화상자

옵션	내용	추천옵션
추정주변평균	**각 요인과 요인 상호작용에 대한 종속변수의 추정된 주변평균을 출력시킨다.**	
요인 및 요인 상호작용	요인의 목록이다. 모형의 사용자 정의에서 상호작용항을 지정한 경우에는 상호작용이 목록에 나타난다.	
평균 표시기준	선택한 요인과 상호작용의 각 수준들에 대한 주변평균이 출력된다.	○
☐ 주효과 비교	선택한 요인들의 수준 간 비교를 한다.	○
☐ 단순주효과 비교	상호작용효과가 포함된 경우 주효과의 비교를 한다.	
신뢰구간 수정	신뢰구간과 유의확률에 상자안의 방법에 의한 수정을 한다.	

(7) 일변량: 저장 대화상자

모형의 예측값, 잔차와 가정을 검토하는 데 필요한 몇 가지 측도들을 새로운 변수로 저장할 수 있다. 이를 위해서는 **일변량** 대화상자에서 [저장(S)...] 단추를 선택한다. 그러면 [그림 13-19]와 같이 **일변량: 저장** 대화상자가 열린다. 여기서 저장하고자 하는 변수를 선택한다.

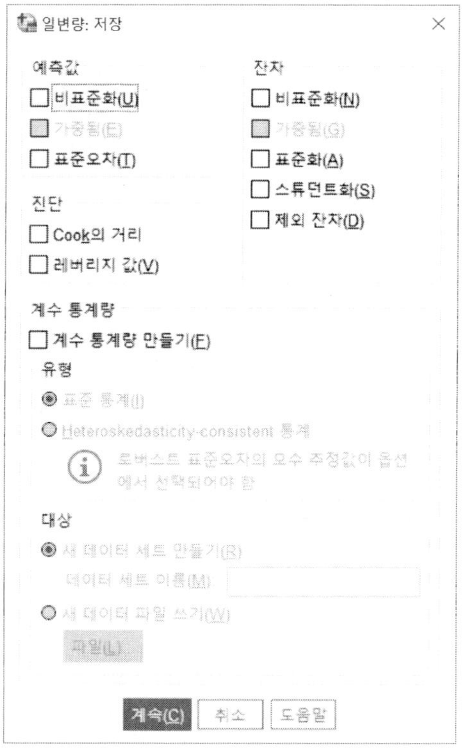

그림 13-19 일변량: 저장 대화상자

항목	설명	추천항목
예측값(Predicted Values)	다음 추정된 모형에 의한 종속변수의 예측값 중에서 하나 이상을 선택할 수 있다.	
□ 비표준화	표준화시키지 않은 예측값	
□ 가중된	가중값을 지정한 경우에 가중된 예측값	
□ 표준오차	예측값의 추정된 표준편차	
진단(Diagnostics)	이상점(outlier)을 진단하기 위한 다음 측도 중 하나 이상을 선택할 수 있다.	
□ Cook의 거리	각 케이스의 모형에 대한 영향력 측도	
□ 레버리지 값	각 케이스의 모형 적합도에 미치는 영향력	
잔차(Residual)	잔차에 대한 다음 통계량 중 하나 이상을 선택할 수 있다.	

항목	설명	추천항목
□ 비표준화	종속변수의 관측값—예측값=e_i	
□ 가중된	가중값을 지정한 경우에 가중잔차	
□ 표준화	표준화된 잔차($e_i/\sqrt{MSE}$)	
□ 스튜던트화	스튜던트화된 잔차(e_i/e_i의 표준오차)	
□ 제외 잔차	종속변수의 관측값—각 케이스를 제외한 후 추정된 모형에 의한 예측값	
계수 통계량		
□ **계수 통계량 만들기**	**모형의 모수 추정값에 대한 공분산행렬을 포함하는 파일을 생성한다. 파일 단추를 눌러서 파일 이름을 입력한다.**	
유형	**계수 통계량 파일을 만드는데 다음 두 가지 방법 중 하나를 선택한다.**	
○ 표준통계	분산공분산행렬, 표준오차, 유의확률 계산시 일반통계량을 사용한다.	기본설정
○ Heteroskedasticity-consistent 통계	로버스트 통계량을 사용한다. 옵션에서 로버스트 표준오차의 모수추정값이 선택된 경우 사용.	

(8) 일변량: 옵션 대화상자

각 요인에 대한 기술통계량, 효과크기 추정값, 모수 추정값 등을 구하거나 분석에 대한 가정을 검토하고자 할 경우에는 **일변량** 대화상자에서 [옵션(O)] 단추를 선택한다. 그러면 [그림 13-20]과 같은 **일변량: 옵션** 대화상자가 열린다.

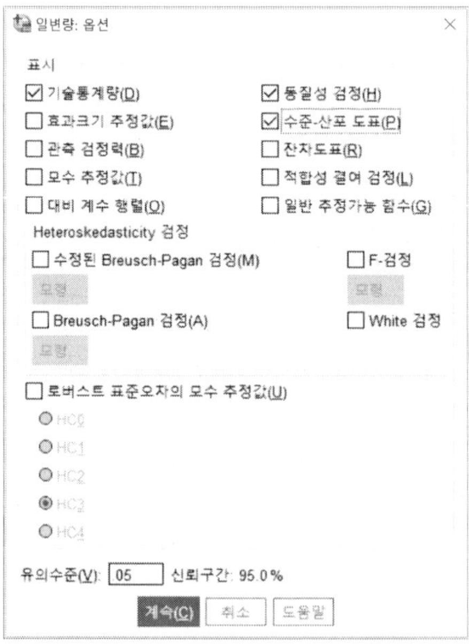

그림 13-20 일변량: 옵션 대화상자

옵션	내용	추천옵션
표시	**다음 중에서 하나 이상을 선택할 수 있다.**	
□ 기술통계량	요인들의 수준조합에 대해 종속변수의 평균, 표준편차, 빈도	○
□ 효과크기 추정값	편에타 제곱. 요인에 의해 설명되는 종속변수의 변동비율	
□ 관측검정력	F 검정의 검정력	
□ 모수추정값	모형에 있는 모수의 추정값, 표준오차, t검정, 신뢰구간 등	
□ 대비계수 행렬	대비 계수 행렬을 출력	
□ 동질성 검정	분산의 동질성을 검정한다. 모든 요인 수준의 조합에서 종속변수의 분산이 동일한지를 Levene 검정으로 검정한다.	○
□ 평균(수준)-산포도표	셀 추정 평균과 표준편차의 도표, 셀 추정 평균과 분산의 도표	○
□ 잔차 도표	종속변수에 대해 관측값, 예측값, 표준화된 잔차의 행렬식 산점도	
□ 적합성 결여 검정	셀에 두 개 이상의 관측치가 있을 경우에 적합결여 검정을 한다.	
□ 일반 추정가능 함수	추정 가능한 대비 함수를 보여준다.	
Heteroskedasticity 검정	**이분산성 검정을 한다. 각 검정에서 '모형'을 눌러 보조회귀 분석모형을 정의한다.**	
□ 수정된 Brensch-Pegan 검정		
□ Brensch-Pegan 검정		
□ F-검정		
□ White 검정		
□ 로버스트 표준오차의 모수 추정값	**robust 공분산행렬 추정에 다음 중 한 가지 방법을 선택한다.**	
○ HC0	점근적 로버스트 추정량을 기반으로 한다.	기본설정
○ HC1	HC0에서 표본수 n에 n/(n-p)를 곱하여 수정한다. p는 모수 개수	
○ HC2	HC0에서 제곱잔차를 1-h로 나눈다. h는 레버리지	
○ HC3	HC0에서 제곱잔차를 (1-h)제곱으로 나눈다. h는 레버리지	
○ HC4	HC3 의 변형	

(9) 붓스트랩

붓스트랩 추정을 하기 위해서는 **일변량 분석** 대화상자에서 [붓스트랩(B)...] 단추를 선택한다. 그러면 **붓스트랩** 대화상자가 열리는데 맨 위에 있는 '붓스트랩 수행'을 클릭하게 되면 붓스트랩 추정치가 출력된다. 출력결과에서 다음 붓스트랩 추정 및 유의성 검정 결과가 나타난다.

① 기술통계량 표에서 평균과 표준편차의 붓스트랩 추정
② 모수 추정값 표에서 계수 B의 붓스트랩 추정 및 유의성 검정
③ 대비 결과 표에서 차이의 붓스트랩 추정 및 유의성 검정
④ 추정 주변 평균 중 추정값 표에서 평균의 붓스트랩 추정
⑤ 추정 주변 평균 중 대응별 비교 표에서 평균 차에 대한 붓스트랩 추정
⑥ 다중비교 표에서 평균 차의 붓스트랩 추정

05 분석결과 해석

체격체력.sav 데이터에서 여자 중학생의 체력 중 던지기가 학년과 운동성향(잘 뛰는 정도를 나타내는 세 수준의 요인)에 따라 평균차이가 있는지 알아보기 위해서 일변량 일반선형모형(단순요인 분산분석)을 실행시켜서 얻은 출력결과가 [그림 13-21]부터 [그림 13-25]에 있다.

개체-간 요인

		N
학년	1	117
	2	88
	3	126
달리기범주	1	105
	2	117
	3	109

기술통계량

종속변수: 던지기

학년	달리기범주	평균	표준편차	N
1	1	14.90	4.106	40
	2	13.61	3.359	28
	3	12.80	3.279	49
	전체	13.71	3.686	117
2	1	14.64	2.735	14
	2	14.89	3.387	36
	3	12.16	2.433	38
	전체	13.67	3.165	88
3	1	19.45	4.981	51
	2	18.13	4.429	53
	3	19.36	4.846	22
	전체	18.88	4.737	126
전체	1	17.08	4.957	105
	2	16.05	4.327	117
	3	13.90	4.367	109
	전체	15.67	4.721	331

오차 분산의 동일성에 대한 Levene의 검정[a,b]

		Levene 통계량	자유도1	자유도2	유의확률
던지기	평균을 기준으로 합니다.	4.330	8	322	<.001
	중위수를 기준으로 합니다.	4.209	8	322	<.001
	자유도를 수정한 상태에서 중위수를 기준으로 합니다.	4.209	8	277.360	<.001
	절삭평균을 기준으로 합니다.	4.356	8	322	<.001

여러 집단에서 종속변수의 오차 분산이 동일한 영가설을 검정합니다.

a. 종속변수: 던지기

b. Design: 절편 + year + v4p + year * v4p

그림 13-21 일변량 일반선형모형 출력결과 1

[그림 13-21]의 해석

첫 번째 표는 각 요인의 요인수준별 케이스 수를 나타낸다.

두 번째 표는 **옵션** 대화상자에서 '기술통계량'을 선택하였기 때문에 출력된 것이다. 두 요인(학년과 달리기 범주)의 범주 조합에 해당하는 케이스들에 대해서 종속변수 값의 평균, 표준편차와 케이스 수를 나타내고 있다. 3학년의 던지기 평균은 다른 학년에 비해 큰 값으로 나타났고, 달리기를 잘하는 그룹의 학생은 던지기도 잘하는 경향이 있는 것 같다. 또한 학년에 따라 달리기 범주들에 따른 던지기의 패턴이 약간 달라 보인다. 케이스 수(N)를 보면 각 범주 조합에 속하는 케이스 수가 상당히 다른 것을 알 수 있다.

세 번째 표는 오차 분산의 동일성에 대한 Levene의 검정결과를 보여준다. 요인수준 조합에 의한 집단들의 오차분산 검정결과를 보면, 유의확률이 〈0.001으로 나타나서 '오차분산이 동일하다'는 귀무가설을 기각하게 된다. 그런데 두 번째 표의 기술통계량을 보면, 이 데이터는 평균이 클 때 표준편차가 큰 경향이 있기 때문에 종속변수인 '던지기' 변수를 로그변환할 필요성이 있다고 판단된다.

변환 메뉴의 **변수계산** 대화상자에서 '던지기(v8)' 변수를 자연로그 변환하여 '로그던지기(lnv8)' 변수를 생성하자. 다음, 일변량선형모형의 일변량 대화상자에서 '종속변수' 상자에 '로그던지기(lnv8)' 변수를 입력하고 다른 내용은 이전과 동일한 상태로 하여 실행시키도록 하자.

오차 분산의 동일성에 대한 Levene의 검정[a,b]

		Levene 통계량	자유도1	자유도2	유의확률
로그던지기	평균을 기준으로 합니다.	1.465	8	322	.169
	중위수를 기준으로 합니다.	1.324	8	322	.230
	자유도를 수정한 상태에서 중위수를 기준으로 합니다.	1.324	8	302.562	.231
	절삭평균을 기준으로 합니다.	1.448	8	322	.176

여러 집단에서 종속변수의 오차 분산이 동일한 영가설을 검정합니다.

a. 종속변수: 로그던지기

b. Design: 절편 + year + v4p + year * v4p

개체-간 효과 검정

종속변수: 로그던지기

원인	제 III 유형 제곱합	자유도	평균제곱	F	유의확률
수정된 모형	9.481[a]	8	1.185	18.695	<.001
절편	2034.508	1	2034.508	32093.822	<.001
year	6.793	2	3.397	53.582	<.001
v4p	.573	2	.287	4.521	.012
year * v4p	.614	4	.154	2.422	.048
추정값	20.412	322	.063		
전체	2455.275	331			
수정된 합계	29.894	330			

a. R 제곱 = .317 (수정된 R 제곱 = .300)

그림 13-22 일변량 일반선형모형 출력결과 2

[그림 13-22]의 해석

첫 번째 표는 오차 분산의 동일성에 대한 Levene의 검정결과를 보여준다. 로그변환한 '로그던지기' 변수에 대한 요인수준 조합에 의한 집단들의 오차분산 검정결과 표에서 '평균을 기준으로 합니다' 줄을 읽으면, 유의확률이 0.169로 나타나서 '오차분산이 동일하다'는 귀무가설을 채택한다. 즉, 오차분산의 동일성 가정을 만족하게 되었다.

분산분석표(개체-간 효과 검정)의 결과를 보자. 일반적으로 작성하는 분산분석표는 학년(year), 달리기범주(v4p), 학년과 달리기범주의 상호작용(year*v4p), 오차(한글버전에서는 추정값으로 출력되어 있는데 영어버전에는 오차 error로 출력된다)와 합계(수정된 합계)의 총 다섯 줄만을 포함한다. 출력결과에 있는 분산분석표에는 이외에 수정 모형, 절편과 전체의 세 줄이 추가로 포함되어 있다. 수정 모형은 요인과 상호작용을 포함한 모든 요인항에 대한 것이고, 절편은 평균 항에 대한 것이며 전체는 절편까지 고려한 합계이다. 제 Ⅲ 유형의 제곱합을 선택하였기 때문에 학년과 달리기 범주 요인에 대한 주효과와 두 요인의 상호작용 효과는 각각 다른 요인을 통제한 후의 효과로 계산되었다(불균형 데이터에서 이 접근법을 사용하면 주효과와 상호작용의 제곱합의 합이 수정모형의 제곱합과 다르다).

학년(YEAR) 요인에 대한 유의확률은 〈0.001이므로 '학년에 따라 던지기의 차이가 있다'라고 할 수 있으며, 달리기 범주(V4P) 요인에 대한 유의확률은 0.012이므로 유의수준 5%에서 '달리기 범주 집단에 따라 던지기의 차이가 있다'라고 결론을 내린다. 또한, 학년과 달리기 범주의 상호작용에 대한 유의확률은 0.048로서 유의수준 5%에서는 귀무가설을 기각할 수 있다. 즉, '학년과 달리기범주의 상호작용 효과가 존재한다'고 할 수 있다.

추정값

종속변수: 로그던지기

학년	평균	표준오차	95% 신뢰구간 하한	95% 신뢰구간 상한
1	2.586	.024	2.539	2.633
2	2.607	.030	2.549	2.666
3	2.911	.024	2.863	2.959

대응별 비교

종속변수: 로그던지기

(I) 학년	(J) 학년	평균차이(I-J)	표준오차	유의확률[b]	차이에 대한 95% 신뢰구간[b] 하한	차이에 대한 95% 신뢰구간[b] 상한
1	2	-.021	.038	.575	-.096	.054
	3	-.325*	.034	<.001	-.392	-.258
2	1	.021	.038	.575	-.054	.096
	3	-.304*	.038	<.001	-.379	-.228
3	1	.325*	.034	<.001	.258	.392
	2	.304*	.038	<.001	.228	.379

추정 주변 평균을 기준으로

*. 평균차이는 .05 수준에서 유의합니다.

b. 다중비교를 위한 수정: 최소유의차 (수정하지 않은 상태와 동일합니다.)

일변량 검정

종속변수: 로그던지기

	제곱합	자유도	평균제곱	F	유의확률
대비	6.793	2	3.397	53.582	<.001
추정값	20.412	322	.063		

F-검정으로 효과 학년을(를) 검정합니다. 이 검정은 추정되는 주변 평균 사이의 선형독립의 대응별 비교에 기초합니다.

[달리기 범주에 대한 추정된 주변 평균 생략]

그림 13-23 일변량 일반선형모형 출력결과 3

[그림 13-23]의 해석

추정된 주변평균은 EM 평균... 단추에 의한 추정주변평균 대화상자에서 '주효과 비교'를 선택하였기 때문에 출력된 것이다. '평균 출력 기준'에 선택된 요인들에 대해 추정값을 제시한다. 위와 같이 다중비교 방법에 의한 대응별 비교표와 일변량 검정표가 제시된다.

'학년' 요인에 대한 결과를 보자. 학년별 던지기 평균값을 보면 3학년이 매우 크고 1학년과 2학년은 비슷한 것을 알 수 있다.

두 번째 표에서는, LSD 다중비교 방법에 의해 학년 간 차이를 검정하였다. 유의확률을 보면, 1학년과 2학년은 차이가 없고 1학년과 3학년 간, 2학년과 3학년 간에 차이가 있는 것을 알 수 있다.

일변량 검정표에서는 학년에 의한 대비의 유의확률이 <0.001(이것은 앞의 분산분석표 결과와 같음)으로 나타나 학년에 따라 던지기의 평균이 유의하게 다른 것을 보여준다.

로그던지기

	학년	N	부분집합 1	부분집합 2
Tukey HSD[a,b,c]	1	117	2.5812	
	2	88	2.5895	
	3	126		2.9057
	유의확률		.969	1.000
Duncan[a,b,c]	1	117	2.5812	
	2	88	2.5895	
	3	126		2.9057
	유의확률		.811	1.000

동질적 부분집합에 있는 집단에 대한 평균이 표시됩니다.
관측평균을 기준으로 합니다.
오차항은 평균제곱(오차) = .063입니다.
a. 조화평균 표본크기 107.731을(를) 사용합니다.
b. 집단 크기가 동일하지 않습니다. 집단 크기의 조화평균이 사용됩니다. I 유형 오차 수준은 보장되지 않습니다.
c. 유의수준 = .05.

로그던지기

	달리기범주	N	부분집합 1	부분집합 2
Tukey HSD[a,b,c]	3	109	2.5865	
	2	117		2.7393
	1	105		2.7959
	유의확률		1.000	.220
Duncan[a,b,c]	3	109	2.5865	
	2	117		2.7393
	1	105		2.7959
	유의확률		1.000	.096

동질적 부분집합에 있는 집단에 대한 평균이 표시됩니다.
관측평균을 기준으로 합니다.
오차항은 평균제곱(오차) = .063입니다.
a. 조화평균 표본크기 110.111을(를) 사용합니다.
b. 집단 크기가 동일하지 않습니다. 집단 크기의 조화평균이 사용됩니다. I 유형 오차 수준은 보장되지 않습니다.
c. 유의수준 = .05.

그림 13-24 일변량 일반선형모형 출력결과 4

[그림 13-24]의 해석

관측평균의 사후분석 다중비교 대화상자에서 '사후검정변수' 상자에 있는 요인들에 대해 다중비교 방법을 선택하여 얻은 다중비교 출력결과이다. 일반적으로 농학 분야에서는 Tukey 방법과 Duncan 방법을 많이 사용하고 있는데 [그림 13-24]는 Tukey의 정직유의차 검정결과이다.

학년 요인을 보면, 1학년과 2학년이 하나로 묶이고 3학년이 다른 묶음으로 나뉘는 것을 볼 수 있다. 즉, 1학년과 2학년 간은 던지기에 있어서 유의한 차이가 없고 1학년과 3학년 간, 2학년과 3학년 간에는 유의한 차이가 있는 것으로 나타났다.

달리기 범주 요인을 보면, 범주 1(18초 미만)과 범주 2(18~19.5초)가 하나로 묶이고 달리기가 늦은(19.5초 이상) 범주 3이 다른 묶음이 되는 것을 볼 수 있다. 즉, 달리기 범주 1과 2는 던지기의 차이가 없고 이 두 범주는 범주 3과 던지기에 있어서 유의한 차이를 보인다.

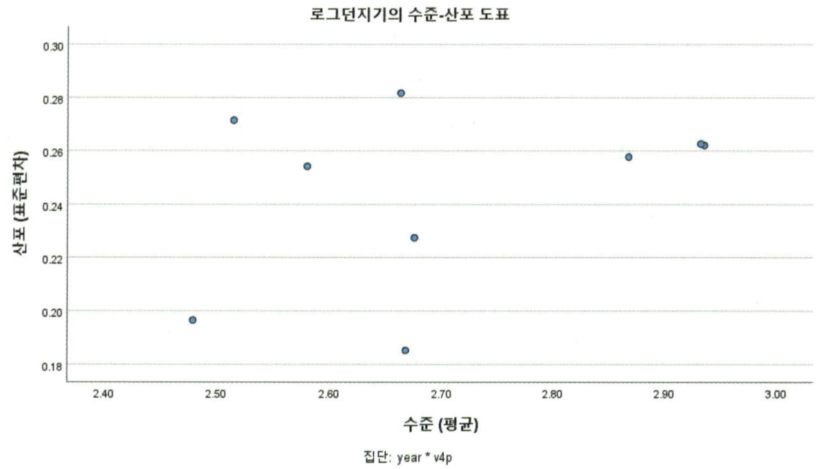

[평균-산포(분산) 도표, 각 요인의 프로파일 도표 생략]

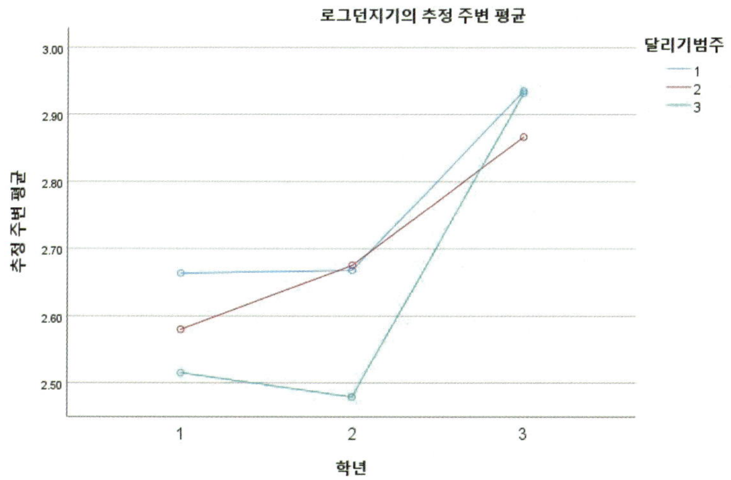

그림 13-25 일변량 일반선형모형 출력결과 4

[그림 13-25]의 해석

평균-산포 도표는 **옵션** 대화상자에서 '평균-산포 도표'를 선택하였을 때 출력된다. 이 도표는 모든 요인수준 조합에서 종속변수의 평균과 표준편차(혹은 분산)를 산점도 형태로 나타낸 것이다.

로그변환한 '로그던지기' 변수에 대한 평균-산포 도표는 오차분산의 동일성을 확인해준다. 던지기 변수(v8)를 그대로 사용했다면 평균-산포 도표에서 평균과 표준편차 간에 선형성이 있는 것을 볼 수 있을 것이다.

두 번째 그림은 **프로파일 도표** 대화상자에서 선도표를 위한 요인변수들을 선택하였기 때문에 출력된 것이다. 두 요인의 상호작용을 나타내는 선도표를 보면, 달리기 범주의 중간 집단은 학년이 높아감에 따라 던지기를 잘하는 경향을 보이는 데 반해서 달리기를 잘하는 집단과 못하는 집단에서는 2학년에서 평균 던지기가 감소했다가 다시 증가하는 경향을 보인다. 이와 같이 상호작용이 있는 경우에는 선도표에서 선들의 패턴이 다르게 나타난다.

제3절 일변량 일반선형모형(GLM Univariate Model)에서 공분산분석(Analysis of Covariance, ANCOVA)

01 목적

한 개나 두 개 이상의 요인에 의해 집단들의 평균을 비교할 때,
종속변수에 영향을 주는 다른 구간·비율척도 변수들을 통제하고자 한다.

요인이 한 개인 일원배치 분산분석이나 요인이 두 개 이상인 단순요인 분산분석을 사용해서 요인들의 효과를 검정할 때, 알아보고자 하는 요인 외에 다른 변수(제3의 변수라 하자)가 종속변수에 영향을 미치는 경우가 있다. 이런 경우에는 영향을 주는 제3의 변수들의 효과를 통제해야 알아보고자 하는 요인들의 효과를 정확하게 추정할 수 있다. 제3의 변수가 범주형 변수라면 단순요인 분산분석에서 이 변수를 모수요인이나 변량요인에 추가해서 분석을 하면 되지만, 제3의 변수가 구간·비율척도라면 공분산분석으로 이 변수의 효과를 통제할 수 있다. 이 구간·비율척도 변수를 공변량(Covariate)이라고 한다.

공분산분석은 이런 공변량을 모형에 포함시켜서 공변량의 효과를 통제한 상황에서 요인(집단)변수 효과를 검정하는 분석이다. 결과적으로, 공분산분석은 분산분석 모형에 회귀분석 모형을 합한 모형에 대한 분석이라고 하겠다.

예를 들어, 30명의 여성을 대상으로 세 가지 다이어트 방법의 효과를 알기 위하여 완전랜덤계획법으로 실험했다고 하자. 이때 종속변수는 다이어트 과정 후에 체중감소량(초기체중 – 과정 후 체중)이고 요인은 세 가지 다이어트 방법이다. 그런데 일반적으로 초기체중이 큰 사람은 다이어트 방법에 관계없이 체중감소량이 클 것이고 초기체중이 작은 사람은 다이어트 방법에 관계없이 상대적으로 체중감소량이 작을 것이다. 즉, 초기체중이 종속변수(체중감소량)에 영향을 줄 것이라고 생각된다. 따라서 초기체중을 공변량으로 하여 먼저 통제한 다음에 요인의 효과를 계산하는 것이 연구 목적에 더욱 합당하게 된다.

02 사용되는 변수의 척도

종속변수는 구간·비율척도이고 모든 요인변수는 명목이나 순서척도이며,
공변량은 구간·비율척도

위에서 예를 든 세 가지 다이어트 방법의 효과 연구에서는 종속변수가 체중감소량, 한 개의 요인변수가 다이어트 방법(3 수준)이고 공변량이 구간·비율척도인 초기체중이 된다.

03 원리

참고문헌 (9)에 있는 데이터 예를 들어보기로 하자. 어느 섬유회사에서 3개의 기계에서 생산되는 섬유제품의 강도가 차이가 있는지를 알아보기 위해 각 기계에서 5개씩 표본을 추출하였다. 그러나 제품의 강도는 직경이 클수록 더 단단하다는 사실이 알려져 있다. 각 기계당 섬유의 강도와 직경 데이터는 다음과 같다.

표 13-9 섬유제품의 강도와 직경 데이터

기계 1		기계 2		기계 3	
강도	직경	강도	직경	강도	직경
36	20	40	22	35	21
41	25	48	28	37	23
39	24	39	22	42	26
42	25	45	30	34	21
49	32	44	28	32	15

(1) 공분산분석의 데이터 구조와 모형

공분산분석을 하기 위한 데이터의 일반적인 구조는 [표 13-10]과 같다. 고려하는 요인이 두 개 이상일 수 있고, 요인들의 각 수준조합에서 데이터 수는 다를 수 있지만, 여기서는 요인이 한 개 있고, 데이터 수가 동일하게 n개 있는 경우를 생각하자.

표 13-10 공분산분석의 데이터 구조

요인 1				
A_1		…	A_a	
Y	X		Y	X
y_{11}	x_{11}	…	y_{a1}	x_{a1}
y_{12}	x_{12}	…	y_{a2}	x_{a2}
⋮	⋮	…	⋮	⋮
y_{1n}	x_{1n}	…	y_{an}	x_{an}

요인이 한 개인 공분산분석에서 데이터 y_{ij}에 대한 구조식은 다음과 같다.

$$\begin{aligned} y_{ij} &= \mu_i + \beta x_{ij} + \epsilon_{ij} \\ &= \mu + \alpha_i + \beta x_{ij} + \epsilon_{ij}, \quad i = 1,2,\cdots,a(a\text{는 } A\text{요인의 수준 수}) \\ &\qquad\qquad\qquad\qquad\quad j = 1,2,\cdots,n \end{aligned}$$

여기서 μ_i는 요인의 i번째 수준의 모평균이다. 이것은 전체평균 μ와 요인 A의 수준 i 효과인 α_i의 합으로 표현된다. ϵ_{ij}는 집단 내 개체변동을 나타내는 오차항이다. 오차항은 평균이 0이고 공통분산이 σ^2인 정규분포를 따른다고 가정한다.

(2) 분산분석표

분산분석표는 종속변수 y의 총변동(SSTO)을 공변량에 의한 변동(SSR), 요인 A의 수준변동(SSA)과 집단 내의 개체 변동(SSE)으로 분해해서 만들어진다. 자세한 공식은 참고문헌 (8)을 참조하기 바란다.

공분산분석에 대한 분산분석표는 [표 13-11]과 같다.

표 13-11 공분산분석에 대한 분산분석표

변동요인	제곱합	자유도	평균제곱	F
공변량	SSR	1	MSR=SSR	F_R=MSR/MSE
요인 A	SSA	$a-1$	MSA=SSA/$(a-1)$	F_A=MSA/MSE
잔차	SSE	$a(n-1)-1$	MSE=SSE/$(a(n-1)-1)$	
전체	SSTO	$an-1$		

[표 13-9]에 있는 섬유제품의 강도 데이터를 가지고 분산분석표를 작성하면 다음과 같다.

변동요인	제곱합	자유도	평균제곱	F
직경	178.014	1	178.014	69.969
기계	13.284	2	6.642	2.611
잔차	27.986	11	2.544	
전체	346.400	14		

(3) 공변량의 효과에 대한 검정

공변량이 종속변수에 영향을 미치는지 알아보기 위한 검정의 가설은 다음과 같다.

$$H_0: \beta = 0$$
$$H_1: \beta \neq 0$$

분산분석표에서 이 검정은 F_R 통계량을 사용한다. F_R 통계량의 유의확률이 유의수준(일반적으로 0.05)보다 작으면 대립가설 '공변량이 종속변수에 영향을 미친다'를 채택하게 된다. 섬유제품의 강도에 대한 데이터결과에서는 F_R 통계량이 69.969으로 유의확률이 〈0.001이므로 우리는 유의수준 5%에서 귀무가설을 기각할 수 있다. 즉, 직경이 섬유의 강도에 영향을 미친다고 결론을 내린다.

공변량에 대한 검정에서 귀무가설을 기각하지 못하는 경우에는 공변량이 종속변수에 영향을 주지 않는다고 할 수 있기 때문에 공분산분석을 할 필요가 없다. 즉, 공변량의 검정에서 귀무가설을 기각하지 못하면 다시 공변량을 고려하지 않는 일반적인 분산분석을 해야 한다.

(4) 요인 A의 수준평균들에 대한 검정

공변량의 효과를 제거한 후(공변량을 통제한 상태에서), 요인 A의 수준평균들에 차이가 있는지 알아보기 위한 검정의 가설은 다음과 같다.

$$H_0: \alpha_1 = \alpha_2 = \cdots = \alpha_a = 0$$
H_1: 적어도 하나의 α_i는 0이 아니다.

분산분석표에서 이 검정은 F_A 통계량을 사용한다. F_A 통계량의 유의확률이 유의수준(일반적으로 0.05)보다 작으면 대립가설 '요인 A의 수준평균은 차이가 있다'를 채택하게 된다. 실험계획법에 의해 수집된 데이터인 경우에는 '요인 A는 종속변수에 영향을 준다'라고 결론을 내린다. [표 13-9]에 있는 섬유제품의 강도 데이터의 F_A 통계량은 2.611이고 유의확률은 0.118이므로 우리는 유의수준 5%에서 귀무가설을 기각할 수 없다. 즉, 직경의 효과를 통제한 상태에서, 기계들 간에 강도 차이는 유의하지 않다고 결론을 내린다.

> **참고** ■ 공분산분석에서 유의사항
>
> 1. 공분산분석을 하기 전에 모형에서 집단별 공변량의 회귀계수가 같은지를 먼저 검정해야 한다. 이를 위해서는 먼저 대화상자에서 '모형' 단추를 눌러 모형 대화상자로 들어간다. 여기서 사용자 정의를 사용해서 주요인과 요인-공변량 간의 상호작용 항을 모형에 넣는다. 이 모형을 실행시켜서 상호작용 효과의 유의성 검증을 한다. 공분산분석을 적절하게 사용하기 위해서는 상호작용 효과의 검정에서 귀무가설을 기각하면 안 된다.
> 2. 공변량의 유의성 검증에서 반드시 귀무가설이 기각되어야 한다. 만약 귀무가설이 기각되지 않으면 공분산분석 대신 분산분석을 해야 한다.

04 SPSS 일변량 일반선형모형에서 공분산분석의 실행

섬유강도.sav 데이터를 가지고 공분산분석을 실행해 보자. SPSS 일변량 일반선형모형을 실행하는 방법은 2절에서 이미 설명하였기 때문에 공분산분석에서 다른 점만을 설명하기로 한다.

공분산분석을 실행하기 위해서는 메뉴로부터 다음과 같은 절차를 따른다. 그러면 [그림 13-26]과 같은 **일변량 분석** 대화상자가 열린다.

분석
일반선형모형
일변량 ...

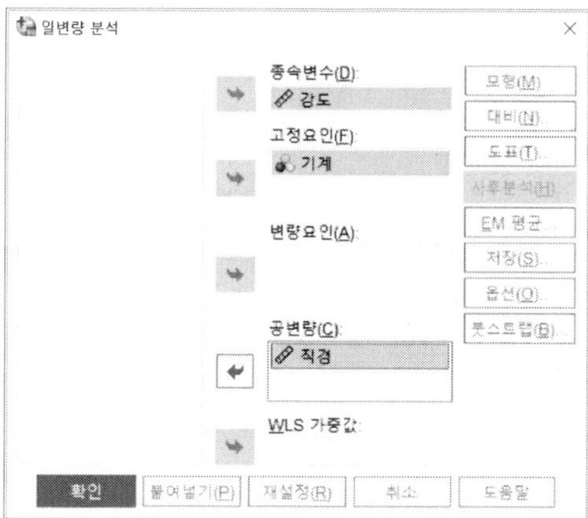

그림 13-26 공분산분석을 위한 일변량 대화상자

'종속변수' 칸에 강도를, '모수요인' 칸에 기계를, '공변량' 칸에 직경 변수를 넣는다. [옵션(O)...] 을 눌러 '기술통계량'과 '동질성 검정'을 선택한 후 [확인] 단추를 눌러 실행시키면 공분산분석의 결과가 출력된다.

05 분석결과 해석

기술통계량

종속변수: 강도

기계	평균	표준편차	N
기계1	41.40	4.827	5
기계2	43.20	3.701	5
기계3	36.00	3.808	5
전체	40.20	4.974	15

오차 분산의 동일성에 대한 Levene의 검정[a]

종속변수: 강도

F	자유도1	자유도2	유의확률
1.174	2	12	.342

여러 집단에서 종속변수의 오차 분산이 동일한 영가설을 검정합니다.

a. Design: 절편 + 직경 + 기계

개체-간 효과 검정

종속변수: 강도

원인	제 III 유형 제곱합	자유도	평균제곱	F	유의확률
수정된 모형	318.414[a]	3	106.138	41.718	<.001
절편	96.921	1	96.921	38.095	<.001
직경	178.014	1	178.014	69.969	<.001
기계	13.284	2	6.642	2.611	.118
추정값	27.986	11	2.544		
전체	24587.000	15			
수정된 합계	346.400	14			

a. R 제곱 = .919 (수정된 R 제곱 = .897)

그림 13-27 공분산분석 출력결과

[그림 13-27]의 해석

첫 번째 표는 기계별 강도의 기술통계량(평균과 표준편차)을 보여준다. 기술통계량 만으로 보면, 기계 3의 강도가 다른 기계에 비해 작은 것으로 보인다.

두 번째 표는 오차 분산의 동일성에 대한 Levene의 검정결과를 보여준다. 오차분산 검정결과를 보면, '평균을 기준으로 합니다' 줄에서 유의확률이 0.342로 나타나서 '오차 분산이 동일하다'는 귀무가설을 기각하지 않는다. 즉, 기계의 종류에 따른 강도의 오차 분산이 동일하다고 할 수 있다. 따라서 분산분석의 가정을 만족한다.

분산분석표(개체-간 효과 검정)의 결과를 보자. 먼저, 공변량인 직경의 효과를 살펴보자. 직경에 대한 유의확률은 0.001보다 작으므로 직경은 강도에 영향을 준다고 할 수 있으며, 따라서 공분산분석이 의미가 있게 되었다. 공변량의 효과를 통제한 상태에서, 기계 요인에 대한 유의확률은 0.118이므로 유의수준 5%에서 '기계에 따라 강도의 차이가 있다'라는 귀무가설을 기각할 수 없게 되었다.

연습문제

1. 본문에 있는 [표 13-2]는 작업시간대에 따라 생산량이 다른지 알기 위하여 수집한 데이터이다. 이 데이터를 가지고 일원배치 분산분석을 실행해 보자.
   SPSS에서 일원배치 분산분석을 실행하기 위해서는 데이터 편집기에 다음의 형태로 데이터가 입력되어야 한다.

수준	생산량
1	75
1	70
1	66
1	69
2	78
2	68
2	72
2	74
3	55
3	60
3	64
3	65
4	67
4	71
4	79
4	71

2. 본문에 있는 [표 13-6]은 세미나 방식과 강의 방식의 수업을 비교하고자 할 때 학년에 따라 교육효과가 다르게 나타나는지 알아보기 위해 실험해서 얻은 실험 데이터이다. 이 데이터를 가지고 단순요인 분산분석을 실행해 보자.
   SPSS에서 단순요인 분산분석을 실행하기 위해서는 데이터 편집기에 다음의 형태로 데이터가 입력되어야 한다.

수업방식	학년	학생수
1	1	5
1	1	4
1	1	5
1	1	2
1	2	5
1	2	5
1	2	1

수업방식	학년	학생수
1	2	2
1	3	10
1	3	18
1	3	8
1	3	6
1	4	12
1	4	20
1	4	8
1	4	8
2	1	0
2	1	9
2	1	3
2	1	3
2	2	6
2	2	4
2	2	5
2	2	4
2	3	7
2	3	3
2	3	3
2	3	5
2	4	7
2	4	4
2	4	4
2	4	5

3. employee data.sav 데이터에서 직종에 따라 현재급여의 차이가 있는지 알아보자. 만약 차이가 있다면 어떻게 차이가 있는지 다중비교를 해 보자.

4. 교재의 데이터 파일 중 **설문지.sav** 데이터에서 좋아하는 과목(course)에 따라 점수(국어, 영어, 수학점수 각각)의 차이가 있는지 알아보자.

5. **설문지.sav** 데이터에서 좋아하는 음식(food)에 따라 체중의 차이가 있는지 알아보시오.

6. employee data.sav 데이터에서 직종 중 관리직에 있는 케이스를 제외한 다음, 성별, 직종, 소수민족의 세 가지 요인을 고려해서 현재급여에 대한 단순요인 분산분석을 실시하고 결과를 해석해 보자.

7. employee data.sav 데이터에서, 직장에 입사해서 인상된 연봉(현재급여-최초급여)이 직종별로 다른 것인지 여부를 검정하고자 한다. 그런데, 오른 연봉은 이 직장의 근무월수에 따라 다르기 때문에 근무월수의 효과를 제거할 필요가 있다. 이를 위해 종속변수에 오른 연봉(현재급여-최초급여)을 넣고, 요인에는 직종을, 그리고 공변량에는 근무월수를 넣어서 공분산분석을 해 보자.

8. **의학.sav** 데이터를 가지고 다음 작업을 해 보자.

(1) 처리 전(prew) 값이 세 집단 간(대조군, 실험군 1, 실험군 2)에 유의한 차이를 보이는지 알아보자. 차이가 있다면 어떻게 차이가 있는지 다중비교를 하고 결과를 해석해 보자.

(2) 처리 1주 후 변화량(prew−wk1w) 값에 대해 (1)과 같은 작업을 해 보자.

(3) 처리 3주 후 변화량(prew−wk3w) 값에 대해 (1)과 같은 작업을 해 보자.

9. **체격체력.sav** 데이터에서, 학년과 달리기 범주의 두 요인을 고려할 때, 던지기 능력에 대한 효과가 어떠한지를 알아보기 위해 다음과 같은 과정으로 일변량 일반선형모형을 실행시켜보자.

(1) 변환 → 변수계산 메뉴를 활용해서 던지기 변수(v8)를 자연로그변환하여 새로운 변수 lnv08을 생성하자.

(2) 새로운 변수 lnv08을 종속변수로 하고, 학년과 달리기 범주를 모수요인 변수로 하여 일변량 일반선형모형을 실행시켜 보자.

(3) 이 경우에는 일반선형모형의 가정인 오차 분산의 동일성이 만족되는 것을 확인해 보자(Levene의 검정과 평균−산포 도표 사용).

10. **체격체력.sav** 데이터에서, 학년에 따라 달리기 능력의 차이가 있는지를 알아보려고 한다. 그런데 달리기는 키와 관련이 있을 것으로 생각되어 키의 효과를 통제하고자 한다. 따라서 키를 공변량으로 하는 공분산분석을 실시해 보자.

14장 판별분석(DISCRIMINANT ANALYSIS)

01 목적

한 개체가 어느 집단에 속하는가를 판별하기 위해 한 개 이상의 설명(독립)변수를 가지고 집단(종속)변수에 대한 판별모형을 만든다.

판별분석(Discriminant Analysis)은 한 개체가 두 개 이상의 집단 중에서 어느 집단에 속할 것인지 예측하기 위한 분석이다. 예를 들어, 은행에서 기업을 신용상태에 따라 도산위험이 높은 집단과 낮은 집단으로 분류할 수 있다. 여러 가지 병의 상태와 검사결과를 가지고 병을 진단하거나, 출토된 화석의 각종 측정치를 가지고 연대를 판별하기 위해서도 판별분석을 사용할 수 있다.

판별분석에서는, 소속집단(종속변수)이 이미 알려진 케이스에 대해 그 소속집단을 판별하는데 효과적이라고 생각되는 여러 개의 설명(독립)변수들의 측정값들을 가지고 독립변수들의 선형함수인 판별함수(discriminant function)를 만든다. 이 판별함수는 소속집단을 모르는 케이스에 대해 독립변수 값들을 가지고 어느 집단에 속하는지 판별하는데 사용된다.

이 분석은 독립변수들의 선형결합으로 종속변수의 모형을 만들고 예측한다는 점에 있어서 회귀분석과 유사하다. 주요 차이점은 판별분석의 종속변수는 범주형 변수(명목·순서척도)이고, 회귀분석의 종속변수는 구간·비율척도 변수라는 점이다.

02 사용되는 변수의 척도

독립변수는 모두 구간·비율척도(더미변수 형태로 바꾼 범주형 변수 포함)이고 종속(집단)변수는 명목이나 순서척도

판별분석에서 종속변수는 집단을 나타내는 명목척도나 순서척도 변수이어야 한다. 독립변수는 회귀분석처럼 모두 원칙적으로 구간·비율척도이어야 한다. 그러나 순서척도이더라도 각 범주들의 간격이 등간격이라고 볼 수 있는 경우나 몇 개의 순서척도 변수들의

합으로 된 변수에도 적용할 수 있다. 또한 독립변수로서 범주형 변수를 사용할 수 있는데 이 경우에는 반드시 더미(dummy)변수 형태로 바꾸어서 사용해야 한다.

03 원리

(1) 판별함수

독립변수를 $X_1, \cdots, X_k$ 라고 하고 집단의 개수가 g인 집단(종속)변수를 D라고 하면 판별함수는 다음과 같이 표현할 수 있다.

$$D_i = d_{i1}X_1 + d_{i2}X_2 + \cdots + d_{ik}X_k, \qquad i = 1, \cdots, g-1,$$

여기서 D_i는 i 번째 판별점수

d_{ij}는 판별함수의 계수

즉, 판별함수를 구하는 것은 판별함수의 계수를 구하는 것인데 이것은 집단 간 분산과 집단 내 분산의 비율을 최대화되도록 함으로써 계산된다.

(2) 판별분석에서의 가정(Assumption)

판별분석을 실행시키기 위해서는 데이터가 다음의 가정을 만족해야 한다.

독립변수들이 각각 정규분포를 따르고 각 집단별 공분산 행렬이 동일하다.

케이스 수가 많은 경우에는 정규성을 검토하지 않아도 된다. 그러나 케이스 수가 작은 경우에는 히스토그램을 그려보거나 정규성 검정을 해 볼 필요가 있다. 그러나 판별분석은 정규성 가정에 민감하지 않다고 알려져 있기 때문에 약간 벗어나는 것은 크게 문제되지 않는다. 각 집단별 공분산 행렬이 같은가를 Box의 M검정으로 검정해 볼 수 있다. 공분산행렬이 같지 않을 경우에는 분류방법 적용 시 공분산 값으로 합동공분산행렬을 사용하지 말고 집단별로 다른 공분산행렬을 사용해야 한다.

04 SPSS 판별분석의 실행

데이터로서 Fisher의 붓꽃 자료인 **붓꽃.sav** 파일을 사용하자. 붓꽃자료는 세 가지($g=3$) 품종(Setosa, Versicolor, Virginica)의 붓꽃으로부터 각각 50개(n_i)씩 총 150개의 개체를 추출하여 다음 네 가지 변수를 cm 단위로 측정한 것이다.

X_1=꽃받침조각의 길이

X_2=꽃받침조각의 폭

X_3=꽃잎의 길이

X_4=꽃잎의 폭

여기서는 이 자료를 훈련자료(training data) 40 케이스와 검증자료(test data) 10 케이스의 두 집단으로 분할해서, 40 케이스를 가지고 생성한 판별함수가 10개의 검증자료를 얼마나 잘 판별하는지 알아보도록 한다.

(1) 표본 크기

훈련자료의 케이스 수는 40($n_1=n_2=n_3$)이다. 이것은 대표본이므로 각 변수들의 정규성을 검토하지 않아도 된다.

(2) 판별분석 대화상자

네 가지 변수(꽃받침조각의 길이와 폭, 꽃잎의 길이와 폭)를 가지고 품종을 판별하는 판별분석을 하기 위해서는 메뉴로부터 다음과 같은 절차를 따른다.

분석
　　분류분석
　　　　판별분석 ...

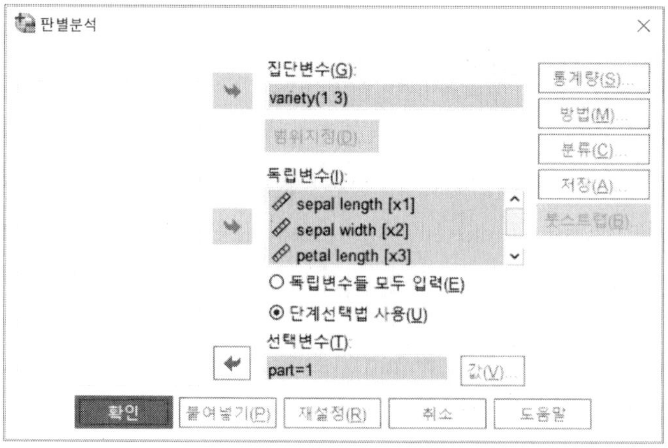

그림 14-1 판별분석 대화상자

그러면 [그림 14-1]과 같은 **판별분석** 대화상자가 열린다. 왼쪽상자에는 데이터 파일에 있는 변수들이 나타나 있다. 종속변수 'variety'를 선택하여 '집단변수' 상자에 넣고 범위지정(D)... 단추를 누른다. **판별분석: 범위지정** 대화상자가 열리면 집단변수 값의 최소값과 최대값을 입력한다. '독립변수' 상자에는 X_1, X_2, X_3, X_4를 입력한다.

독립변수들을 모형에 포함시키는 다음 두 가지 방법 중에서 하나를 선택한다.

선택사항	내용	추천사항
○독립변수를 모두 진입	(기본설정) 독립변수를 모두 판별함수에 포함시킨다.	○
○단계선택법사용	독립변수 중에서 판별에 중요한 변수들만을 포함시킨다.	독립변수들이 많은 경우 ○

- 단계선택법(Stepwise Variable Selection)

  독립변수의 개수가 많은 경우에는 판별에 중요한 변수들을 선택할 필요가 있다. 판별에 중요하지 않은 독립변수들을 판별함수에 포함시킬 경우에는 판별오류율을 오히려 증가시킬 수 있고 일반적으로 복잡한 모형보다 독립변수가 적은 간단한 모형을 선호하기 때문이다. 단계적 선택법은 판별함수에 포함시키거나 제거할 변수를, 매 단계에서 판별에 대한 중요성에 의해 결정하는 방법이다.

(3) 선택변수

일부 케이스만을 대상으로 하여 판별분석을 할 수 있다. **판별분석** 대화상자에서 선택변수 칸에 선택변수를 입력하고 오른쪽에 있는 값(V)... 단추를 누른다. **선택변수: 값 설정** 대화상자에서 분석하고자 하는 케이스들을 나타내는 선택변수 값으로 정수를 입력한다. 이후

판별분석은 선택 변수값으로 지정한 케이스만을 대상으로 실행된다.

통계량과 분류결과는 선택한 케이스와 선택하지 않은 케이스에 대해 모두 생성된다. 훈련(training) 데이터로 모형을 만들고 새 케이스를 분류하거나 생성된 모형의 유효성을 검정하도록 데이터를 분할하는 데 사용할 수 있다.

'선택변수'에 'part' 변수를 입력하고 **값 설정** 대화상자에서는 '훈련자료'를 나타내는 '1'을 입력한다.

판별분석 대화상자의 아래에는 네 개의 단추가 있다. 네 개의 단추의 용도와 기본설정은 다음과 같다.

단추	용도	기본 설정
통계량...	평균, 일변량분산분석, Box M 검정, 상관행렬, 공분산행렬, 판별함수의 계수출력	출력하지 않음
방법...	단계선택법을 사용할 경우의 선택방법과 기준, 출력 내용	Wilks 람다와 *F*값 기준, 단계요약 출력
분류...	집단으로 분류할 때 사전확률, 공분산행렬의 사용방법, 출력내용과 도표를 결정	모든 집단에 동일한 사전확률과 합동공분산행렬을 사용
저장...	예측소속집단, 판별점수, 집단소속확률 값을 저장	저장하지 않음

기본설정을 변경하기 위해서는 해당하는 단추를 눌러서 변경한다.

(4) 판별분석: 통계량 대화상자

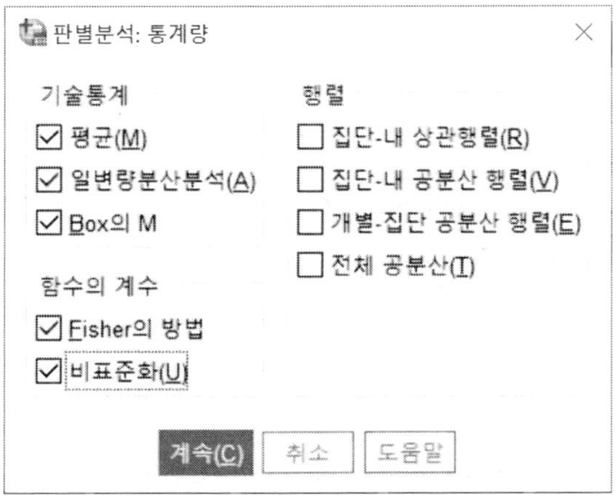

그림 14-2 판별분석: 통계량 대화상자

독립변수들에 대해 평균, 평균차이에 대한 일변량분산분석, 집단별 공분산행렬의 Box M 동일성 검정, 그리고 상관행렬이나 공분산행렬, 판별함수의 계수를 출력시키기 위해서는 **판별분석** 대화상자에서 통계량(S)... 단추를 누른다. 그러면 [그림 14-2]와 같이 **판별분석:**

통계량 대화상자가 열리는데, 여기에서 출력시키고자 하는 항목을 선택한다.

항목	설명	추천항목
기술통계	**다음 중 하나 이상을 선택할 수 있다.**	
□ 평균	전체평균과 집단평균, 표준편차를 출력한다.	○
□ 일변량분산분석	각 독립변수에 대해 집단간 평균차이가 있는가를 분산분석한다.	○
□ Box의 M	집단 간 공분산행렬의 동일성 검정	○
행렬	**다음 중 하나 이상을 선택할 수 있다.**	
□ 집단-내 상관행렬	통합상관행렬. 각 집단의 상관행렬의 평균이다.	
□ 집단-내 공분산행렬	통합공분산행렬. 각 집단의 공분산행렬의 평균이다.	
□ 개별-집단 공분산행렬	집단별 공분산행렬	
□ 전체 공분산	전체 케이스의 공분산행렬	
함수의 계수	**판별함수의 계수를 출력한다.**	
□ Fisher의 방법	Fisher의 분류함수 계수를 출력한다. 각 집단에 일련의 계수가 작성되며 케이스는 최대 판별점수를 가지는 집단으로 분류된다.	○
□ 비표준화	표준화하지 않은 판별함수 계수를 출력한다.	○

(5) 판별분석: 단계선택법 대화상자

판별분석 대화상자에서 '단계선택법'을 선택한 경우에는 **판별분석** 대화상자의 방법(M) 단추를 눌러서 독립변수들을 선택할 때 사용하는 통계량과 기준을 변경시킬 수 있다. [그림 14-3]의 **판별분석: 단계선택법** 대화상자에는 다음과 같은 항목들이 있다.

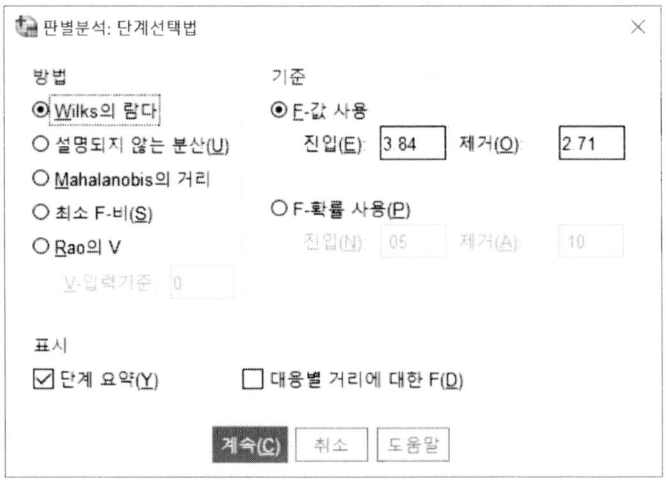

그림 14-3 판별분석: 단계선택법 대화상자

항목	설명	추천항목
방법	**독립변수 중 각 단계에서 우선적으로 모형에 진입될 것을 결정하는 기준 통계량으로 다음 중 하나를 선택한다.**	
○Wilks의 람다	(기본설정) Wilks의 Lambda값이 최소가 되는 변수	○
○설명되지 않는 분산	집단에 의해 설명이 되지 않는 변동 합계가 최소인 변수	
○Mahalanobis의 거리	Mahalanobis의 거리가 가장 큰 변수	
○최소 F비	모든 두 집단간의 F 비율 중 최소값이 가장 큰 변수	
○Rao의 V	Rao의 V 통계량을 최대로 하는 변수	
기준	**다음 변수의 진입과 제거 기준 중 하나를 선택한다.**	
○F값 사용	(기본설정)F값을 상자 안의 값과 비교하여 진입과 제거여부를 결정한다.	○
○F 확률 사용	F값의 유의확률을 상자 안의 확률값과 비교하여 진입과 제거여부를 결정한다.	
출력	**단계별선택에 관한 다음 출력 내용 중 하나 이상을 선택할 수 있다.**	
○단계요약	(기본설정) 매 단계 변수들의 진입과 제거 내용을 요약한다.	○
○대응별 거리에 대한 F	모든 두 집단간의 F비율의 행렬	

(6) 판별분석: 분류 대화상자

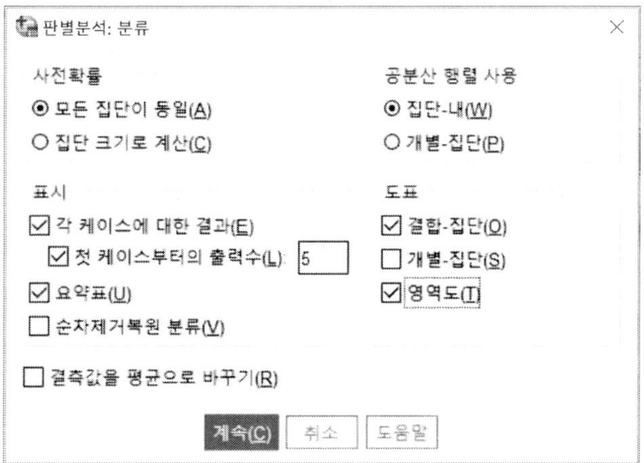

그림 14-4 판별분석: 분류 대화상자

판별함수를 사용하여 케이스를 분류해낼 때 고려할 사전확률과 공분산행렬을 지정하고 판별결과에 대한 출력과 도표를 지시하기 위해서는 **판별분석** 대화상자에서 [분류(C)...] 단추를 누른다. 특히, 집단간 공분산행렬의 동일성 가정을 만족하지 못하는 경우에는 [그림 14-4]와 같은 **판별분석: 분류** 대화상자에 있는 '공분산행렬의 사용'에서 '개별-집단'을 선택한다.

항목	설명	추천항목
사전확률(Prior probability)	**한 케이스를 집단으로 분류하는 데 사용하는 사전확률로서 다음 중 하나를 선택한다.**	
○모든 집단이 동일	(기본설정) 한 케이스가 어느 집단에 속할 사전확률은 모두 같다.	○
○집단 표본 크기로 계산	사전확률을 각 집단의 케이스 수에 비례하도록 준다.	
공분산 행렬 사용	**집단별 공분산행렬의 동일성 여부에 따라 다음 중 하나를 선택한다.**	
○집단-내	(기본설정) 집단별 모공분산행렬이 동일한 경우에 합동 공분산행렬을 분류하는 데 사용한다.	Box M 검정에서 동일성 채택 ○
○개별-집단	집단별 모공분산행렬이 동일하지 못한 경우에 집단별 공분산행렬을 사용한다	Box M 검정에서 동일성 기각 ○
출력	**다음 중 하나 이상을 선택할 수 있다.**	
□각 케이스에 대한 결과	각 케이스에 대해 실제집단, 예측집단, 사후확률, 판별점수가 출력된다.	○
□첫 케이스부터의 출력수	처음 n개의 케이스에 대해서만 출력한다. 상자 안에 출력될 개수 n을 입력한다.	○
□요약표	실제집단과 예측집단 간의 교차표	○
□순차제거복원분류	U방법이라고도 하는데 각 케이스는 자신을 제외한 케이스들로부터 유도된 판별함수로 분류된다.	
도표	**다음 도표 중 하나 이상을 선택할 수 있다.**	
□결합-집단	처음 두 판별함수값에 의해 모든 케이스의 산점도를 그린다. 판별함수가 한 개인 경우에는 히스토그램을 그린다.	○
□개별-집단	각 집단별 산포도를 그린다. 판별함수가 한 개인 경우에는 히스토그램을 그린다.	
□영역도	각 케이스에 대해 처음 두 판별점수값의 좌표에 분류된 집단을 표시한다. 따라서 각 집단으로부터 분류되는 영역을 보여준다. 판별함수가 한 개인 경우에는 그리지 않는다.	○
□결측값을 평균으로 바꾸기	결측값이 있는 경우에 그 변수의 평균값으로 대체해서 분류한다.	

(7) 판별분석: 저장 대화상자

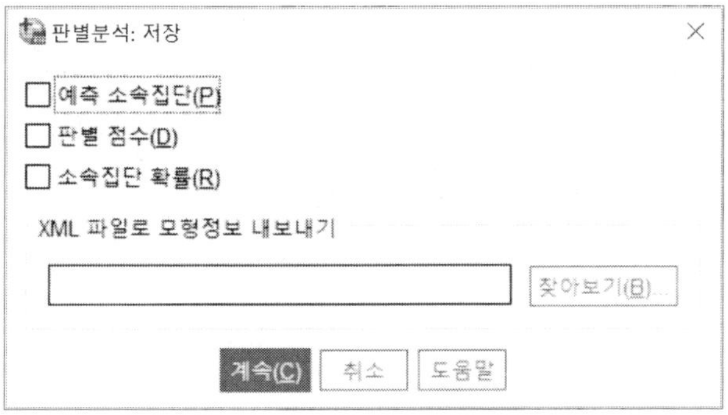

그림 14-5 판별분석: 저장 대화상자

판별분석에서 생성되는 변수를 저장하기 위해서는 **판별분석** 대화상자에서 저장(A) 단추를 선택하여 [그림 14-5]와 같은 **판별분석: 저장** 대화상자를 연다. 이 대화상자의 항목과 그에 대한 설명은 다음과 같다.

항목	설명	추천항목
□ 예측 소속집단	예측된 소속집단을 저장	
□ 판별점수	각 판별함수의 판별점수	
□ 집단소속 확률	각 집단에 소속할 사후확률	
XML 파일에 모형정보 내보내기	지정한 파일에 모형정보를 내보낸다.	

05 분석결과 해석

붓꽃의 네 가지 변수(꽃받침조각의 길이와 폭, 꽃잎의 길이와 폭)를 가지고 품종을 판별하기 위해서 판별분석을 실행하여 얻은 결과가 [그림 14-6]에서 [그림 14-9]에 있다.

네 가지 독립변수의 집단별 공분산행렬에 대한 동일성 검정을 하려면 **판별분석: 통계량** 대화상자에서 'Box의 M'을 선택한 상태에서 판별분석을 한번 실행해 보아야 한다. 이 결과에서 동일성이 채택되면 다시 판별분석을 실행시킬 필요가 없으나 동일성이 기각되면 분류방법에 적용되는 공분산행렬을 개별-집단 공분산행렬로 바꾸어서 판별분석을 다시 한 번 실행하는 것이 바람직하다. 개별-집단 공분산행렬을 선택해서 달라지는 출력부분은 [그림 14-10]에 있다.

분석 케이스 처리 요약

가중되지 않은 케이스		N	퍼센트
유효		120	80.0
제외	결측되었거나 범위를 벗어난 집단코드	0	.0
	적어도 하나 이상의 결측 판별변수	0	.0
	결측되었거나 범위를 벗어난 집단코드와 적어도 하나 이상의 결측 판별변수	0	.0
	선택되지 않음	30	20.0
	전체	30	20.0
전체		150	100.0

집단통계량

				유효 N(목록별)	
품종		평균	표준편차	가중되지 않음	가중됨
setosa	sepal length	5.038	.3621	40	40.000
	sepal width	3.453	.3609	40	40.000
	petal length	1.460	.1722	40	40.000
	petal width	.235	.0975	40	40.000
versicolor	sepal length	6.010	.5232	40	40.000
	sepal width	2.780	.3330	40	40.000
	petal length	4.318	.4511	40	40.000
	petal width	1.350	.2075	40	40.000
virginica	sepal length	6.600	.6552	40	40.000
	sepal width	2.960	.3365	40	40.000
	petal length	5.608	.5876	40	40.000
	petal width	1.990	.2725	40	40.000
전체	sepal length	5.882	.8318	120	120.000
	sepal width	3.064	.4445	120	120.000
	petal length	3.795	1.7940	120	120.000
	petal width	1.192	.7562	120	120.000

집단평균의 동질성에 대한 검정

	Wilks의 람다	F	자유도1	자유도2	유의확률
sepal length	.395	89.564	2	117	<.001
sepal width	.588	41.045	2	117	<.001
petal length	.059	934.526	2	117	<.001
petal width	.073	746.235	2	117	<.001

로그 행렬식

품종	순위	로그 행렬식
setosa	4	-13.369
versicolor	4	-10.682
virginica	4	-8.752
집단-내 통합값	4	-9.875

인쇄된 판별값의 순위와 자연로그는 집단 공분산 행렬의 순위 및 자연로그를 나타냅니다.

검정 결과

Box의 M		123.886
F	근사법	5.888
	자유도1	20
	자유도2	49137.455
	유의확률	<.001

모집단 공분산 행렬이 동일하다는 영가설을 검정합니다.

그림 14-6 판별분석결과 1

[그림 14-6]의 해석

첫 번째 표는 전체 케이스 150개 중에서 선택변수에 의해 선택된 케이스, 즉 훈련 자료가 120개이고 검정 자료(판별모형 생성시 제외된 케이스)가 30개인 것을 보여준다.

두 번째 표는 집단변수의 각 집단(품종)에 대해 독립변수들의 기술통계량(평균, 표준편차, 유효 케이스 수)을 제시하고 있다. 각 품종에 따라 네 가지 독립변수들의 평균 값이 차이가 나는 것으로 보인다. setosa는 다른 품종에 비해 꽃받침조각의 폭이 약간 크고 꽃잎의 길이와 폭이 상당히 작은 것으로 보인다.

[그림 14-6]의 세 번째 표는 각 독립변수에 대해 집단(품종) 간 평균차이가 있는지 알아보는 일변량분산분석결과를 보여준다. *F* 통계량의 유의확률이 모두 0.01보다 작기 때문에 네 가지 독립변수 모두 품종간 유의한 차이가 있다. 즉, 네 가지 독립변수는 품종을 판별할 수 있는 판별변수로서 적합하다고 판단된다.

네 번째와 다섯 번째 표는 공분산행렬의 동일성에 대한 Box M 검정결과이다. 다섯 번째 표에 계산된 유의확률이 0.000이므로 집단간 공분산행렬이 동일하지 않다.

Box M 검정결과에 의하면 집단간 공분산행렬이 동일하다고 볼 수 없기 때문에 분류방법 적용시 개별-집단 공분산행렬을 사용하여야 한다. 그러나 동일한 공분산행렬을 가정하는 경우와 분류방법 적용 시 개별-집단 공분산행렬을 사용하는 경우 양쪽 모두 결과를 보기로 하자.

입력/제거된 변수[a,b,c,d]

		Wilks의 람다							
						정확한 F			
단계	입력된	통계량	자유도1	자유도2	자유도3	통계량	자유도1	자유도2	유의확률
1	petal length	.059	1	2	117.000	934.526	2	117.000	.000
2	sepal width	.038	2	2	117.000	239.505	4	232.000	.000
3	petal width	.027	3	2	117.000	194.880	6	230.000	.000
4	sepal length	.025	4	2	117.000	150.723	8	228.000	.000

각 단계에서 전체 Wilks의 람다를 최소화하는 변수가 입력됩니다.

a. 최대 단계 수는 8입니다.

b. 입력에 대한 최소 부분 F는 3.84입니다.

c. 제거에 대한 최대 부분 F는 2.71입니다.

d. F 수준, 공차 또는 VIN 부족으로 계산을 더 수행할 수 없습니다.

분석에 사용된 변수

단계		공차	제거에 대한 F	Wilks의 람다
1	petal length	1.000	934.526	
2	petal length	.869	838.806	.588
	sepal width	.869	31.899	.059
3	petal length	.723	24.783	.039
	sepal width	.744	43.004	.047
	petal width	.634	23.389	.038
4	petal length	.347	23.536	.036
	sepal width	.606	19.574	.034
	petal width	.602	14.521	.032
	sepal length	.349	3.900	.027

분석에 사용되지 않은 변수

단계		공차	최소 공차	입력에 대한 F	Wilks의 람다
0	sepal length	1.000	1.000	89.564	.395
	sepal width	1.000	1.000	41.045	.588
	petal length	1.000	1.000	934.526	.059
	petal width	1.000	1.000	746.235	.073
1	sepal length	.429	.429	26.572	.040
	sepal width	.869	.869	31.899	.038
	petal width	.740	.740	14.353	.047
2	sepal length	.367	.367	11.377	.032
	petal width	.634	.634	23.389	.027
3	sepal length	.349	.347	3.900	.025

Wilks의 람다

						정확한 F			
단계	변수의 수	람다	자유도1	자유도2	자유도3	통계량	자유도1	자유도2	유의확률
1	1	.059	1	2	117	934.526	2	117.000	<.001
2	2	.038	2	2	117	239.505	4	232.000	<.001
3	3	.027	3	2	117	194.880	6	230.000	<.001
4	4	.025	4	2	117	150.723	8	228.000	<.001

그림 14-7 판별분석결과 2

[그림 14-7]의 해석

단계선택법을 선택한 경우에 출력되는 표이다.

첫 번째 표에서는 각 단계마다 진입하는 변수에 대한 Wilk의 람다 통계량과 정확한 F 통계량에 의한 유의성 검정결과를 제시한다. 꽃잎의 길이(X_3)가 가장 먼저 진입하였고 다음 꽃받침조각의 폭(X_2), 꽃잎의 폭(X_4), 꽃받침조각의 길이(X_1)의 순으로 네 변수 모두 진입하였다. 중간에 제거된 변수는 없다.

두 번째와 세 번째 표는 각 단계에서 진입할 변수와 진입하지 못한 변수들에 대한 공차한계, 진입한 변수들의 제거여부를 검정하기 위한 F 통계량, 그리고 진입을 위해 대기하는 변수들의 진입여부를 검정하기 위한 F 통계량을 제시한다. 진입한 변수들은 모두 F 통계량 값이 크기 때문에 제거되지 않는 것을 볼 수 있고, 0단계에서는 가장 큰 F 통계량 값을 가진 꽃잎의 길이(X_3)가 선택되고, 1단계에서는 꽃받침조각의 폭(X_2)이 선택되는 것을 볼 수 있다. 네 번째 표는 단계별 선택과정을 요약한 것이다.

고유값

함수	고유값	분산의 %	누적 %	정준 상관
1	31.502[a]	99.3	99.3	.984
2	.217[a]	.7	100.0	.422

a. 첫 번째 2 정준 판별함수가 분석에 사용되었습니다.

Wilks의 람다

함수의 검정	Wilks의 람다	카이제곱	자유도	유의확률
1 - 2	.025	424.745	8	<.001
2	.822	22.653	3	<.001

표준화 정준 판별함수 계수

	함수	
	1	2
sepal length	-.421	-.260
sepal width	-.531	.912
petal length	.932	-.076
petal width	.569	.360

구조행렬

	함수	
	1	2
petal length	.712*	.241
sepal width	-.128	.929*
petal width	.634	.673*
sepal length	.219	.272*

판별변수와 표준화 정준 판별함수 간의 집단-내 통합 상관행렬. 변수는 함수내 상관행렬의 절대값 크기순으로 정렬되어 있습니다.

*. 각 변수와 임의의 판별함수 간의 가장 큰 절대 상관행렬

그림 14-8 판별분석결과 3

[그림 14-8]의 해석

판별분석에서 구한 두 개의 정준판별함수(canonical discriminant function)에 대한 표들이 있다.

정준 판별함수 계수

	함수 1	함수 2
sepal length	-.798	-.494
sepal width	-1.546	2.654
petal length	2.123	-.174
petal width	2.768	1.750
(상수)	-1.926	-6.651

비표준화 계수

함수의 집단 중심값

품종	함수 1	함수 2
setosa	-7.531	.180
versicolor	1.885	-.631
virginica	5.646	.451

표준화하지 않은 정준 판별함수가 집단 평균에 대해 계산되었습니다.

고유값 표를 보면, 함수 1의 고유값은 31.502이고 이 함수가 총판별력의 99.3%를 설명하고 있다. 판별함수의 판별력에 대한 검정결과가 다음 표에 있다. Wilks의 람다 값과 카이제곱 통계량의 유의확률이 제시되었는데 유의확률이 모두 0.000이므로 함수 1의 판별력과 함수 2를 추가함으로써 증가된 판별력 모두 유의하다고 할 수 있다.

세 번째 표는 표준화된 정준판별함수 계수이고, 네 번째 표는 각 독립변수와 판별함수의 통합(pooled)상관계수이다. 판별함수 1은 꽃잎의 길이와 가장 상관이 높고 다음이 꽃잎의 폭이며, 판별함수 2는 꽃받침조각의 폭과 가장 상관이 높으며 다음이 꽃잎의 폭이다.

다섯 번째 표는 표준화하지 않은 정준판별함수의 계수인데 각 개체에 대한 판별점수는 이 계수를 독립변수값에 곱한 후 전부 합해서 계산된다. 예를 들어, 판별점수 1은 다음과 같이 계산된다.

$$D_1 = -1.926 - 0.798X_1 - 1.546X_2 + 2.123X_3 + 2.768X_4$$

각 집단에서 독립변수 자리에 독립변수 평균값을 넣고 계산한 판별점수값이 다음 표의 집단 중심점이다. Sesota 품종은 함수 1의 값이 −7.5에 가깝고 Virginica 품종은 5.6에 가까우며 Versicolor 품종은 함수 2의 값이 음수이다. 정준 판별함수의 첫 번째 함수값에서는 세 그룹이 크게 차이가 나는데 특히 Sesota 품종과 다른 두 품종이 잘 분리되는 것을 알 수 있다.

분류 처리 요약

처리		150
제외	결측되었거나 범위를 벗어난 집단코드	0
	적어도 하나 이상의 결측 판별변수	0
출력시 사용됨		150

집단에 대한 사전확률

품종	사전확률	분석에 사용된 케이스 가중되지 않음	분석에 사용된 케이스 가중됨
setosa	.333	40	40.000
versicolor	.333	40	40.000
virginica	.333	40	40.000
전체	1.000	120	120.000

분류 함수 계수

	품종 setosa	품종 versicolor	품종 virginica
sepal length	22.096	14.985	11.450
sepal width	24.411	7.707	4.765
petal length	-15.028	5.101	12.896
petal width	-18.336	6.308	18.613
(상수)	-85.768	-72.109	-100.612

Fisher의 선형 판별함수

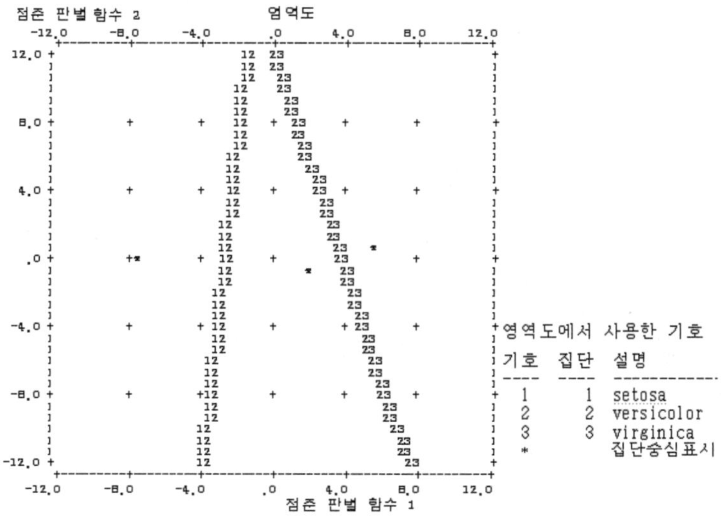

케이스별 통계량

	케이스 번호	실제집단	예측집단	최대집단 P(D>d | G=g) 확률	최대집단 P(D>d | G=g) 자유도	최대집단 P(G=g | D=d)	최대집단 중심값까지의 제곱 Mahalanobis 거리	두 번째로 큰 최대집단 집단	두 번째로 큰 최대집단 P(G=g | D=d)	두 번째로 큰 최대집단 중심값까지의 제곱 Mahalanobis 거리	판별 점수 함수 1	판별 점수 함수 2
원래값	1	1	1	.940	2	1.000	.123	2	.000	96.054	-7.878	.224
	2	1	1	.418	2	1.000	1.743	2	.000	78.126	-6.946	-1.004
	3	1	1	.845	2	1.000	.338	2	.000	84.584	-7.308	-.357
	4	1	1	.497	2	1.000	1.398	2	.000	72.829	-6.649	-.608
	5	1	1	.858	2	1.000	.307	2	.000	98.158	-7.953	.539

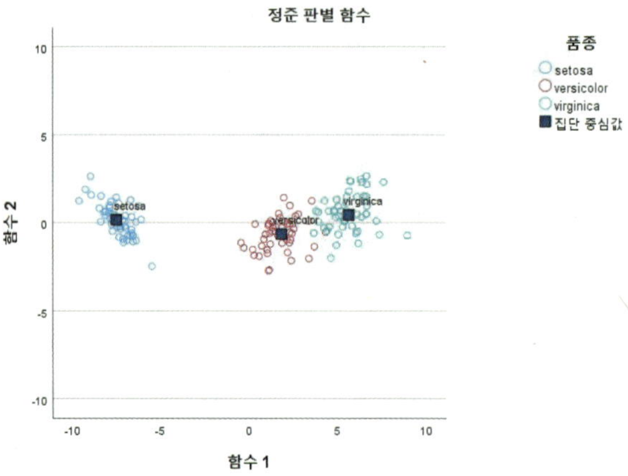

분류 결과[a,b]

			품종	예측 소속집단 setosa	versicolor	virginica	전체
선택된 케이스	원래값	빈도	setosa	40	0	0	40
			versicolor	0	38	2	40
			virginica	0	1	39	40
		%	setosa	100.0	.0	.0	100.0
			versicolor	.0	95.0	5.0	100.0
			virginica	.0	2.5	97.5	100.0
선택되지 않은 케이스	원래값	빈도	setosa	10	0	0	10
			versicolor	0	10	0	10
			virginica	0	0	10	10
		%	setosa	100.0	.0	.0	100.0
			versicolor	.0	100.0	.0	100.0
			virginica	.0	.0	100.0	100.0

a. 원래의 선택 집단 케이스 중 97.5%이(가) 올바로 분류되었습니다.

b. 원래의 비선택 집단 케이스 중 100.0%이(가) 올바로 분류되었습니다.

그림 14-9 판별분석결과 4

[그림 14-9]의 해석

분류 통계량과 데이터 케이스에 대해 분류한 결과가 제시되어 있다. 선택변수에 의해 선택된 케이스와 선택되지 않은 케이스 모두 사용한 것을 볼 수 있다.

두 번째 표는 각 개체를 집단에 분류하는데 동일한 사전확률 0.333을 주었음을 나타낸다.

세 번째 표는 Fisher의 분류함수 계수를 제시한다. 각 개체(케이스)에 대해 세 가지 품종별로 분류함수 계수를 독립변수값에 곱한 후 전부 합해서 분류점수(판별점수)를 계산한 다음 이 중 최대점수의 품종으로 분류될 수 있다.

네 번째 나타나는 그림은 두 개의 정준판별함수 값의 영역도(Territory plot)이다. 집단의 경계선에 집단 표시가 있고 그 중심에는 함수의 집단중심점이 *표시로 나타나 있다.

다섯 번째에 제시된 표는 처음 다섯 개 의 개체(케이스)에 대해 정준판별함수를 사용하여 판별한 결과를 나타낸다. 다섯 개 케이스 모두 실제집단과 예측집단이 일치하고 있다.

다음 그림은 모든 케이스에 대해 두 개의 정준판별함수에 의한 판별점수를 계산해서 산점도(scatter plot)를 그린 것이다. 제1 정준판별함수 축에서는 Sesota 품종과 다른 두 품종이 잘 분리되는 것을 알 수 있다. Sesota 품종은 판별함수에 의해 정확하게 판별될 수 있으나 Virginica와 Versicolor 품종은 약간의 겹치는 부분이 있는 것으로 보인다.

끝에 있는 표는 선택변수에 의해 선택된 케이스와 선택되지 않은 케이스 각각에 대해 정준판별함수에 의한 분류를 해본 결과 잘못 분류한 개수와 비율을 나타낸 표이다. Setosa는 두 집단 모두 완벽하게 분류되었으나 Versicolor와 Virginica는 선택된 케이스에서 각각 2개와 1개가 잘못 분류되어 전체 케이스 중 97.5%가 올바로 분류되었음을 보여주고 있다. 그러나 선택되지 않은 케이스에서는 모두 올바르게 분류되었다.

경고

옵션 "SEPARATE"는 원래 변수의 집단 공분산행렬을 사용하지 않고 정준 판별함수의 집단 공분산행렬을 사용하는 분류를 의미합니다. 변수 수보다 함수 수가 더 작으면 차이가 발생합니다.

영역도

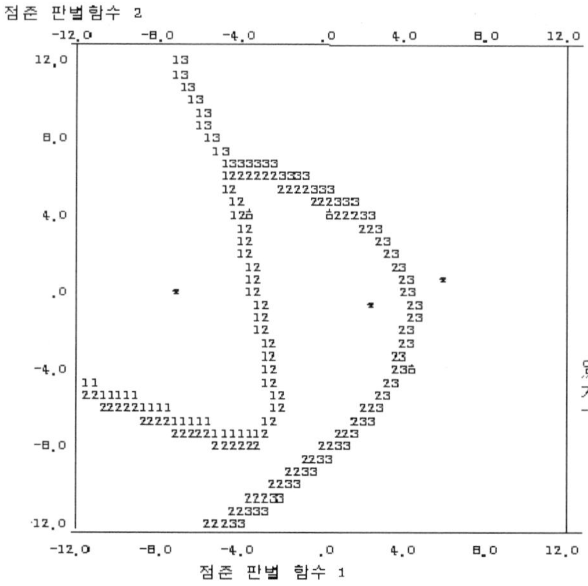

영역도에서 사용한 기호

기호	집단	설명
1	1	setosa
2	2	versicolor
3	3	virginica
*		집단 중심 표시

분류 결과[a,b]

			품종	예측 소속집단 setosa	versicolor	virginica	전체
선택된 케이스	원래값	빈도	setosa	40	0	0	40
			versicolor	0	39	1	40
			virginica	0	1	39	40
		%	setosa	100.0	.0	.0	100.0
			versicolor	.0	97.5	2.5	100.0
			virginica	.0	2.5	97.5	100.0
선택되지 않은 케이스	원래값	빈도	setosa	10	0	0	10
			versicolor	0	10	0	10
			virginica	0	0	10	10
		%	setosa	100.0	.0	.0	100.0
			versicolor	.0	100.0	.0	100.0
			virginica	.0	.0	100.0	100.0

a. 원래의 선택 집단 케이스 중 98.3%이(가) 올바로 분류되었습니다.
b. 원래의 비선택 집단 케이스 중 100.0%이(가) 올바로 분류되었습니다.

그림 14-10 판별분석 출력결과 5

[그림 14-10]의 해석

Box M 검정에 의하면 집단 간 공분산행렬이 동일하다고 할 수 없다. 따라서 판별분석의 분류방법 적용 시 개별-집단 공분산행렬을 사용하여 다시 판별분석을 실행시키면 [그림 14-10]에 있는 부분이 주로 달라진 것을 알 수 있다.

첫 번째 표는 판별분석: 분류 대화상자에서 개별-집단 공분산행렬의 사용을 선택하는 경우에 나타나는 경고 메시지이다.

다음 그림은, 개별-집단 공분산행렬을 사용한 경우에는 판별함수의 영역도(Territorial map)가 선형이 아니고 곡선이 됨을 보여준다.

세 번째 표는 분류결과를 나타낸다. 여기에서도 Setosa는 선택된 케이스와 선택되지 않은 케이스 모두에서 완벽하게 분류되었으나 Versicolor와 Virginica는 선택된 케이스에서 각각 1개씩 잘못 분류되어 전체 케이스 중 98.3%가 올바로 분류되었음을 보여주고 있다. 그러나 선택되지 않은 케이스에 대해서는 모두 올바로 분류되었다.

참고문헌

(1) 김기영, 전명식 (1999). 『다변량 통계자료분석』(수정판), 자유아카데미.
(2) 허명회 (1999). 『사회과학을 위한 다변량자료분석』, 자유아카데미.
(3) 신재경, 문승호 (1996). 『다변량 통계해석 입문』, 자유아카데미.
(4) 김관영, 이승수 (1992). 『다변량통계해석법』, 자유아카데미.
(5) 김기영, 이용구, 김성수 (1997). 『다변량분석』, 한국방송대학교출판부.

15장 로지스틱 회귀분석 (LOGISTIC REGRESSION)

01 목적

이분형(예/아니오) 종속변수에 대하여 한 개 이상의 설명(독립)변수들을 가지고 회귀모형을 만든다.

로지스틱 회귀분석(Logistic Regression Analysis)은 존재(1)/부재(0) 형태로 되어 있는 종속변수에 대하여, 한 개 이상의 설명(독립)변수들을 가지고 이를 추측하기 위해 회귀분석을 하는 것이다. 일반적인 회귀분석과 유사한데, 종속변수가 구간·비율척도 변수가 아니고 0과 1의 값을 가지는 이분형 범주형 변수라는 것이 다른 점이다. 또한 로지스틱 회귀분석에서는 회귀계수로 독립변수들의 오즈비(odds ratio)를 쉽게 구할 수 있는 장점이 있다.

종속변수가 범주형 변수라는 점은 판별분석과 동일하지만 독립변수들이 다변량 정규분포를 따르지 않아도 되기 때문에 판별분석보다 덜 제한적이어서 다양하게 사용할 수 있다.

로지스틱 회귀모형에는 종속변수값이 0과 1의 두 가지인 이분형 로지스틱 회귀모형과 세 개 이상의 값을 가지는 종속변수에 대한 다항 로지스틱 회귀모형이 있다. 여기서는 이분형 로지스틱 회귀모형만을 설명하기로 한다.

02 사용되는 변수의 척도

독립변수는 범주형 변수나 구간·비율척도이고 종속변수는 0과 1의 두 가지 값을 가지는 이분형 범주형 변수

로지스틱 회귀분석에서 종속변수는 0과 1을 가지는 이분형 범주형 변수이어야 한다. 독립변수는 범주형 변수와 구간·비율척도를 모두 사용할 수 있다. 더미변수(dummy variables) 형태가 아닌 범주형 독립변수의 경우에는 대화상자에서 [범주형(G)...] 단추를 눌러서 범주형 변수인 것을 지정해야 한다.

03 원리

(1) 로지스틱 회귀모형

독립변수를 $X_1, \cdots, X_k$ 라고 하고 종속변수를 0과 1만을 가지는 변수 Y라고 하면 로지스틱 회귀모형은 다음과 같이 표현할 수 있다.

$$\ln\left(\frac{p_y}{1-p_y}\right) = \beta_0 + \beta_1 X_1 + \beta_2 X_2 + \cdots + \beta_k X_k,$$

여기서 p_y는 Y가 1일 확률임.

로지스틱 회귀모형의 왼쪽에 있는 로그함수를 로그 오즈 혹은 로짓(logit)이라고 하며, 로그함수 안에 있는 $p_y/(1-p_y)$를 오즈(odds)라고 한다. 즉, 0과 1만을 가지는 종속변수를 로지스틱 변환(logistic transformation)을 해서 선형함수 형태로 만드는 모형이다.

(2) 로지스틱 회귀분석에서의 가정(Assumption)

로지스틱 회귀분석을 실행시키기 위해서 판별분석과 같은 분포의 가정은 필요하지 않다. 그러나 독립변수들이 다변량 정규분포를 따르면 추정결과가 보다 안정적이다. 회귀분석에서와 같이 독립변수들 사이에 다중 공선성이 있는 경우에는 추정에 편의가 생기고 큰 오차가 발생한다.

04 SPSS 이분형 로지스틱 회귀분석의 실행

데이터로서 도시가계에 대한 자료인 **도시가계.sav** 파일을 사용하기로 하자. 여기서 종속변수로 주택소유(주택을 소유하고 있는지의 여부로서, 주택있음 1, 주택없음 0)를 선택하고 나머지 변수들을 설명(독립)변수로 선택하자.

(1) 이분형 로지스틱 대화상자

가계에 대한 14개 설명변수를 가지고 주택소유 여부에 대한 모형을 만들기 위해서는 메뉴로부터 다음과 같은 절차를 따른다.

분석

회귀분석

이분형 로지스틱 ...

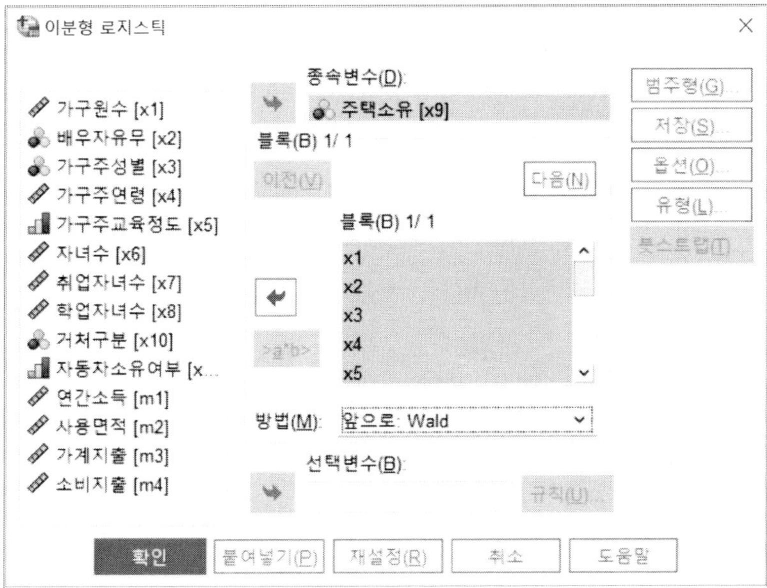

그림 15-1 이분형 로지스틱 대화상자

그러면 [그림 15-1]과 같은 **이분형 로지스틱** 대화상자가 열린다. 왼쪽 상자에는 데이터 파일에 있는 변수들이 나타나 있다.

- 종속변수

  'x9(주택소유)'를 선택하여 '종속변수' 상자에 넣는다. 종속변수는 이분형 변수이어야 하고 이것은 숫자변수가 아니고 문자변수일 수 있다.

- 공변량

  한 개 이상의 설명(독립)변수들을 '공변량' 상자에 넣는다. x9을 제외한 x1부터 x11까지의 열 개 변수와 m1에서 m4까지의 네 개 변수를 선택하여 넣는다.

  공변량을 넣을 때 블록으로 묶어서 넣을 수 있다. 이것은 블록별로 변수 선택 방법을 다르게 하고자 할 때 유용하다. 한 블록에 변수들을 입력한 후 다음(N) 을 누르고 다른 블록의 변수들을 입력한다. 공변량들의 상호작용 항을 포함시키기 위해서는 상호작용 항에 포함될 변수들을 선택하고 왼쪽에 있는 >a*b> 단추를 누른다.

(2) 방법(변수 선택 방법)

공변량들이 분석모형에 선택되어 포함되는 방법을 결정한다. 선택방법이 다르면 분석결과가 달라진다.

선택사항	내용	추천사항
○입력	(기본설정) 공변량들을 모두 모형에 포함시킨다.	○
○앞으로: 조건	단계선택법. 모형에서 제거를 위한 검정에서 조건부모수추정치에 의거한 LR 통계량을 사용.	
○앞으로: LR	단계선택법. 모형에서 제거를 위한 검정에서 최대 부분 우도추정치에 의거한 LR 통계량을 사용.	
○앞으로: Wald	단계선택법. 모형에서 제거를 위한 검정에서 Wald 통계량을 사용.	공변량이 많은 경우 ○
○뒤로: 조건	후진제거법. 모형에서 제거를 위한 검정에서 조건부모수추정치에 의거한 LR 통계량을 사용.	
○뒤로: LR	후진제거법. 모형에서 제거를 위한 검정에서 최대 부분 우도추정치에 의거한 LR 통계량을 사용.	
○뒤로: Wald	후진제거법. 모형에서 제거를 위한 검정에서 Wald 통계량을 사용.	

- 단계선택법(Stepwise Variable Selection)

  공변량의 개수가 많은 경우에는 로지스틱 회귀모형에 중요한 공변량들을 선택할 필요가 있다. 모형에 중요하지 않은 공변량들을 회귀함수에 포함시킬 경우에는 추측 오류율을 오히려 증가시킬 수 있고 일반적으로 복잡한 모형보다 독립변수가 적은 간단한 모형을 선호하기 때문이다. 또한 다중공선성의 문제를 해결할 수 있다. 단계적 선택법은 로지스틱 회귀함수에 포함시키거나 제거할 변수를 매 단계에서 결정하는 방법이다.

(3) 선택변수

일부 케이스만을 대상으로 하여 로지스틱 회귀분석을 할 수 있다. **이분형 로지스틱** 대화상자에서 선택변수 칸에 선택변수를 입력하고 오른쪽에 있는 규칙(U) 단추를 누른다. **로지스틱 회귀: 규칙설정** 대화상자에서 분석하고자 하는 케이스들을 나타낼 수 있도록 선택 규칙을 정의한다. 드롭다운 단추를 사용해서 적절한 등호나 부등호를 나타내는 내용을 선택하고 오른쪽에 있는 값 상자에 숫자 값을 입력한다. 이후 로지스틱 회귀분석은 선택변수로 지정한 케이스만을 대상으로 실행된다.

통계량과 분류결과는 선택한 케이스와 선택하지 않은 케이스에 대해 모두 생성된다. 훈련(training) 데이터로 모형을 만들고 새 케이스를 분류하거나 생성된 모형의 유효성을 검정하도록 데이터를 분할하는 데 사용할 수 있다.

이분형 로지스틱 대화상자의 아래에는 세 개의 단추가 있다. 세 개의 단추의 용도와 기본설정은 다음과 같다.

단추	용도	기본 설정
범주형...	범주형 변수를 지정한다.	없음
저장...	예측값, 영향력 함수값, 잔차값을 저장한다.	없음
옵션...	통계량 및 도표, 출력방법, 단계선택 확률기준, 모형에 상수항을 포함할지 여부를 결정	단계별 출력, 모형에 상수항 포함

기본설정을 변경하기 위해서는 해당하는 단추를 눌러서 변경한다.

(4) 로지스틱 회귀: 범주형 대화상자

이분형 로지스틱 대화상자에서 범주형(G)... 단추를 누르면 [그림 15-2]와 같은 **로지스틱 회귀: 범주형 변수 정의** 대화상자가 열린다.

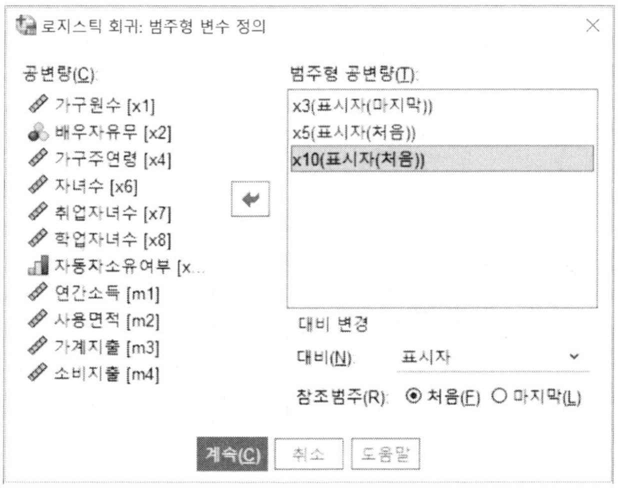

그림 15-2 로지스틱 회귀: 범주형 변수 정의 대화상자

범주형 공변량(독립변수)들에 대해 범주형 변수인 것을 정의한다. 공변량 목록으로부터 범주형 변수를 선택해서 '범주형 공변량' 칸에 넣는다. 기본설정으로 된 대비는 '표시형'(Indicator)인데 이것을 바꾸려면 공변량을 선택한 상태에서 대비 변경을 한다. '대비' 상자의 드롭다운 단추를 누르면 아래 표와 같은 대비 형태가 있다.

항목	설명	추천항목
대비	**대비의 다음 유형 중에서 하나를 선택한다.**	
표시자(Indicator)	(기본설정) 각 범주에 속하는지 여부를 나타낸다.	기본설정 ○
단순(Simple)	요인의 각 범주효과를 참조범주 효과와 비교한다.	통제 집단(범주)이 있는 경우 ○
차이(Difference)	요인의 각 범주효과는 이전 범주효과의 평균과 비교된다. 역 Helmert 대비라 불린다.	
Helmert	요인의 각 범주효과는 후속 범주효과의 평균과 비교된다.	
반복(Repeated)	요인의 각 범주효과는 이전 범주효과와 비교된다. (인접한 범주효과 비교)	
다항(polynomial)	직교다항대비. 요인들의 선형효과, 이차, 삼차 효과들을 검정하기 위한 대비이다. 숫자변수인 경우 사용	요인이 순서척도인 경우 ○
편차(Deviation)	요인의 각 범주효과를 전체효과와 비교한다. 참조범주로 정의하는 범주효과는 제외한다.	
참조 범주	**비교의 기준이 되거나 제외되는 범주를 지정한다.**	
○마지막		
○처음		기본설정 ○

대비형태를 선택하면 범주형 공변량의 괄호 안에 있는 대비형태가 변경된다.

이 분석에서는 가구주성별(x3) 변수에서는 '여자' 범주를, 가구주교육정도(x5) 변수에서 '무학' 범주를, 거처구분(x10) 변수에서 '단독주택' 범주를 참조범주로 하려고 한다. 따라서 기본설정이 '처음'이므로 가구주성별(x3) 범주형 공변량에 대해 참조범주를 '마지막'으로 변경하였다.

(5) 로지스틱 회귀: 저장 대화상자

이분형 로지스틱 대화상자에서 [저장(A)] 단추를 누르면 [그림 15-3]의 **로지스틱 회귀: 저장** 대화상자가 열린다. [그림 15-3]의 대화상자에는 다음과 같은 항목들이 있다.

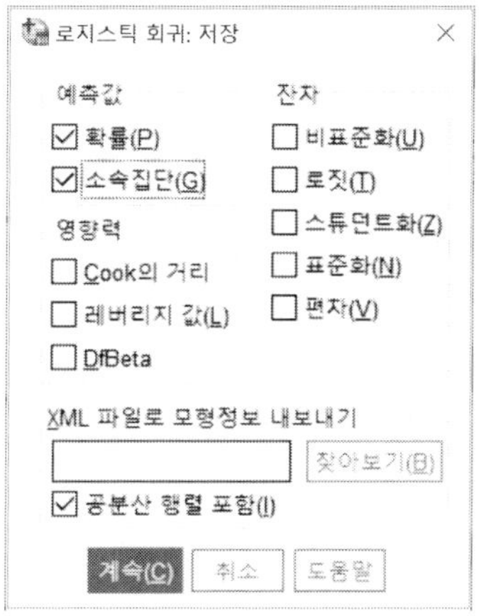

그림 15-3 로지스틱 회귀: 저장 대화상자

항목	설명	추천항목
예측값(Predicted Values)	**모형에 의해 예측한 값을 저장한다.**	
□ 확률	종속변수가 1이 될 예측 확률	○
□ 소속집단	예측된 소속집단을 저장	○
영향력(Influence)	**예측값에 대한 각 케이스의 영향력 측도**	
□ Cook의 거리	Cook의 영향력 통계량. 한 케이스를 제거했을 때 나머지 케이스의 잔차가 변경되는 정도를 측정	
□ 레버리지 값	모형 적합 시 각 케이스값의 상대적인 영향력	
□ DFBETA	한 케이스를 제거했을 때 회귀계수의 차이	
잔차(Residuals)	**잔차를 저장한다.**	
□ 비표준화	데이터값 - 예측값	
□ 로짓 로그선형분석	로짓 단위의 잔차	
□ 스튜던트화	스튜던트화된 잔차	
□ 표준화	표준화된 잔차	
□ 편차	모형 편차(deviance)에 의한 잔차	

(6) 로지스틱 회귀: 옵션 대화상자

이분형 로지스틱 대화상자에서 옵션(O)... 단추를 누르면 [그림 15-4]의 **로지스틱 회귀: 옵션** 대화상자가 열린다. [그림 15-4]의 대화상자에는 다음과 같은 항목들이 있다.

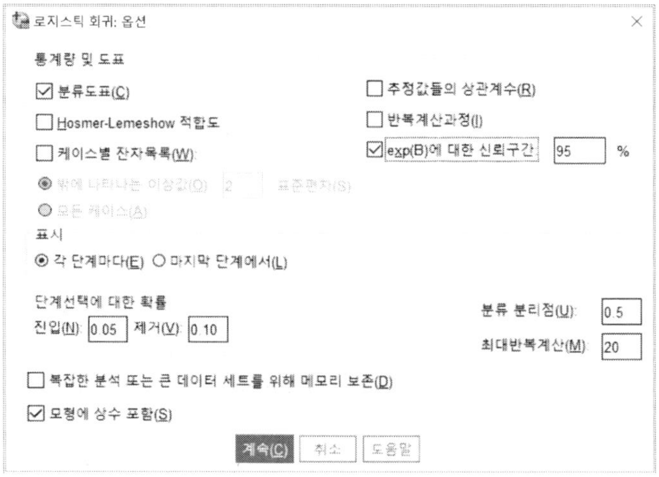

그림 15-4 로지스틱 회귀: 옵션 대화상자

항목	설명	추천항목
통계량 및 도표	**통계량과 도표를 요청한다.**	
□ 분류도표	분류한 결과를 나타내는 도표를 출력한다.	○
□ Hosmer-Lemeshow 적합도	공변량이 구간·비율척도인 경우 일반 적합도 통계량보다 로버스트한 적합도 통계량이다.	
□ 케이스별 잔차목록	케이스별 잔차를 출력	
□ 추정값들의 상관계수	추정된 회귀계수들의 상관계수	
□ 반복계산정보		
□ exp(B)에 대한 신뢰구간	오즈비에 대한 신뢰구간	
출력	**통계량과 도표의 출력 방법을 선택한다.**	
○ 각 단계마다	(기본설정)매 단계마다 출력	○
○ 마지막 단계에서	마지막 단계에서 출력	
단계선택 확률기준	**단계별 선택에서 변수들의 포함과 제거를 위한 기준. 분류시 분리점을 변경할 수 있고 반복계산 회수를 변경할 수 있다.**	
□ 모형에 상수항 포함	(기본설정) 모형에 상수항을 포함시킨다.	○

05 분석결과 해석

주택소유 여부에 대한 로지스틱 회귀분석을 실행하여 얻은 결과가 [그림 15-5]에서 [그림 15-7]에 있다.

케이스 처리 요약

가중되지 않은 케이스[a]		N	퍼센트
선택 케이스	분석에 포함	585	100.0
	결측 케이스	0	.0
	전체	585	100.0
비선택 케이스		0	.0
전체		585	100.0

a. 가중값을 사용하는 경우에는 전체 케이스 수의 분류표를 참조하십시오.

종속변수 인코딩

원래 값	내부 값
주택없음	0
주택있음	1

범주형 변수 코딩

			모수 코딩				
		빈도	(1)	(2)	(3)	(4)	(5)
가구주교육정도	초등	82	.000	.000	.000	.000	.000
	중	84	1.000	.000	.000	.000	.000
	고등	258	.000	1.000	.000	.000	.000
	초대,전문대	30	.000	.000	1.000	.000	.000
	대학교	115	.000	.000	.000	1.000	.000
	대학원	16	.000	.000	.000	.000	1.000
거처구분	단독주택	289	.000	.000	.000		
	아파트	191	1.000	.000	.000		
	연립,다세대	89	.000	1.000	.000		
	기타	16	.000	.000	1.000		
가구주성별	남	469	1.000				
	여	116	.000				

(일부 생략)

그림 15-5 로지스틱 회귀분석결과 1

[그림 15-5]의 해석

첫 번째 표는 전체 케이스 585개를 모두 분석에 사용하였다는 것을 보여준다.

두 번째 표는 종속변수(주택소유)의 코딩 내용을 보여준다. 주택없음이 0, 주택있음이 1로 코딩되어 있다.

세 번째 표는 범주형 공변량으로 지정한 공변량들에 대한 변수 코딩 내용이다. 대비로 '표시형'을 선택하였기 때문에 각 더미변수 값은 1과 0으로 코딩되어 있다. 가구주교육정도와 거처구분 변수는 각각 '초등' 범주와 '단독주택' 범주가 참조범주로 코딩된 것을 볼 수 있다.

모형 계수의 총괄 검정

		카이제곱	자유도	유의확률
1 단계	단계	140.591	1	<.001
	블록	140.591	1	<.001
	모형	140.591	1	<.001
2 단계	단계	67.962	1	<.001
	블록	208.553	2	<.001
	모형	208.553	2	<.001
3 단계	단계	33.842	3	<.001
	블록	242.395	5	<.001
	모형	242.395	5	<.001
4 단계	단계	8.770	1	.003
	블록	251.165	6	<.001
	모형	251.165	6	<.001

모형 요약

단계	-2 로그 우도	Cox와 Snell의 R-제곱	Nagelkerke R-제곱
1	624.367[a]	.214	.293
2	556.406[b]	.300	.411
3	522.564[b]	.339	.465
4	513.793[b]	.349	.478

a. 모수 추정값이 .001보다 작게 변경되어 계산반복수 5에서 추정을 종료하였습니다.

b. 모수 추정값이 .001보다 작게 변경되어 계산반복수 6에서 추정을 종료하였습니다.

분류표[a]

	관측됨		예측 주택소유 주택없음	예측 주택소유 주택있음	분류정확 %
1 단계	주택소유	주택없음	106	105	50.2
		주택있음	53	321	85.8
	전체 퍼센트				73.0
2 단계	주택소유	주택없음	130	81	61.6
		주택있음	61	313	83.7
	전체 퍼센트				75.7
3 단계	주택소유	주택없음	133	78	63.0
		주택있음	50	324	86.6
	전체 퍼센트				78.1
4 단계	주택소유	주택없음	137	74	64.9
		주택있음	48	326	87.2
	전체 퍼센트				79.1

a. 절단값은 .500입니다.

그림 15-6 로지스틱 회귀분석결과 2

[그림 15-6]의 해석

Wald 통계량에 의한 단계선택법(전진: Wald)을 선택하였기 때문에 단계별로 모형이 출력되었다.

첫 번째 표는 모형 전체에 대한 유의성을 검정한 결과이다. 각 단계마다 단계, 블록, 모형에 대한 카이제곱 통계량, 자유도와 유의확률이 있다. '단계'에는 각 단계에서 새로 추가한 변수의 효과를 검정한 것이고 '블록'에는 이전 단계에서 포함된 변수와 새로 추가된 변수로 구성된 블록 전체의 유의성 검정이고, '모형'은 여러 블록을 합한 전체 모형에 대한 유의성을 검정한 결과가 있다. '주택소유'에 대한 실행 예제에서는 블록을 여러 개로 지정하지 않았기 때문에 '블록'과 '모형' 결과가 일치한다. 모든 단계에서 유의확률이 0.000이므로 네 단계의 모형이 모두 유의함을 알 수 있다.

두 번째 표는 모형요약으로서 단계별 −2Log 우도비 값을 제시하고 있다.

세 번째 표는 각 단계의 로지스틱 회귀모형이 주택소유 여부를 얼마나 잘 분류하고 있는지를 나타내는 분류표이다. 4단계 모형으로 주택소유 여부를 예측할 때, '주택없음'을 옳게 분류한 케이스가 64.9%로 나타났고 '주택있음'을 옳게 분류한 케이스는 87.2%로 나타나서, 전체적으로 4단계 후에 모형이 정확하게 분류하는 케이스 비율은 79.1%인 것을 알 수 있다.

방정식의 변수

		B	S.E.	Wald	자유도	유의확률	Exp(B)	EXP(B)에 대한 95% 신뢰구간	
								하한	상한
1 단계[a]	사용면적	.213	.022	95.501	1	<.001	1.237	1.186	1.291
	상수항	-3.046	.367	68.832	1	<.001	.048		
2 단계[b]	가구주연령	.073	.010	55.677	1	<.001	1.076	1.055	1.097
	사용면적	.218	.024	84.868	1	<.001	1.243	1.187	1.302
	상수항	-6.291	.616	104.451	1	<.001	.002		
3 단계[c]	가구주연령	.087	.011	65.621	1	<.001	1.090	1.068	1.113
	거처구분			31.502	3	<.001			
	거처구분(1)	1.176	.255	21.222	1	<.001	3.242	1.966	5.347
	거처구분(2)	1.512	.332	20.745	1	<.001	4.537	2.367	8.698
	거처구분(3)	1.027	.686	2.238	1	.135	2.793	.727	10.722
	사용면적	.203	.025	68.262	1	<.001	1.225	1.167	1.285
	상수항	-7.276	.687	112.193	1	<.001	.001		
4 단계[d]	가구주연령	.092	.011	69.728	1	<.001	1.096	1.073	1.120
	거처구분			26.952	3	<.001			
	거처구분(1)	1.066	.260	16.859	1	<.001	2.902	1.745	4.827
	거처구분(2)	1.463	.334	19.248	1	<.001	4.320	2.247	8.306
	거처구분(3)	.872	.687	1.614	1	.204	2.393	.623	9.191
	자동차소유여부	.626	.214	8.551	1	.003	1.870	1.229	2.845
	사용면적	.189	.025	56.745	1	<.001	1.208	1.150	1.268
	상수항	-7.580	.712	113.411	1	<.001	.001		

a. 변수가 1: 사용면적 단계에 입력되었습니다.
b. 변수가 2: 가구주연령 단계에 입력되었습니다.
c. 변수가 3: 거처구분 단계에 입력되었습니다.
d. 변수가 4: 자동차소유여부 단계에 입력되었습니다.

```
         Step number: 4

         Observed Groups and Predicted Probabilities

      32 +                                                                                                    +
         I                                                                                                    I
         I                                                                                                    I
F        I                                                                                                    I
R     24 +                                                                                                    +
E        I                                                                                                 1  I
Q        I                                                                                                 1 1I
U        I                                                                                               11 11I
E     16 +                                                                                            1  11111+
N        I                                                                                            1 111111I
C        I                                                 1                                     1 1 111111111I
Y        I                                                 1            1               11  11   1111111111111I
       8 +            0                     1            1 1     1   1  11        111   11 1111  1111111111111+
         I     000   00 1   1  1    1  10   0      1   1 1 1    11 1 1111011 1 111111 1 1111111111111111111111I
         I 0 00000 1000 000101 0 01 0000010 010    0   010 0 11 1110110110000011101100110010011111111111101111I
         I 000000000000000000000 00000000000000010100110000000110000010000000010000100100000001010101010110101I
Predicted ---------+---------+---------+---------+---------+---------+---------+---------+---------+----------
  Prob:   0        .1        .2        .3        .4        .5        .6        .7        .8        .9         1
  Group:  0000000000000000000000000000000000000000000000000011111111111111111111111111111111111111111111111111

          Predicted Probability is of Membership for 주택있음
          The Cut Value is .50
          Symbols: 0 - 주택없음
                   1 - 주택있음
          Each Symbol Represents 2 Cases.
```

그림 15-7 로지스틱 회귀분석결과 3

[그림 15-7]의 해석

첫 번째 표는 각 단계별로 적합화된 로지스틱 회귀모형을 나타낸다. 단계별로 회귀모형에 추가된 변수, 회귀계수(B), 회귀계수의 표준오차(S.E.), Wald(Wald 통계량), 통계량의 자유도와 유의확률, 오즈비(Exp(B)), 오즈비에 대한 95% 신뢰구간을 제시하고 있다. 여기서 오즈비(odds ratio)는 해당하는 공변량(설명변수)이 한 단위 증가할 때의 오즈 비를 말한다. 다시 말해서 오즈 비가 3이라면, 공변량 값이 1 증가할 때 주택이 있을 확률이 주택이 없을 확률에 비해 3배만큼 크다는 것을 의미한다. 따라서 오즈비가 1과 가까운 값이면, 공변량이 종속변수에 영향을 주지 않는 것을 의미하고, 오즈비가 1보다 훨씬 큰 값이면, 공변량이 종속변수에 양 방향으로 영향을 크게 주고, 0에 가까운 값이면 음 방향으로 영향을 주는 것을 의미한다.

4단계 후에 적합화된 로지스틱 회귀모형은 다음과 같다.

$$\begin{aligned}\ln\left(\frac{p_y}{1-p_y}\right) =& -7.580 + .092 \times \text{연령}(x4) + 1.066 \times \text{아파트}(x10(1)) \\ & + 1.463 \times \text{연립다세대}(x10(2)) + 0.872 \times \text{기타}(x10(3)) \\ & + .626 \times \text{자동차수}(x11) + .189 \times \text{사용면적}(m2)\end{aligned}$$

적합된 모형을 보면, 가구주연령이 많을수록, 사용면적이 클수록, 그리고 자동차수가 많을수록 주택이 있을 확률이 크다. 거처면에서는 단독주택에 사는 사람보다 연립·다세대주택이나 아파트 등에 사는 사람인 경우가 주택이 있을 확률이 높다. 아파트에 사는 사람은 단독주택에 비해 주택이 있을 오즈가 2.9배 높으며, 연립·다세대주택에 사는 사람

은 단독주택에 비해 주택이 있을 오즈가 4.3배 높다.

아래에 있는 도표는 분류된 결과를 그림으로 나타낸 것이다. 횡축에서 0.5를 기준으로 왼쪽은 '주택없음', 오른쪽은 '주택있음'으로 분류된다. 도표 상에 있는 0과 1은 실제 데이터 값으로서, 0.5보다 작은 쪽에 1들이 간간이 보이고, 0.5의 오른쪽에 0들이 보이는데, 이것은 잘못 분류된 데이터이다.

참고문헌

(1) SPSS (2003). 『SPSS Base User's Guide 12.0』, SPSS Inc.

(2) 박성현, 조신섭, 김성수 (2002). 『한글 SPSS 』, SPSS 아카데미.

(3) 강현철, 한상태, 최종후, 김은석, 김미경 (2001). 『데이터마이닝』, 자유아카데미.

16장 요인분석(FACTOR ANALYSIS)

01 목적

많은 변수들을 적은개수의 주성분변수나 요인변수로 축소한다.

SPSS 요인분석에서는 주성분분석(Principal Component Analysis)과 요인분석(Factor Analysis)을 할 수 있다.

(1) 주성분분석

많은 수의 변수를 정보의 손실을 최소화하면서 하나 또는 몇 개의 종합적 지표(주성분)로 요약하는 분석이다. 예를 들면, 여러 개의 시험 성적을 통합한 종합적 성적을 만들고자 하거나, 여러 가지 증상들을 통합한 종합적 질병 중증도를 만들고자 할 경우, 각 지역의 사회경제적 현상(인구수, 학력, 총고용수, 주택가격 등)에 관한 데이터를 가지고 적은 개수의 사회경제적 지표를 구성하고자 할 경우에 주성분분석을 할 수 있다. 즉, 주성분분석은 변수의 차원을 축소하여 자료를 요약하는 것을 주목적으로 한다.

(2) 요인분석

많은 수의 변수들이 가지고 있는 정보를 소수 몇 개의 잠재적 요인(Fator)에 의하여 설명하고자 하는 분석이다. 예를 들면, 성격검사의 많은 문항들은 몇 가지 성격특성(요인)들로 구분할 수 있는데 이와 같이 여러 개의 관련 있는 문항(변수)들을 하나의 요인으로 묶어서 차후의 분석(선형회귀분석, 판별분석, 군집분석 등)에 사용하기 위한 분석이다. 요인분석은 구체적으로 다음과 같은 목적으로 이용될 수 있다. 첫째, 변수들을 축소한다. 많은 문항(변수)들을 적은 수의 요인 변수로 줄여준다. 둘째, 불필요한 문항(변수)을 제거한다. 몇 가지 주요한 요인에 영향을 거의 주지 못하는 문항들을 제거할 수 있다. 셋째, 변수들의 특성을 파악한다. 변수들은 상호 독립적인 몇 가지 요인으로 축소되는데 그 요인들의 특성을 파악함으로써 변수들을 이해할 수 있다. 넷째, 측정도구의 타당성(validity)을 알 수 있다. 하나의 특성을 측정하기 위해 여러 개의 문항(변수)들을 사용했을 경우에 이 문항들이 요인분석에서 한 개의 요인으로 묶여지는 것은 그 측정도구가 타당함을 나타내준다.

02 사용되는 변수의 척도

순서척도, 구간·비율척도

몇 개의 개념을 잠재적으로 대표하는 많은 수의 변수(문항)들이 필요하다. 변수들은 순서척도(가능하면 5점척도 이상)나 구간·비율척도로 측정되어야 한다.

03 보조 통계분석이나 그래프

각 변수들의 히스토그램을 그려서 정규성 검토

주성분분석에서는 일반적으로 변수를 축소, 요약하는 데 목적이 있기 때문에 정규성을 검토할 필요가 없다. 그러나 요인분석에서는 변수들이 정규분포를 따른다는 가정이 필요하다. 특히 요인점수(factor score)를 후속 분석에서 사용하고자 할 때 필요하다. 케이스 수가 많은 경우(변수 개수보다 적어도 50개 이상)에는 반드시 필요하지는 않으나, 케이스 수가 적은 경우에는 각 변수들의 히스토그램을 그려서 정규분포와 너무 동떨어진 변수를 찾고 이 변수에 대해서는 변환을 하여 사용하는 것이 좋다.

04 원리

(1) 주성분분석(Principal Component Analysis)

주성분분석은 일반적으로 다음과 같은 네 단계를 거쳐 수행된다.

제 1 단계: 모든 변수들의 상관행렬을 구한다.

↓

제 2 단계: 가장 중요한 주성분요인부터 주성분요인들을 차례로 추출한다.

↓

제 3 단계: 각 주성분을 해석한다.

↓

제 4 단계: 필요한 경우 각 케이스에 대해 주성분요인들의 점수를 계산한다.

주성분분석은 p개의 변수 $X_1, X_2, \cdots, X_p$만의 정보를 가지고 이 변수들을 대표하는 종합적 지표로서 주성분들, $Y_1, \cdots, Y_k$을 도출한다. 제1주성분 Y_1은 변수들을 가장 잘 대표하는 합성변수이고, 제2주성분 Y_2는 두 번째로 잘 대표하는 합성변수이다.

$$Y_i = a_{i1} X_1 + a_{i2} X_2 + \cdots + a_{ik} X_p, \quad i = 1, \cdots, k$$

여기서, Y_i: 제i주성분

$X_1, \cdots, X_p$: 변수

(2) 요인분석(Factor Analysis)

요인분석은 일반적으로 다음과 같은 다섯 단계를 거쳐 수행된다.

제 1 단계: 모든 변수들의 상관행렬을 구한다.

↓

제 2 단계: 요인을 추출한다.

↓

제 3 단계: 보다 나은 해석을 위해 요인을 회전시킨다.

↓

제 4 단계: 각 요인을 해석하고 의미를 부여한다.

↓

제 5 단계: 후속 분석을 위해 요인변수 값으로 요인점수(factor scores)를 계산하거나, 높은 인자적재량을 가지는 변수들의 합이나 평균을 계산한다.

요인분석은 서로 상관이 있는 변수들이 가지고 있는 정보를 소수 몇 개의 잠재적인 요인으로 설명하고자 하는 분석으로서, 통계적 모형에서는 관측되는 변수들과 소수의 잠재적인 요인사이의 관계를 나타낸다.

$$X_i = A_{i1} F_1 + A_{i2} F_2 + \cdots + A_{ik} F_k + U_i \tag{1}$$

여기서, X_i: i번째 변수

$F_1, \cdots, F_k$: 잠재적인 공통요인

$A_{i1}, \cdots, A_{ik}$: 요인적재값(fator loading)

U_i: 변수 X_i에만 관계된 요인

• 요인분석의 용어들

요인(Factor)	모형(1)에서 F_i이다. 변수들의 잠재적인 공통요인
요인적재값 (Factor loading)	모형(1)에서 요인들의 계수 A_{ij}이다. 이 값은 변수 X_i에 관한 j번째 공통요인 F_j의 중요성을 나타낸다.
요인패턴행렬 (Factor pattern matrix)	요인적재값들의 행렬 $\{A_{ij}\}$
공통성(Communality)	변수 X_i의 분산 가운데 공통요인 $\{F_1, \cdots, F_k\}$에 의해 설명되는 분산의 비율
요인점수(Factor scores)	각 요인에 대해 변수들의 선형결합으로써 계산되는 추정값
고유값(eigen value)	각 요인에 의해 설명되는 분산, 요인공헌도, 요인의 요인적재값의 제곱합이다.

(3) 요인분석에서의 가정(Assumption)

모형(1)에서 U_i들은 서로 독립적이고 공통요인 F_j들과 서로 통계적으로 상관성이 없다고 가정한다. 요인추출방법으로 최대우도법을 사용하거나 요인점수를 추정할 경우에는, 변수들의 분포가 다변량정규분포를 따른다는 가정을 하게 된다. 표본 수(케이스 수)가 큰 경우(변수의 수보다 적어도 50 이상)에는 가정 검토가 반드시 필요하지는 않다.

05 SPSS 요인분석의 실행

성격에 대한 설문조사 데이터가 **성격.sav** 파일에 있다. 17개의 문항을 사용하여 질문하였고, '(1) 매우 그렇다, (2) 그렇다, (3) 보통이다, (4) 그렇지 않다, (5) 매우 그렇지 않다'의 5점척도로 응답하게 하였다. 그 문항의 내용은 다음과 같다.

변수	문항
u1	나는 어떤 작업을 할 때 꾸준하게 끝까지 해내는 편이다.
u2	나는 일반적으로 어떤 일에 대하여 다른 사람들보다 더 열성적인 편이다.
u3	내가 처리해야 할 일이 있으면 그때그때 즉시 처리하는 편이다.
u4	나는 대화 도중에 당혹한 상황에 처했을 때 잘 대처하는 편이다.
u5	나는 의지가 굳은 편이다.
u6	나는 여러 사람이 관여하는 어떤 계획을 세워 내가 주도적으로 추진하는 것을 좋아한다.
v1	나는 대체로 다른 사람들과 쉽게 어울리는 편이다.
v2	나는 처음 만나는 사람이라도 마음이 맞으면 내 자신에 대한 얘기를 솔직하게 털어놓는 편이다.
v3	나는 내 친구들 중에서 다른 사람들에 대한 소식이나 소문에 밝은 편이다.
v4	나는 평소에 자신의 감정과 느낌을 자유롭게 표현하는 편이다.
v5	나는 다른 사람들이 쉽게 사귈 수 있는 사람이다.
w1	나는 여럿이 모여 노는 것보다 혼자서 책을 읽거나 사색하는 것을 좋아하는 편이다.

변수	문항
w2	대부분의 사람들이 일상적으로 처리하는 일을 내가 하게 될 때, 일반적으로 관습을 따라 처리하는 것보다 독창적인 처리방법을 생각해내는 것을 더 좋아한다.
w3	나의 생활양식은 다른 보통 사람들과는 다르다고 생각한다.
w4	나는 일반적으로 비판적인 편이다.
w5	나는 현실보다 이상을 추구하는 편이다.
w6	나는 남이 간섭하는 것을 싫어한다.

위 17개의 변수를 가지고, (1) 17개의 변수를 잘 대표하는 몇 개의 주성분 변수들로 요약하기 위해 주성분분석을 해보고, (2) 이 변수들을 소수 몇 개의 성격특성 요인으로 압축하기 위하여 요인분석을 실시해 보기로 하자. 이를 위해서는 메뉴로부터 다음과 같은 절차를 따른다.

분석
　　차원 축소
　　　　요인분석 ...

그러면 [그림 16-1]과 같은 **요인분석** 대화상자가 나타난다.

(1) 요인분석(Factor Analysis) 대화상자

그림 16-1　요인분석 대화상자

데이터 파일에 있는 수치변수들이 왼쪽 상자에 나타난다. 이 변수들 중에서 분석하고자 하는 변수 u1부터 w6까지를 선택한다.

- 선택 변수

  모든 케이스에 대해 분석하지 않고 일부 케이스에 대해서만 분석하고자 할 경우에 사용한다. 왼쪽 상자에 있는 변수목록에서 케이스를 제한하는 변수를 선택하고 [값(L)...] 단추를 누른다. **요인분석: 값 설정** 대화상자에서 선택변수의 변수값을 입력한다. 이후 요인분석은 선택변수가 이 변수값을 가지는 케이스에 대해서만 실행된다.

요인분석 대화상자 아래에는 기술통계(D)..., 요인추출(E)..., 요인회전(T)..., 점수(S)... 와 옵션(O)... 단추가 있다. 기본으로 설정되어 있는 것은 아래와 같다.

단추	기본설정 내용
기술통계	초기해법
요인추출	주성분분석을 하고 고유값이 1보다 큰 요인을 추출한다.
요인회전	추출된 요인을 회전시키지 않음
점수	요인점수를 변수로 저장하지 않음
옵션	모든 변수에 대해 결측값이 없는 케이스만을 사용한다.

(가) 주성분분석을 할 경우

변경 없이 기본설정으로 분석하면 된다. 따라서 확인 단추를 누른다. 그러나 기술통계량이 추가로 필요하거나 요인추출을 위해 스크리(Scree) 도표의 출력을 원하거나 주성분점수를 계산할 경우에는 해당하는 단추를 눌러서 변경한다.

(나) 요인분석을 할 경우

요인추출방법과 요인회전을 변경하는 것이 좋다. 이를 위해서는 해당하는 단추를 눌러서 변경한다.

(2) 요인분석: 기술통계(Descriptives) 대화상자

기술통계량이나 상관행렬 등을 얻기 위해서는 **요인분석** 대화상자에서 기술통계(D)... 단추를 누른다. 그러면 [그림 16-2]와 같은 **요인분석: 기술통계** 대화상자가 열린다.

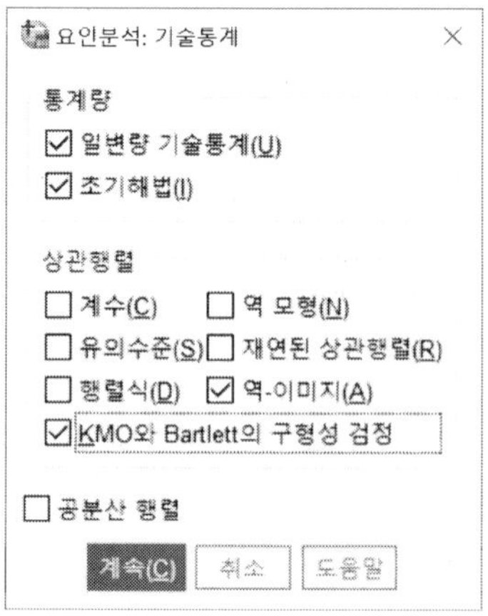

그림 16-2 요인분석: 기술통계 대화상자

항목	설명	추천항목
통계량(Statistic)	**다음 중 하나 이상을 선택할 수 있다.**	
□ 일변량 기술통계	각 변수들의 평균, 표준편차와 케이스 수를 출력한다.	○
□ 초기해법	(기본설정) 각 변수가 하나의 요인이 되는 경우의 공통성(commonality)과 설명된 분산의 비율을 제시한다.	○
상관행렬(Correlation Matrix)	**다음 중 하나 이상을 선택할 수 있다.**	
□ 계수	변수들간의 상관계수행렬을 제시한다.	
□ 유의수준	상관계수행렬에서 상관계수의 단측 유의확률을 제시한다.	
□ 행렬식	상관계수행렬의 행렬식(Determinant)값을 제시한다.	
□ KMO와 Bartlett의 구형성검정	Kaiser-Meyer-Olkin 측도와 Bartlett의 구형성(Sphericity) 검정결과를 제시한다.	○
□ 역모형	상관계수행렬의 역행렬을 제시한다.	
□ 재연된 상관행렬	요인해로 추정된 상관계수행렬이다. 관측된 상관계수와의 잔차행렬도 제시한다.	
□ 역-이미지	역이미지 상관행렬과 역이미지 공분산행렬을 제시한다. 역이미지 상관행렬이란 음의 편상관계수를 말하고, 역이미지 공분산행렬이란 음의 편공분산을 말한다. 이 행렬의 대각선에는 요인으로서의 추출 적합성 측도가 제시된다. 이 값이 작은 변수는 요인분석에서 제외하는 것이 좋다.	○
□ 공분산행렬	변수들의 공분산행렬을 출력한다.	

(3) 요인분석: 요인추출(Extraction) 대화상자

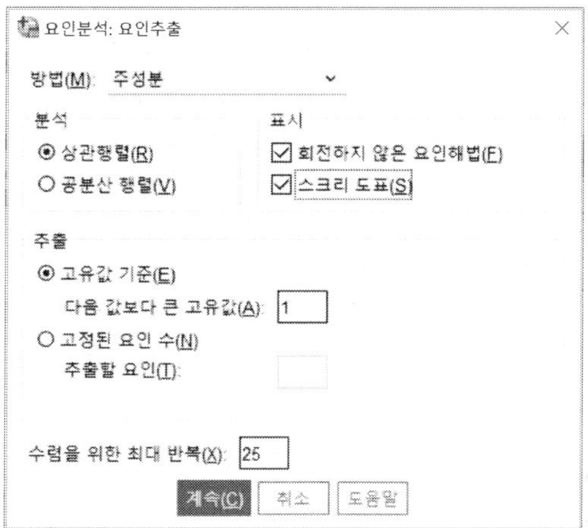

그림 16-3 요인분석: 요인추출 대화상자

참고 주성분분석인 경우에는 '방법'에서 '주성분'을 선택한다.

요인을 추출하는 방법을 변경하기 위해서는 **요인분석** 대화상자에서 [요인추출(E)] 단추를 선택한다. 그러면 [그림 16-3]과 같은 **요인분석: 요인추출** 대화상자가 열린다. 여기서 모형 (1)을 데이터로 추정하는 방법(기본설정은 주성분분석)을 선택하고 요인 수를 결정하는 방법(기본설정은 고유값이 1 이상인 요인 수)을 선택하게 된다.

항목	설명	추천항목
방법(Method)	**요인모형 (1)을 추정하는 방법으로서 목록으로부터 하나를 선택한다.**	
주성분 (Principal components)	(기본설정) 변수들의 무상관 선형결합함수들을 만들고자 할 때 사용한다. 첫 번째 성분은 가장 큰 분산을 가지고, 다음 성분들은 차례로 작은 분산을 가진다. 초기요인해법을 얻고자 할 때 사용되는데, 상관행렬이 비정칙(singular)일 때도 사용할 수 있다.	○
비가중최소제곱법 (Unweighted least squares)	관측된 상관행렬과 재생성된 상관행렬의 차이 제곱합을 최소화한다.	
일반화최소제곱합 (Generalized least squares)	관측된 상관행렬과 재생성된 상관행렬의 차이 제곱합을 최소화한다. 공통성이 큰 변수에 큰 가중치를 준다.	
최대우도법 (Maximum likelihood)	변수들이 다변량정규분포를 따른다는 가정하에 관측된 상관계수를 가장 잘 나타낼 추정치를 구한다. 반복 계산하는 알고리즘을 사용한다.	
주축요인추출 (principal-axis factoring)	상관행렬의 대각선의 값을 초기 공통성 값으로 대치한 조정된 상관행렬을 이용한다. 새로 추정된 공통성값으로 반복해서 계산해 나간다.	○
알파요인추출 (alpha factoring)	분석하는 변수들을 모든 가능한 변수들의 표본으로 보고 요인들의 알파신뢰도를 최대화 한다.	
이미지요인추출 (Image factoring)	Guttman에 의해 개발되었고 이미지 이론에 근거한다. 편이미지라 불리는 변수의 공통부분을, 요인들의 함수가 아니라 다른 변수들의 선형회귀함수로 정의한 방법이다.	
분석(Analysis)	**다음 중 하나를 선택한다.**	
○상관행렬	(기본설정) 분석에 상관행렬을 사용한다. 변수의 측정단위에 관계없는 결과를 제시한다.	○
○공분산행렬	분석에 공분산행렬을 사용한다. 변수의 측정단위에 따라 다른 결과를 제시한다.	
추출(Extract)	**요인 수를 결정하는 방법으로써 다음 중 하나를 선택한다.**	
○고유값 기준	(기본설정) 지정한 고유값 이상을 갖는 요인만을 추출한다. 기본설정은 1 이상인 고유값으로 되어 있지만 상자 안에 다른 값을 입력할 수 있다.	○
○고정된 요인 수	추출될 요인의 수를 지정한다.	
출력(Display)	**다음 중 하나 이상을 선택할 수 있다.**	
□ 회전하지 않은 요인해법	(기본설정) 요인해법에 대한 회전하지 않은 요인적재값, 공통성, 고유값, 추출된 요인에 대해 설명된 분산비율을 제시한다.	○
□ 스크리 도표	요인 수를 결정하기 쉽도록 각 요인의 고유값을 그래프로 제시한다.	○
수렴에 대한 최대 반복 계산수	기본설정은 25회로 되어 있다. 해를 구하기 위해 반복하는 최대회수이다.	○

(4) 요인분석: 요인회전(Rotation) 대화상자

요인분석의 경우, 회전하지 않은 요인해법만을 사용하여 요인에 대한 해석을 하고 의미를 부여하는 것은 그리 쉽지 않다. 요인패턴의 구조를 단순화시켜서 요인에 대한 해석을 보다 쉽게 하기 위해서 요인축을 회전시킬 필요가 있다. 요인축을 회전하는 방법에는 크게 직교(orthogonal)회전과 사각(oblique)회전이 있다. 직교회전은 회전 후 요인축이 직교하도록 하는 회전방법이고 사각회전은 회전 후 요인축이 직교할 필요가 없는 회전방법이다. SPSS에서는 직교회전으로서 베리멕스(varimax), 쿼티멕스(quartimax), 이쿼멕스(equamax) 방법을, 사각회전으로서 직접 오블리민(direct oblimin), 프로멕스(promax) 방법을 제시하고 있다. 요인회전을 지정하기 위해서는 **요인분석** 대화상자에서 [요인회전(T)] 단추를 누른다. 그러면 [그림 16-4]와 같은 **요인분석: 요인회전** 대화상자가 열린다.

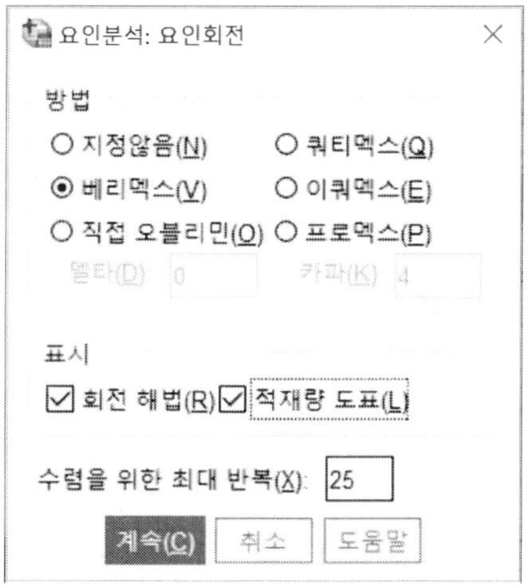

그림 16-4 요인분석: 요인회전 대화상자

참고 주성분분석인 경우에는 '지정않음'을 선택한다.

항목	설명	추천항목
방법(Method)	**다음 회전방법 중 하나를 선택한다.**	
○지정않음	(기본설정) 요인축을 회전시키지 않음.	주성분 분석 경우 ○
○베리멕스(Varimax)	직교회전/ 요인의 해석을 쉽게 하기 위해서 요인적재값이 높은 변수의 수를 최소화한다. 일반적으로 가장 많이 사용된다.	요인분석 경우 ○
○쿼티멕스(Quartimax)	직교회전/ 변수의 해석을 쉽게 하기 위해서 각 변수를 설명하는데 필요한 요인의 수를 최소화한다.	

항목	설명	추천항목
○ 이퀴멕스(Equamax)	직교회전/ 베리멕스와 쿼티멕스 회전을 조합한 방법이다. 요인과 변수의 해석을 쉽게 한다.	
○ 직접 오블리민 (Direct Oblimin)	사각회전/ 요인들 간의 관련성을 델타(delta)값으로 지정할 수 있다. 델타는 0이나 음수값이다.	
○ 프로멕스(Promax)	사각회전/ 먼저 직교회전을 시킨 다음 사각회전을 시킨다. 직접 오블리민 방법보다 빨리 계산되므로 큰 데이터 분석에 유용하다.	
출력(Display)	**다음 중 하나 이상을 선택할 수 있다.**	
□ 회전해법	(회전을 지정한 경우 기본설정) 직교회전의 경우에는 회전요인 패턴행렬과 요인변환행렬을 제시하고, 사각회전의 경우에는 회전요인 패턴, 구조행렬과 요인 상관행렬을 제시한다.	○
□ 적재값 도표	처음 세 요인에 대한 삼차원 요인 적재값 도표를 제시한다. 요인이 두 개인 경우에는 이차원 도표를 그린다.	○
수렴에 대한 최대 반복 계산수	요인회전에 대해 수렴을 위해 반복 계산되는 최대 반복횟수로서 기본설정은 25회인데 이것은 일반적으로 충분하다.	

(5) 요인분석: 요인점수(Scores) 대화상자

요인점수(factor scores)를 사용하여 추가 분석을 수행하기 위해서는 **요인분석** 대화상자에서 점수(S) 단추를 누른다. 그러면 [그림 16-5]와 같은 **요인분석: 요인점수** 대화상자가 열린다.

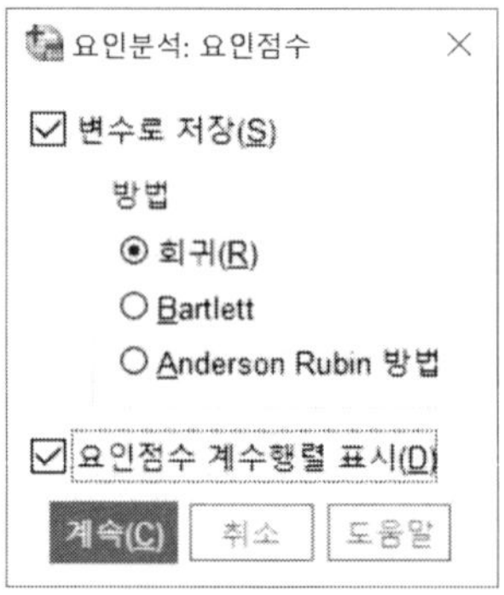

그림 16-5 요인분석: 요인점수 대화상자

항목	설명	추천항목
□ 변수로 저장	요인점수를 변수로 저장한다.	○
방법(Method)	**다음 요인점수의 계산법 중 하나를 선택한다.**	
○ 회귀분석	(기본설정) 요인을 종속변수로 하고 변수들의 회귀모형으로 요인점수 계수를 추정한다. 각 요인점수의 평균은 0이고 추정한 요인점수와 참 요인값의 다중상관계수가 분산이 된다.	○
○ Bartlett	가중회귀모형을 사용하며 각 요인점수의 평균은 0이다.	

항목	설명	추천항목
○Anderson-Rubin	각 요인점수의 평균은 0이고 표준편차는 1이며 요인간의 상관계수가 0이다.	
□요인점수 계수 행렬 출력	요인점수를 계산하는 데 사용하는 요인점수 계수를 출력한다.	○

(6) 요인분석: 옵션(Options) 대화상자

결측값의 처리와 출력형식을 변경하기 위해서는 **요인분석** 대화상자에서 옵션(O) 단추를 누른다. 그러면 [그림 16-6]과 같은 **요인분석: 옵션** 대화상자가 열린다.

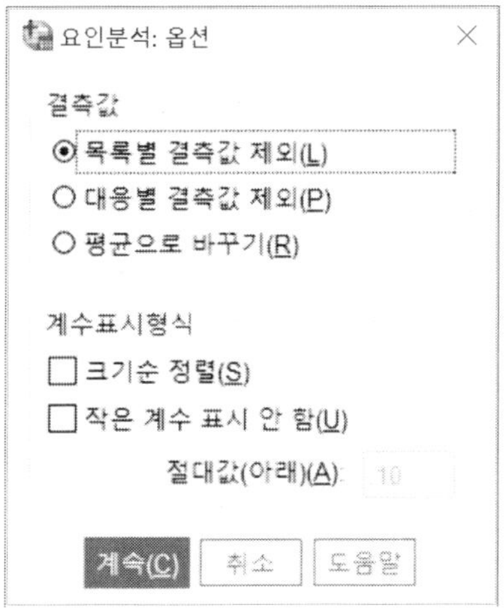

그림 16-6 요인분석: 옵션 대화상자

옵션	내용	추천옵션
결측값(Missing Value)	**다음 결측값의 처리방법 중 하나를 선택한다.**	
○목록별 결측값 제외	(기본설정) 모든 변수에서 적어도 하나의 결측값이 있는 케이스는 분석에서 제외된다.	○
○대응별 결측값 제외	각 변수쌍에서 결측값이 있는 케이스만 분석에서 제외된다.	
○평균으로 대체	변수의 결측값을 그 변수의 평균값으로 대체하여 분석한다.	
계수출력형식 (Coefficient Display Format)	**요인 적재값의 출력형식을 제어한다. 다음 중 하나 이상을 선택할 수 있다.**	
□크기순 정렬	각 요인에 대해 요인 적재값의 크기순으로 요인 패턴 행렬을 출력한다.	
□작은 계수 표시 안 함	상자(기본설정은 0.10) 안에 입력된 값보다 작은 절대값인 요인 적재값은 출력 안 함.	

06 요인분석결과 해석

성격.sav 파일에 있는 17개의 변수를 가지고 먼저 주성분분석을 하고 다음에 요인분석을 하기로 하자.

(1) 주성분분석

성격데이터의 17개 변수를 축소하여 소수의 주성분으로 나타내고자 한다. **기술통계** 대화상자에서는 기본설정으로 놓고, 요인추출 방법에서 주성분을 선택하고 요인회전을 지정하지 않은 점이 요인분석과 다르다. 주성분분석결과는 [그림 16-7]에서 [그림 16-9]에 있다.

공통성

	초기	추출
꾸준함	1.000	.626
열성적	1.000	.492
즉시처리	1.000	.445
상황에 잘대처함	1.000	.404
굳은 의지	1.000	.648
주도적 추진	1.000	.558
쉽게 어울림	1.000	.628
자신얘기 잘함	1.000	.381
다른사람소식밝음	1.000	.464
감정자유롭게표현	1.000	.510
쉽게사귐	1.000	.582
혼자독서,사색	1.000	.529
독창적처리	1.000	.391
다른생활양식	1.000	.319
비판적임	1.000	.375
현실보다이상추구	1.000	.552
간섭싫어함	1.000	.596

추출 방법: 주성분 분석.

설명된 총분산

성분	초기 고유값			추출 제곱합 적재량		
	전체	% 분산	누적 %	전체	% 분산	누적 %
1	3.729	21.936	21.936	3.729	21.936	21.936
2	2.111	12.417	34.353	2.111	12.417	34.353
3	1.635	9.615	43.968	1.635	9.615	43.968
4	1.026	6.035	50.002	1.026	6.035	50.002
5	.955	5.620	55.623			
6	.928	5.461	61.084			
7	.858	5.050	66.133			
8	.829	4.874	71.007			
9	.721	4.240	75.247			
10	.672	3.953	79.200			
11	.648	3.812	83.012			
12	.640	3.767	86.779			
13	.593	3.488	90.267			
14	.524	3.085	93.352			
15	.420	2.473	95.825			
16	.398	2.341	98.167			
17	.312	1.833	100.000			

추출 방법: 주성분 분석.

그림 16-7 주성분분석 출력결과 1

[그림 16-7]의 해석

첫 번째 표에서는 17개 변수를 표준화하여 주성분으로 축소하지 않은 상태의 초기 고유값이 모두 1임을 보여준다.

두 번째 '설명된 총분산' 표에서는 주성분분석으로 4개의 성분이 추출되었음을 보여준다. 요인의 수에 대한 추출기준으로 '고유값이 1 이상'을 선택하였기 때문에 표에서 보는 바와 같이 4개로 결정되었다. 제1주성분의 고유값은 3.729이고 전체 변이의 21.936%를 설명한다. 4개의 주성분으로는 전체 변이의 50% 정도를 설명하는 것으로 나타났다.

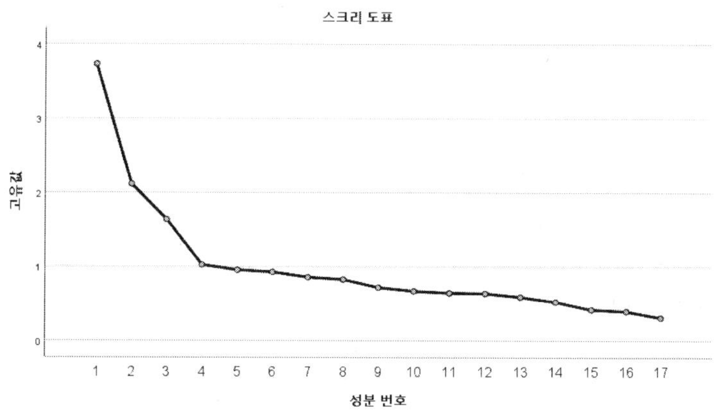

성분행렬[a]

	성분			
	1	2	3	4
꾸준함	.369	.441	-.543	.018
열성적	.607	.311	-.049	.159
즉시처리	.435	.339	-.359	-.109
상황에 잘대처함	.609	-.043	-.035	-.174
굳은 의지	.455	.461	-.474	.058
주도적 추진	.704	.032	.175	.176
쉽게 어울림	.632	-.467	-.045	.095
자신얘기 잘함	.341	-.349	.326	.193
다른사람소식밝음	.521	-.147	.059	-.409
감정자유롭게표현	.666	-.162	.196	-.041
쉽게사귐	.563	-.494	-.058	.128
혼자독서,사색	-.280	.573	.138	.320
독창적처리	.450	.347	.261	.007
다른생활양식	.335	.326	.315	.023
비판적임	.054	.358	.436	-.231
현실보다이상추구	.128	.273	.517	.440
간섭싫어함	.039	.313	.392	-.585

추출 방법: 주성분 분석.

a. 추출된 4 성분

그림 16-8 주성분분석 출력결과 2

[그림 16-8]의 해석

스크리(Scree)도표와 각 성분에 대한 적재값 행렬이 있다. 스크리 도표는 고유값을 크기 순으로 배열하고 그 순서와 대응되는 고유값을 이차원 도표로 나타낸 것이다. 성분의 개수를 결정하는 데 있어서 기울기가 급강하했다가 평평해지기 바로 직전 지점의 개수가 적절하다는 견해가 있다. 이런 견해에 의하면 세 개의 성분이 적절하다고 할 수 있으나 여기에서는 고유값이 1 이상이 되는 네 개의 성분을 추출하였다.

실제로는 해석 작업이 해당분야에서 축적된 이론적 지식을 바탕으로 이루어져야 한다. 그렇지만, 여기에서는 요인분석의 전반적인 절차를 설명하는 데 목적이 있으므로 임의적인 해석에 그치려 한다. 성분행렬을 보면, 제1주성분의 계수는 '혼자 독서', '사색'을 제외하고는 모두 양으로 어느 변수가 커져도 이 주성분 값은 커지는 성질을 갖는다. 따라서 제1주성분은 '전체적인 성격'의 강한 정도를 나타내는 주성분으로 해석할 수 있다.

제2주성분의 계수는 개인주의적인 성격에는 양, 사회적인 성격에는 음이다. 따라서 제2주성분은 '개인주의적 성향'을 나타낸다고 볼 수 있겠다.

마찬가지로 제3주성분은 '이상주의적인 성향'을 나타내고, 제4주성분은 '수동적인 성향'을 나타낸다고 해석된다.

성분 도표

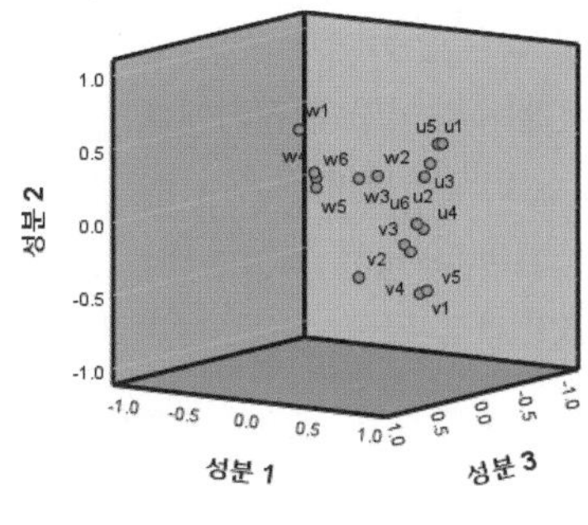

성분점수 계수행렬

	성분 1	2	3	4
꾸준함	.099	.209	-.332	.018
열성적	.163	.147	-.030	.155
즉시처리	.117	.161	-.220	-.106
상황에 잘대처함	.163	-.020	-.022	-.169
굳은 의지	.122	.218	-.290	.057
주도적 추진	.189	.015	.107	.172
쉽게 어울림	.169	-.221	-.027	.092
자신얘기 잘함	.091	-.165	.199	.188
다른사람소식밝음	.140	-.070	.036	-.399
감정자유롭게표현	.179	-.077	.120	-.039
쉽게사귐	.151	-.234	-.036	.125
혼자독서,사색	-.075	.272	.084	.312
독창적처리	.121	.164	.160	.006
다른생활양식	.090	.155	.193	.023
비판적임	.014	.170	.267	-.225
현실보다이상추구	.034	.129	.316	.428
간섭싫어함	.010	.148	.240	-.570

추출 방법: 주성분 분석.

성분점수 공분산 행렬

성분	1	2	3	4
1	1.000	.000	.000	.000
2	.000	1.000	.000	.000
3	.000	.000	1.000	.000
4	.000	.000	.000	1.000

추출 방법: 주성분 분석.

그림 16-9 주성분분석 출력결과 3

[그림 16-9]의 해석

처음 세 개의 성분에 의한 삼차원 적재값 도표와 주성분점수를 계산하기 위한 계수행렬이 출력되어 있다.

요인점수 대화상자에서 다음 분석에서 사용하기 위해 주성분점수(요인점수)를 변수로 저장하도록 선택한 경우에는 데이터 편집기에 이 성분 계수행렬로 계산한 주성분점수 변수들, fac1_1, fac2_1, ...이 생성된다.

성분점수 공분산행렬 표는 생성한 주성분점수 변수들의 공분산행렬을 나타낸 것이다. 이것은 주성분점수들이 서로 독립적임을 보여준다.

(2) 요인분석

이번에는 17개의 성격변수를 가지고 소수의 잠재적 성격요인을 찾아내 보자. 요인추출방법에서 주성분을 선택한다. 요인회전으로 가장 많이 사용하는 베리멕스 직교회전법을 지정한 점이 주성분분석과 다르다. 요인분석결과는 [그림 16-10]에서 [그림 16-13]에 있다.

기술통계량

	평균	표준편차	분석수
꾸준함	2.89	1.099	342
열성적	2.68	1.043	342
즉시처리	2.92	1.062	342
상황에 잘대처함	2.85	1.036	342
굳은 의지	3.04	.965	342
주도적 추진	2.99	1.135	342
쉽게 어울림	2.32	.882	342
자신얘기 잘함	2.65	1.265	342
다른사람소식밝음	3.06	.991	342
감정자유롭게표현	2.79	1.142	342
쉽게사귐	2.57	1.117	342
혼자독서,사색	3.52	1.193	342
독창적처리	2.69	1.106	342
다른생활양식	3.06	1.099	342
비판적임	3.01	1.123	342
현실보다이상추구	3.04	1.192	342
간섭싫어함	2.12	.988	342

KMO와 Bartlett의 검정

표본 적절성의 Kaiser-Meyer-Olkin 측도.		.775
Bartlett의 구형성 검정	근사 카이제곱	1206.316
	자유도	136
	유의확률	<.001

역-이미지 행렬

		꾸준함	열성적	즉시처리	상황에잘대처함	굳은 의지	주도적 추진	쉽게 어울림	자신얘기 잘함	다른사람소식밝음	감정자유롭게표현	쉽게사귐	혼자독서,사색	독창적처리	다른생활양식	비판적임	현실보다이상추구	간섭싫어함
역-이미지 상관계수	꾸준함	.708a	-.199	-.153	.055	-.369	-.028	-.060	.065	-.005	.080	-.016	-.088	-.054	.011	.055	.146	-.050
	열성적	-.199	.847a	-.088	.038	-.089	-.207	-.093	.059	-.005	-.184	.036	-.018	-.047	-.102	-.065	-.068	.008
	즉시처리	-.153	-.088	.792a	.027	-.232	-.054	.040	.027	-.119	-.163	-.010	-.090	.022	.061	.041	.044	-.060
	상황에잘대처함	.055	.038	.027	.821a	-.235	-.162	-.123	.045	-.196	-.180	.001	-.007	-.052	.013	.074	.012	-.062
	굳은 의지	-.369	-.089	-.232	-.235	.723a	-.035	.064	.087	.053	.008	.005	.012	-.066	-.082	-.020	-.007	.132
	주도적 추진	-.028	-.207	-.054	-.162	-.035	.839a	-.161	-.168	-.171	-.009	.012	.044	-.109	-.074	-.061	-.202	.078
	쉽게 어울림	-.060	-.093	.040	-.123	.064	-.161	.755a	-.115	.006	-.022	-.527	.128	.051	.025	.064	.091	-.008
	자신얘기 잘함	.065	.059	.027	.045	.087	-.168	-.115	.726a	-.055	-.275	.041	-.020	.064	-.059	.034	-.003	.051
	다른사람소식밝음	-.005	-.005	-.119	-.196	.053	-.171	.006	-.055	.838a	-.015	-.052	.159	-.048	.018	-.032	.029	-.059
	감정자유롭게표현	.080	-.184	-.163	-.180	.008	-.009	-.022	-.275	-.015	.811a	-.211	.102	-.085	-.044	-.097	-.011	-.062
	쉽게사귐	-.016	.036	-.010	.001	.005	.012	-.527	.041	-.052	-.211	.733a	.111	.049	-.019	.054	-.074	.098
	혼자독서,사색	-.088	-.018	-.090	-.007	.012	.044	.128	-.020	.159	.102	.111	.764a	-.021	-.057	-.078	-.209	-.035
	독창적처리	-.054	-.047	.022	-.052	-.066	-.109	-.051	.064	-.048	-.085	.049	-.021	.836a	-.211	-.043	-.126	-.082
	다른생활양식	.011	-.102	.061	.013	-.082	-.074	.025	-.059	.018	-.044	-.019	-.057	-.211	.789a	-.080	.015	-.101
	비판적임	.055	-.065	.041	.074	-.020	-.061	.064	.034	-.032	-.097	.054	-.078	-.043	-.080	.694a	-.041	-.136
	현실보다이상추구	.146	-.068	.044	.012	.007	-.202	.091	-.003	.029	-.011	-.074	-.209	-.126	.015	-.041	.575a	-.090
	간섭싫어함	-.050	.008	-.060	-.062	.132	.078	-.008	.051	-.059	-.062	.098	-.035	-.082	-.101	-.136	-.090	.581a

a. 표본화 적합성 측도(MSA)

(역-이미지 공분산 행렬은 표에서 생략)

공통성

	초기	추출
꾸준함	1.000	.626
열성적	1.000	.492
즉시처리	1.000	.445
상황에 잘 대처함	1.000	.404
굳은 의지	1.000	.648
주도적 추진	1.000	.558
쉽게 어울림	1.000	.628
자신얘기 잘함	1.000	.381
다른사람소식밝음	1.000	.464
감정자유롭게표현	1.000	.510
쉽게사귐	1.000	.582
혼자독서,사색	1.000	.529
독창적처리	1.000	.391
다른생활양식	1.000	.319
비판적임	1.000	.375
현실보다이상추구	1.000	.552
간섭싫어함	1.000	.596

추출 방법: 주성분 분석.

그림 16-10 요인분석 출력결과 1

[그림 16-10]의 해석

첫 번째 표는 17개 변수의 기술통계량(평균과 표준편차)과 케이스 수를 보여준다. 분석 케이스 수는 342개이고 5점척도인 변수들의 평균은 2.12에서 3.52의 값이다.

두 번째 표는 KMO 측도와 Bartlett의 구형성(Sphericity) 검정결과이다. KMO(Kaiser-Meyer-Olkin) 측도는 변수들 간의 상관성을 나타내는 측도인데 이 값이 높지(0.6 이상) 않으면 변수들 간의 상관성이 별로 없어서 요인분석의 변수들로서 적당하지 못하다. 또한 Bartlett의 구형성 검정은 변수들의 상관행렬이 단위행렬(Identity matrix)이라는 귀무가설을 검정한다. 즉, 변수들 간의 상관계수가 모두 0이라는 가설인데 이 가설을 기각할 수 있어야 한다. 여기에서는 KMO 측도가 0.775이고, 구형성검정결과(유의확률 0.000) 상관행렬이 단위행렬이라는 귀무가설이 기각되기 때문에 우리는 요인분석을 할 수 있다.

다음 '역-이미지 행렬' 표에서는 역-이미지 상관계수 행렬의 대각선에 요인으로 추출 적합성 측도(MSA)가 제시되어 있다. 이 값이 작은 변수는 요인분석에서 제외하는 것이 좋다. 여기에서는 모두 0.575 이상이므로 모든 변수를 포함시켜도 무방하다고 판단된다.

네 번째 표는 주성분 추출방법에 의한 공통성(communality)의 초기추정값과 최종추정값이다. 최종추정값은 [그림 16-11]의 세 번째 표인 성분행렬에서 각 변수별 적재값의 제곱합이다.

설명된 총분산

	초기 고유값			추출 제곱합 적재량			회전 제곱합 적재량		
성분	전체	% 분산	누적 %	전체	% 분산	누적 %	전체	% 분산	누적 %
1	3.729	21.936	21.936	3.729	21.936	21.936	3.133	18.429	18.429
2	2.111	12.417	34.353	2.111	12.417	34.353	2.348	13.811	32.240
3	1.635	9.615	43.968	1.635	9.615	43.968	1.653	9.725	41.965
4	1.026	6.035	50.002	1.026	6.035	50.002	1.366	8.037	50.002
5	.955	5.620	55.623						
6	.928	5.461	61.084						
7	.858	5.050	66.133						
8	.829	4.874	71.007						
9	.721	4.240	75.247						
10	.672	3.953	79.200						
11	.648	3.812	83.012						
12	.640	3.767	86.779						
13	.593	3.488	90.267						
14	.524	3.085	93.352						
15	.420	2.473	95.825						
16	.398	2.341	98.167						
17	.312	1.833	100.000						

추출 방법: 주성분 분석.

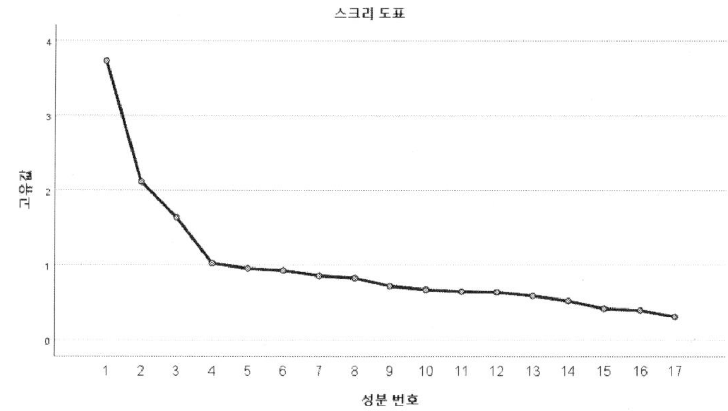

성분행렬[a]

	성분			
	1	2	3	4
꾸준함	.369	.441	-.543	.018
열성적	.607	.311	-.049	.159
즉시처리	.435	.339	-.359	-.109
상황에잘대처함	.609	-.043	-.035	-.174
굳은 의지	.455	.461	-.474	.058
주도적 추진	.704	.032	.175	.176
쉽게 어울림	.632	-.467	-.045	.095
자신얘기 잘함	.341	-.349	.326	.193
다른사람소식밝음	.521	-.147	.059	-.409
감정자유롭게표현	.666	-.162	.196	-.041
쉽게사귐	.563	-.494	-.058	.128
혼자독서,사색	-.280	.573	.138	.320
독창적처리	.450	.347	.261	.007
다른생활양식	.335	.326	.315	.023
비판적임	.054	.358	.436	-.231
현실보다이상추구	.128	.273	.517	.440
간섭싫어함	.039	.313	.392	-.585

추출 방법: 주성분 분석.
a. 추출된 4 성분

그림 16-11 요인분석 출력결과 2

[그림 16-11]의 해석

요인추출 내용과 성분행렬이 제시되어 있다. 첫 번째 표에서는 회전하여 고유값이 1이상이 된 요인이 네 개 있음을 보여준다. 네 개의 요인으로 전체 변이의 50.002%를 설명하는 것으로 나타났다.

요인의 수를 결정하는 한 가지 방법을 제시하는 스크리 도표가 다음에 있다. 스크리 도표는 고유값의 순서와 고유값을 대응시켜 놓은 이차원 선도표인데 그림의 기울기가 급강하했다가 평평하게 되기 바로 직전 지점의 개수가 요인의 개수로 적절하다고 본다. 그러나 이 기법은 주관성이 개입되기 때문에 참고용으로만 이용하는 것이 좋다. 이 그림에서는 세 번째 고유값 이후에 급격한 하강을 하고 거의 수평으로 되기 때문에 이 방법에 의하면 세 개의 요인이 적절한 것으로 보인다. 그러나 여기에서는 고유값이 1 이상이 되는 네 개의 성분을 추출하였다.

[그림 16-11]의 맨 아래에는 주성분 추출방법에 의해 추출된 네 개 요인에 대한 적재값 행렬이 제시되어 있다. 이것은 변수들과 요인들의 상관계수이다. 이제는 각 요인들에 대해 상관성이 상대적으로 높은 변수들을 찾아서 각 요인들을 해석하고 의미를 부여하여야 한다. 성분행렬을 그대로 사용하면 한 변수가 여러 개의 요인과 큰 상관을 가지는 경우가 많기 때문에 해석과 의미를 부여하는 일이 결코 쉽지 않다. 그러나 성분행렬이 단순한 구조를 가지도록 성분행렬을 회전시키면 해석과 의미부여가 쉬워진다.

회전된 성분행렬[a]

	성분 1	2	3	4
꾸준함	-.029	.788	-.018	-.065
열성적	.285	.519	.374	.044
즉시처리	.116	.650	-.013	.093
상황에잘대처함	.523	.316	.025	.175
굳은 의지	.033	.799	.081	-.044
주도적 추진	.551	.265	.426	.045
쉽게 어울림	.763	.080	.013	-.198
자신얘기 잘함	.499	-.239	.261	-.084
다른사람소식밝음	.544	.158	-.135	.353
감정자유롭게표현	.655	.126	.211	.145
쉽게사귐	.720	.036	-.005	-.249
혼자독서,사색	-.567	.092	.445	.003
독창적처리	.190	.267	.434	.308
다른생활양식	.115	.162	.435	.300
비판적임	-.092	-.033	.282	.534
현실보다이상추구	-.030	-.115	.733	.029
간섭싫어함	-.053	-.029	.013	.769

추출 방법: 주성분 분석.
회전 방법: 카이저 정규화가 있는 베리멕스.
a. 7 반복계산에서 요인회전이 수렴되었습니다.

성분 변환행렬

성분	1	2	3	4
1	.800	.514	.283	.121
2	-.581	.580	.426	.382
3	.123	-.631	.593	.485
4	-.084	-.029	.622	-.778

추출 방법: 주성분 분석.
회전 방법: 카이저 정규화가 있는 베리멕스.

회전 공간의 성분 도표

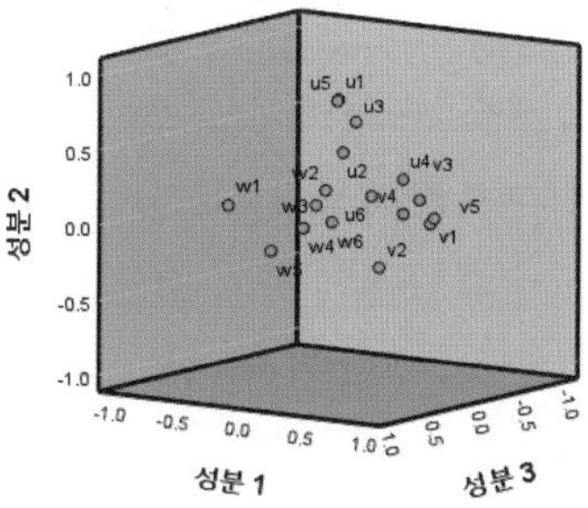

그림 16-12 요인분석 출력결과 3

[그림 16-12]의 해석

회전된 성분행렬을 보면, 제1요인은 사교성, 제2요인은 적극성, 제3요인은 독창성 그리고 제4요인은 독립성 등으로 해석할 수 있을 것 같다.

[그림 16-12]의 두 번째 표인 성분변환행렬은 원래의 성분행렬에 이 행렬을 곱해서 회전된 성분행렬을 만드는 데 사용된다.

그 아래의 도표는 처음 세 개의 성분을 축으로 한 회전된 적재값의 삼차원 도표이다. '꾸준함'과 '굳은 의지'의 변수가 제2요인의 상단에 있고 '자신얘기 잘함' 변수는 2요인의 하단에 있는 것이 보인다.

성분점수 계수행렬

	성분			
	1	2	3	4
꾸준함	-.084	.381	-.069	-.083
열성적	.028	.184	.187	-.059
즉시처리	-.018	.295	-.095	.051
상황에 잘대처함	.154	.091	-.081	.133
굳은 의지	-.070	.371	-.009	-.087
주도적 추진	.141	.033	.230	-.053
쉽게 어울림	.253	-.027	-.005	-.149
자신얘기 잘함	.178	-.180	.191	-.102
다른사람소식밝음	.190	.021	-.217	.318
감정자유롭게표현	.206	-.027	.065	.081
쉽게사귐	.242	-.039	.000	-.186
혼자독서,사색	-.234	.057	.339	-.107
독창적처리	.020	.056	.203	.150
다른생활양식	.004	.013	.220	.146
비판적임	-.035	-.056	.094	.371
현실보다이상추구	-.045	-.120	.519	-.126
간섭싫어함	.000	-.044	-.147	.618

추출 방법: 주성분 분석.
회전 방법: 카이저 정규화가 있는 베리멕스.
요인 점수.

성분점수 공분산 행렬

성분	1	2	3	4
1	1.000	.000	.000	.000
2	.000	1.000	.000	.000
3	.000	.000	1.000	.000
4	.000	.000	.000	1.000

추출 방법: 주성분 분석.
회전 방법: 카이저 정규화가 있는 베리멕스.
요인 점수.

그림 16-13 요인분석 출력결과 4

[그림 16-13]의 해석

성분점수 계수행렬과 성분점수 공분산행렬을 보여주고 있다. 성분점수는 각 케이스에 대해 성분점수 계수에 변수값을 곱해서 전부 합하는 것으로 계산된다. 예를 들면, 요인1 점수(FAC1_1)는 다음과 같이 계산된다.

$$\begin{aligned} FAC1\_1 = & -0.084\ U1 + 0.028\ U2 - 0.018\ U3 + 0.154\ U4 - 0.070\ U5 \\ & + 0.141\ U6 + 0.253\ V1 + 0.178\ V2 + 0.190\ V3 + 0.206\ V4 \\ & + 0.242\ V5 - 0.234\ W1 + 0.020\ W2 + 0.004\ W3 - 0.035\ W4 \\ & - 0.045\ W5 + 0.000\ W6 \end{aligned}$$

성분점수 공분산행렬은 성분점수들의 공분산행렬이다. 각 성분점수들의 공분산이 0인 것을 볼 수 있다.

참고문헌

(1) 김기영, 전명식 (1999). 『다변량 통계자료분석』(수정판), 자유아카데미.
(2) 허명회 (1999). 『사회과학을 위한 다변량자료분석』, 자유아카데미.
(3) 신재경, 문승호 (1996). 『다변량 통계해석 입문』, 자유아카데미.
(4) 김관영, 이승수 (1992). 『다변량 통계해석법』, 자유아카데미.
(5) 김기영, 이용구, 김성수 (1997). 『다변량분석』, 한국방송대학교출판부.
(6) 김기영, 전명식 (1992). 『SAS 주성분분석』, 자유아카데미.
(7) 강병서, 김계수 (1998). 『사회과학 통계분석』, SPSS 고려정보산업.

17장 다변량분산분석(MANOVA)

다변량분산분석(Multivariate Analysis of Variance: MANOVA)은 분산분석(ANOVA)을 확장한 것이다. 분산분석은 종속변수가 하나인 경우에 집단 간 평균차이가 있는가를 검정하였으나 다변량분산분석은 종속변수가 두 개 이상일 때 집단 간 평균(벡터)차이가 있는가를 검정하는 데 사용한다. SPSS 다변량분산분석에서는 공분산분석, 균형불완전계획법(balanced incomplete block design), 둥지계획법(nested design), 반복측정계획법(repeated measures design) 등 다양한 실험계획법의 분석이 가능한데 특히 반복측정계획법의 분석에 효율적으로 이용된다.

다변량분산분석을 사용하는 몇 가지 예를 들면 아래와 같다.

예 1 고등학교 3학년 학생들의 어학실력(국어, 영어)이 세 지역(서울, 부산, 광주) 간에 차이가 있는지 알아보고자 한다.

예 2 세 가지 품종의 붓꽃이 꽃받침조각의 길이와 폭, 꽃잎의 길이와 폭의 4가지 변수에 대해 차이가 있는지 알아보고자 한다.

예 3 (반복측정계획법) 고혈압 환자들을 대상으로 특정 혈압 강하제의 효과를 알아보기 위해 투약 전과 투약 후 1시간, 2시간, 3시간 등의 간격으로 혈압을 측정하였다. 시간이 지남에 따른 혈압 강하제 효과의 변화가 성별에 따라 다른지 조사한다.

01 목적

서로 상관이 있는 두 개 이상의 종속변수가 있는 경우에 두 개 이상의 집단들에 대한 종속변수의 평균(벡터) 비교

다변량분산분석의 사용 예에서 종속변수들은 각각 국어와 영어점수의 2개 변수(예 1), 꽃받침조각의 길이와 폭, 꽃잎의 길이와 폭의 네 개 변수(예 2), 투약전, 투약후 1시간, 2시간, 3시간 후 혈압의 네 개 변수(예 3)이다. 이와 같이 종속변수가 2개 이상이 될 때 집단 간에 차이가 있는지 알아보기 위해 다변량분산분석을 사용한다.

02 사용되는 변수의 척도

종속변수들은 모두 구간·비율척도이고 요인(집단)변수들은 명목이나 순서척도

사용 예에서 종속변수들은 모두 측정값이므로 구간·비율척도이고 요인(집단)변수는 각각 세 지역(서울, 부산, 광주), 세 가지 품종, 성별(남, 여)로서 모두 명목척도이다.

03 원리

(1) 일원배치 다변량분산분석

분산분석에서와 같이 집단을 나누는 요인(집단)변수의 개수에 의해 일원배치 다변량분석분석, 이원배치 다변량분산분석 등으로 불린다. 가장 단순한 형태인 일원배치 다변량분산분석은 일원배치 분산분석과 매우 흡사하다. 단지 여기서는 하나의 종속변수가 아니고 여러 개의 종속변수 벡터를 한꺼번에 다룬다는 것이 다르다. [그림 17-1]과 같이 k개의 모집단으로부터 독립적으로 표본을 추출하여 모평균 벡터를 비교한다.

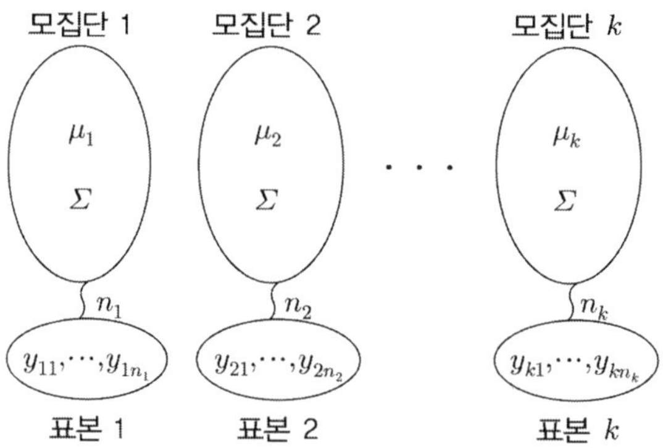

그림 17-1 일원배치 다변량분산분석에서 모집단과 표본

여기에서 $\mu_1, \mu_2, \cdots, \mu_k$는 종속변수들의 평균벡터이고 Σ는 공분산행렬이다. $y_{11}, \cdots, y_{kn_k}$도 각각 종속변수의 한 관찰값 벡터이다.

(2) 가정의 검토

다변량분산분석을 하기 위해서는 다음의 가정을 필요로 한다.

요인(집단)의 각 수준에서 데이터의 모집단은 동일한 공분산행렬을 가지는 다변량 정규분포를 따른다.

즉, 정규성의 가정과 등공분산행렬의 가정이다. 요인(집단)의 각 수준에서 데이터가 많으면(일반적으로 30개 이상) 정규성을 검토하지 않아도 된다. 그러나 데이터가 많더라도 공분산행렬이 동일한지는 검토해 보아야 한다.

04 SPSS 다변량분산분석의 실행

설문지.sav 데이터에서 성별에 따라 점수(국어, 수학, 영어) 차이가 나는지 알아보자.

(1) 표본 크기

먼저 **설문지.sav** 데이터에서 성별 케이스를 살펴보면 남학생 41명(n_1), 여학생 59명(n_2)이다. 이것은 대표본이기 때문에 정규성의 검토를 하지 않아도 된다.

(2) 다변량분산분석 실행

다변량분산분석을 실행하기 위해서는 메뉴로부터 다음과 같은 절차를 따른다. 그러면 [그림 17-2]와 같은 **다변량 분석** 대화상자가 열린다.

분석
일반 선형모형
다변량...

데이터 파일에 있는 변수들의 목록이 왼쪽 상자에 나타난다. 검정할 종속변수들을 두 개 이상 선택하여 '종속변수' 상자에 입력하고 집단을 나누는 요인(집단)변수를 선택하여 '모수요인' 상자에 입력한다.

- 통제할 공변량(Covariate)이 있는 경우에는 변수를 선택하여 '공변량' 상자에 입력한다. 공변량이란, 고려하는 요인(집단)변수 이외에 종속변수에 영향을 준다고 보여지는 구간·비율척도 변수를 말한다. 이런 공변량을 모형에 포함시키면 공변량의 효과와 공변량의 효과를 통제한 상황에서 요인(집단)변수 효과를 검정할 수 있다.

• 각 케이스에 가중값을 줄 경우에는 가중값 변수를 선택해서 'WLS 가중값' 상자에 입력한다.

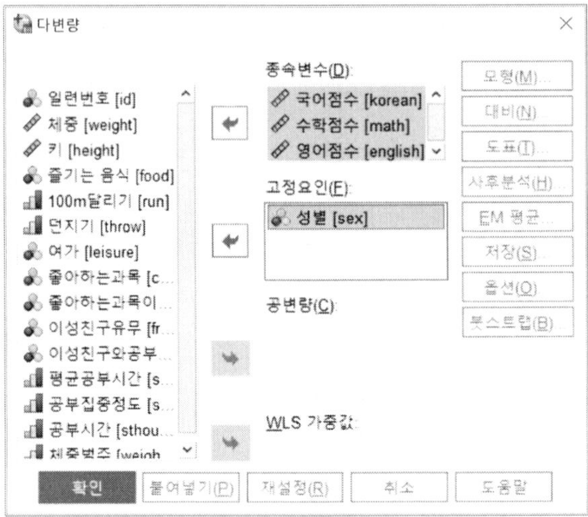

그림 17-2 다변량 대화상자

다변량 분석 대화상자의 오른쪽에는 [모형(M)...], [대비(N)...], [도표(T)...], [사후분석(H)...], [EM 평균...], [저장(S)...]과 [옵션(O)...] 단추가 있다. 각 단추의 기본 설정은 다음과 같다.

단추	기본 설정
모형...	완전요인모형. 모형에는 절편과 모든 주효과, 모든 상호작용효과가 포함된다. 제곱합으로 가장 일반적인 제 III유형이 계산된다.
대비...	지정않음.
도표...	없음.
사후분석...	없음.
EM 평균	없음
저장...	저장하지 않음.
옵션...	평균이나 기술통계량을 출력하지 않고 모형적합성에 대한 진단을 하지 않음.

기본설정을 변경하지 않고 완전요인모형으로 다변량분산분석결과만을 보고자 하는 경우에는 [확인] 단추를 누른다. 그러나 기본설정을 변경할 필요가 있는 경우에는 해당하는 단추를 눌러서 변경한다.

(3) 다변량: 모형 대화상자

일반선형모형(General linear model)을 설정하는 데 있어서 모든 주효과와 모든 상호작용효과를 포함하는 완전요인모형으로 하지 않고 일부 효과만을 포함시키고자 하면 **다변량**

분석 대화상자에서 모형(M) 단추를 누른다. 그러면 [그림 17-3]과 같은 **다변량: 모형** 대화상자가 열린다. 여기에서 '항 설정'이나 '사용자 정의 항 작성'를 선택하고 모형에 포함시키고자 하는 주효과와 상호작용 등의 항을 '모형' 상자에 입력한다. 제곱합을 계산하는 방법에는 네 가지 유형이 있는데 제 III유형이 가장 일반적으로 사용된다. 제 III유형 이외의 유형을 선택할 경우에는 목록 단추를 눌러서 해당하는 유형을 선택한다.

그림 17-3 다변량: 모형 대화상자

항목	설명	추천항목
모형설정(Specify Model)	**다음 중에서 하나를 선택한다.**	
○완전요인모형	(기본설정) 모형에는 절편, 모든 공변량과 주효과, 모든 상호작용효과가 포함된다.	○
○항 설정	선택하면 아래의 모든 상자가 반전된다. 모형에 포함시키고자 하는 항들을 선택하고 정의할 수 있다. 요인, 공변량과 요인 간의 상호작용효과등을 포함시킬 수 있다.	요인이 세 개 이상인 경우 ○
○사용자 정의 항 작성	모형에 포함시키고자 하는 항들을 작성할 수 있다. 아래에 있는 단추들을 사용하여 '항 설정' 상자에 요인이나 상호작용 항을 작성하여 추가 단추로 모형에 넣는다.	
요인 및 공변량	**사용자 정의에서 선택할 수 있는 요인(F)과 공변량(C)이 나타난다.**	
항설정	요인 및 공변량에서 선택한 요인과 공변량에 대해 다음 목록에서 하나를 선택하여 항을 정의한다.	
상호작용	선택한 요인과 공변량의 최대 상호작용 항	
주효과	선택한 요인과 공변량의 주효과 항	
모든 2원배치	선택한 요인과 공변량의 가능한 모든 2원 상호작용	
모든 3원배치	선택한 요인과 공변량의 가능한 모든 3원 상호작용	

항목	설명	추천항목
모든 4원배치	선택한 요인과 공변량의 가능한 모든 4원 상호작용	
모든 5원배치	선택한 요인과 공변량의 가능한 모든 5원 상호작용	
제곱합(Sum of Squares)	**다음 제곱합의 네 가지 계산방법 중에서 하나를 선택한다.**	
제Ⅰ유형(Type Ⅰ SS)	계층접근법이라고도 한다. 모형에 나타나는 효과들의 순서대로 평가된다. 한 요인의 제곱합은 모형에서 전에 열거된 요인과 상호작용을 통제한 상태에서 계산된다.	
제Ⅱ유형(Type Ⅱ SS)	실험접근법이라고도 한다. 각 요인의 주효과, 2원 상호작용, 3원상호작용 등은 순서대로 평가된다. 그러나 어느 하나의 주효과는 다른 주효과 만을 통제한 상태에서 평가된다.	
제Ⅲ유형(Type Ⅲ SS)	(기본설정)유일접근법이라도 한다. 각 요인의 제곱합은 다른 모든 요인과 상호작용을 통제하고서 계산된다. 즉, 다른 요인에 의해 설명되는 부분을 제외하고서 해당 요인만의 유일한 설명력을 나타낸다. 편제곱합(partial sum of squares)이다.	○
제Ⅳ유형(Type Ⅳ SS)	결측값이 없는 경우에는 제Ⅲ유형과 같다. 단지, 결측값이 있는 경우에는 제Ⅲ유형은 직교성질을 갖는 반면에 제Ⅳ유형은 균형성질을 갖도록 조정한다.	
□ 모형에 절편 포함	(기본설정) 일반선형모형에 절편을 나타내는 상수항을 포함시킨다.	○

(4) 다변량: 대비 대화상자

일변량 분산분석에서 F 검정방법은 요인의 수준 전체에 대한 분석이다. 때때로 우리는 일부 수준평균들 간에 특정한 관계가 존재하는지 알고자 한다. 수준 평균들 간의 특정한 관계를 대비(Contrast)라고 하는데 이런 대비에 대한 검정을 하고자 하면 **다변량 분석** 대화상자의 두 번째 단추인 [대비(N)...] 단추를 누른다. 그러면 [그림 17-4]와 같은 **다변량: 대비** 대화상자가 열린다. 여기에서 각 '요인'을 선택하고 '대비 변경'의 대비유형과 참조범주를 선택한 후 [계속(C)] 를 누른다.

그림 17-4 다변량: 대비 대화상자

항목	설명	추천항목
요인(Factors)	대비를 지정할 수 있는 요인의 목록이다. 대비를 지정할 요인을 선택한다.	
대비바꾸기		
대비	대비의 다음 유형 중에서 하나를 선택한다.	
없음	(기본설정) 지정하지 않는다.	
편차(Deviation)	요인의 각 범주효과를 전체효과와 비교한다. 참조범주로 정의하는 범주효과는 제외한다.	
단순(Simple)	요인의 각 범주효과를 참조범주 효과와 비교한다.	통제 범주가 있는 경우 ○
차분(Difference)	요인의 각 범주효과는 이전 범주효과와 비교된다. 역 Helmert 대비라 불린다.	
Helmert	요인의 각 범주효과는 후속 범주효과와 비교된다.	
반복(Repeated)	요인의 각 범주효과는 이전 범주효과와 비교된다. (인접한 범주효과 비교)	
다항(polynomial)	요인들의 선형효과, 이차, 삼차 효과들을 검정하기 위한 대비이다.	요인이 순서 척도인 경우 ○
참조 범주	비교의 기준이 되거나 제외되는 범주를 지정한다.	
○마지막	(기본설정)	○
○처음		

(5) 다변량: 프로파일 도표 대화상자

프로파일 도표란 요인수준 효과와 요인 간의 상호작용을 알아보기 위한 선도표이다. 각 요인의 수준에서 종속변수의 추정된 평균값을 선으로 연결한 것이다. 요인 간의 상호작용을 나타내는 선도표에서 선의 패턴이 상당히 다른 것은 상호작용이 존재하는 것을 나타내고, 선의 패턴이 비슷한 것은 상호작용이 없음을 나타낸다. 프로파일 도표를 출력시키기 위해서는 **다변량 분석** 대화상자에서 [도표(T)...] 단추를 누른다. 그러면 [그림 17-5]와 같은 **다변량: 프로파일 도표** 대화상자가 열린다. 여기에서 요인목록으로부터 수평축변수, 선구분변수와 도표구분변수를 선택한 후 [추가(A)] 단추를 누른다. 각 종속변수에 대해 프로파일 도표가 작성된다. 이 대화상자에서는 '차트 유형'으로 선형 차트나 막대형 차트를 선택할 수 있다. 또한 차트 위에 오차 막대를 나타낼 수 있다. 오차를 나타내는 방법으로는 95% 신뢰구간이나 두 배의 표준오차 중 하나를 선택할 수 있다.

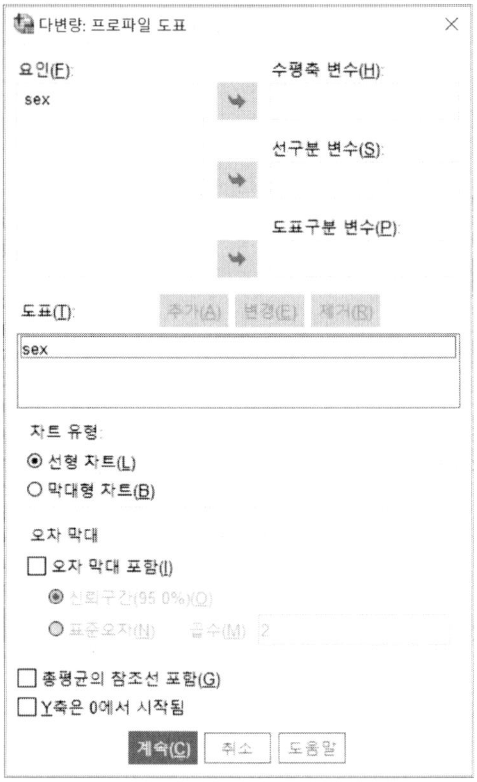

그림 17-5 다변량: 프로파일 도표 대화상자

항목	설명	추천항목
요인(Factors)	**요인의 목록이다.**	
수평축 변수	프로파일 도표의 수평축에 놓을 요인변수를 선택한다.	○
선구분 변수	선도표의 선들을 나타내는 요인변수를 선택한다.	○
도표구분 변수	3원 상호작용의 경우 세 번째 요인변수이다. 이 요인의 각 범주에 대해 도표가 작성된다.	3원 상호작용의 경우 ○
도표	**도표를 추가하거나 바꾸거나 제거한다. 해당하는 단추를 누른다.**	○
차트 유형	다음 두 가지 차트 중 하나를 선택한다.	
○선형 차트	선도표를 그린다.	기본설정
○막대형 차트	막대도표를 그린다.	
오차 막대		
□오차 막대 포함	도표에 오차막대를 포함시킨다.	○
○신뢰구간(95.0%)		기본설정
○표준오차	기본설정은 표준오차*2 이다	
□총평균의 참조선 포함	종속변수의 총평균값을 참조선으로 포함시킨다.	
□Y축은 0에서 시작됨	도표에서 수직축값을 0부터 시작한다.	

(6) 다변량: 관측평균의 사후분석 다중비교 대화상자

세 개 이상의 범주를 가진 요인에 대한 일변량 분산분석표에서 F 통계량의 유의확률이 유의수준(일반적으로 0.05)보다 작으면 '적어도 한 수준(집단)의 평균은 다른 수준(집단)과 다르다'라는 대립가설을 채택하게 된다. 이때 유의한 차이를 갖는 수준(집단)이 어느 것인가를 알기 위해서는 사후분석인 다중비교(Multiple Comparison)가 필요하다. **다변량 분석** 대화상자에서 [사후분석(H)...] 단추를 선택하면 [그림 17-6]과 같이 **다변량: 관측평균의 사후분석 다중비교** 대화상자가 열린다.

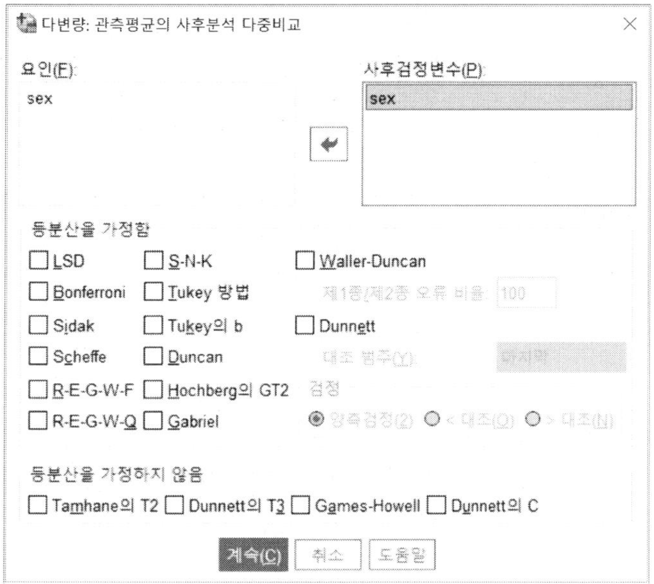

그림 17-6 다변량: 관측평균의 사후분석 다중비교 대화상자

SPSS에서는 다양한 다중비교 방법들을 제공하고 있다. 다중비교 방법에 따라 결과가 다를 수 있는데, 이 중에서 목적에 맞는 비교 방법을 한 개나 두 개 정도 선택하면 된다.

두 개의 수준간 비교에 대한 검정의 오차비율을 개별 오차비율(individual error rate)이라 하고 모든 가능한 두 수준 간의 비교에서 범하는 오차비율을 전체 오차비율(family error rate)이라고 한다. 다중비교 방법으로서 가장 오래된 LSD 방법은 전체 오차비율을 유의수준(일반적으로 0.05)으로 통제하지 못한다. LSD와 비슷하지만 전체 오차비율을 통제하는 다중비교방법은 Bonferroni 방법이다. 또한 T 검정 대신 스튜던트화 범위(studentized range)라 불리우는 Q의 분포를 사용하는 Tukey 방법도 전체 오차비율을 통제하는 다중비교 방법이다. Duncan 방법은 다중범위 검정(Multiple Range Test)으로서 인접하는 두 평균 간의 비교, 인접하는 세 평균에서 양끝 값의 비교, 인접하는 k개 평균에서 양끝 값의 비교를 단계별로 수행한다.

현재 실행에서는 성별(sex) 요인이 2개의 범주만을 가지고 있기 때문에 다중비교를 할 필요가 없다.

항목	설명	*추천항목
요인(Factors)	요인의 목록	
사후검정변수	목록으로부터 다중비교를 할 변수를 선택한다.	○
등분산을 가정함	**각 수준의 분산이 같다는 가정하에서 다음중 하나 이상을 선택할 수 있다.**	
□ LSD	모든 두 집단 간 비교를 위해 독립표본 T 검정을 사용한다. 전체오차비율을 제어하지 못한다.	
□ Bonferroni	모든 두 집단 간 비교를 위해 독립표본 T 검정을 사용하지만 각 검정에 대한 오차비율을 조정해서 전체 오차비율을 제어한다.	○
□ Sidak	모든 두 집단 간 비교를 위해 독립표본 T 검정을 사용하지만 전체 오차비율을 제어하기 위해서 Bonferroni보다 더 엄격한 한계를 제공한다.	
□ Scheffe	다른 검정에 비해 보수적인 방법이다. 두 평균차이에 대한 유의성을 발견하기가 상대적으로 어렵다.	
□ R-E-G-W의 F	F 검정을 기준으로 하는 Ryan-Einot-Gabriel-Welsch의 다중단계 감소 절차	
□ R-E-G-W의 Q	스튜던트화 범위 Q를 기준으로 하는 Ryan-Einot-Gabriel- Welsch의 다중단계 감소 절차	
□ S-N-K	스튜던트화 범위 Q를 사용하여 모든 두 집단 간 비교를 한다. 단계별 절차 사용.	
□ Tukey 방법	Tukey의 정직 유의차 검정(Honestly Singnificant Difference). 전체 오차비율을 제어한다.	○
□ Tukey의 b	스튜던트화 범위 Q를 사용하여 모든 두 집단 간 비교를 한다. 기준값은 Tukey 검정과 S-N-K 검정에서 해당값의 평균이 된다.	
□ Duncan	S-N-K와 같이 비교 단계별 순서를 통해 비교를 수행하지만 검정집합에 대한 오차비율을 제어한다.	○
□ Hochberg의 GT2	Tukey의 정직 유의차 검정과 비슷하다. 스튜던트화 최대계수를 사용한다.	
□ Gabriel	스튜던트화 최대계수를 사용하며 Hochberg의 GT2보다 강력한 검정. 집단에 따라 케이스가 다를 때 자유롭게 수행된다.	
□ Waller-Duncan	T 통계량을 기준으로 하는 검정으로서 Bayesian 접근법을 사용한다.	
□ Dunnett	통제집단의 평균에 대해 다른 집단 평균을 비교하는 다중비교 T 검정.	
등분산을 가정하지 않음	**각 수준의 분산이 같다는 가정 없이 다중비교를 한다. 다음 중 하나 이상을 선택할 수 있다.**	
□ Tamhane의 T2	T 검정을 기준으로 한 보수적 비교방법	
□ Dunnett의 T3	스튜던트화 최대계수를 사용하는 비교방법	
□ Games-Howell	경우에 따라 자유롭게 수행되는 비교방법	
□ Dunnett의 C	스튜던트화 범위를 기준으로 한 비교방법	

(7) 다변량: 추정주변평균 대화상자

각 요인과 요인 간 상호작용에 대한 종속변수들의 추정된 주변평균을 출력시키고자 할 경우에는 **다변량** 대화상자에서 [EM 평균...] 단추를 선택한다. 그러면 [그림 17-7]과 같은 **다변량: 추정주변평균** 대화상자가 열린다.

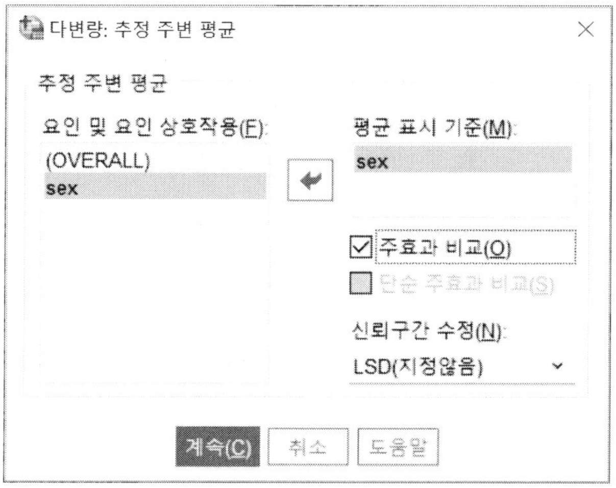

그림 17-7 다변량: 추정 주변 평균 대화상자

옵션	내용	추천옵션
추정주변평균	**각 요인과 요인 상호작용에 대한 종속변수의 추정된 주변평균을 출력시킨다.**	
요인 및 요인 상호작용	요인의 목록이다. 모형의 사용자 정의에서 상호작용항을 지정한 경우에는 상호작용이 목록에 나타난다.	
평균 표시기준	선택한 요인과 상호작용의 각 수준들에 대한 주변평균이 출력된다.	○
□주효과 비교	선택한 요인들의 수준 간 비교를 한다.	○
□단순주효과 비교	상호작용효과가 포함된 경우 주효과의 비교를 한다.	
신뢰구간 수정	신뢰구간과 유의확률에 상자안의 방법에 의한 수정을 한다.	

(8) 다변량: 저장 대화상자

다변량분석에서는 모형의 예측값, 잔차와 가정을 검토하는 데 필요한 몇 가지 측도들을 새로운 변수로 저장할 수 있다. 이를 위해서는 **다변량 분석** 대화상자에서 [저장(S)...] 단추를 선택한다. 그러면 [그림 17-8]과 같이 **다변량: 저장** 대화상자가 열린다. 여기서 저장하고자 하는 변수를 선택한다.

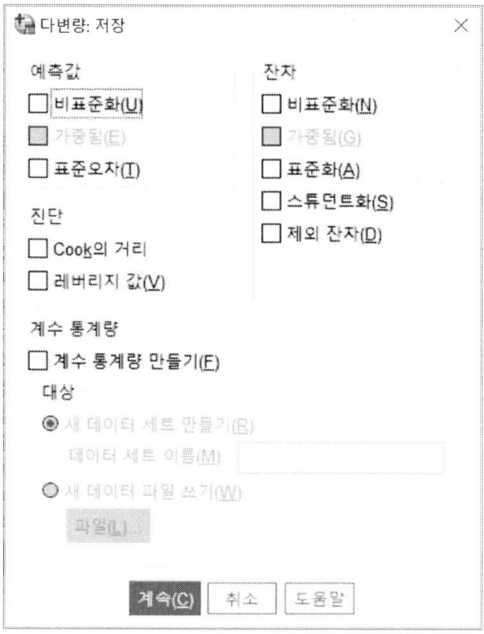

그림 17-8 다변량: 저장 대화상자

항목	설명	추천항목
예측값 (Predicted Values)	**다음 추정된 모형에 의한 종속변수의 예측값 중에서 하나 이상을 선택할 수 있다.**	
□ 비표준화	표준화시키지 않은 예측값	
□ 가중값	가중값을 지정한 경우에 가중된 예측값	
□ 표준오차	예측값의 추정된 표준편차	
진단(Diagnostics)	**이상점을 진단하기 위한 다음 측도 중 하나 이상을 선택할 수 있다.**	
□ Cook의 거리	각 케이스의 모형에 대한 영향력 측도	
□ 레버리지 값	각 케이스의 모형 적합도에 미치는 영향력	
잔차(Residual)	**잔차에 대한 다음 통계량 중 하나 이상을 선택할 수 있다.**	
□ 비표준화	종속변수의 관측값-예측값=e_i	
□ 가중값	가중값을 지정한 경우에 가중잔차	
□ 표준화	표준화된 잔차($e_i/\sqrt{MSE}$)	
□ 스튜던트화	스튜던트화(Studentized)된 잔차(e_i/e_i의 표준오차)	
□ 제외 잔차	종속변수의 관측값-각 케이스를 제외한 후 추정된 모형에 의한 예측값	
계수 통계량		
□ 계수 통계량 만들기	모형의 모수 추정값에 대한 공분산행렬을 포함하는 파일을 생성한다. 파일 단추를 눌러서 파일 이름을 입력한다.	

(9) 다변량: 옵션 대화상자

각 요인에 대한 기술통계량, 효과크기 추정값, 모수 추정값 등을 구하거나 분석에 대한 가정을 검토하고자 할 경우에는 **다변량 분석** 대화상자에서 [옵션(O)...] 단추를 선택한다. 그러면 [그림 17-9]와 같은 **다변량: 옵션** 대화상자가 열린다.

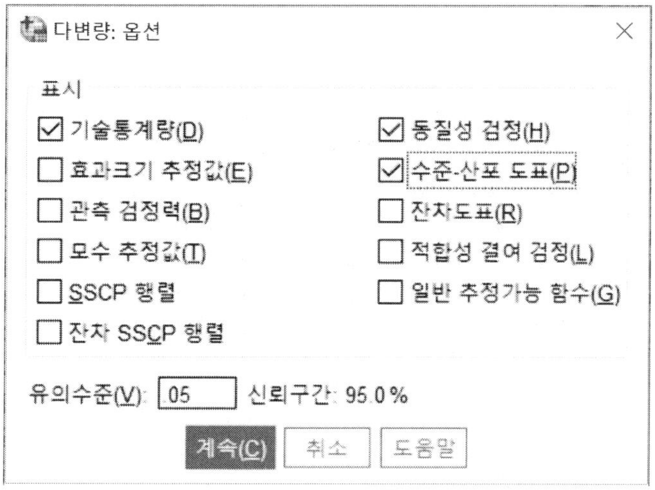

그림 17-9 다변량: 옵션 대화상자

옵션	내용	추천옵션
표시	다음 중에서 하나 이상을 선택할 수 있다.	
□ 기술통계량	모든 종속변수에 대해 각 셀의 평균, 표준편차, 빈도	○
□ 효과크기 추정값	편에타 제곱. 요인에 의해 설명되는 종속변수의 변동비율	
□ 관측 검정력	F 검정의 검정력	
□ 모수추정값	모형에 있는 모수의 추정값, 표준오차, t 검정, 신뢰구간 등	
□ SSCP행렬	오차제곱합과 교차곱 행렬	
□ 잔차 SSCP행렬	잔차에 대한 교차곱 행렬	
□ 변환 행렬	종속변수에 대한 변환을 가능하게 하는 변환계수행렬	
□ 동질성 검정	Box의 공분산행렬에 대한 동일성 검정, Bartlett의 구형성 검정, 일변량 종속변수들에 대한 분산의 동질성을 검정한다. 각 종속변수에 대해 모든 요인 수준의 조합에 의한 처리(집단)의 분산이 동일한지를 Levene 검정한다.	○
□ 평균(수준)–산포 도표	셀 추정 평균과 표준편차의 도표, 셀 추정 평균과 분산의 도표	○
□ 잔차 도표	각 종속변수에 대해 관측값, 예측값, 표준화된 잔차의 행렬식 산점도(scatter plot)	
□ 적합결여 검정	각 셀에 반복 관측치가 있는 경우에 적합결여 검정을 한다.	
□ 일반 추정가능 함수	추정 가능한 대비함수 형태를 출력	

05 분석결과 해석

설문지.sav 데이터에서 성별에 따라 점수(국어, 수학, 영어) 차이가 나는지 알아보기 위해 다변량분산분석을 실행시켜서 얻은 결과가 [그림 17-10]부터 [그림 17-13]에 있다.

기술통계량

	성별	평균	표준편차	N
국어점수	남자	57.83	22.690	41
	여자	69.59	18.073	59
	전체	64.77	20.813	100
수학점수	남자	55.39	27.082	41
	여자	58.88	26.066	59
	전체	57.45	26.408	100
영어점수	남자	47.61	28.072	41
	여자	49.71	24.007	59
	전체	48.85	25.634	100

공분산 행렬의 동일성에 대한 Box의 검정[a]

Box의 M	9.095
F	1.463
자유도1	6
자유도2	50317.973
유의확률	.186

여러 집단에서 종속변수의 관측 공분산 행렬이 동일한 영가설을 검정합니다.

a. Design: 절편 + sex

다변량 검정[a]

효과		값	F	가설 자유도	오차 자유도	유의확률
절편	Pillai의 트레이스	.911	328.816[b]	3.000	96.000	<.001
	Wilks의 람다	.089	328.816[b]	3.000	96.000	<.001
	Hotelling의 트레이스	10.275	328.816[b]	3.000	96.000	<.001
	Roy의 최대근	10.275	328.816[b]	3.000	96.000	<.001
sex	Pillai의 트레이스	.125	4.580[b]	3.000	96.000	.005
	Wilks의 람다	.875	4.580[b]	3.000	96.000	.005
	Hotelling의 트레이스	.143	4.580[b]	3.000	96.000	.005
	Roy의 최대근	.143	4.580[b]	3.000	96.000	.005

a. Design: 절편 + sex

b. 정확한 통계량

오차 분산의 동일성에 대한 Levene의 검정[a]

		Levene 통계량	자유도1	자유도2	유의확률
국어점수	평균을 기준으로 합니다.	3.012	1	98	.086
	중위수를 기준으로 합니다.	2.311	1	98	.132
	자유도를 수정한 상태에서 중위수를 기준으로 합니다.	2.311	1	97.756	.132
	절삭평균을 기준으로 합니다.	3.095	1	98	.082
수학점수	평균을 기준으로 합니다.	.135	1	98	.715
	중위수를 기준으로 합니다.	.076	1	98	.784
	자유도를 수정한 상태에서 중위수를 기준으로 합니다.	.076	1	97.410	.784
	절삭평균을 기준으로 합니다.	.124	1	98	.726
영어점수	평균을 기준으로 합니다.	2.455	1	98	.120
	중위수를 기준으로 합니다.	2.340	1	98	.129
	자유도를 수정한 상태에서 중위수를 기준으로 합니다.	2.340	1	95.461	.129
	절삭평균을 기준으로 합니다.	2.452	1	98	.121

여러 집단에서 종속변수의 오차 분산이 동일한 영가설을 검정합니다.

a. Design: 절편 + sex

그림 17-10 다변량분산분석 출력결과 1

[그림 17-10]의 해석

첫 번째 표는 세 개의 종속변수들에 대한 성별 기술통계량(평균, 표준편차, 케이스 수)이다. 수학과 영어점수에서는 성별 평균 차이가 크지 않지만 국어점수에서는 큰 차이가 있는 것을 볼 수 있다.

두 번째 표는 집단(성별)별 종속변수의 공분산행렬이 동일한지 검정하는 Box의 M 검정이다. 여기에서는 유의확률이 0.186이므로 공분산행렬이 동일하다는 귀무가설을 기각할 수 없다. 즉, 다변량분산분석의 가정이 만족된다(집단별 케이스 수가 크기 때문에 정규성의 검정은 하지 않아도 된다).

세 번째 표는 성별에 따라 세 가지 점수의 차이가 있는지 알아보기 위한 다변량분산분석표이다. 네 가지 다변량분석 통계량인 Pillai의 트레이스, Wilks의 람다, Hotelling의 트레이스와 Roy의 최대근의 모두에서 상수항(Intercept)과 성별(SEX) 행에 있는 유의확률이 0.01보다 작으므로 성별 종속변수의 평균벡터 차이가 없다는 귀무가설이 기각된다. 즉, 종속변수의 평균벡터는 차이가 있다고 결론을 내린다.

그러면 어느 종속변수에서 차이가 나는지를 알아보기 위해서 일변량분산분석을 할 필요가 있다. 일변량분산분석을 하기 위해서는 일변량분산분석의 가정인 정규성과 분산의 동일성을 먼저 검정해야 한다. 그러나 집단별 케이스 수가 크기(n_1=41, n_2=59) 때문에 정규성의 검정은 하지 않아도 된다. 다음 표는 각 종속변수에 대해 집단(성별)별 분산의 동일성(Levene 검정)을 검정한 결과이다. 세 가지 종속변수 모두 유의확률이 0.05보다 크기 때문에 분산이 동일하다고 할 수 있다.

개체-간 효과 검정

원인	종속변수	제 III 유형 제곱합	자유도	평균제곱	F	유의확률
수정된 모형	국어점수	3347.668[a]	1	3347.668	8.298	.005
	수학점수	294.824[b]	1	294.824	.420	.518
	영어점수	106.892[c]	1	106.892	.161	.689
절편	국어점수	392760.708	1	392760.708	973.507	<.001
	수학점수	315872.984	1	315872.984	450.289	<.001
	영어점수	229115.532	1	229115.532	345.713	<.001
sex	국어점수	3347.668	1	3347.668	8.298	.005
	수학점수	294.824	1	294.824	.420	.518
	영어점수	106.892	1	106.892	.161	.689
추정값	국어점수	39538.042	98	403.449		
	수학점수	68745.926	98	701.489		
	영어점수	64947.858	98	662.733		
전체	국어점수	462401.000	100			
	수학점수	399091.000	100			
	영어점수	303687.000	100			
수정된 합계	국어점수	42885.710	99			
	수학점수	69040.750	99			
	영어점수	65054.750	99			

a. R 제곱 = .078 (수정된 R 제곱 = .069)

b. R 제곱 = .004 (수정된 R 제곱 = -.006)

c. R 제곱 = .002 (수정된 R 제곱 = -.009)

그림 17-11 다변량분산분석 출력결과 2

[그림 17-11]의 해석

첫 번째 표는 세 가지 종속변수에 대한 일변량분산분석 표이다. 모형에는 성별(SEX)만 있기 때문에 수정모형 행과 SEX 행의 내용이 같다. SEX 행을 보면 F 값의 유의확률이 국어점수만 0.01보다 작다. 즉, 국어점수만 성별 평균차이가 있고 수학과 영어점수에서는 성별 간 차이가 없음을 알 수 있다.

추정된 주변평균

추정값

종속변수	성별	평균	표준오차	95% 신뢰구간	
				하한	상한
국어점수	남자	57.829	3.137	51.604	64.054
	여자	69.593	2.615	64.404	74.783
수학점수	남자	55.390	4.136	47.182	63.599
	여자	58.881	3.448	52.039	65.724
영어점수	남자	47.610	4.020	39.631	55.588
	여자	49.712	3.352	43.061	56.363

대응별 비교

종속변수	(I) 성별	(J) 성별	평균차이(I-J)	표준오차	유의확률[b]	차이에 대한 95% 신뢰구간[b] 하한	상한
국어점수	남자	여자	-11.764*	4.084	.005	-19.868	-3.660
	여자	남자	11.764*	4.084	.005	3.660	19.868
수학점수	남자	여자	-3.491	5.385	.518	-14.178	7.195
	여자	남자	3.491	5.385	.518	-7.195	14.178
영어점수	남자	여자	-2.102	5.234	.689	-12.489	8.285
	여자	남자	2.102	5.234	.689	-8.285	12.489

추정 주변 평균을 기준으로

*. 평균차이는 .05 수준에서 유의합니다.

b. 다중비교를 위한 수정: 최소유의차 (수정하지 않은 상태와 동일합니다.)

다변량 검정

	값	F	가설 자유도	오차 자유도	유의확률
Pillai의 트레이스	.125	4.580[a]	3.000	96.000	.005
Wilks의 람다	.875	4.580[a]	3.000	96.000	.005
Hotelling의 트레이스	.143	4.580[a]	3.000	96.000	.005
Roy의 최대근	.143	4.580[a]	3.000	96.000	.005

각 F는 다변량효과 성별을(를) 검정합니다. 이 검정은 추정되는 주변 평균 사이의 선형독립의 대응별 비교에 기초합니다.

a. 정확한 통계량

일변량 검정

종속변수		제곱합	자유도	평균제곱	F	유의확률
국어점수	대비	3347.668	1	3347.668	8.298	.005
	추정값	39538.042	98	403.449		
수학점수	대비	294.824	1	294.824	.420	.518
	추정값	68745.926	98	701.489		
영어점수	대비	106.892	1	106.892	.161	.689
	추정값	64947.858	98	662.733		

F-검정으로 효과 성별을(를) 검정합니다. 이 검정은 추정되는 주변 평균 사이의 선형독립의 대응별 비교에 기초합니다.

그림 17-12 다변량분산분석 출력결과 3

[그림 17-12]의 해석

다변량: 옵션 대화상자에서 '주변평균의 추정값' 출력을 선택하였기 때문에 추정된 주변평균에 대한 내용이 [그림 17-12]에 있다.

각 종속변수에 대한 범주별 추정값과 두 가지 범주에 대한 대응별 비교, 대응별 비교에 대한 다변량 검정과 일변량 검정결과를 보여준다.

국어점수의 경우, 남자의 평균점수는 57.829이고 표준편차는 3.137이며 남자모집단 평균점수의 95% 신뢰구간은 (51.604, 64.054)이다. 남자와 여자의 국어점수 차이를 보면, 평균은 −11.764이고 '차이가 있다'라는 양측 대립가설에 대한 유의확률이 0.005로 나타났기 때문에 성별간 차이가 있다(단측 대립가설을 사용할 경우에는 '여자가 남자보다 국어점수가 높다')고 결론 내린다. 남자와 여자의 평균 국어점수 차이에 대한 95% 신뢰구간은 (−19.868, −3.660)이다. 즉, 표본 데이터에 의하면, 모든 남학생과 여학생의 국어점수 평균값 차이의 참값은 −19.868과 −3.660점 사이의 어떤 값이다.

여기에서는 요인이 성별 하나밖에 없기 때문에 다변량 검정과 일변량 검정은 각각 [그림 17−10]의 다변량 검정과 [그림 17−11]에 있는 개체−간 효과 검정의 일변량 분산분석결과와 같다. 그러나 요인이 여러 개인 경우에는 각 요인에 대한 결과를 보여준다.

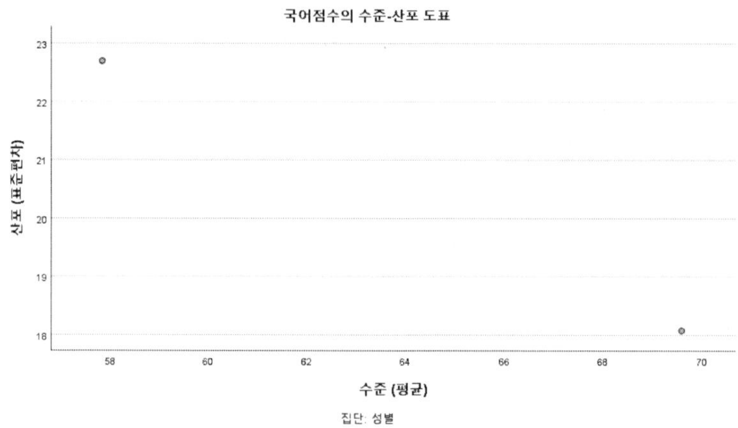

[수학, 영어점수에 대한 평균−산포 도표와 국어, 수학, 영어점수에 대한 평균−분산 도표 생략]

프로파일 도표

국어점수

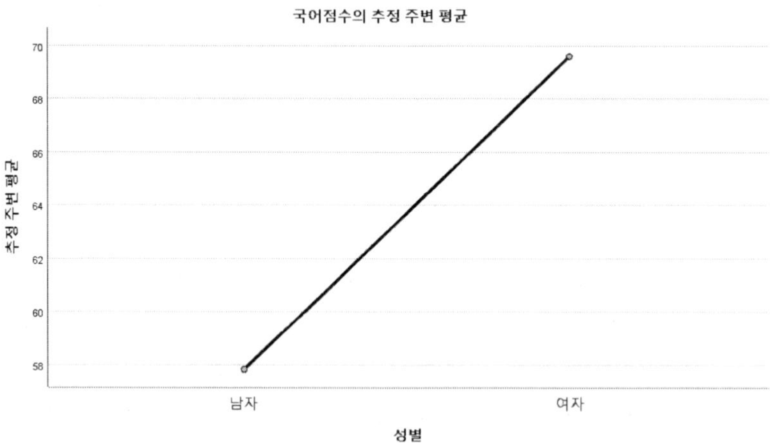

[수학, 영어점수에 대한 프로파일 도표 생략]

그림 17−13 다변량분산분석 출력결과 4

[그림 17-13]의 해석

평균-산포 도표는 **다변량: 옵션** 대화상자에서 가정에 대한 검토를 하기 위해 선택한 것이다. 각 종속변수에 대해 평균-표준편차, 평균-분산의 도표를 출력한다. 국어점수의 경우, 도표 상에는 남자와 여자의 두 개의 점이 표시되어 있는데 평균이 낮은 남자의 표준편차가 상대적으로 높고 평균이 높은 여자의 표준편차는 낮은 것으로 나타났다. 그러나 그 차이가 크지 않아서 분산의 동일성 검정에서는 차이가 없는 것으로 나왔다.

두 번째 도표는 **다변량: 프로파일 도표** 대화상자에서 도표를 만들도록 하였기 때문에 출력된 프로파일 도표이다.

프로파일 도표는 일반적으로 상호작용 효과를 알아보는 데 좋다. 여기에서는 요인이 하나밖에 없으므로 프로파일 도표는 단순히 성별(주효과)의 주변평균 값을 나타내고 있다. 여자의 국어점수가 남자의 국어점수보다 높음을 보여준다.

참고문헌

(1) 김기영, 전명식 (1999). 『다변량 통계자료분석』(수정판), 자유아카데미.
(2) 허명회 (1999). 『사회과학을 위한 다변량자료분석』, 자유아카데미.
(3) 신재경, 문승호 (1996). 『다변량 통계해석 입문』, 자유아카데미.
(4) 김기영, 이용구, 김성수 (1997). 『다변량분석』, 한국방송대학교출판부.
(5) 박용규, 송혜향 (1991). 『반복측정 자료의 분산분석법』, 자유아카데미.
(6) 성내경 (1997). 『반복측정실험과 분석』, 자유아카데미.

18장 비모수적 검정(NONPARAMETRIC TESTS)

모집단의 분포에 대해 모수형의 가정(정규분포 등)을 하지 않는 검정

지금까지 다루어 온 통계적 방법은 대체로 모집단에 대해 어떠한 가정을 하였다. 예를 들어, 두 집단의 평균을 비교하기 위해 독립표본 T 검정을 사용할 때 우리는 두 표본의 모집단 분포가 각각 정규분포라는 가정을 하게 된다. 이러한 방법을 모수적 방법(parametric method)이라고 한다. 만약 모집단이 정규분포와는 전혀 다른 형태를 가지고 있는 데도 불구하고 이런 모수적 검정을 하게 되면 분석결과에 상당한 오류가 있을 수 있다.

데이터의 수가 매우 적어서 모집단의 분포가 정규분포인지 의심스럽거나 데이터에 이상점(outlier)이 있는 경우, 혹은 히스토그램으로 보아 정규분포보다 꼬리 부분이 두터운 경우에는 모집단의 분포에 대한 가정이 거의 필요 없는 비모수적 방법(nonparametric method)을 사용하면 보다 효율적이다.

① **모수적 방법:** 모집단의 분포를 정규분포와 같이 모수(parameter: 평균과 표준편차 등)가 있는 분포로 가정하고 이에 대한 추론을 하는 방법

② **비모수적 방법:** 모집단에 대해 모수가 있는 분포로 가정하지 않고 추론하는 방법

비모수적 방법들은 대개 관측치 자체보다도 관측치의 부호나 순위를 사용한다.

SPSS 비모수적 검정에서는 다음과 같은 검정들을 제공하고 있다. 그러나 여기에서는 이 중 많이 사용되는 카이제곱 검정, 2-독립 표본 검정, K-독립 표본 검정과 2-대응 표본 검정만을 다루고자 한다.

검정 종류	영문 이름	설명
카이제곱 검정	Chi-Square Test	범주형 변수에 대해 관측도수와 기대도수의 차이에 대한 카이제곱 검정을 한다.
이항 검정	Binomial Test	두 개의 범주를 가진 범주형 변수에 대해 관측도수와 이항분포하의 기대도수를 비교하는 카이제곱 검정을 한다. 이것은 한 범주의 비율을 검정하는 것과 같다.
런 검정	Runs Test	한 변수의 두 가지 값을 고려할 때, 두 가지 값이 랜덤하게 나타나는지 알아보는 검정
1-표본 K-S검정	One-Sample Kolmogorov-Smirnov Test	한 변수의 관측분포를 이론적인 분포(정규분포, 균일분포, 포아송분포 등)와 비교하는 검정
2-독립 표본 검정	Two-Independent-Samples Tests	독립표본 T 검정(모수적 검정)에 대응되는 비모수적 검정. 윌콕슨의 순위합 검정(혹은 맨-휘트니의 U검정)이 가장 많이 쓰인다.
K-독립 표본 검정	Tests for Several Independent Samples	일원배치 분산분석(모수적 검정)에 대응되는 비모수적 검정. 크루스칼-왈리스 검정이 가장 널리 쓰인다.
2-대응 표본 검정	Two-Related-Samples Tests	대응표본 T 검정(모수적 검정)에 대응되는 비모수적 검정. 윌콕슨의 부호순위검정 이나 부호검정이 널리 쓰인다.
K-대응 표본 검정	Tests for Several Related Samples	랜덤완전블록 계획법에 대한 분산분석(모수적 검정)에 대응되는 비모수적 검정. 프리드만 검정이 많이 쓰인다.

제1절 카이제곱 검정(Chi-Square Test)

01 목적

범주형 변수의 관측도수와 기대도수 차이에 대한 카이제곱 검정

여기에서 말하는 카이제곱 검정은 일차원 빈도표에 대한 분석이다. 이차원 빈도표(교차표)에 대한 카이제곱 검정은 2부 4장에서 설명하였다. 카이제곱 검정을 적용할 수 있는 몇 가지 예를 들어보면 다음과 같다.

예 1 젤리사탕 한 봉지에 파랑색, 녹색, 빨간색, 노란색 사탕을 같은 비율로 넣었는지 검정한다.

예 2 완두의 교배실험에서의 결과를 가지고 멘델의 이론, 즉 둥글고 노란 완두, 둥글고 녹색인 완두, 모나고 노란 완두, 모나고 녹색인 완두의 비가 9 : 3 : 3 : 1인지 검정한다.

예 3 A 백화점 이용고객들의 연령별 비율이 해당 도시 인구의 연령 비율과 같은지 검정한다.

02 원리

예를 들어, (예 2)의 실험결과가 다음과 같이 나타났다고 하자.

완두 Type	빈도
둥글고 노랑	315
둥글고 녹색	108
모나고 노랑	101
모나고 녹색	32
합계	**556**

관측빈도(Observed frequency)는 각 범주(완두 Type)의 빈도이다. 만약 완두 Type의 비율이 정확히 9 : 3 : 3 : 1이라면 각 범주의 빈도가 어떻게 나오리라고 기대할 수 있는가? 이것이 기대빈도(Expected frequency)이다. 즉, 둥글고 노란 완두는 전체 556개 중에서 556×9/16=312.75개일 것으로 기대된다. 따라서 완두 Type의 참 비율이 9: 3 : 3 : 1이라면 관측빈도와 기대빈도는 대부분 비슷할 것이다.

카이제곱 검정의 가설은 다음과 같다.

귀무가설 H_0 : 데이터는 기대 분포를 따른다.

대립가설 H_1 : 데이터는 기대 분포를 따르지 않는다.

위의 (예 2) 경우에는 귀무가설은 'H_0 : 완두 Type의 비율은 멘델 이론을 따른다'이고 대립가설은 'H_1 : 완두 Type의 비율은 멘델 이론을 따르지 않는다'가 된다. 귀무가설이 사실이라면 관측빈도와 기대빈도가 대부분 비슷할 것으로 예측된다. 따라서 대부분의 셀에서 관측빈도와 기대빈도가 상당한 차이를 보이면 우리는 대립가설을 채택하게 되는데 이런 정도를 판정하는 카이제곱 통계량은 다음과 같다.

$$\chi^2 = \sum_{\text{모든 셀}} (f_0 - f_e)^2 / f_e$$

여기서 f_0: 관측 빈도

f_e: 기대 빈도

귀무가설이 사실일 때 위와 같이 정의된 카이제곱 통계량은 자유도가 (범주수—1)인 카이제곱 분포를 따른다. (예2)에 대한 카이제곱 통계량 값을 구하면 다음과 같다.

$$\frac{(315-312.75)^2}{312.75} + \frac{(108-104.25)^2}{104.25} + \frac{(101-104.25)^2}{104.25} + \frac{(32-34.75)^2}{34.752} = 0.4700$$

카이제곱 통계량 값이 크면 대립가설을 채택하게 된다. 0.4700에 대한 p값을 구해서 설정한 유의수준과 비교하면 된다. p값이 유의수준보다 작으면 대립가설을 채택하고, p값이 유의수준보다 크면 대립가설을 채택하지 못하게 된다.

03 SPSS 카이제곱 검정의 실행

(예2)의 완두 Type 데이터를 가지고 SPSS 카이제곱 검정을 실행해 보자.

첨부된 디스켓에서 **완두type.sav** 파일을 불러오거나 데이터 편집기에 [그림 18-1]과 같이 데이터를 입력하고 파일이름을 완두 type으로 하자.

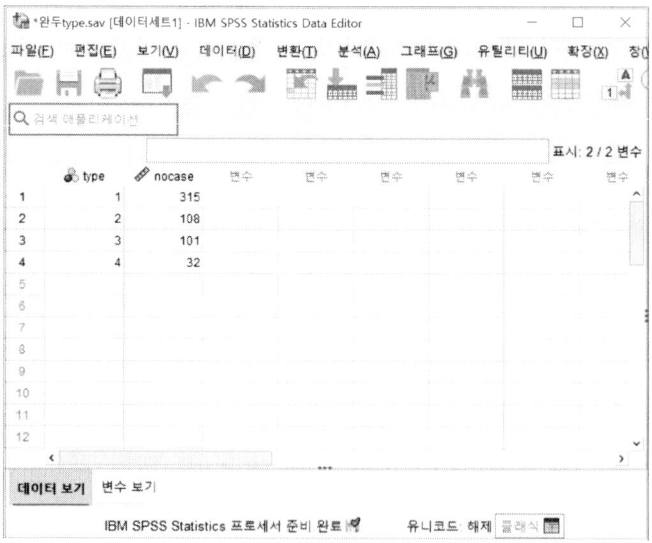

그림 18-1 완두 type 데이터

(예 3)과 (예 4)의 경우에는 각 사람(케이스)별 데이터 형태를 가지기 때문에 데이터를 그대로 사용할 수 있지만, (예 2)의 완두 Type 데이터는 빈도표 형태의 데이터이기 때문에 가중 케이스... 명령을 사용해서 케이스에 가중치를 주는 방법을 활용해야 한다.

데이터 메뉴에서 가중 케이스...를 누르면 **가중 케이스** 대화상자가 열린다. 이 대화상자에서 [그림 18-2]와 같이 '가중 케이스 지정'을 선택하고 '빈도변수' 칸에 '빈도' 변수를 넣고 실행시킨다. 그러면 이후 **완두 type** 데이터를 실행할 때는 이 변수값이 가중치 역할을 한다. 즉, 첫 번째 케이스 한 개는 315개 케이스인 것처럼 작업을 한다.

그림 18-2 가중 케이스 대화상자

이제 카이제곱 검정을 실행하기 위해서 메뉴로부터 다음과 같은 절차를 따른다.

분석
　　비모수검정
　　　　레거시 대화상자
　　　　　　카이제곱...

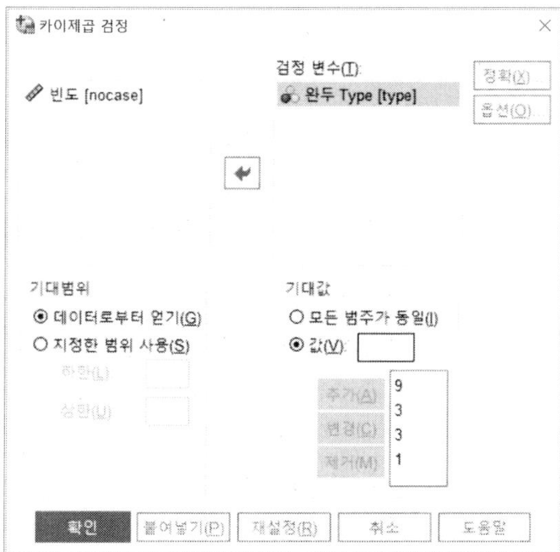

그림 18-3 카이제곱 검정 대화상자

[그림 18-3]과 같이 **카이제곱 검정** 대화상자가 열리는데 '검정변수' 상자에는 'type' 변수를 선택하고 '기대값' 아래에서 '값'을 선택한다. 값의 오른쪽에 있는 상자에 첫 번째 범주의 비율 혹은 기대값을 입력하고 [추가(A)] 단추를 누른다. 두 번째 범주, 세 번째 범주, 네 번째 범주에 대해서도 같은 방식으로 입력해서 그림과 같게 한다. 대화상자에는 다음과 같은 선택 항목들이 있다.

항목	설명	추천항목
기대범위	**범주의 범위를 지정한다.**	
○데이터로부터 얻기	(기본설정) 데이터에 있는 모든 범주를 사용한다.	○
○지정한 범위 사용	상한과 하한의 범위 내에 있는 범주만을 사용한다.	일부 범주만 사용하는 경우
기대값	**검정하고자 하는 기대비율 혹은 기대값을 지정한다.**	
○모든 범주가 동일	모든 범주들이 동일한 기대비율 혹은 기대값을 가진다.	동일한 기대비율인 경우 ○
○값	각 범주에 대한 기대비율이나 기대값을 입력한다.	다른 기대비율인 경우 ○

전체 케이스 수(총 빈도)가 작은 경우에는 [정확(X)] 단추를 눌러서 Monte Carlo 검정이나 정확한 검정을 선택할 수 있다.

또한 범주가 명목척도나 순서척도가 아니고 구간·비율척도라면 [옵션(O)...] 단추를 눌러서 기술통계량을 계산할 수 있다. [옵션(O)...] 단추로 열리는 **카이제곱 검정: 옵션** 대화상자는 [그림 18-4]와 같다. 대화상자에는 다음과 같은 선택 항목들이 있다.

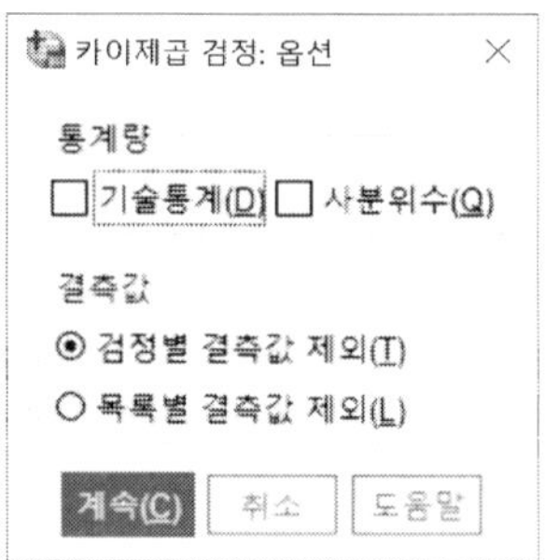

그림 18-4 카이제곱 검정: 옵션 대화상자

항목	설명	추천항목
통계량	**기술통계량이나 사분위수 계산을 지정한다.**	
□기술통계량	평균, 표준편차, 빈도, 최대값, 최소값을 계산한다.	
□사분위수	제 25, 50, 75 사분위수를 계산한다.	
결측값(Missing Value)	**다음 결측값의 처리방법 중 하나를 선택한다.**	
○검정별 결측값 제외	(기본설정)검정변수에서 결측값이 있는 케이스만 분석에서 제외된다.	○
○목록별 결측값 제외	모든 변수에서 적어도 하나의 결측값이 있는 케이스는 분석에서 제외된다.	

04 카이제곱 검정결과 해석

완두 Type

	관측빈도	기대빈도	잔차
둥글고 노랑	315	312.8	2.3
둥글고 녹색	108	104.3	3.8
모나고 노랑	101	104.3	-3.2
모나고 녹색	32	34.8	-2.7
전체	556		

검정 통계량

	완두 Type
카이제곱	.470[a]
자유도	3
근사 유의확률	.925

a. 0개의 셀 (0.0%)은(는) 5보다 작은 기대빈도를 가집니다. 기대 빈도 셀 값 중 최소값은 34.8입니다.

그림 18-5 카이제곱 검정 출력결과

[그림 18-5]의 해석

첫 번째 표는 완두 type 변수의 빈도표(도수분포표)에 기대비율에 의한 기대빈도, 관측빈도와 기대빈도의 차이인 잔차를 계산하여 제시한 것이다. 잔차가 값이 크지 않은 것으로 보아 완두 type의 관측결과는 기대분포를 따르는 것 같이 보인다.

두 번째 표는 카이제곱 검정결과이다. 카이제곱 통계량 값이 0.470이고 이 값에 대한 유의확률이 0.925로 나타났다. 따라서 귀무가설 '완두 Type의 비율은 멘델이론을 따른다'를 기각하지 못한다. 즉, 완두 type은 9: 3: 3: 1의 비율을 따른다고 결론 내린다.

제2절 2-독립 표본 비모수검정(Two-Independent-Samples Tests)

01 목적

독립표본 T 검정에 대응되는 비모수적 검정. 데이터가 매우 작은데 정규성이 의심되거나 데이터에 이상점이 있는 경우.

두 집단(처리)의 평균을 비교하고자 할 때 우리는 일단 독립표본 T 검정을 생각할 수 있다. 이 검정을 시행하려면 표본크기(케이스 수)가 크거나(〉30), 케이스 수가 작다면 두 집단의 모집단 분포가 각각 정규분포라고 가정할 수 있어야 된다.

그러나, 데이터의 수가 매우 적어서 모집단의 분포가 정규분포인지 의심스럽거나 데이터에 이상점이 있는 경우, 혹은 히스토그램으로 보아 정규분포보다 꼬리 부분이 두터운 경우에 독립표본 T 검정을 사용하면 그 결과에 상당한 오류가 있을 수 있다. 따라서 이런 경우에는 비모수적 방법을 사용하는 것이 일반적으로 더 효율적이다.

02 원리

가장 많이 사용하는 2-독립 표본 비모수적 검정은 맨-휘트니 검정(Mann-Whitney U Test)이다. 이 검정은 윌콕슨의 순위합 검정(Wilcoxon Rank Sum Test) 이라고도 한다.

윌콕슨의 순위합 검정통계량은 다음과 같이 정의된다.

케이스 수가 큰 집단을 X 집단, 작은 집단을 Y 집단으로 할 때,
W = X와 Y의 혼합데이터에서 Y 집단의 순위합

맨-휘트니 U 통계량과 윌콕슨의 순위합 통계량은 다음 관계식을 만족한다.

$$W = U + \frac{n(n+1)}{2}, \quad n = Y \text{ 집단의 케이스 수}$$

따라서 맨-휘트니 검정은 윌콕슨의 순위합 검정과 동일한 결과를 보여준다.

예를 들어, 어떤 심리학자가 실어증 증세에 대한 두 언어요법(A, B)의 효과를 비교한다고 하자. 10명의 실어증 환자를 5명씩 두 그룹으로 랜덤하게 나누어 한 그룹에는 언어요법 A를, 다른 그룹에는 언어요법 B를 실시한 후, 100항의 질문에 대답하도록 요구하였다. 100항의 질문 중에 올바른 대답의 비율은 다음과 같다.

A	73	42	90	58	62
B	50	23	68	40	45

위 데이터는 케이스 수가 같으므로 어떤 집단을 Y 집단으로 놓아도 된다. 편의상 언어요법 A를 실시한 그룹을 X 집단이라고 하자.

두 그룹의 데이터를 혼합한 혼합데이터를 크기순으로 나열하면 다음과 같다.

(23) (40) 42 (45) (50) 58 62 (68) 73 90

여기서 ( )는 Y 집단의 데이터를 나타냄.

윌콕슨의 순위합 검정통계량 W는 Y 집단 데이터의 혼합순위합이므로 1+2+4+5+8=20이 된다. 또한 맨-휘트니의 검정통계량 U는 $20-(5\times6/2)=5$로 계산된다. 계산된 통계량의 유의확률(p-값)을 구한 다음 유의수준과 비교해서 검정에 대한 결론을 내린다.

참고 순위변수 생성: 측정값에 대해 순위를 나타내는 변수를 생성하기 위해서는 **변환** 메뉴의 **순위변수 생성** 명령을 사용하면 된다.

03 SPSS 2-독립 표본 비모수검정의 실행

위에서 예로 들은 심리학자의 두 가지 언어요법(A, B)에 대한 데이터를 가지고 2-독립 표본 비모수검정을 해 보자.

첨부된 디스켓에서 **언어요법.sav** 파일을 불러오거나 데이터 편집기에 [그림 18-6]과 같이 데이터를 입력하고 파일이름을 **언어요법**으로 지정해 보자.

2-독립 표본 비모수적 검정을 실행하기 위해서 메뉴로부터 다음과 같은 절차를 따른다.

분석
비모수검정
레거시 대화상자
2-독립표본 ...

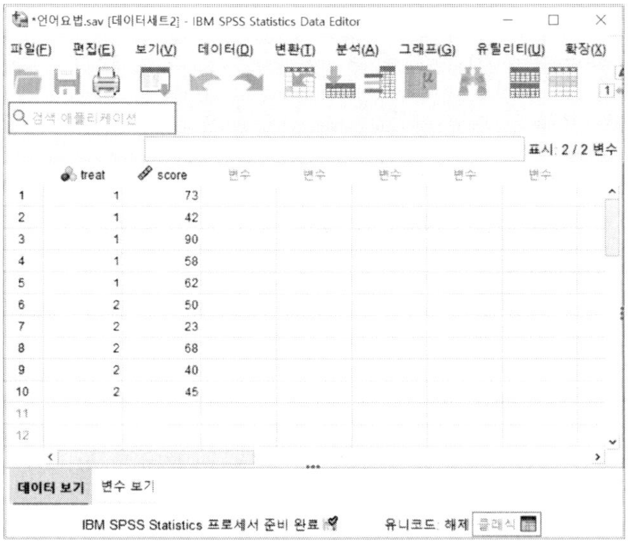

그림 18-6 언어요법 데이터

[그림 18-7]과 같이 **2-독립 표본 비모수검정** 대화상자가 열리는데 '검정변수'에는 'score' 변수를 넣고 '집단변수'에는 'treat' 변수를 넣는다. 집단 정의(D) 단추를 눌러서 [그림 18-8]의 대화상자가 나타나면 'treat' 변수의 두 범주를 입력한다.

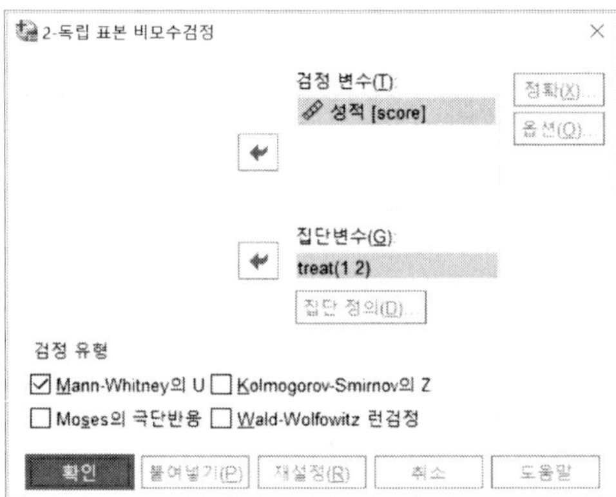

그림 18-7 2-독립 표본 비모수검정 대화상자

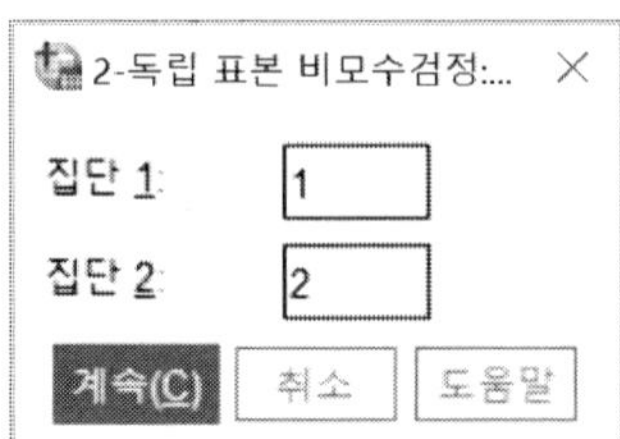

그림 18-8 2-독립 표본 비모수검정: 집단정의 대화상자

• 검정유형

'검정유형'에는 네 가지 검정방법이 있는데 기본설정으로 되어 있는 Mann- Whitney의 U 검정(혹은 Wilcoxon의 rank sum 검정)이 가장 많이 사용된다. 검정유형에 있는 나머지 세 가지 검정 방법에 대해 간단히 설명하면 다음과 같다.

검정유형	설명
□ Kolmogorov-Smirnov의 Z	두 집단의 관측누적분포함수에서 차이들의 절대값에 의거하여 두 집단이 같은 분포로부터 나왔는지 검정한다.
□ Moses의 극단반동	실험집단에 있는 극단값이 대조집단에 섞일 때 대조집단의 퍼짐(span)에 얼마나 영향을 주는지에 대한 측도를 가지고 두 집단을 비교한다.
□ Wald-Wolfowitz 런검정	두 집단의 데이터에 대한 혼합순위에서 집단별 순위가 랜덤하게 흩어져 있는지를 봄으로써 두 집단의 분포가 같은지를 검정한다.

• 정확검정

케이스 수가 작은 경우에는 정확(X)... 단추를 눌러서 Monte Carlo 검정이나 정확한 검정을 선택할 수 있다.

• 옵션

집단변수의 범주가 명목척도나 순서척도가 아니고 구간·비율척도라면 옵션(O)... 단추를 눌러서 기술통계량을 계산할 수 있다. 옵션(O)... 단추로 열리는 **2-독립 표본: 옵션** 대화상자는 [그림 18-9]와 같다. 대화상자에는 다음과 같은 선택 항목들이 있다.

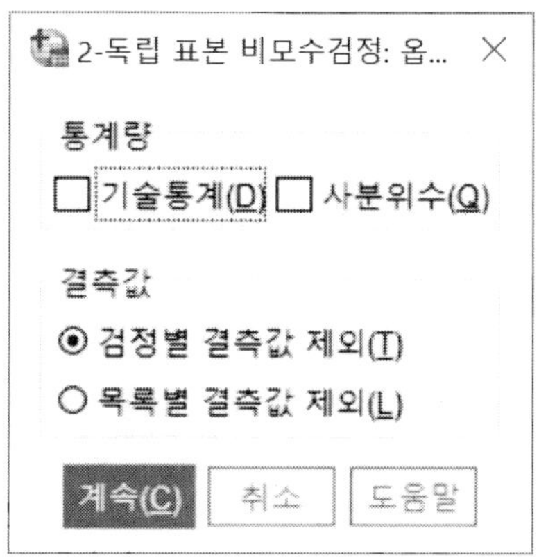

그림 18-9 2-독립 표본: 옵션 대화상자

항목	설명	추천항목
통계량	**검정변수와 집단변수에 대해 기술통계량이나 사분위수 계산을 지정한다.**	
□ 기술통계	평균, 표준편차, 빈도, 최대값, 최소값을 계산한다.	
□ 사분위수	제 25, 50, 75 사분위수를 계산한다.	
결측값(Missing Value)	**다음 결측값의 처리방법 중 하나를 선택한다.**	
○검정별 결측값 제외	(기본설정)하나의 검정에서 사용하는 집단변수와 검정변수에 결측값이 있는 케이스만 분석에서 제외된다.	○
○목록별 결측값 제외	목록에 있는 모든 변수에서 적어도 하나의 결측값이 있는 케이스는 분석에서 제외된다.	

04 2-독립 표본 비모수검정결과 해석

위의 자료에서 케이스 수가 작기 때문에 [정확(X)] 단추를 눌러 **정확한 검정** 대화상자를 연다. 여기에서 '정확한 검정'을 선택하여 실행을 하면 [그림 18-10]과 같이 정확한 검정 결과가 근사검정 결과와 함께 출력된다.

순위

	언어요법	N	평균 순위	순위합
성적	A요법	5	7.00	35.00
	B요법	5	4.00	20.00
	전체	10		

검정 통계량[a]

	성적
Mann-Whitney의 U	5.000
Wilcoxon의 W	20.000
Z	-1.567
근사 유의확률 (양측)	.117
정확 유의확률 [2*(단측 유의확률)]	.151[b]

a. 집단변수: 언어요법

b. 등순위에 대해 수정된 사항이 없습니다.

그림 18-10 2-독립 표본 비모수검정 출력결과

[그림 18-10]의 해석

첫 번째 표는 두 가지 언어요법(A요법, B요법)에 대한 혼합순위의 평균값과 합을 나타낸 것이다. A요법이 B요법보다 높은 점수를 내는 것 같이 보인다.

두 번째 표는 2-독립 표본 비모수검정결과이다. 우리가 앞에서 살펴본 바와 같이 맨-휘트니의 U통계량 값은 5이고 윌콕슨의 순위합 통계량 W는 20으로 계산되었다. 이 값을 표준화시킨 Z값은 −1.567이고 양쪽 근사유의확률(대체로 케이스 수>20인 경우 사용)은 0.117로 나타났다. 정확한 유의확률은 양측대립가설(두 언어요법의 효과에 있어서 차이가 있다)에서 0.151, 단측대립가설(A요법이 B요법보다 효과가 더 있다)에서 0.075이다. 따라서 유의수준 5%에서 양측이나 단측 모두 대립가설을 받아들일 수 없다.

데이터 자체를 보거나 혼합순위를 보면 A요법이 B요법보다 효과가 있는 것으로 보인다. 그러나 케이스 수가 작고 변동의 정도가 크기 때문에 두 요법의 효과 차이를 정확하게 찾아낼 수 없는 상황이라고 판단된다. 따라서 이와 같이 개체 간 변동이 큰 경우에는 어렵더라도 케이스의 수를 늘리는 것이 바람직하다.

제3절 K-독립 표본 비모수검정(Tests for Several Independent Samples)

01 목적

일원배치 분산분석에 대응되는 비모수적 검정. 데이터가 매우 적은데 정규성이 의심되거나 데이터에 이상점이 있는 경우.

세 개 이상의 집단(처리)에 대한 평균을 비교하고자 할 때 우리는 일단 일원배치 분산분석을 생각할 수 있다. 이 검정을 시행하려면 모든 집단의 표본크기(케이스 수)가 크거나(>30), 케이스 수가 작다면 각 집단의 모집단 분포가 정규분포라고 가정할 수 있어야 된다.

그러나 각 집단의 데이터 수가 매우 적어서 모집단의 분포가 정규분포인지 의심스럽거나 데이터에 이상점이 있는 경우, 혹은 히스토그램으로 보아 정규분포보다 꼬리 부분이 두터운 경우에 일원배치 분산분석을 사용하면 그 결과에 상당한 오류가 있을 수 있다. 따라서 이런 경우에는 비모수적 방법을 사용하는 것이 일반적으로 더 효율적이다.

02 원리

가장 많이 사용하는 K-독립 표본 비모수적 검정은 크루스칼-왈리스 검정(Kruskal-Wallis Test)이다.

크루스칼-왈리스 검정법은 일원배치 분산분석의 데이터구조에서 데이터를 데이터의 혼합순위(R_{ij})로 대체한 다음 일원배치 분산분석표를 만들어 검정하는 것이다.

표 18-1 순위 데이터의 일원배치 구조

요인수준	데이터	표본수	평균
A_1	R_{11} R_{12} $\cdots$ R_{1n}	n_1	$\overline{R_1}$
A_2	R_{21} R_{22} $\cdots$ R_{2n}	n_2	$\overline{R_2}$
$\vdots$	$\vdots$		$\vdots$
A_k	R_{k1} R_{k2} $\cdots$ R_{kn}	n_k	$\overline{R_k}$
		총평균	$\overline{R}$

크루스칼-왈리스의 검정통계량 H는 요인의 수준 간 변동(SS_T)과 다음의 관계가 있다.

$$H = \frac{12}{N(N+1)} SS_T, \quad N=\text{데이터의 총 수}$$

따라서 크루스칼-왈리스 검정은 혼합순위로 대체한 순위데이터에 대한 F 통계량의 증가함수가 된다.

예를 들어, A, B, C 세 기계에서 생산되는 철선의 인장강도를 비교하기 위한 데이터가 아래의 표에 있다.

A	56	60	57	64
B	48	61	49	53
C	52	50	44	46

위 데이터를 혼합순위(R_{ij})로 대체하면 순위데이터는 다음과 같이 된다.

A	8	10	9	12
B	3	11	4	7
C	6	5	1	2

이 순위데이터를 가지고 일원배치 분산분석을 실행시키면 [표 18-2]의 분산분석표가 출력된다. 이 표에서 수준간 변동 SS_T는 78.5이고 따라서 크루스칼-왈리스 통계량 H는

{12/(12×13)}×78.5=6.038로 계산된다. 계산한 통계량의 유의확률(p값)은 H 통계량의 분포로 계산되는데, SPSS 실행결과에 의하면 0.037(몬테 카를로 정확검정)이다. 이것은 혼합순위 데이터에 대한 F 통계량의 유의확률 0.028과 비슷한 결과인 것을 알 수 있다.

표 18-2 순위 데이터에 대한 분산분석표

ANOVA

강도혼합순위

	제곱합	자유도	평균제곱	F	CTT 유의확률
집단-간	78.500	2	39.250	5.477	.028
집단-내	64.500	9	7.167		
전체	143.000	11			

참고 순위변수 생성: 측정값에 대해 순위를 나타내는 변수를 생성하기 위해서는 **변환** 메뉴의 **순위변수 생성** 명령을 사용하면 된다.

03 SPSS K-독립 표본 비모수검정의 실행

위에서 예로 든 철선의 인장강도에 대한 데이터를 가지고 K-독립 표본 비모수검정을 해 보자.

첨부된 디스켓에서 **인장강도.sav** 파일을 불러오거나 데이터 편집기에 [그림 18-11]과 같이 데이터를 입력하고 파일이름을 인장강도로 설정하자.

그림 18-11 인장강도 데이터

K-독립 표본 비모수검정을 실행하기 위해서 메뉴로부터 다음과 같은 절차에 따른다.

분석
비모수검정
레거시 대화상자
K-독립표본 ...

[그림 18-12]와 같이 **K-독립 표본 비모수검정** 대화상자가 열리는데 '검정변수'에는 '강도' 변수를 넣고 '집단변수'에는 '기계' 변수를 넣는다. 범위지정(G)... 단추를 눌러서 [그림 18-13]의 대화상자가 나타나면 '기계' 변수의 범주 최소값과 최대값을 입력한다.

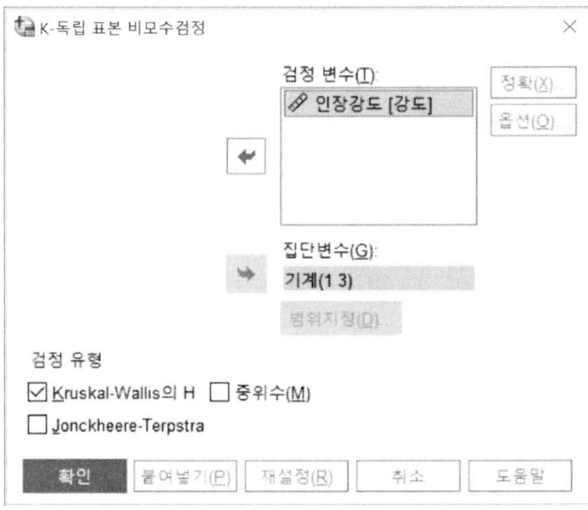

그림 18-12 K-독립 표본 비모수검정 대화상자

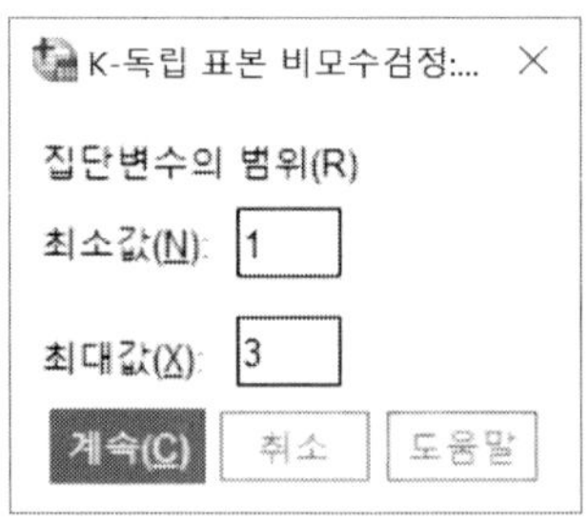

그림 18-13 K-독립 표본 비모수검정: 범위지정 대화상자

- 검정유형

  '검정유형'에는 세 가지 검정방법이 있는데 기본설정으로 되어 있는 Kruskal- Wallis의 H 검정이 가장 많이 사용된다. 검정유형에 있는 나머지 두 가지 검정 방법에 대해 간단히 설명하면 다음과 같다.

검정유형	설명
□ 중위수	각 집단이 같은 분포를 가진다고 할 수 있는지를 검정한다. Kruskal-Wallis 검정보다 덜 효율적이다. 각 집단에 대해 중위수를 기준으로 큰쪽과 같거나 작은 쪽의 빈도를 세어서 교차표를 만들고 카이제곱검정을 한다.
□ Jonckheere-Terpstra	집단변수가 순서척도일 경우에 Kruskal-Wallis 검정보다 효율적인 검정이 된다. 이 경우에 크기순서를 기술하는 대립가설을 검정할 수 있다. SPSS Exact Tests 모듈을 install한 경우에만 사용할 수 있다.

- 정확검정

케이스 수가 작은 경우에는 정확(X)... 단추를 눌러서 Monte Carlo 검정이나 정확한 검정을 선택할 수 있다.

- 옵션

집단변수의 범주가 명목척도나 순서척도가 아니고 구간·비율척도라면 옵션(O)... 단추를 눌러서 기술통계량을 계산할 수 있다. 옵션(O)... 단추로 열리는 **K-독립 표본 비모수검정: 옵션** 대화상자는 [그림 18-14]와 같다. 대화상자에는 다음과 같은 선택 항목들이 있다.

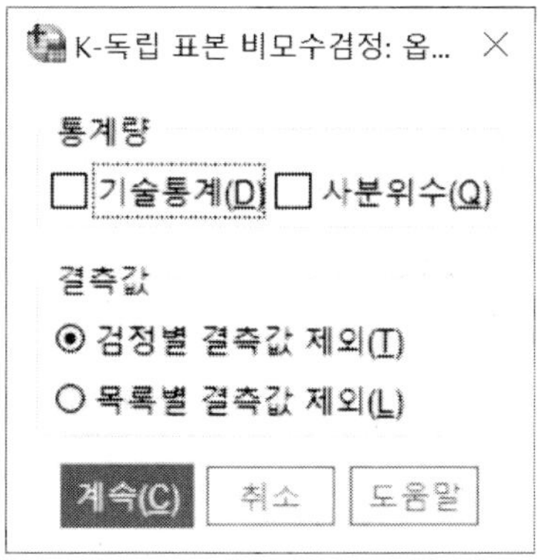

그림 18-14 K-독립 표본 비모수검정: 옵션 대화상자

항목	설명	추천항목
통계량	**검정변수와 집단변수에 대해 기술통계량이나 사분위수 계산을 지정한다.**	
□ 기술통계	평균, 표준편차, 빈도, 최대값, 최소값을 계산한다.	
□ 사분위수	제 25, 50, 75 사분위수를 계산한다.	
결측값(Missing Value)	**다음 결측값의 처리방법 중 하나를 선택한다.**	
○검정별 결측값 제외	(기본설정)하나의 검정에서 사용하는 검정변수와 집단변수에 결측값이 있는 케이스만 분석에서 제외된다.	○
○목록별 결측값 제외	목록에 있는 모든 변수에서 적어도 하나의 결측값이 있는 케이스는 분석에서 제외된다.	

04 K-독립 표본 비모수검정결과 해석

케이스 수가 작기 때문에 [정확(X)...] 단추를 눌러 **정확한 검정** 대화상자를 연다. 여기에서 '정확한 검정'을 선택하여 실행을 하면 [그림 18-15]와 같이 정확한 검정 결과가 출력된다.

순위

	기계	N	평균 순위
인장강도	A	4	9.75
	B	4	6.25
	C	4	3.50
	전체	12	

검정 통계량[a,b]

	인장강도
Kruskal-Wallis의 H	6.038
자유도	2
근사 유의확률	.049

a. Kruskal Wallis 검정

b. 집단변수: 기계

그림 18-15 K-독립 표본 비모수검정 출력결과

[그림 18-15]의 해석

첫 번째 표는 세 가지 기계(A, B, C)에서 생산된 철선의 인장강도 데이터에 대한 혼합 순위의 평균값을 나타낸 것이다. A 기계, B 기계, C 기계순으로 강도가 강한 것으로 나타났다.

두 번째 표는 K-독립 표본 비모수검정결과이다. 우리가 앞에서 살펴본 바와 같이 크루스칼-왈리스의 H 통계량 값은 6.038으로 계산되었다. 이 값에 대한 근사유의확률(대체로 각 집단의 케이스 수가 10이상인 경우)은 0.049이고 정확한 유의확률은 0.037이다. 따라서 유의수준 5%에서 '세 집단의 평균이 차이가 있다', 즉 '세 기계에서 생산된 철선의 인장강도는 차이가 있다'라고 결론을 내린다.

참고 위의 크루스칼-왈리스 검정에서, 결론을 정확하게 표현하면 세 기계 중 적어도 두 기계에서 생산된 철선의 인장강도 평균은 차이가 있다는 것이다. 따라서 사후 검정으로 어느 기계의 인장강도가 어떻게 다른지를 알아보는 검정이 필요하다. 모수적 검정인 일원배치 분산분석에서는 사후분석 대화상자를 통해 쉽게 다중비교를 하였지만, 여기에서는 모든 가능한 두 기계(기계 A와 기계 B, 기계 A와 기계 C, 기계 B와 기계 C)에 대해 각각 맨-휘트니 (윌콕슨 순위합) 검정으로 비교를 해야 한다. 또한 다중비교 전체오차비율(family error rate)을 유의수준(일반적으로 0.05)으로 통제해야 하기 때문에 각각의 맨-휘트니 검정에서는 유의수준을 작게 조정한다. 즉, 여기서는 세 가지 기계를 비교하는 것이므로 두 개씩 세 번($t=3$) 비교하게 된다. 따라서 각각의 맨-휘트니 검정에서는 유의수준을 $0.05/t$ 값으로 설정하고 유의확률이 이 값보다 작은 경우에 두 기계 간에 차이가 있는 것으로 결론을 내린다.

제4절 2-대응 표본 비모수검정(Two-Related-Samples Tests)

01 목적

대응표본 T 검정에 대응되는 비모수적 검정. 데이터가 매우 작은데 정규성이 의심되거나 데이터에 이상점이 있는 경우.

서로 대응되는 두 변수의 평균을 비교하고자 할 때 우리는 일단 대응표본 T 검정을 생각할 수 있다. 이 검정을 시행하려면 표본크기(케이스 수)가 크거나(>30), 케이스 수가 작다면 두 변수 차이값의 모집단 분포가 정규분포라고 가정할 수 있어야 된다.

그러나, 데이터의 수가 매우 적어서 모집단의 분포가 정규분포인지 의심스럽거나 두 변수 차이값에 이상점이 있는 경우, 혹은 히스토그램으로 보아 정규분포보다 꼬리 부분이 두터운 경우에 대응표본 T 검정을 사용하면 그 결과에 상당한 오류가 있을 수 있다. 따라서 이런 경우에는 비모수적 방법을 사용하는 것이 일반적으로 더 효율적이다.

02 원리

가장 많이 사용하는 2-대응 표본 비모수적 검정은 윌콕슨의 부호순위 검정(Wilcoxon Signed Rank Test)이다.

윌콕슨의 부호순위 검정통계량은 다음과 같이 정의된다.

가정: 모집단은 연속이고 대칭인 분포이다.

① 두 변수값의 차이 $D_i = Y_i - X_i,\ i=1,\cdots,n$ 을 계산한다.

② $|D_1|,\cdots,|D_n|$에서 $|D_i|$의 순위 R_i^+를 구한다.

③ 윌콕슨의 부호순위 검정통계량 W^+는

$$W^+ = \text{양의 } D_i\text{에 대한 절대순위 } R_i^+\text{의 합}$$

예를 들어, 12쌍의 일란성 쌍둥이에게 서로 상대방에 대한 공격성향을 측정하는 심리검사를 실시한 결과 다음 표와 같이 나타났다고 하자. 높은 점수는 더 공격적임을 나타내고 있다. 형과 아우의 공격성향이 차이가 있는지 알아보자.

쌍	1	2	3	4	5	6	7	8	9	10	11	12
형	86	71	77	68	91	72	77	91	70	71	88	87
아우	88	77	76	64	96	72	65	90	65	80	81	72

차례대로, 형과 아우의 공격성향 차이(D_i = 아우−형)를 계산하고 절대순위 R_i^+을 구한다.

쌍	1	2	3	4	5	6	7	8	9	10	11	12
D_i	2	6	−1	−4	5	0	−12	−1	−5	9	−7	−15
R_i^+	3	7	1.5	4	5.5	−	10	1.5	5.5	9	8	11

따라서 윌콕슨의 부호순위 검정통계량 W^+는 양의 D_i에 대한 절대순위 R_i^+의 합이므로 3+7+5.5+9=24.5로 계산된다. 이 통계량에 대한 유의확률을 계산해서 검정에 대한 결론을 내리게 된다.

03 SPSS 2-대응 표본 비모수검정의 실행

위에서 예로 든 형과 아우의 공격성향에 대한 데이터를 가지고 2-대응 표본 비모수검정을 해 보자.

첨부한 디스켓에서 **공격성향**.sav 파일을 불러오거나 데이터 편집기에 [그림 18-16]과 같이 데이터를 입력하고 파일이름을 **공격성향**으로 설정하자.

2-대응 표본 비모수적 검정을 실행하기 위해서 메뉴로부터 다음과 같은 절차에 따른다.

분석
　비모수검정
　　레거시 대화상자
　　　2-대응표본 ...

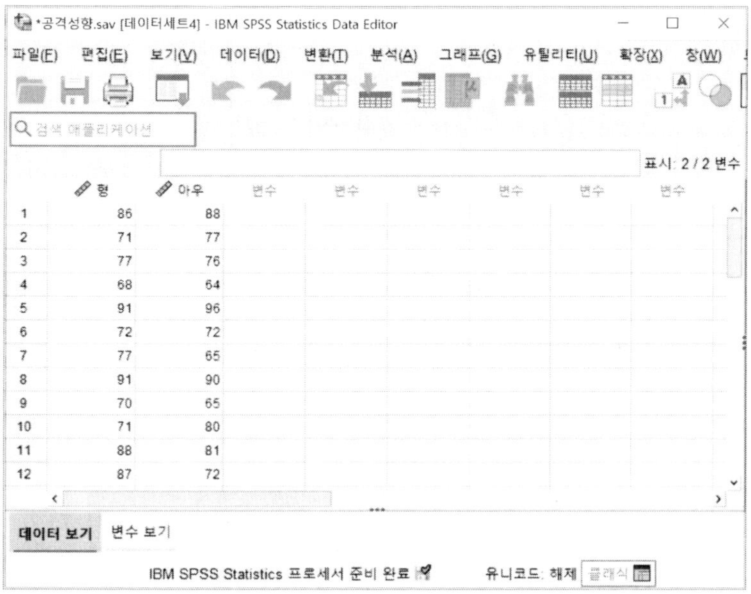

그림 18-16　공격성향 데이터

그림 18-17 2-대응 표본 비모수검정 대화상자

그러면 [그림 18-17]과 같이 **2-대응 표본 비모수검정** 대화상자가 열리는데, '형'과 '아우' 변수를 연이어 선택해서 '검정 쌍' 상자로 이동시킨다.

- 검정유형

  '검정유형'에는 네 가지 검정방법이 있는데 기본설정으로 되어 있는 Wilcoxon의 부호순위검정이 가장 많이 사용된다. 검정유형에 있는 나머지 세 가지 검정 방법에 대해 간단히 설명하면 다음과 같다.

검정유형	설명
☐ 부호	두 대응변수의 차이를 계산해서 부호가 양, 음인 것으로 분류한다. 대응변수의 분포가 같다면 양인 케이스수와 음인 케이스수가 비슷할 것이다. 따라서 차이가 0인 케이스를 제외하고 부호가 양인 케이스가 50%인지 검정한다.
☐ McNemar	이분형 데이터의 경우에 사용한다. 전형적으로 사전-사후 실험계획에서 사건의 전후에 응답의 변화를 찾아내는 데 사용된다. 카이제곱 통계량으로 변화여부를 검정한다.
☐ 주변 동질성(Marginal Homogeneity test)	McNemar의 확장인 형태의 검정으로서 범주가 둘 이상인 범주형 데이터의 경우에 사용한다. SPSS Exact Tests를 설치한 경우만 사용할 수 있다.

- 정확검정

  케이스 수가 작은 경우에는 [정확(X)] 단추를 눌러서 Monte Carlo 검정이나 정확한 검정을 선택할 수 있다.

- 옵션

  범주가 명목척도나 순서척도가 아니고 구간·비율척도라면 [옵션(O)] 단추를 눌러서 기술통계량을 계산할 수 있다. [옵션(O)] 단추로 열리는 **카이제곱검정: 옵션** 대화상자는 [그림 18-18]과 같다. 대화상자에는 다음과 같은 선택 항목들이 있다.

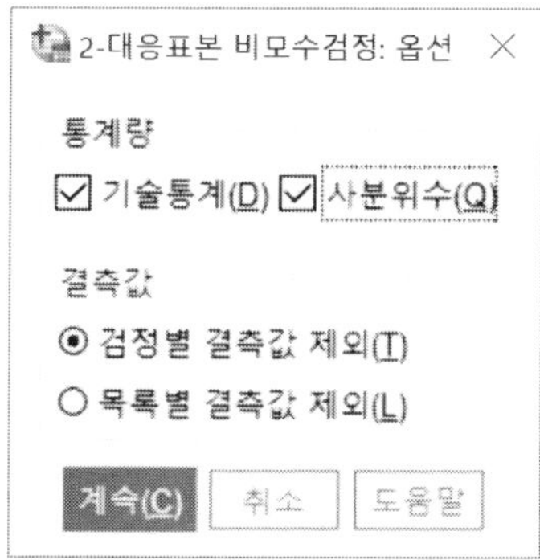

그림 18-18 2-대응 표본 비모수검정: 옵션 대화상자

항목	설명	추천항목
통계량	**한 쌍의 검정대응변수에 대해 기술통계량이나 사분위수 계산을 지정한다.**	
□ 기술통계	평균, 표준편차, 빈도, 최대값, 최소값을 계산한다.	○
□ 사분위수	제 25, 50, 75 사분위수를 계산한다.	○
결측값(Missing Value)	**다음 결측값의 처리방법 중 하나를 선택한다.**	
○검정별 결측값 제외	(기본설정)하나의 검정에서 사용하는 대응검정변수에 결측값이 있는 케이스만 분석에서 제외된다.	○
○목록별 결측값 제외	목록에 있는 모든 변수에서 적어도 하나의 결측값이 있는 케이스는 분석에서 제외된다.	

04 2-대응 표본 비모수검정결과 해석

케이스 수가 작기 때문에 정확(X) 단추를 눌러 **정확한 검정** 대화상자를 연다. 여기에서 '정확한 검정'을 선택하여 실행을 하면 [그림 18-19]와 같이 정확한 검정결과가 근사검정결과와 함께 출력된다.

기술통계량

	N	평균	표준편차	최소값	최대값	백분위수 25	백분위수 50 (중위수)	백분위수 75
형	12	79.08	8.888	68	91	71.00	77.00	87.75
아우	12	77.17	10.373	64	96	66.75	76.50	86.25

순위

		N	평균 순위	순위합
아우 - 형	음의 순위	7[a]	5.93	41.50
	양의 순위	4[b]	6.13	24.50
	등순위	1[c]		
	전체	12		

a. 아우 < 형
b. 아우 > 형
c. 아우 = 형

검정 통계량[a]

	아우 - 형
Z	-.756[b]
근사 유의확률 (양측)	.449
정확 유의확률 (양측)	.476
정확 유의확률 (단측)	.238
포인트 확률	.012

a. Wilcoxon 부호순위 검정
b. 양의 순위를 기준으로.

그림 18–19 2–대응 표본 비모수검정 출력결과

[그림 18–19]의 해석

첫 번째 표는 **옵션** 대화상자에서 '기술통계'와 '사분위수'를 선택했기 때문에 출력되었다. 25 백분위수만 차이를 보이고 다른 통계량은 큰 차이를 보이지 않는다.

두 번째 표는 Wilcoxon의 부호순위 검정통계량 W^+를 계산한 것이다. '아우–형'의 차이값에 절대값을 취한 다음, 순위를 매겨서 차이값의 절대순위를 부호(양, 음, 0)에 따라 합한 결과가 제시되었다. 우리가 앞에서 살펴본 바와 같이 Wilcoxon의 부호순위 검정통계량 W^+는 양의 순위합 24.5로 계산되었다.

세 번째 표를 보면, 부호순위 검정통계량 W^+를 표준화시킨 Z값이 –0.756이고, 이 값의 양측대립가설에 대한 근사유의확률(대체로 케이스 수>20인 경우)이 0.449로 나타났다. 정확한 유의확률은 양측대립가설(형과 아우의 공격성향이 차이가 있다)에서 0.476, 단측대립가설(형이 아우보다 공격성향이 강하다)에서 0.238이다. 따라서 유의수준 5%에서 양측이나 단측 모두 대립가설을 받아들일 수 없다. 즉, 형과 아우의 공격성향은 차이가 없는 것으로 결론을 내린다.

참고문헌

(1) 김우철 외 7인 (1984). 『현대통계학』(제3개정판), 영지문화사.
(2) 김우철 외 8인 (2000). 『일반통계학』(개정판), 영지문화사.
(3) 박미라, 이재원 (1999). 『Excel을 이용한 의학데이터의 통계분석』, 자유아카데미.
(4) 송문섭, 박창순 (1997). 『비모수통계학개론』, 자유아카데미.
(5) 이재창, 송일성 (1990). 『SAS 비모수 통계분석』, 자유아카데미.

찾아보기

찾아보기

찾아보기

ㅊ

ㅋ

ㅌ

ㅍ

찾아보기

ㅎ

저자 소개

서의훈
서울대학교 계산통계학과 학사
서울대학교 계산통계학과 석사
미국 뉴욕주립대학교 통계학과 박사
현) 경상대학교 정보통계학과 명예교수

박성진
경상국립대학교 정보통계학과 학/석사
미국 콜로라도주립대학교 응용통계학과 석사

IBM SPSS Statistics

SPSS 29를 이용한 통계분석

저 자 서의훈 · 박성진
발 행 인 김지영
발 행 처 자유아카데미
주 소 경기도 파주시 회동길 37-42
파주출판도시
전 화 031-955-1321
팩 스 031-955-1322
홈페이지 www.freeaca.com
전자우편 main@freeaca.com (대표)
editor@freeaca.com (편집)
crm@freeaca.com (영업)
등 록 제406-2003-017호, 1980. 7. 12
제1판1쇄 2023년 10월 20일 발행

저자와의
협의하에
인지생략

ISBN 979-11-5808-531-5 93310